方李邦琴北京大学人文学科文库出版基金赞助

北京大学人文学科文库 | 北大中国语言学研究丛书

玛丽玛萨话语法研究及标注文本

A Grammar of Malimasa with Annotated Texts and Glossary

李子鹤 著

图书在版编目(CIP)数据

玛丽玛萨话语法研究及标注文本 / 李子鹤著. -- 北京：北京大学出版社，2024.3

（北京大学人文学科文库. 北大中国语言学研究丛书）

ISBN 978-7-301-34862-8

Ⅰ.①玛… Ⅱ.①李… Ⅲ.①纳西语-语法-研究 Ⅳ.①H257.4

中国国家版本馆 CIP 数据核字(2024)第 035848 号

书　　　名	玛丽玛萨话语法研究及标注文本 MALIMASAHUA YUFA YANJIU JI BIAOZHU WENBEN
著作责任者	李子鹤　著
责任编辑	崔　蕊
标准书号	ISBN 978-7-301-34862-8
出版发行	北京大学出版社
地　　　址	北京市海淀区成府路 205 号　100871
网　　　址	http://www.pup.cn　新浪微博：@北京大学出版社
电子邮箱	zpup@pup.cn
电　　　话	邮购部 010-62752015　发行部 010-62750672　编辑部 010-62754144
印　刷　者	北京中科印刷有限公司
经　销　者	新华书店
	650 毫米 ×980 毫米　16 开本　25.75 印张　419 千字 2024 年 3 月第 1 版　2024 年 3 月第 1 次印刷
定　　　价	118.00 元

未经许可，不得以任何方式复制或抄袭本书之部分或全部内容。

版权所有，侵权必究

举报电话：010-62752024　电子邮箱：fd@pup.cn

图书如有印装质量问题，请与出版部联系，电话：010-62756370

本项研究成果受"中国语言资源保护工程"课题"民族语言调查·云南维西纳西语玛丽玛萨话"(编号YB1624A110)资助。

总 序

袁行霈

人文学科是北京大学的传统优势学科。早在京师大学堂建立之初，就设立了经学科、文学科，预科学生必须在5种外语中选修一种。京师大学堂于1912年改为现名，1917年，蔡元培先生出任北京大学校长，他"循思想自由原则，取兼容并包主义"，促进了思想解放和学术繁荣。1921年北大成立了四个全校性的研究所，下设自然科学、社会科学、国学和外国文学四门，人文学科仍然居于重要地位，广受社会的关注。这个传统一直沿袭下来，中华人民共和国成立后，1952年北京大学与清华大学、燕京大学三校的文、理科合并为现在的北京大学，大师云集，人文荟萃，成果斐然。改革开放后，北京大学的历史翻开了新的一页。

近十几年来，人文学科在学科建设、人才培养、师资队伍建设、教学科研等各方面改善了条件，取得了显著成绩。北大的人文学科门类齐全，在国内整体上居于优势地位，在世界上也占有引人瞩目的地位，相继出版了《中华文明史》《世界文明史》《世界现代化历程》《中国儒学史》《中国美学通史》《欧洲文学史》等高水平的著作，并主持了许多重大的考古项目，这些成果发挥着引领学术前进的作用。目前北大还承担着《儒藏》《中华文明探源》《北京大学藏西汉竹书》的整理与研究工作，以及《新编新注十三经》等重要项目。

与此同时，我们也清醒地看到，北大人文学科整体的绝对优势正在减弱，有的学科只具备相对优势了；有的成果规模优势明显，高度优势还有待提升。北大出了许多成果，但还要出思想，要产生影响人类命运和前途的思想理论。我们距离理想的目标还有相当长的距离，需要人文学科的老师和同学们加倍努力。

我曾经说过：与自然科学或社会科学相比，人文学科的成果，难以直接转化为生产力，给社会带来财富，人们或以为无用。其实，人文学科力求揭示人生的意义和价值、塑造理想的人格，指点人生趋向完美的境地。它能丰富人的精神，美化人的心灵，提升人的品德，协调人和自然的关系以及人和人的关系，促使人把自己掌握的知识和技术用到造福于人类的正道上来，这是人文无用之大用！试想，如果我们的心灵中没有诗意，我们的记忆中没有历史，我们的思考中没有哲理，我们的生活将成为什么样子？国家的强盛与否，将来不仅要看经济实力、国防实力，也要看国民的精神世界是否丰富，活得充实不充实，愉快不愉快，自在不自在，美不美。

一个民族，如果从根本上丧失了对人文学科的热情，丧失了对人文精神的追求和坚守，这个民族就丧失了进步的精神源泉。文化是一个民族的标志，是一个民族的根，在经济全球化的大趋势中，拥有几千年文化传统的中华民族，必须自觉维护自己的根，并以开放的态度吸取世界上其他民族的优秀文化，以跟上世界的潮流。站在这样的高度看待人文学科，我们深感责任之重大与紧迫。

北大人文学科的老师们蕴藏着巨大的潜力和创造性。我相信，只要使老师们的潜力充分发挥出来，北大人文学科便能克服种种障碍，在国内外开辟出一片新天地。

人文学科的研究主要是著书立说，以个体撰写著作为一大特点。除了需要协同研究的集体大项目外，我们还希望为教师独立探索，撰写、出版专著搭建平台，形成既具个体思想，又汇聚集体智慧的系列研究成果。为此，北京大学人文学部决定编辑出版"北京大学人文学科文库"，旨在汇集新时代北大人文学科的优秀成果，弘扬北大人文学科的学术传统，展示北大人文学科的整体实力和研究特色，为推动北大世界一流大学建设、促进人文学术发展做出贡献。

我们需要努力营造宽松的学术环境、浓厚的研究气氛。既要提倡教师根据国家的需要选择研究课题，集中人力物力进行研究，也鼓励教师按照自己的兴趣自由地选择课题。鼓励自由选题是"北京大学人文学科文库"的一个特点。

我们不可满足于泛泛的议论，也不可追求热闹，而应沉潜下来，认真钻研，将切实的成果贡献给社会。学术质量是"北京大学人文学科文库"的一大追求。文库的撰稿者会力求通过自己潜心研究、多年积累而成的优秀成果，来展示自己的学术水平。

我们要保持优良的学风，进一步突出北人的个性与特色。北大人要有大志气、大眼光、大手笔、大格局、大气象，做一些符合北大地位的事，做一些开风气之先的事。北大不能随波逐流，不能甘于平庸，不能跟在别人后面小打小闹。北大的学者要有与北大相称的气质、气节、气派、气势、气宇、气度、气韵和气象。北大的学者要致力于弘扬民族精神和时代精神，以提升国民的人文素质为己任。而承担这样的使命，首先要有谦逊的态度，向人民群众学习，向兄弟院校学习。切不可妄自尊大，目空一切。这也是"北京大学人文学科文库"力求展现的北大的人文素质。

这个文库目前有以下17套丛书：
"北大中国文学研究丛书"
"北大中国语言学研究丛书"
"北大比较文学与世界文学研究丛书"
"北大中国史研究丛书"
"北大世界史研究丛书"
"北大考古学研究丛书"
"北大马克思主义哲学研究丛书"
"北大中国哲学研究丛书"
"北大外国哲学研究丛书"

"北大东方文学研究丛书"
"北大欧美文学研究丛书"
"北大外国语言学研究丛书"
"北大艺术学研究丛书"
"北大对外汉语研究丛书"
"北大古典学研究丛书"
"北大人文学古今融通研究丛书"
"北大人文跨学科研究丛书"[①]

这17套丛书仅收入学术新作,涵盖了北大人文学科的多个领域,它们的推出有利于读者整体了解当下北大人文学者的科研动态、学术实力和研究特色。这一文库将持续编辑出版,我们相信通过老中青学者的不断努力,其影响会越来越大,并将对北大人文学科的建设和北大创建世界一流大学起到积极作用,进而引起国际学术界的瞩目。

---

① 本文库中获得国家社科基金后期资助或入选国家哲学社会科学成果文库的专著,因出版设计另有要求,因此加星号注标,在文库中存目。

丛书序言

郭 锐 王洪君

北京大学的中国语言学研究可以追溯到京师大学堂所设国文门，新文化运动时期的新旧两派人物胡适、钱玄同、刘复、黄侃等，同时也是语言学研究者。刘复《四声实验录》（1924）更是开中国实验语音学之先河。此后，罗常培、白涤洲、唐兰、何容、陆宗达、俞敏、李荣等学者先后在老北大任教。1952年院系调整后，北京大学中文系大师云集，如王力、袁家骅、魏建功、岑麒祥、杨伯峻、高名凯、周祖谟等名家，朱德熙、林焘等年轻一代也崭露头角，北大中文系成为全国语言学研究的重镇。20世纪70年代末改革开放后，王力、朱德熙、林焘等老一辈学者迎来语言学研究的高峰，唐作藩、郭锡良、曹先擢、裘锡圭、何九盈、蒋绍愚、石安石、贾彦德、徐通锵、叶蜚声、陈松岑、索振羽、吴竞存、王福堂、王理嘉、陆俭明、侯学超、符淮青、马真、苏培成等中年学者和沈炯、张双棣、李家浩、张联荣、宋绍年、张卫东、刘勋宁等青年学者也大放异彩，成为中国语言学界的中坚力量。从20世纪80年代末开始，恢复高考后培养的新一代语言学者逐步成熟，担负起北大中文系语言学教学科研的重任。本丛书即是北大中文系新一代语言学者的最新研究成果。

放入丛书的，是作者几年甚至十几年的研究心血。目前收入丛书的专著，内容涉及汉语方言学、汉语语法史、汉语语音史、现代汉语语法、汉语语义和语用、语言学史、少数民族语言等不同方面，基本囊括了北大中文系语言学教研室、古代汉语教研室、现代汉语教研室和语音实验室的所有研究领域。随着研究的继续，还将有新的成果入选。

北大中文系的语言学研究者，其实成果并不算多，但却独具个性。这也许与老北大的学风有关。前人有云："北大的学风仿佛有点迂阔似的，有些明其道不计其功的气概，肯冒点险却并不想获益。""北大该走他自己的路，去做人家所不做的而不做人家所做的事。北大的学风宁可迂阔一点，不要太漂亮，太聪明。"朱德熙师也说，"以中国之大，在北大这样的学校里，让一部分愿意并且也习惯于坐冷板凳的人去钻研一些不急之务，是合理的，也是必要的"。学风大概是可以遗传的，当代北大的语言学者大抵也是如此。做研究，凭的是自己的兴趣和好奇心，绝无功利之想。这样的学风，在当今的环境下，有些不识时务。但是正是这种只顾耕耘、不问收获的境界，如小孩玩泥巴一般的乐趣，让北大中文系的语言学研究，多了一点为学术而学术的纯粹，少了一些为论文而论文的庸俗。

不过，既然付出了耕耘之苦，收获的思想之光也理应传之于世。北大要做的，应该是把那些冷板凳上的语言学者的成果尽入彀中，促成其发表出版，推动中国语言学的进步。这应该也是北大设立"北京大学人文学科文库"的初衷吧。

2020年11月12日

混合语的深度描写：
认识语言演化的重要窗口（代序）

陈保亚

纳西语在汉藏语系藏缅语族中有重要地位，尤其是纳西语中的玛丽玛萨话。

唐代的吐蕃藏语是茶马古道网络上重要的地域通语，包括纳西语在内的普米语、嘉戎语、木雅语、扎巴语、尔龚语、贵琼语、北部羌语、史兴语、独龙语、门巴语、珞巴语等语言中存在大量藏语借词，这是藏语作为地域通语的主要证据，也说明当时的纳西语处在弱势语言地位，纳西语人中有不少能够说藏语的双语者。根据我们研究的语言接触的规律，一般情况下，藏语作为强势语言（dominant language）会向纳西语输入借词，纳西语作为弱势语言会在语法和语音的结构上干扰当地的藏语，形成母语干扰的接触格局，同时也会出现纳西藏语这样一种变体。从子鹤所描写的玛丽玛萨话的情况看，玛丽玛萨话也受到过藏语结构的影响。同样根据我们对语言接触规律的研究，强势语言在结构上干扰弱势语言通常只在基础语言（basic language，基语）换位的情况下发生。因此，在有些纳西语区域，尽管纳西语作为母语仍然存在,但纳西语人的基语已经不是纳西语而是藏语。

基语是一个人最熟练、使用面最广的语言,其显著的标志是核心词最为稳定。

宋代由于大理国的兴起,早期白语成为大理国地区的地域通语,很多纳西语人生活在大理国区域,也会说白语,纳西语中还存在不少白语借词,是主要证据。但从子鹤对玛丽玛萨话的描写看,白语结构对纳西语的干扰并不明显,可能说明纳西语人很少发生基语换位,即尽管白语是通语,但纳西语仍然是纳西族的基语。

从元、明直到清代的雍正元年实行"改土归流",木氏土司王朝在茶马古道核心区域滇藏川一带具有很大的实力,纳西语在不少民族地区成为地域通语,云南的藏语中有很多纳西语词汇,这是主要证据。纳西语作为地域通语,为很多弱势民族言说,纳西语也受到了这些民族语言的母语干扰。子鹤对玛丽玛萨话的描写中体现出的不少混合面貌,是主要证据。

尽管藏语、白语、纳西语都曾经在茶马古道滇藏川核心区域做过地域通语,但宋元明清以来随着茶马古道越来越活跃,各地民族交流愈加频繁,汉语作为茶马古道上的全域通语地位越来越高,逐渐形成了在整个茶马古道上内部一致性很高的西南官话,古道网络上各地民族语言都保留了大量西南官话借词。由于西南官话的强大势力,西南官话对纳西语也有深刻影响,并且在很多纳西语地区明显存在基语由纳西语换位成西南官话的情况。好些玛丽玛萨人的母语结构受到西南官话的强烈影响,成为基语换位的主要证据。这在子鹤其他论著中也有体现。

从以上几点可以看出,纳西语是藏缅语中一个很重要的语言,与彝语支语言、羌语支语言都有很多相似之处,也有明显的差异,这些都因为纳西语处在错综复杂的语言接触中,因此其历史地位长期存在争议。这个问题说明,充分研究纳西语方言可能会为藏缅语乃至汉藏语的演化提供重要的启示。因此纳西语方言的研究有非常重要的学术价值,玛丽玛萨话尤其值得注意。

纳西语方言差异大,以丽江为代表的西部方言和以永宁为代表的东部方言不能通话,东部方言的几个次方言之间通话也比较困难。因此有很多语言现象值得详细描写记录。然而目前只有Liberty Lidz的博士论文 *A Descriptive Grammar of Yongning Na (Mosuo)*（美国得克萨斯大学奥斯汀分校）一部全面描写纳西语方言语音语法系统的著作问世。

2010年，为纪念茶马古道语言文化徒步考察20周年，我和孔江平、张猛、杨海潮、汪锋做了茶马古道大环绕考察，在踩点考察中我们注意到玛丽玛萨话独特的混合性，回北京后我让子鹤选择了这个点的研究作为博士论文选题。这个选题具有相当大的难度，子鹤接受了。从2011年以来，子鹤长期耕耘在纳西语地区，特别是玛丽玛萨话通行的地区，每年深入村寨，展开充分调查，还完成了语保项目。子鹤在对纳西语方言进行系统的历史比较研究的基础上，现在又对其最熟悉的一个方言玛丽玛萨话，在语言类型学的框架下做了全面的描写，内容扎实，思路清楚，其语料部分的详细准确标注显示了本书是藏缅语区域参考语法的上乘之作。

本书还是第一部对纳西语方言进行系统描写的中文著作，而且在玛丽玛萨话中发现的语音语法现象与永宁摩梭话有较大的差异，从材料方面填补了研究的空白。玛丽玛萨话本身有很突出的特点，和上面讨论的茶马古道上的语言接触相呼应。第一，纳西语方言声调系统普遍很复杂，类型多样，前人的研究认为西部方言是平调系统，而东部方言的永宁话是词调系统。玛丽玛萨话基本上是一个三平调系统，但也带有词调系统的特征，有一定的混合性质。第二，玛丽玛萨话可能并不存在一个以完整/非完整为基本分野的体系，而是将若干类与"体"相关的语法意义分别语法化，而且语法化程度大多不高，形成一个较为松散、未完全脱离语义语用层面的体系。第三，玛丽玛萨话有自我中心范畴，而且与示证范畴存在复杂的配合关系，从语法意义和语法形式上，都很可能是受藏语影响的结果。

玛丽玛萨话是深度接触的结果，具有很多混合语的性质，是认识语言接触中底层干扰、上层干扰、母语干扰、基语换位、基语干扰、通语更迭等性质的重要语言。目前语保研究、参考语法描写等重点在混合特点较少、同质度较高的语言，研究难度相对较低。要研究混合特点多、异质度较高的语言，难度就很大。这首先需要重建和混合语相关的语言的原始母语，然后才能恰当描写该混合语。这一点子鹤做到了，他在之前的工作中花大力气建立了纳西语方言之间严格的语音对应规律,重建了原始纳西语。从这个意义上看,本书不仅为纳西语共时结构的研究提供了重要的材料和启示,还进一步为推进纳西语乃至藏缅语、汉藏语的研究,为弄清茶马古道上语言的接触机制,提供了重要的方法论个案。从这一点看,本书在研究方法上有突破。

语法标注缩略语对照表

缩略语	全称	汉语翻译
1	1st person	第一人称
2	2nd person	第二人称
3	3rd person	第三人称
A	agent	施事
ABL	ablative	夺格
ADV	adverbial	状语
ALL	allative	向格
ASSOC	association	连接（名词）
AUG	augmentative	大称
BEN	benefactive	受益格
CAUS	causative	致使
CL	classifier	量词（类别词）
COMP	complementizer	补足语标记
COMPL	completive	完结体
COMPR	comparative	比较格
CONJ	conjunction	连接（动词）
COP	copula	系动词
DAT	dative	与格
DEM	demonstrative	指示词

续表

缩略语	全称	汉语翻译
DIM	diminutive	小称
DIR	direction	方向
DM	discourse marker	话语标记
DUR	durative	持续体
EGO	egophoric	自我中心
EXCL	exclusive	排除式
EXP	experiential	经历体
FEM	feminine	阴性
GEN	genitive	属格
HOR	honorific	敬语
IMP	imperative	命令式
INCL	inclusive	包括式
INF	inferred	推测示证
INST	instrumental	工具格
INTERJ	interjection	叹词
ITER	iterative	反复体
LOC	locative	位格
MIR	mirativity	新异
N-EGO	non-egophoric	非自我中心
NEG	negative	否定
NMLZ	nominalizer	名物化标记
NVIS	non-visual	非亲见示证
P	patient	受事
PFV	perfective	完整体
PL	plural	复数
PROG	progressive	进行体
PROH	prohibitive	禁止式

续表

缩略语	全称	汉语翻译
PRT	particle	虚词（功能尚不清楚）
QUES	question marker	疑问标记
REFL	reflexive	反身
REPD	reported	报道示证
SG	singular	单数
TOP	topic	话题
VIS	visual	亲见示证

目 录

上 编

第一章 导论 ·· 3
    第一节 调查点概况 ··· 3
    第二节 语言系属与濒危状况 ····································· 4
    第三节 研究现状与调查说明 ····································· 4

第二章 语音 ·· 6
    第一节 声母 ·· 6
    第二节 韵母 ·· 11
    第三节 声调 ·· 15
    第四节 音节结构 ·· 23

第三章 词类 ·· 24
    第一节 名词 ·· 24
    第二节 代词 ·· 28
    第三节 数词 ·· 33
    第四节 量词 ·· 34
    第五节 动词 ·· 35
    第六节 形容词 ·· 43
    第七节 副词 ·· 45

第八节 其他封闭词类⋯⋯⋯⋯⋯⋯⋯⋯⋯⋯⋯⋯⋯⋯⋯⋯ 46

第四章 词法 **48**
　　第一节 名词的结构与功能形态⋯⋯⋯⋯⋯⋯⋯⋯⋯⋯⋯⋯ 48
　　第二节 动词的结构与功能形态⋯⋯⋯⋯⋯⋯⋯⋯⋯⋯⋯⋯ 54

第五章 名词短语 **58**
　　第一节 名词短语的成分顺序⋯⋯⋯⋯⋯⋯⋯⋯⋯⋯⋯⋯⋯ 58
　　第二节 简单名词短语⋯⋯⋯⋯⋯⋯⋯⋯⋯⋯⋯⋯⋯⋯⋯⋯ 62
　　第三节 复杂名词短语⋯⋯⋯⋯⋯⋯⋯⋯⋯⋯⋯⋯⋯⋯⋯⋯ 67
　　第四节 无核心名词短语⋯⋯⋯⋯⋯⋯⋯⋯⋯⋯⋯⋯⋯⋯⋯ 72
　　第五节 名词短语之间的并列连接⋯⋯⋯⋯⋯⋯⋯⋯⋯⋯⋯ 75

第六章 语法关系 **77**
　　第一节 核心论元的语法关系⋯⋯⋯⋯⋯⋯⋯⋯⋯⋯⋯⋯⋯ 78
　　第二节 外围论元的语法关系⋯⋯⋯⋯⋯⋯⋯⋯⋯⋯⋯⋯⋯ 80
　　第三节 语法关系标记的来源与演变⋯⋯⋯⋯⋯⋯⋯⋯⋯⋯ 89

第七章 动词短语 **95**
　　第一节 成分的顺序⋯⋯⋯⋯⋯⋯⋯⋯⋯⋯⋯⋯⋯⋯⋯⋯⋯ 95
　　第二节 状语与补足语⋯⋯⋯⋯⋯⋯⋯⋯⋯⋯⋯⋯⋯⋯⋯⋯ 98
　　第三节 连动结构及其标记⋯⋯⋯⋯⋯⋯⋯⋯⋯⋯⋯⋯⋯⋯ 105
　　第四节 致使结构及其标记⋯⋯⋯⋯⋯⋯⋯⋯⋯⋯⋯⋯⋯⋯ 107
　　第五节 谓词性并列结构⋯⋯⋯⋯⋯⋯⋯⋯⋯⋯⋯⋯⋯⋯⋯ 111
　　第六节 动量的表达⋯⋯⋯⋯⋯⋯⋯⋯⋯⋯⋯⋯⋯⋯⋯⋯⋯ 113
　　第七节 动词短语的名物化⋯⋯⋯⋯⋯⋯⋯⋯⋯⋯⋯⋯⋯⋯ 114

第八章 体范畴、式范畴与情态范畴 **116**
　　第一节 体范畴⋯⋯⋯⋯⋯⋯⋯⋯⋯⋯⋯⋯⋯⋯⋯⋯⋯⋯⋯ 116
　　第二节 式范畴⋯⋯⋯⋯⋯⋯⋯⋯⋯⋯⋯⋯⋯⋯⋯⋯⋯⋯⋯ 128
　　第三节 情态范畴⋯⋯⋯⋯⋯⋯⋯⋯⋯⋯⋯⋯⋯⋯⋯⋯⋯⋯ 130

第九章　自我中心范畴、示证范畴与新异范畴 137
第一节　自我中心范畴 138
第二节　示证系统的结构 141
第三节　示证范畴与自我中心范畴的搭配 146
第四节　不同示证范畴的语义区分 148
第五节　示证信息的表达与范围 150
第六节　示证范畴与新异范畴 154
第七节　两组示证标记的形成 156

第十章　句子结构 157
第一节　疑问句和否定句 157
第二节　存在和领属结构 162
第三节　话题–述评结构 163

下　编

第一章　语保语法例句 167

第二章　长篇语料 184

附　录　分类词表 305
第一节　通用词 305
第二节　扩展词 329
第三节　补充词汇 365
第四节　民族文化词 372

参考文献 379

致　谢 387

上 编

第一章 导论

第一节 调查点概况

玛丽玛萨话是云南维西傈僳族自治县塔城镇自称"玛丽玛萨[maɫluɨɬmaɫsɯɫ]"①的族群的母语。这一族群有2000多人,被识别为纳西族。他们的居住地分布在金沙江支流腊普河沿岸汝柯、格花、海尼、新村等村落,与汉族、藏族、傈僳族、彝族和自称"naɫlaɨ"的纳西族等多民族杂居。他们除了说玛丽玛萨话外,都至少还会说汉语和藏语,不少人还会说傈僳语、纳西语(西部方言)和彝语。玛丽玛萨族群不认同纳西族,多数人认为自己的族群应该被列为独立的民族。

本书的研究基于笔者2011年以来在汝柯村的调查。汝柯自然村属于柯那行政村,距离塔城镇约6千米,海拔约2100米,地形以山地为主。农民收入以种植业为主,农闲时多外出短期务工。汝柯村目前人口约250人,其中玛丽玛萨族约200人,其余大部分为藏族,还有少数纳西族、傈僳族、汉族、白族等。

该村附近的人文自然景观主要有藏传佛教信徒朝圣地达摩祖师洞、原始生态旅游区响古箐滇金丝猴家园、戈登新石器文化遗址等。近年来以"玛丽玛萨节(火把节)"为代表的玛丽玛萨风

---

① 非正式语体中也有读为"maɫliɨɬmaɫsa"的变体。

情已被镇政府列为重点发展的文化旅游项目（本书语料部分有介绍）。

第二节 语言系属与濒危状况

玛丽玛萨话属于纳西语东部方言，但与同为东部方言的永宁、宁蒗等方言也有较大差异，无法直接通话。在更高层次的谱系分类中，玛丽玛萨话属于汉藏语系藏缅语族。语支层次的归属有争议，国内多数学者认为纳西语应该属于彝语支，但国外有少数学者认为纳西语应该属于纳-羌语支。我们的研究认为纳西语更偏向于彝语支。关于纳西语历史地位的讨论见李子鹤（2013b、2021b）。

目前，大多数玛丽玛萨老人和长期居住在玛丽玛萨人聚居村落的年轻人，都还可以熟练使用玛丽玛萨话。但外出求学或工作的年轻人，母语水平下降较快。特别是2004年前后各自然村取消初级小学以后，玛丽玛萨儿童在小学阶段往往就要离开玛丽玛萨人聚居区，母语使用频率大大降低。由于玛丽玛萨话母语者基数少，分布范围小，而且基本上都与其他民族杂居，因此玛丽玛萨人几乎没有单语者，与杂居的其他民族交流时，往往说对方的语言。这些因素都造成玛丽玛萨话日趋濒危。濒危的表现主要有两方面。一是青少年母语能力的下降。目前30岁以下的青少年，很多人词汇量明显减少，日常交流中有杂用汉语词汇的现象，对本族群老人口述的传统故事不能完全解释清楚。二是语言特征的消失。例如本族群老年人还有少数词保留边擦音声母，如ɬoɬbjɤ˩"肋骨"、ɬɜʔkʰɑw˩"裤子"等[边擦音声母为存古特征，见李子鹤（2021b）中历史比较的证据]，但60岁以下的人未发现有任何保留此声母的例子；又如指称新生事物的词汇，老年人会使用利用玛丽玛萨话固有语素构成的词，例如naɭoʂ˩"电视"（意为"黑影"）、bɤ˩lɤ˩dɤ˩"汽车"（意为"赶着滚"），但年轻人基本上全部改用借自汉语的音译词。

第三节 研究现状与调查说明

对于玛丽玛萨族群的研究，前人主要关注民族文化方面，主要有李志农、乔文红（2011），乔文红（2011），李国太（2012），李志农、廖惟春（2013），丁柏峰、逯文杰（2015）等。对玛丽玛萨语言文字的研究，《纳西语简志》（和即仁、姜竹仪 1985）中简单提到了"玛丽玛萨"族群及其语言，认为他们是从木里县的"拉塔"（今四川盐源县左所）迁到目前居住地的，所说的语言属纳西语东部方言永宁坝土语，还有与东巴文接近而稍有差异的文字；李子鹤（2013a）介绍了玛丽玛萨话语音、语法、词汇的概况；铃木博之（2015）分析了川处村玛丽玛萨话的语音系统，与李子鹤（2013a）的调查略有差异；喻遂生（2015）、杨亦花等（2015）收集了现存的玛丽玛萨文字材料并进行了考释；和智利（2015）调查了玛丽玛萨话的使用情况和语言生态。

笔者从2011年开始对玛丽玛萨话进行调查研究。除2020年、2021年因疫情无法成行外，每年均赴汝柯村进行实地调查，至今调查时间共计约10个月。2016年，教育部、国家语委设立的"中国语言资源保护工程"将玛丽玛萨话列为民族语言调查项目的濒危点，笔者受到该项目资助，承担了摄录和语言志撰写工作。2016年7月在云南民族大学民族文化学院语音实验室进行摄录，为期16天。除完成了语保工程规定的语音、词汇、句子、语篇、口头文化、地方普通话等项目的调查和摄录外，还记录了语法例句200多个，转写长篇语料11篇，录音时长共计约110分钟。这些语料来自多位合作人，不同合作人的发音呈现一定的人际差异，本书记录时予以保留。本书是在语保工程结项成果"玛丽玛萨话语言志"的基础上修改增补而成的。

第二章 语音

第一节 声母

一、单辅音声母

玛丽玛萨话有44个单辅音声母，列表如下：

表2-1 玛丽玛萨话的单辅音声母

	双唇	唇齿	齿龈	卷舌	龈腭	软腭
爆发音	p b pʰ mb		t d tʰ nd	ʈ ɖ ʈʰ nɖ		k g kʰ ŋg
鼻音	m		n	ɳ		ŋ
擦音		f	s z	ʂ ʐ	ɕ	x ɣ
塞擦音			ts dz tsʰ ndz	tʂ dʐ tʂʰ ndʐ	tɕ dʑ tɕʰ ndʑ	
近音	w				j	
边近音			l	ɭ		

声母	音位标音	严式标音	例词
p	pɑ˧	pɑ43	到达
pʰ	pʰɑ˩	pʰɑ31	撒（种）
b	bɑ˧	bɑ43	爱、喜欢
mb	mbɣ˩	mbɣ31	利息

声母	音位标音	严式标音	例词
w	wa˥	wa55	开（花）
m	ma˧˦	ma34	竹子
f	fa˧˦	fa34	栽种
t	tɑ˥	tɑ55	箱子
tʰ	tʰɑ˥	tʰɑ55	锋利
d	dɑ˥	dɑ55	砍
nd	ndɑ˧ty˧˩	ndɑ33ty31	锤子
ts	tsɑ˧˩	tsɑ31	舒服
tsʰ	tsʰo˧˩	tsʰo31	借（钱）
dz	dzo˦˧	dzo43	忌妒、恨
ndz	ndzɯ̩˧˩	ndzɯ̩31	唱
s	sɑ˥	sɑ55	溢
z	zɯ̩˦˧	zɯ̩43	草
n	na˧˦	na34	按
l	lɑ˥	lɑ55	打
ʈ	ʈɯ̩˥	ʈɯ̩55	沏（茶）
ʈʰ	ʈʰa˥	ʈʰa55	咬
ɖ	ɖɯ̩˦˧	ɖɯ̩43	一
ɳɖ	ɳɖɯ̩˦˧	ɳɖɯ̩43	挽（袖子）
tʂ	tʂa˦˧	tʂa43	纯的
tʂʰ	tʂʰa˥	tʂʰa55	鹿
dʐ	dʐa˥	dʐa55	抢
ɳdʐ	xẽ˧ɳdʐa˧˩	xẽ33ɳdʐa31	欺负
ʂ	ʂa˦˧	ʂa43	牵（牛）
ʐ	ʐa˦˧	ʐa43	柱子
ɳ	ɳɯ̩˧ɳɯ̩˧˩	ɳɯ̩33ɳɯ̩31	按摩
ɭ	ɭo˦˧	ɭo43	马
tɕ	tɕu˦˧	tɕu43	箍儿
tɕʰ	tɕʰu˧˩	tɕʰʲu31	踢

声母	音位标音	严式标音	例词
dʐ	dʐu˧	dʐʲu43	存在动词
ndʐ	ndʐɤ˧	ndʐʲɤw43	难
ɕ	ɕi˥	ɕi55	害怕
j	ju˩	ju31	绵羊
k	kɑ˧	kɑ34	盖（土）
kʰ	kʰɑ˧	kʰɑ43	苦
g	gʋ˧	gʋ43	九
ŋg	ŋga˩	ŋga31	夹
x	xɯ˥	xɯ55	抽
ɣ	ɣɯ˧	ɣɯ43	牛
ŋ	ŋɑ˧	ŋɑ43	我

玛丽玛萨话的爆发音、塞擦音有四向对立：清送气、清不送气、浊、鼻冠浊。

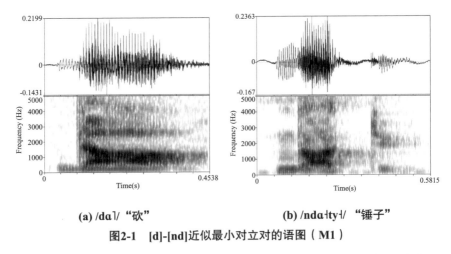

(a) /dɑ˥/ "砍"　　　　(b) /ndɑ˧tʲɤ˧/ "锤子"

图2-1　[d]-[nd]近似最小对立对的语图（M1）

图2-1（b）中浊爆发音[d]前有明显的鼻音成分，相对于图2-1（a），辅音起始部分的共振峰很明显。

在语音层面，/nd/这样的声母实际是两个辅音音段的组合。但是，鼻冠音只出现在浊爆发音、塞擦音前，而且与后面的浊爆发音、塞擦音发音部位一致。因此，玛丽玛萨话中的鼻冠音不是独立的音系单位，而应该分析为鼻冠浊爆发音、塞擦音的特征。在音系层面，一个鼻冠浊爆发音、塞擦音是一个复杂辅音。

除/d/ vs. /nd/外，玛丽玛萨话中其他带鼻冠特征的复杂辅音与不带鼻冠特征的简单辅音，也存在最小对立或近似最小对立：

/bʏ˧/ [bʏ43] 粗	vs.	/mbʏ˧/ [mbʏ43] 供奉
/dɯ˧/ [dɯ43] 一	vs.	/ɳdɯ˧/ [ɳdɯ43] 挽（袖子）
/gʏ˧/ [gʏ43] 九	vs.	/ta˩ŋgʏ˩/ [ta22ŋgʏ21] 硬
/dzo˧/ [dzo43] 恨	vs.	/ndzo˧ɭw˩/ [ndzo33ɭw31] 长圆木
/dzu˧/ [dzu43] 病、痛	vs.	/ma˧ndzu˧/ [mã33ndzu31] 鞭子
/dʐɤ˥/ [dʐʲɤw55] 好	vs.	/ndʐɤ˧/ [ndʐʲɤw43] 难

齿龈爆发音与卷舌爆发音在/a/和/ʏ/前有对立，例如/ta˧bɛ˧/"陡峭" vs. /ʈa˩/"关（把牲畜关起来）"、/tʏ˧pʏ˥/"额头" vs. /ʈʏ˧/"直"。在其他条件下，齿龈爆发音与卷舌爆发音是互补的。齿龈爆发音出现在 /i y o u e a/前，而卷舌爆发音出现在后高、后半高不圆唇元音/ɯ ɤ/前，例如/li˧ti˧/"铃铛" vs. /wa˩ʈɯ˧/"野猪"、/tʰa˥/"锋利" vs. /ʈɤ˧/"摆放"。齿龈鼻音、边近音与卷舌鼻音、边近音有类似的分布，但这两组辅音的对立环境还包括/ɯ/，例如/nɯ˧/"少" vs. /ɳɯ˧ɳɯ˧/"按摩"、/lu˧/"后" vs. /ɭu˧/"两（重量单位）"。

软腭辅音声母在非高、非鼻化的后元音前往往实现为小舌辅音。例如：/kʰo˧/ [qʰo43] "园子"，/xo˧/ [χo43] "高"，/ɣo˩/ [ʁo31] "粮食"，/kʰa˧/ [qʰa43] "咸、苦"，/ka˧/ [qa34] "盖"，/xa˧/[χa34] "睁（眼）"，/ɣa˧tɕʰe˧/ [ʁa43tɕʰe31] "打工"。

/w/在后面有/j/介音的条件下，与/j/融合，整个声母的实际音值是一个唇-硬腭近音[ɥ]。这个音只出现在一个音节/wje˧/[ɥɛ43]"雪/年（今年）"中，因此出于经济性的考虑，我们不单独设立一个/ɥ/音位。

二、带介音的声母

我们把玛丽玛萨话的介音归入声母，因为从语音对应的证据来看，玛丽玛萨话的介音往往与藏文、缅文等保守的亲属语言的辅音性介音对应。玛丽玛萨话有两个近音 /j/ 和 /w/ 可以充当介音。

/j/ 出现在双唇音、齿龈爆发音/鼻音/边近音以及 /x/ 声母后。在带 /j/ 介音的声母之后，可以出现韵母 /a ɤ e u/。带 /j/ 介音的音节出现频率普遍较低。

介音与韵母的组合	音位标音	严式标音	例词
ja	njaɹmboɭ	nja21mbo55	蝗虫
jɤ	bjɤɹ	bjɤw55	塌
je	tʰjeɭ	tʰje31	刨子
ju	bjuɟ	bju43	糖

当声母是龈腭部位辅音、韵母不是 /i y/ 时，声母和韵母之间会增生一个时长较短的过渡性的 [j]。在这个语音环境中，不存在有无 [j] 的对立。因此，龈腭辅音后面的 [j] 在音位标音中被省略，在实际发音时是可分辨的。例如 /tɕɤɟ/ [tɕʲɤw34] "煮"、/tɕeɟ/ [tɕʲe34] "口水"。

/w/ 的分布环境更为受限，只能出现在卷舌和软腭声母后[①]。/w/ 介音后最常出现的韵母是低元音韵母 /a ɑ/，也可以和中元音韵母 /e/ 搭配。

介音与韵母的组合	音位标音	严式标音	例词
we	ɭweɟ	ɭwe43	草木灰
wa	ɭwaɟ	ɭwa43	叫、喊
wɑ	xwɑɹ	χwɑ55	老鼠

/j/ 和 /w/ 介音后面都可以出现鼻化元音韵母。在所有带 /j/ 或 /w/ 介音、韵母为鼻化元音的音节中，/j/ 和 /w/ 介音本身也带鼻化。

介音与韵母的组合	音位标音	严式标音	例词
jõ	xjõɟ	xj̃õ43	等待
jɤ̃	xjɤ̃ɹ	xj̃ɤ̃55	擦（药）
wã	xwãɟ	xw̃ã43	绿
wã	xwãɟ	xw̃ã43	慢

---

① 只有一个例子出现在齿龈塞擦音声母后：/woɟdzwoɟ/ "胖、肥"。

第二节 韵母

玛丽玛萨话有21个韵母,包括11个单元音韵母、1个唇齿近音韵母和9个鼻化元音韵母。

一、单元音韵母

单元音韵母的声学元音图见图2-2:

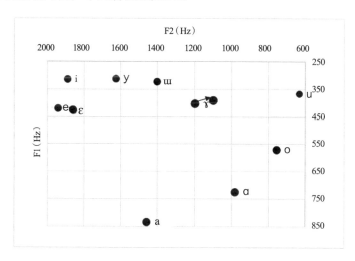

图2-2 玛丽玛萨话单元音声学元音图

韵母	音位标音	严式标音	例词
i	ni˧	ni43	二
y	ny˥	nʏ55	害
e	ne˧	ne43	苋菜
ɛ	mɛ˧	mɛ43	只(量词)
a	na˧	na34	按
ɑ	nɑ˥	nɑ55	黑、大
ɤ	tʂɤ˧	tʂɤw43	土
o	mo˧	mᵛo34	女儿
ɯ	nɯ˧	nɯ43	少
u	mu˧	mu43	簸箕

前半高元音 /e/ 和前半低元音 /ɛ/ 有对立。例如：/me˧/ [mᵛe43] "万" vs. /a˧mɛ˧/ [a33mɛ31] "母亲"。前低元音 /a/ 和后低元音 /ɑ/ 有对立。例如：/kʰa˧/ [kʰa43] "沟" vs. /kʰɑ˧/ [qʰɑ43] "咸、苦"、/ma˧/ [ma34] "竹子" vs. /mɑ˧/ [mɑ34] "吃（粉末状物）"。

/y/ 在双唇音声母和 /x/ 声母后面实现为 [ʏ]。例如：/by˧/ [bʏ43] "粗"、/my˧/ [mʏ34] "推"、/xy˩/ [xʏ31] "低"。

/o/ 和 /e/ 在双唇音声母后实现为 [ᵛo] 和 [ᵛe]。例如：/pʰo˥/ [pʰᵛo55] "脱（衣服）"、/bo˧/ [bᵛo43] "牦牛"、/me˧/ [mᵛe43] "万"。

/ɤ/ 在语音层面带有 [w] 韵尾，实现为 [ɤw]。例如：/jɤ˥/ [jɤw55] "给"、/ʂɤ˧/ [ʂɤw43] "肉"。

/ɯ/ 在齿龈擦音、塞擦音后面舌位略低。例如：/sɯ˧/ [sɯ43] "知道"。在齿龈鼻音、边音、卷舌音后面舌位略前。例如：/nɯ˧/ [nɯ43] "少"。

R 音化元音也是单元音，但涉及其他特征，在第三小节单独讨论；舌尖元音根据互补关系没有单独设立音位，但其声学性质学界有较多争论，在第四小节单独讨论。

二、成音节的唇齿近音

玛丽玛萨话中，唇齿近音 [ʋ] 可以充当韵母，音位标音记为 /ʋ/。[ʋ] 发音时，下唇向前向上伸展，以其内侧轻轻触碰上唇，不出现明显的摩擦，因此是一个近音。[ʋ] 与 [u] 和 [ɯ] 都有对立。例如：/tsʰʋ˥/ [tsʰʋ55] "跪" vs. /tsʰu˧/ [tsʰu43] "楼房" vs. /tsʰɯ˧/ [tsʰɯ43] "洗"。因此这个音在玛丽玛萨话中需要设立一个独立的音位。

[ʋ] 在清送气爆发音声母后会清化。例如：/kʰʋma˧/ [kʰʋ̥33ma31] "贼"、/pʰʋla˩/ [pʰʋ̥55la21] "神仙"。

三、R 音化元音

玛丽玛萨话有一个 R 音化（rhotacization）的元音 /ɚ/。这个元音的分布是受限的，只出现在卷舌辅音声母和 /x/ 声母后面。它与 /ɤ/ 和 /ɛ/ 都有对立。例如：/ʂɚ˧/ [ʂɚ43] "七" vs. /ʂɤ˧/ [ʂɤw43] "肉"、/xɚ˧/ [xɚ43] "长" vs. /xɛ˧/ [xɛ43] "箭"。图 2-3 是 /ɚ/ 的一个例子，图中可以看到韵母部分 F3 出现了明显的下降，而 F3 下降是卷舌特征公认的声学线索。因此可以推测这个元音发音时带有卷舌动作。

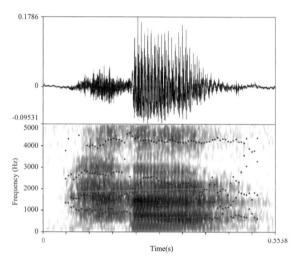

图2-3 /xɚ˧˩/"长"的语图

四、舌尖元音

语音层面上，玛丽玛萨话有两个舌尖元音 [ɿ] 和 [ʅ]。这两个符号是赵元任发明的（Pullum and Ladusaw 1996），但没有被收入国际音标。我们认为在严式记音时仍然有必要保留这两个符号。前人的研究中，彝语北部方言（Bradley 1979；李民、马明 1983）、傈僳语（Bradley 2003）、纳西语和摩梭话（Michaud 2008）都报道了类似的元音，但都被分析为"擦音化元音"[fricative vowels, Chirkova et al.（2013）、Bradley（2003）、Michaud（2008）]，以浊擦音符号 [z] 和 [ʐ] 来转写。然而，玛丽玛萨话中的这两个元音有清晰的共振峰，特别是在高频区域 [见图 2-4（b）和 2-4（c）]。因此这两个音应该是元音而非擦音。

在音系层面，这两个舌尖元音可以被归纳为 /i/ 音位的变体。它们总是与前面的辅音保持部位上的一致。[ɿ] 出现在齿龈擦音、塞擦音后，例如：/ziɭ/ [zɿ31]"转"、/tsi˦/ [tsɿ43]"堤坝"、/tsʰi˦/ [tsʰɿ43]"热"。[ʅ] 出现在卷舌擦音、塞擦音后，例如：/ʐi˦/ [ʐʅ43]"重"、/tʂi˦/ [tʂʅ43]"责怪"。

由于 [i] 从不出现在齿龈和卷舌的擦音、塞擦音后面，[ɿ]、[ʅ] 和 [i] 可以归纳为一个音位 /i/。在纳西语其他方言中，例如永宁摩梭话（Michaud 2008），[ɿ]、[ʅ] 与 [ɯ] 被归纳为一个音位 /ɯ/，但在玛丽玛萨话中这种归纳方案是不可行的，因为 [ɿ] 与 [ɯ] 有对立，例如：/si˧˦/ [sɿ43] "木头" vs. /sɯ˧˦/ [sɯ43] "知道"。

图 2-4 比较了 [i]、[ɿ]、[ʅ]、[ɯ] 的近似最小对立对的语图。2-4（b）和 2-4（c）是舌尖元音的语图，都显示了明显的共振峰，表明韵母部分是元音而不是擦音。2-4（b）相对于 2-4（a），F2 明显下降，表明舌位更加靠后，但没有到 2-4（d）显示的后元音的程度。2-4（c）中 F3 相对于 2-4（a）和 2-4（b）明显降低，且没有明显动程，这是元音始终带有卷舌特征的表现（Ladefoged and Maddieson 1996）。

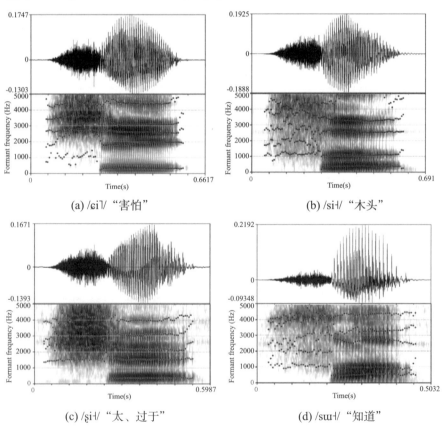

图2-4　[i]、[ɿ]、[ʅ]、[ɯ]近似最小对立对的语图

五、鼻化元音

玛丽玛萨话有如下9个鼻化元音:

韵母	音位标音	严式标音	例词
ĩ	xĩ˧	xĩ43	人
ỹ	xỹ˩	xỹ31	站立
ɛ̃	ʔɛ̃˧	ʔɛ̃43	铜
ã	xã˧	xã43	金
ɑ̃	xɑ̃˧	xɑ̃43	听见
ɣ̃	xjɣ̃˩	xjɣ̃31	一夜
õ	xõ˧mɛ˩	xõ33mɛ31	肚子
ũ	tʰũ˩jɛ̃˧	tʰũ21jɛ̃33	鸽子
ɚ̃	nɚ̃˧xɚ̃˩	nɚ̃55xɚ̃31	麻袋

除了/ĩ/和/ɛ̃/，所有的鼻化元音都与相应的口元音有最小对立或近似最小对立。出于系统性的考虑，/ĩ/和/ɛ̃/也设立单独的音位。

/xɣ˧/ [xɣ43] "低"　　　vs.　/xỹ˩/ [xỹ31] "站立"

/xa˩duˀ/ [xa21du44] "害羞"　vs.　/xã˩/ [xã31] "切"

/xɑ˧/ [xɑ34] "张（口）"　vs.　/xɑ̃˧/ [xɑ̃43] "听见"

/xo˧/ [xo43] "高"　　　vs.　/xõ˧/ [xõ43] "肚子"

/u˧/ [u43] "熊"　　　　vs.　/ɣɛlũ˧/ [ɣɛ55ũ23] "领子"

/ʋˀfʋ˧/ [ʋ55fʋ23] "脑髓"　vs.　/ṽ˧/ [ṽ43] "银"

/xɚ˧/ [xɚ43] "长"　　vs.　/nɚ̃˧xɚ̃˩/ [nɚ̃55xɚ̃31] "麻袋"

第三节　声调

玛丽玛萨话的单音节词有4个调类：

/ˀ/	miˀ "吹（灰）"	xɯˀ "离开"
/˧/	mi˧ "脂肪油"	xɯ˧ "牙"
/˦/	mi˦ "（饭）熟"	xɯ˦ "湖"
/˩/	mi˩ "饿"	xɯ˩ "反刍胃"

一、声调的变异

单音节词四个调类的音高曲线如图2-5所示。每个调类的音高曲线基于20个左右的例词。音高值利用z-score方法（朱晓农 2005）进行了归一化，从而可以转化为五度值。图2-5为两位合作人的声调音高曲线。

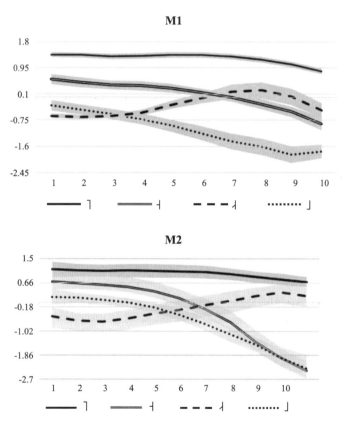

图2-5　合作人M1和M2的单音节词声调音高曲线

玛丽玛萨话单音节词的调值表现出明显的人际变异。合作人M1将/˥/实现为[55]，/˦/实现为[43]，/˧/实现为[34]，/˩/实现为[31]。合作人M2的/˥/和/˧/两个调类的语音实现与合作人M1相似，但将/˦/实现为[51]，/˩/实现为[41]。虽然二者调值接近，但/˦/与 /˩/ 之间仍然很好地保留了对立。

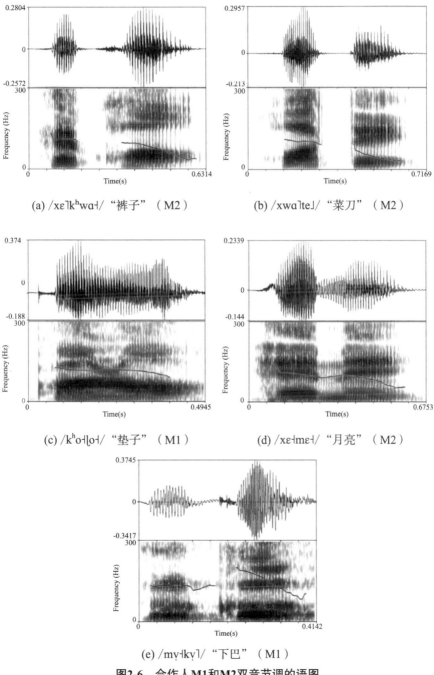

图2-6 合作人M1和M2双音节调的语图

在多音节片段的末尾位置，/˧/和/˩/两个调类的语音实现表现出更明显的差异[如图2-6（a）和2-6（b）]。在非末尾位置，/˧/实现为中平调[如图2-6（c）和2-6（d）]。合作人M1有时将多音节片段末尾位置的/˩/实现为高降调，在单音节的环境下偶尔也会将/˩/实现为高降调。

双音节单纯词有12种声调模式。双音节声调模式在形式上都是单音节调的组合，下面以列表形式说明双音节调与单音节调之间的关系（表2-2）。

表2-2 玛丽玛萨话双音节单纯词调类

第一音节＼第二音节	/˥/	/˧/	/˩/	/˨˧/
/˥/	无	/u˥sy˧/ [u55sy31] "莴笋" /tɕi˥kwe˧/ [tɕi55kwe31] "南瓜"	/ku˥pʰu˩/ [ku55pʰu21] "桃子" /xwa˥te˩/ [χwa55te21] "菜刀"	/tsʰɯ˥ɣɯ˨˧/ [tsʰɯ55ɣɯ23] "板栗" /u˥lɯ˨˧/ [u55lu23] "梁"
/˧/	/si˧tʂu˥/ [sɿ33tʂu53] "李子" /mɣ˧kɣ˥/ [mʊ33kʊ53] "下巴"	/ndzo˧kʰa˧/ [ndzo33qʰa31] "露水" /kʰo˧lo˧/ [qʰo33lo31] "垫子"	/ba˧la˩/ [ba33la21] "衣服" /dzi˧ba˩/ [dzɿ33ba21] "腿"	/i˧tʂɤ˨˧/ [i33tʂɤw23] "早晨" /i˧tʂo˨˧/ [i33tʂo23] "洗澡"
/˩/	/la˩dze˥/ [la21dze53] "瓢" /kʊ˩pe˥/ [kʊ21pe53] "嘴巴"	无	/la˩tsɯ˩/ [la22tsɯ21] "辣椒" /la˩kʰwa˩/ [lɑ22qʰwa21] "肩膀"	/a˩dzi˨˧/ [a21dzi23] "酒" /la˩tʰɯ˨˧/ [la21tʰɯ23] "戒指"
/˨˧/	/tu˨˧tsʰɣ˥/ [tu24tsʰʊ55] "陡坡"	无	/ɕe˨˧tʰa˩/ [ɕʲe24tʰa21] "结巴"	无

上述出现的声调模式都是单音节调的直接组合。缺失的单音节调组合都与双音节合成词连读变调中不可能出现的连调式一致（见表2-3）。从

单音节调与双音节调的对应来看，玛丽玛萨话的声调系统似乎是音节调系统，但是也表现出一些与音节调系统不同而类似词调系统的特点：

（1）一些词汇层面是复合词的语言片段，其声调模式与连读变调规则推导出的连调式不同。例如：/xɯ˧/ "雨" + /dzʐ˩/ "落" → /xɯ˧dzʐ˧/ [xɯ55dzʐw31] "下雨"（连读变调规则预测：˧-˧）；/xɯ˧/ "牙" + /dzu˧/ "痛" → /xɯ˧dzu˧/ [xɯ55dzu31] "牙疼"（连读变调规则预测：˧-˧）；/ʂu˩/ "样子" + /kʰɑ˩/ "坏" → /ʂu˧kʰɑ˧/ [ʂu33qʰwɑ55] "丑"（连读变调规则预测：˥-˩）。

（2）双音节单纯词声调模式中的两种：˧-˩和˧-˧，是双音节复合词的声调模式中不出现的。根据连读变调规则，它们在双音节复合词中会分别变为˧-˥和˧-˥（见表2-3），但在双音节单纯词中都保持不变（见表2-2）。相反，声调模式˩-˧在双音节单纯词中不出现，但在复合词中能找到例子：/ɑ˩/ "猪" + /si˧/ "肝" →/wɑ˩si˧/ [wɑ21sʐ31] "猪肝"，/kʰɑ˩/ "皇帝" + /dze˧/ "麦子" → /kʰɑ˩dze˧/ [qʰɑ21dze31] "玉米"①。

二、复合词和词组中的声调

一些双音节复合词的声调是两个语素的声调的直接组合，还有一些会发生连读变调。表2-3列出了双音节复合词的连读变调规则。

表2-3　玛丽玛萨话双音节复合词的连读变调规则

第一音节 \ 第二音节	/˧/	/˧/	/˩/	/˧/
/˧/	˧-˧ /xwɑ˧/ "老鼠" + /kʰɯ˧/ "窝" → /xwɑ˧kʰɯ˧/ [χwɑ33kʰɯ55] "老鼠洞"	无	无	无

---

① /dze˧/ 在玛丽玛萨话中义为"稻米"，但本义应该是"小麦"。见李子鹤（2019）对纳西语"玉米"一词构词理据和语义演变的讨论。

续表

第一音节＼第二音节	/˧/	/˦/	/˩/	/˨/
/˦/	无	无	˥-˩ /si˦/ "木头" + /kʰwa˩/ "碗" → /si˥kʰwa˩/ [ʂŋ55qʰwɑ21] "木碗"	˥-˨ /si˦/ "木头" + /pe˨/ "钉子" → /si˥pe˨/ [ʂŋ55pe23] "木钉"
/˩/	无	˩-˥ /ĩ˩/ "睡" + /wa˦/ "叫" → /ĩ˩wa˥/ [ĩ21wa55] "打鼾"	无	无
/˨/	无	˨-˥ /ma˨/ "竹子" + /dzi˦/ "树" → /ma˨dzi˥/ [ma21dzŋ55] "竹子"	无	˨-˨ /ma˨/ "竹子" + /ly˨/ "木棍" → /ma˨ly˨/ [ma21ly23] "竹竿"

/˨/在连读变调中有变异，可能会像上表列出的规则一样发生变调，也有可能不变调。例如：

/ma˨/ "竹子" + /tsɯ˨/ "骨节" → /ma˨tsɯ˨/ "竹节"

在词组中，连读变调规则与复合词中的连读变调规则一致，见表2-4。

表2-4　玛丽玛萨话双音节词组的连读变调

第一音节＼第二音节	/˧/	/˦/	/˨/	/˩/
/˧/	/la˧/ "鸡" + /la˧/ "打" → /la˧la˧/ [la33la55] "打鸡"	无	无	无
/˦/	无	无	/na˦/ "奶" + /ʂɣ˨/ "喝" → /na˧ʂɣ˨/ [na55ʂɣ21] "喝奶"	/sɑ˦/ "麻" + /mɑ˦/ "吃（粉末状物）" → /sɑmɑ˦/ [sɑ55mɑ23] "吃麻籽"
/˨/	无	/wa˨/ "猪" + /zɚ˦/ "买" → /wa˨zɚ˧/ [wa21zɚ55] "买猪"	无	无
/˩/	无	/lɛ˩/ "茶" + /tɕʰi˦/ "倒" → /lɛ˩tɕʰi˧/ [lɛ21tɕʰi55] "倒茶"	无	/ma˩/ "竹子" + /fa˦/ "种" → /mafa˦/ [ma21fa23] "种竹子"

玛丽玛萨话复合词和词组变调规则的一致性表明，玛丽玛萨话的词汇曾经是以单音节为主的。玛丽玛萨话的音系规则以单音节片段为基础构成，早期的单音节词现在往往变成了不成词语素，保留在复合词里。

在三音节或更大的音系单位里，声调音系规则是循回性（cyclic）的，依照语法层级依次运用。然而，在第二轮次的运用中，如果新生成变调窗，则只有左侧的变调窗允许连读变调规则运用，与左侧两音节的语法结构无关。例如：

/ma˧/ "竹子" + /kʏ˥dɚ˩/ "芽" → /ma˩kʏ˥dɚ˩/ [ma21kʏ55dɚ21] "竹笋"（连读变调规则 ˧+˥ → ˩-˥ 在左侧两音节中运用）

/u˧/ "蔬菜" + /tɑ˧xo˧/ "干" → /u˩tɑ˥xo˧/ [u21tɑ55χo31] "干菜"（连读变调规则 ˧+˧ → ˩-˥ 在左侧两音节中运用）

/tʂʰa˧/ "线" + /to˩lo˩/ "打结" → /tʂʰa˥to˩lo˩/ [tʂʰa55to21lo23] "线打结"（连读变调规则 ˧+˩ → ˥-˩ 在左侧两音节中运用）

右侧的变调窗则不允许连读变调规则运用。例如：

/lʏ˧pɑ˧/ "石头" + /y˧/ "粉末" → /lʏ˥pɑ˥y˩/ [lʏ33pɑ33y21] "水泥"（连读变调规则˧+˧ → ˥-˩在右侧两音节中不运用）

/wɑ˩sɯ˩/ "猪血" + /dze˧/ "吃" → /wɑ˩sɯ˩dze˧/ [wɑ31sɯ22dze31] "吃猪血"（连读变调规则 ˩+˧ → ˥-˩ 在右侧两音节中不运用）

两个 ((A+B)+C) 结构的例子能很好地说明连读变调相关的音系规则：

/ze˧xĩ˥ʂwa˥/ [ze33xĩ55ʂwa55] "流产"

((ze˧	xĩ˥)	ʂwa˥)	
孩子	人	泻	
(ze˧	xĩ˥	ʂwa˥)	不变
	n.a.		˥+˥ → ˧-˥
ze˧	xĩ˥	ʂwa˥	

/mi˥lɛ˧zɚ˧/ [mi55le23zɚ31] "买酥油茶"

((mi˥	lɛ˧)	zɚ˧)	
脂肪油	茶	买	
(mi˥	lɛ˧	zɚ˧)	˥-˧ → ˥-˩
	n.a.		˧+˧ → ˩-˥
mi˥	lɛ˧	zɚ˧	

三音节及更大的单位，无论是复合词还是词组，连读变调规则也是一致的。在一些汉语方言中，变调窗在左还是在右，也会影响变调规则的应用，例如天津话（Chen 2000；Yip 2002；Li et al. 2019）。

虽然玛丽玛萨话和永宁摩梭话亲缘关系较近（李子鹤 2013b），但是它们的声调系统有很大的差异。在永宁摩梭话中，特定的语法环境中会出现比单音节环境中更多的调类（Michaud 2017），但玛丽玛萨话中没有这种现象。玛丽玛萨话的声调系统更接近拉塔地摩梭话（Dobbs and La 2016），但是/˦/调类，虽然在语音层面，在末尾位置会实现为降调，但是在音系层面仍然是一个平调：一方面，在所有的非末尾位置的音节中，/˦/调类都实现为一个平调，这表明这个调类在音系底层结构中是一个平调；另一方面，/˦/调类与往往实现为高平调的调类/˥/在连读变调规则中有交替。因此，玛丽玛萨话的声调系统应该是一个三平调系统，这与以丽江纳西语（Michaud 2006b）为代表的纳西语西部方言是一致的，但仍然带有一些词调系统的特征。声调系统的这种混合性质，可能是研究玛丽玛萨话（在玛丽玛萨人迁徙过程中）经历的语言接触的一个线索。

第四节　音节结构

玛丽玛萨话的音节结构可以用公式表示如下：
(C) (G) VT
C 代表任意辅音，包括带鼻冠的浊爆发音、塞擦音
G 代表介音，可以由 [w] 或 [j] 充当
V 代表任意元音，或成音节的唇齿近音[ʋ]
T 代表音节的声调
C 和 G 是音节中的可选成分。因此，玛丽玛萨话中可能的音节类型包括：

(1) VT　　　　　/u˦/ [u43] "熊"
(2) CVT　　　　/ba˦/ [ba43] "喜欢"
(3) GVT　　　　/wɑ˩/ [wɑ31] "猪"
(4) CGVT　　　/bjʁ˥/ [bjʁw55] "塌毁"

第三章 词类

玛丽玛萨话的词类可分为名词、代词、数词、量词、动词、形容词、副词、连词、感叹词等。

第一节 名词

玛丽玛萨话的名词是不能加否定标记ma˧=，不能带体、式标记，但可以带施事格/工具格/夺格标记或位格标记的词。名词在句子中一般不能作谓语。可分为普通名词、专有名词、方位名词、时间名词等。

一、普通名词

普通名词是名词中数量最多、最常用的一个小类。可作为名词性短语的中心，也可充当名词的修饰成分。

二、专有名词

专有名词包括地名和人名。在语义上可以充当核心论元和间接论元。

地名可以带位格标记、夺格标记、话题标记，既可充当核心论元，也可充当间接论元，可以直接修饰其他名词。例如：

(3-1) iɯgɤɭdyꜗ   tsɑ˦   =sɑꜗ.
　　　丽江　　　舒服　　MIR
　　　丽江真是个舒服的地方啊。

(3-2) ŋɑ˦   tʰɑɭtʂʰi꜓   =nɯ˦   i˦   =le˦.
　　　1SG　　塔城　　　　ABL　　来　　NMLZ
　　　我从塔城来。

(3-3) ni˦nɑꜗ   dzy꜓yꜗ   ju˦   =sɑꜗ.
　　　维西　　　豆腐　　　香　　MIR
　　　维西的豆腐太好吃了。

人名可以带施事标记、受事标记、夺格标记，可以充当核心论元、间接论元，可以直接修饰名词，也可作名词性短语的核心。例如：

(3-4) u˦   lɑ˦   ɑ˦dʐuɭdzuꜗ   =nɯ˦   kʰy˦   lɑ˦   i˦
　　　蔓菁　种子　阿久九　　　　A　　　　偷　　　又　　来
　　　=nɯ˦.
　　　DUR
　　　蔓菁种是阿久九偷回来的。

(3-5) kɯ˦tʂi˥xwɑ˦zuꜗ   nɯ˦ŋɑ˦   ŋɑ˦ŋgɑ˦xuꜗ   te˦   kɯ˦nɯ˦   lo˦sɑ˦.
　　　给志华茸　　　　　TOP　　　阿岩河　　　　家　　　ASSOC　　老三
　　　给志华茸（是）阿岩河家的老三。

(3-6) tʂɑ˦ɕi˦   xỹꜗ   bɑꜗ   ỹ˦   kʰɑ˦tɕɑ˦   xỹꜗ   bɑꜗ?
　　　扎西　　　住　　商量语气　或者　卡佳　　　住　　商量语气
　　　是扎西留下，还是卡佳留下？

三、方位名词

方位名词是表示空间方向的词。例如：

gɤ˥py꜓ 上面　　　　ỹ˥py꜓ 下面
wɑ˦tɑ˦ 左边　　　　i˦ti˦ 右边
u˦tɑ˦ 前面　　　　ɑ˥gwe˦ 后面

ku˧ku˧lu˧ 里面   a˧pʰɣ˧ 外面
ta˧kʰɣ˧ 中间

方位名词不能带施事标记、受事标记、工具标记，可以带夺格标记 nu˧、方向标记 le˩。例如：

(3-7) a˧pʰɣ˧   xu˧   dzɣ˥   tsi˧   =le˩.
      外边   雨   落   PROG   NMLZ
      外边在下雨。

(3-8) nu˧   gɣ˥tʂi˩   =nu˧   lo˩   nje˧!
      2SG   上边   ABL   看   IMP
      你从上边看！

(3-8) 中方位名词是动作的起始点，后面加夺格标记。

(3-9) gɣ˥   =le˩   zo˧tsʰi˧   tʰɣ˥   pa˧~pa˧,   ỹ˥
      上方   DIR   四十   步   背:ITER   下方
      =le˩   wã˧tsʰi˧   tʰɣ˥   pa˧~pa˧.
      DIR   五十   步   背: ITER
      朝上背四十步，朝下背五十步。

这一句方位名词是动作的朝向，因此后面加方向标记。

方位名词是 gɣ˥ 或 ỹ˥ 时，方向标记也可以省略，但省略的情况下，原来的方位名词就不再是方位名词，而是要分析为方向前缀。例如：

(3-10) zo˧tsʰi˧   tʰɣ˥   gɣ˥=   pa˧~pa˧,   wã˧tsʰi˧   tʰɣ˥
       四十   步   DIR:向上   背:ITER   五十   步
       ỹ˥=   pa˧~pa˧.
       DIR:向下   背: ITER
       朝上背四十步，朝下背五十步。

前、后、左、右等方向，方位名词后不能省略方向标记。

方位名词可以带话题标记。例如：

(3-11)　aˌpʰy˧　nɯ˧ŋa˦,　xu˦　dzɤ˧　tsi˧　=le˦.
　　　　外边　　TOP　　　雨　　落　　PROG　NMLZ
　　　　外边在下雨。

方位名词可以作定语修饰名词。例如：

(3-12)　aˌpʰy˧　=kɤ˥　tsɯ˧tsɯ˧　te˧-tʂɤ˧　=hɯ˧,　kɯ˧kɯˌɭɯ˦
　　　　外面　　ASSOC　东西　　　DUR-摆放　DUR　　里面
　　　　=kɤ˥　tsɯ˧tsɯ˧　pa˦　　=a˦　　be˦.
　　　　ASSOC　东西　　　带　　CONJ　　去
　　　　外面的东西留下，拿里面的。

方位名词一般不直接充当句子的论元。例如：

(3-13)　ŋa˦　　=kɤ˥　wa˦ta˧　aˌmo˦　ŋa˦　te˦　gɯ˦dzɯ˧　ŋɤ˧.
　　　　1SG　　ASSOC　左边　　边　　　1SG　家　　弟弟　　COP
　　　　我的左边是我的弟弟。

如果不加aˌmo˦"边"，意思就变成了"我的左手"。

四、时间名词

时间名词表示绝对或相对的时间。常用的有：tsʰe˥dɯ˦dɯ˦ni˦"初一"、ju˦peˌxɛˌ"一月"、tsʰi˦ni˦"今天"等。

时间名词可以带位格标记、比较标记、话题标记。例如：

(3-14)　tsʰi˦ni˦　=nɯ˦　tuˌkʰu˦　ŋa˦　tʰa˦le˦　sɯ˦　be˦　sɛ˦.
　　　　今天　　　LOC　　过去　　1SG　　书　　　学　去　COMPL
　　　　从今天开始我上学了。

(3-15)　tsʰi˦ni˦　nɯ˧ŋa˦　aˌniˌmyˌsy˦　=tɯ˥　tsʰi˦.
　　　　今天　　　TOP　　　昨天　　　　COMPR　热
　　　　今天啊，比昨天热。

(3-16) laɯ˧gy˧ gy˧ sɛ˩, uɮaɮ naɉnaɮ dzaɿkʰɤɉ ɦɤɣ aɮ.
路　　好　COMPL　以前　TOP　　泥巴　COP EGO
路好了，以前都是泥巴。

时间名词可以直接修饰名词。直接修饰名词时，时间名词位于中心语之前。例如：

(3-17) tsʰi˧ni˧ kɯɉ =nɯɉ dzɤɿ, tsʰi˧ni˧ kʰyɮ =nɯɉ dzɤɿ.
今天　星　A　好　　今天　　年　A　好
今天运气好，今年年景好。

在系词句中，时间名词可以直接作系词句的话题。例如：

(3-18) tsʰi˧ni˧ ũ˧ɯ˧ maɮɮaɮɯɮaɮsaɯ ny˧wã˩ ɤɣ aɮ.
今天　1PL:INCL　玛丽玛萨　　　　纪念日　COP EGO
今天是咱们玛丽玛萨人的吉日。

第二节　代词

代词可分为人称代词、指示代词、反身代词、疑问代词和不定代词。

一、人称代词和指示代词

玛丽玛萨话的人称代词和指示代词有明显的联系，因此我们一起介绍。

表 3-1　玛丽玛萨话的人称代词和指示代词

	第一人称	第二人称	第三人称	近指	远指
单数	ŋaɉ	nuɉ	tʰɯɉ	tsʰiɉ	tʰɯɉ
复数	ũ˧ɯ˧（包括式） ŋa˧ɯ˧（排除式）	nu˧ɯ˧	tʰɯ˧xɤ˧	tsʰi˧xɤ˧	tʰɯ˧xɤ˧
双数	ũ˧dzy˧	ny˧dzy˧	tʰɯ˧dzy˧		

第三人称代词单、复数与远指代词单、复数同形。而第一、第二人称代词搭配的复数标记与第三人称代词搭配的复数标记不同。因此，玛丽玛

萨话的第三人称代词可能是借用远指代词，玛丽玛萨话的人称代词本来是一个只有第一、第二人称的系统。

基本指示语素可参与构成指示处所、性状的词：

tsʰi˧tʰu˧ 这里、这边　　　　tʂʰi˧sy˨ 这样
tʰɯ˧tʰu˧ 那里、那边　　　　tʰɯ˧sy˨ 那样

另有 teltʰu˧ 一词，指示比 tʰɯ˧tʰu˧ 所指距离更远的处所。

人称代词在及物句中可以带施事标记也可以带受事标记。例如：

(3-19) tʰɯ˧　=nɯ˧　ŋa˧　=gɤ˨　xĩ˩ka˨.
　　　 3SG　 A　　1SG　 P　　骗
　　　 他骗我。

第一人称代词复数有包括式和排除式的区别：

(3-20) tsʰi˧ɲi˧　ũ˧m˧　malɯ˧ma˧sɯ ny˨lwã˨ ɤŋ˧ a˧.
　　　 今天　　1PL:INCL　玛丽玛萨　纪念日　COP　EGO
　　　 今天是咱们玛丽玛萨人的吉日。

(3-21) a˧my˧　ŋa˧m˧　xĩ˧ =gɤ˨, a˧nɛ˨ je˧ ty˨,
　　　 现在　　1PL:EXCL　人　P　怎么　做　兴
　　　 a˧nɛ˨ ŋɤ˧.
　　　 怎么　COP
　　　 现在，对于我们来说应该怎么做，我们是什么样的人。

二、反身代词

玛丽玛萨话中有一个单独的反身代词 ŋu˧ta˨ŋu˧，表示"自己"的意思，不区分人称。例如：

(3-22) nɯ˧　ŋu˧　=kɤ˨ ŋə˧ ŋu˧ta˨ŋu˧ gy˨.
　　　 2SG　REFL　GEN　事　自己　　做
　　　 你自己的事情自己做。

(3-23) ʂɤ˧ tʂʰi˧-xɤ˧ tʰɯ˧xɤ˧ ɳuˣtaɹɲɤ˧ tʂʰə˩˨~tʂʰə˩ be˧.
事 DEM:近指-PL 3PL 自己 解:ITER 去
这些事情他们自己去解决。

三、疑问代词

玛丽玛萨话的疑问代词有：

kʰa˧sɯ˧ 谁   a˧tsy˧ 什么   ze˧ 哪里
kʰaˀla˩ 几时   a˧nɛ˩ 怎么   kʰa˧ 多少

疑问代词在疑问句中出现在它所指代的词语的位置。例如：

(3-24) tʰɯ˧ kʰa˧sɯ˧ ŋɤ˧?
3SG   谁   COP
他是谁？

(3-25) nu˧ a˧tsy˧ dy˧ dze˧ õ˩mo˩ a˧?
2SG 什么 一点 吃   想   EGO
你想吃点什么？

(3-26) tʰɯ˧xɤ˧ ze˧ =hɯ˧ i˧ nɯ˧jɤ˧?
3PL   哪里 ABL   来 QUES:N-EGO
他们从哪儿来的？

(3-27) a˧nɛ˩ dy˧ je˧ tsi˧ ŋɤ˧ a˧?
怎么 一点 做   PROG COP EGO
（我）要怎么做？

(3-28) nu˧ te˧ ɣu˧ kʰa˧ pʰa˩ dʑu˧ a˧?
2SG 家庭 牛   多少 CL   有   EGO
你家有多少头牛？

kʰa˧sɯ˧ "谁"、kʰaˀla˩ "几时"、ze˧ "哪里" 和 a˧nɛ˩ "怎么" 都有任指用法：

(3-29) kʰa˧sɯ˧ te˧ ze˧xĩ˧ ŋɤ˧ tsy˧dzu˧ be˧ le˧
谁   家   孩子   COP 不管   去   PRT

　　　　la˧ tʰɑ˧lɐ˧ su˧.
　　　　PRT 书 学
　　　　不管是哪家的孩子都去读书。

(3-30) nɯ˧ kʰa˧ta˧ li˧ lje˧ a˧za˧.
　　　　2SG 几时 来 来:IMP 可以
　　　　你什么时候来都可以。

(3-31) tʰɯ˧ ze˧ la˧ be˧ ma˧= mo˧.
　　　　3SG 哪里 也 去 NEG 想要
　　　　他哪里都不想去。

(3-32) nɯ˧ a˧ɳe˧ so˧dzi˧=le˧ je˧ a˧za˧.
　　　　2SG 怎么 想 NMLZ 做 可以
　　　　你想怎么做都可以。

四、不定代词

玛丽玛萨话有两个不定代词，ɖɯ˧kʰɤ˧义为"有的、有些"，xĩ˧mɤ˧xĩ˧tɤ˧义为"别人"，均可用于单数意义或复数意义。它们可以作名词性短语的中心语，例如：

(3-33) a˧za˧, a˧dzi˧ ɖɯ˧kʰɤ˧ a˧ ʂy˧ sɜ˧.
　　　　DM 酒 有的 PRT 喝 COMPL
　　　　有的（人）喝了酒。

(3-34) xa˧dɯ˧ kɯ˧=kɤ˧ si˧dzi˧ ɖɯ˧kʰɤ˧ sy˧ly˧ dzi˧ ŋɤ˧,
　　　　院子 里 GEN 树 有的 梨 树 COP
　　　　ɖɯ˧kʰɤ˧ lʊ˧dʊ˧ dzi˧ ŋɤ˧.
　　　　有的 核桃 树 COP
　　　　院子里的树有些是梨树，有些是核桃树。

也可以作名词性短语的修饰语，位置在中心语之前。例如：

(3-35) xĩ˧ xĩ˧mɤ˧xĩ˧tɤ˧ xĩ˧ ndzɤ˧.
　　　　人 别人 人 坐
　　　　其他的人坐。

周遍义一般不用不定代词，而是用疑问代词。例如：

(3-36) mbɛ˧ ku˧ ʂə˥ a˧xwa˩le˥ xĩ˧ =nɯ˧ gʌ˧ xĩ˧
村子 里 事情 所有的 人 A 做 人
dʐu˩, kʰə˧-sɯ˧ tʰɯ˩ ŋɤ˧ =le˧ ba˩.
有 哪个-CL 3SG COP NMLZ 喜欢
村子里事事都有人做，人人都很高兴。

"其他""一些""很多"等意义，玛丽玛萨话一般不用不定代词，而是用形容词修饰名词，或者将形容词名物化。例如：

(3-37) yo˩ dɯ˧ ly˧ tʂʰi˩dʐu˧ =a˧ =le˧
粮食 一 CL 每 ADV NMLZ
ku˧-mɛ˩.
心-满
粮食一粒粒都很饱满。

(3-38) si˧ly˧ tʂʰi˧ ly˩ ta˩ tse˩-yã˩,
圆木 DEM：近指 CL 仅仅 用-可以
du˧pa˩ =le˧ a˧xwa˩le˥ gɤ˧ po˩.
其他 NMLZ 全部 扔 掉
只有这根木料能用，其他的都扔掉。

du˧pa˩ "其他"在这里是形容词，后面加名物化标记le˧变成名词，作后面一个动词的论元。

(3-39) xĩ˧ kʰa˩ni˩ ma˧= i˩.
人 许多 NEG 来
好多人都没来。

(3-40) ba˧la˩ kʰa˩ni˩ dzy˩wa˩ sɜ˩.
衣服 许多 湿 COMPL
很多衣服都湿了。

这两句中"许多"是形容词，修饰前面的名词"人"和"衣服"。

第三节 数词

玛丽玛萨话的数词可与量词组成数量短语修饰名词性短语，表示事物的量或动量。也可直接修饰一部分动词，表示动量。玛丽玛萨话的数词为十进位体系，基本数词如下：

dɯ˦	一	kʰo˧	六	ɕe˦	百
ni˦	二	ʂə˦	七	tγ˦	千
su˧	三	ɕi˦	八	me˦	万
zo˦	四	gγ˦	九		
wã˦	五	tsʰi˦	十		

11—19的数字，用 tsʰi˦ "十"加个位数表示：

tsʰi˦dɯ˦	十一	tsʰi˦kʰo˧	十六
tsʰi˦ni˦	十二	tsʰi˦ʂə˦	十七
tsʰi˦su˧	十三	tsʰi˦ɕi˦	十八
tsʰi˦zo˦	十四	tsʰi˦gγ˦	十九
tsʰi˦wã˦	十五		

"二十"读音不规则，是 ni˦tsi˦。

21—29的数字，用"二十"加个位数表示。31—99的数字，用十位数加"十"再加个位数表示。三十及更大的整十的数，用十位数加"十"表示。101—999的数字，用百位数加"百"再加其余的数表示，中间不加其他词。更大的数以此类推。

玛丽玛萨话固有词中没有序数词，但用了藏语的借词 dã˦bu˧ "第一"和 ni˦pa˦ "第二"表达相应的概念。三及以上的序数，用数字加上量词 kγ˧ "个"表示。

概数有三种表示法：

1. 在数词后加 xa˥ "多出来、余"表示余数，如：

la˥	tsʰi˦	mɛ˥	xa˥	十几只鸡
鸡	十	CL	多出来	

2. 数量短语连用，如：

su˧   ni˧   zo̠˧   ni˧   三四天
三   日   四   日

3. 数词"一""二"连用表示"几"，如：

dɯ˧-ni˧-kv˧   几个
一-二-CL

此外还有一些表不定量的词。例如：

tʂʰi˧xɤ˧ 这些   tʰɯ˧xɤ˧ 那些   a˧xwɑ˥le˩ 全部

第四节　量词

玛丽玛萨话的量词不能单用，必须与数词一起组成数量短语，修饰名词性短语或动词。从语义上可分为名量词和动量词。

一、名量词

名量词数量较多，又可分为个体量词、集体量词和度量词。

1. **个体量词**。常用的有：

xĩ˧   dɯ˧   i˧   一个人   lɑ˧   dɯ˧   mɛ˧   一只鸡
人   一   CL（个）   鸡   一   CL（只）
lɑ˧yõ˧ dɯ˧ lɯ˧   一个鸡蛋   mɑ˥ty˩ dɯ˧ kʰɯ˧   一根竹竿
鸡蛋   一   CL（个）   竹竿   一   CL（根）

还有一些个体量词是反响型量词。例如：

si˧dzi˧ dɯ˧ dzi˧   一棵树   bɑ˥bɑ˧ dɯ˧ bɑ˧   一朵花
树   一   树   花   一   花

2. **集体量词**。常用的有：

ʝu˧   dɯ˧   xwɑ˧   一群绵羊   si˧   dɯ˧   lo˧   一捆柴
绵羊   一   CL（群）   柴   一   CL（捆）

3. 度量词。常用的有：

  dɯ˦ lo˦　一两　　dɯ˦ py˦　一升　　dɯ˦ to˦　一拃

有些名量词是借自汉语的。例如：

  gʋ˩ tʂʰi˩　dɯ˦　pa˦　　一把弯尺
  弯尺　　一　　CL（把）

二、动量词

动量词不发达，可用数词直接修饰动词。用动量词的例子：

  dɯ˦ lo˦　tʰa˦　咬一口　　dɯ˦ kʰɯ˦　lwa˦　叫一声
  一　口　咬　　　　　　一　声　喊叫

  ni˦ kʰa˦　da˦　砍两刀　　sɯ˦ zi˦　dzi˧　敲打三下
  二　下　砍　　　　　　三　次　敲打

其中 kʰa˦ 是使用范围较广的动量词。例如：

  dɯ˦ kʰa˦　tɕʰu˩　踢一脚　　dɯ˦ kʰa˦　dɯ˦　打一下
  一　下　踢　　　　　　一　下　打

数词直接修饰动词的例子：

  dɯ˦　lo˦　be˦　去看一下　　ny˦ ta˩　dɯ˦　jʁ˩　舔一下嘴
  一　看　去　　　　　　　嘴　一　舔

  dɯ˦　tɕʰu˩　踢一下　　ni˦　da˦　砍两下
  一　踢　　　　　　二　砍

第五节　动词

  玛丽玛萨话的动词与形容词都能带否定标记 ma˦，都能带体、式标记。但它们也有区别：玛丽玛萨话中有两个意义泛化、仅表示程度深的副词 na˩nã˩ 和 lɑ˦xɑ˩，动词只能受前者修饰，而形容词只能受后者修饰。

动词在句子中一般充当谓语。根据句法功能和语义，玛丽玛萨话的动词可分为不及物动词、及物动词、双及物动词三大类。除此之外还有五类特殊的动词：存在动词、系动词、助动词、趋向动词、情态动词。

一、不及物动词

不及物动词只能带一个核心论元。例如：

(3-41) xɯ˧　　dzʐ̩˧˥　　sɜ˩　　=le˧.
　　　雨　　　落　　　COMPL　NMLZ
　　　下过雨了。

(3-42) ŋa˧　　dzu˧　　=le˧.
　　　1SG　　病　　　NMLZ
　　　我病了。

玛丽玛萨话的陈述句必须有一个论元，这个论元既是句法上的论元，也是语义上的论元，不存在英语中"形式主语"那样的成分。

二、及物动词

及物动词可以带两个核心论元。典型的及物动词在语义上需要一个施事，根据施事与受事的生命度差异，施事有时带施事格标记（详见第六章）。例如：

(3-43) ŋa˧　　tʰa˧le˧　　lo˩.
　　　1SG　　书　　　　看
　　　我看书。

(3-44) wje˧　=nɯ˧　ma˩dzi˧　kʰe˧　xɯ˩　=le˧.
　　　雪　　 A　　竹子　　　断　　CAUS　NMLZ
　　　雪把竹子压断了。

在具体语境中，及物动词的某一个论元可以省略。这时可通过格标记反映的生命度等级体现省略的论元。例如：

(3-45) kʰɯ˧ =nɯ˧ tʰa˩ sɛ˧ =le˧.
　　　 狗　　A　　 咬　 COMPL　NMLZ
　　　狗咬（他）了。

"狗"带了施事格标记，因此这个句子必然省略了一个比"狗"生命度高又作为受事的论元。

可比较下面一个例句：

(3-46) kʰɯ˧ɲi˧ =gɤ˩ jɤ˥.
　　　 小狗　　 P　　 给
　　　给小狗（吃的）。

"小狗"带了受事格标记，因此这个句子必然省略了一个作为施事的论元。施事省略的句子中，由于受事论元出现在句首位置，因此受事也可分析为话题。

部分及物动词重叠后，重叠形式是不及物的。及物动词重叠构成的不及物的形式，往往表达交互义，需要带一个语义上是复数的论元。例如，si˧"杀"是一个及物动词，需要带一个施事论元和一个受事论元：

(3-47) tʰɯ˧ =nɯ˧ xĩ˧ si˧ sɛ˩.
　　　 3SG　　A　　 人　 杀　 COMPL
　　　他杀了人。

而si˧的重叠形式si˧si˧是"打仗"的意思，只需要一个表示复数意义的论元。例如：

(3-48) tʰɯ˧xɤ˧ si˧~si˧ tsi˧ =le˧.
　　　 3PL　　 杀~杀　 PROG　NMLZ
　　　他们在打仗。

三、双及物动词

双及物动词可以带三个直接论元，其中受益者论元通常带与格标记。例如：

(3-49) nu˧ ŋa˧ =gʀ˥ gy˩tʂʰi˥ tʂʰi˧ pa˧
　　　 2SG 1SG DAT 弯尺 DEM:近指 CL

pa˥ i˧.
拿 来
你给我拿这把弯尺来。

(3-50) ŋa˧ =nu˧ tʰɯ˧ =gʀ˥ ɖu˧ ɕe˧ be˩ tsʰo˩ sɛ˩.
　　　 1SG A 3SG DAT 一 百 钱 借 COMPL
我借给他一百块钱。

(3-51) ŋa˧ =nu˧ tʰɯ˧ =gʀ˥ tsʰwa˧pʰo˩ ɖu˧ tɕi˩ jʀ˥ sɛ˩.
　　　 1SG A 3SG DAT 米 一 斤 给 COMPL
我给了他一斤米。

四、存在动词

存在动词通常带一个核心论元和一个间接论元，出现在句首的一般是间接论元。间接论元如果是表地点、处所的名词，往往带位格标记。

玛丽玛萨话有两个存在动词。一个是通用的存在动词dʐu˧，任何情况都可以用。例如：

(3-52) tʰɯ˧ ju˩ xĩ˧ su˧ i˧ dʐu˧.
　　　 3SG 人家 人 三 CL 有
他家有三口人。

(3-53) ŋa˧ te˧ si˧dzi˧ ni˧ dzi˧ dʐu˧.
　　　 1SG 家 树 二 树 有
我家有两棵树。

(3-54) ʂa˧la˩ =be˧ kʀ˧ly˧ ɖu˧ kv˩ dʐu˧.
　　　 桌子 上（表面）瓶子 一 CL 有
桌子上有一个瓶子。

以上三个例句分别表示"人的存在""植物的存在"和"事物的存在"。在其他纳西语方言中，有的方言用三个不同的存在动词表示上述三种"存在"意义，但玛丽玛萨话都是用同一个存在动词。

表示抽象物的存在，也只能用dzu˧。例如：

(3-55) ŋa˧   dzu˧   dzu˧.
　　　1SG   病   有
　　　我有病。

(3-56) ŋa˧   lo˧ɕi˧   =be˧   i˧tɕa˧˧   dzu˧.
　　　1SG   老师（汉） 上（表面）意见（汉） 有
　　　我对老师有意见。

另有一个存在动词i˧，主要用于表示内容物的存在。例如：

(3-57) pa˧dzu˧zɚ˧me˧   =ku˩   a˧tɕʰi˧   i˧.
　　　河   里   水   有
　　　河里有水。

因为"水"在"河"的里面，可视为"河"的内容物，所以存在动词用i˧。又如：

(3-58) tʰa˧dzi˧   li˧m   ɲa˩   nu˩lɯn˧   i˧.
　　　柿子   熟   软   心   有
　　　柿子熟软了还有心。

"心"指柿子里面的果核。"心"是在"柿子"里面的，因此存在动词用i˧。

上述两个例子中，i˧也可以换成dzu˧，句子意义不变。但不表示内容物存在的句子中，存在动词只能用dzu˧，不能用i˧。

五、系动词与助动词

（一）系动词

玛丽玛萨话中的系动词可表示等同、描述、归属等意义。玛丽玛萨话的系动词是ŋa˩，在句中常弱化为ŋɤ˩或ŋɤ˧。例如：

(3-59) tʰɯ˧   ŋa˧   =kɤ˩   lo˧   ŋɤ˧.
DEM:远指 1SG GEN   马   COP
那是我的马。

(3-60) ŋa˧   lo˧si˧   ŋɤ˧.
1SG   老师   COP
我是老师。

表归属的系词句中，系动词可以省略。并列复句中，如果前面一个分句已经有系动词，后面一个分句系动词也可以省略。例如：

(3-61) ŋa˧   ɤ˧dzɤ˧   (ŋɤ˧).
1SG   藏族   COP
我是藏族。

(3-62) ba˧ba˧   ma˧=   ŋɤ˧,   si˥pʰjɤ˩.
花   NEG   COP   叶子
不是花，是叶子。

时间系动词句中，系动词也可以省略。例如：

(3-63) tsʰi˧ni˧   ni˧tsi˧ʂɚ˩   ni˧   (ŋɤ˧).
今天   二十七   日   COP
今天是二十七日。

表语复杂的句子，系动词也可以省略。例如：

(3-64) ŋa˧   lo˧   dzɯ˧=a˧   i˧=le˧   (ŋɤ˧),   tsʰe˧tsi˧
1SG   马   骑   CONJ 来 NMLZ   COP   车子
ndzɤ˧=a˧   i˧=le˧   ma˧=   ŋɤ˧.
坐   CONJ 来   NMLZ   NEG   COP
我是骑马来的，不是坐车来的。

在否定句和一般疑问句中，系动词不能省略。如上例的第二小句，又如：

(3-65) nuɨ　　ɣɨdzɣɨ　　ŋɤɨ　　aɨ?
　　　 2SG　　藏族　QUES　COP　EGO
　　　 你是藏族吗？

ŋa˥还可以用作句末助词，用于构成"自我中心"范畴。详见第九章。

（二）助动词

系动词ŋa˥（ŋɤɨ）在玛丽玛萨话中还发展出了助动词用法，可加在进行体标记tsi-之后构成展望体。例如：

(3-66) ŋaɨ　siɨ　kuɨ　beɨ　tsiɨ　ŋɤɨ　=leɨ
　　　 1SG　柴　捡　去　PROG　COP　NMLZ
　　　 我要去打柴。

xɯ˥可用作主要动词，表示"出发去某地"的意义。例如：

(3-67) tʰɯɨ　iɨgɣɨdyɩ　xɯ˥.
　　　 3SG　　丽江　　去
　　　 他出发去丽江了。

xɯ˥也用来构成致使结构，用于主要动词之后。例如：

(3-68) wjeɨ　=nɯɨ　maɩdziɨ　kʰeɨ　xɯ˥　=leɨ.
　　　 雪　　A　　竹子　　断　CAUS　NMLZ
　　　 雪把竹子压断了。

这个例句中，xɯ˥不再表达具体的位移意义，而是表达结果达成、状态变化这样的抽象意义。这里xɯ˥不再是主要动词，而是助动词。

六、趋向动词

玛丽玛萨话中的beɨ"去、去到"、iɨ"来"除了用作主要动词外，还可用作趋向动词。

beɨ可以用作主要动词，表示"去"的位移意义。例如：

(3-69) tʰɯ˧ kʰũ˧mĩ˥ be˧ tsi˧ ŋɤ˧ =le˧.
3SG   昆明   去   PROG COP   NMLZ
他要去昆明。

be˧也可用于句子中主要动词之后，表达"着手做某事"的意义。例如：

(3-70) tʰɯ˧ kʰũ˧mĩ˥ tʰa˧lɤ˧ su˧ be˧ tsi˧ ŋɤ˧ =le˧.
3SG   昆明   书   学   去   PROG COP NMLZ
他要去昆明读书。

(3-71) tʰɯ˧ tʰa˧lɤ˧ su˧ be˧ tsi˧ ŋɤ˧ =le˧.
3SG   书   学   去   PROG COP NMLZ
他要去读书。

（3-69）中，be˧用作主要动词，句子的核心意义就是表达"他"将要去昆明。（3-70）中，be˧用作助动词，句子的核心意义是表达"去读书"，位移已经不是主要的意义。（3-71）中，没有表示地点方位的词，因此位移的意义很不突出，即使没有明显的位移（比如就在家里读书），也可以用be˧。

i˧可用作主要动词，表示"来"的意义。例如：

(3-72) ŋa˧ pe˧tɕi˧ =nɯ˧ i˧.
1SG   北京   ABL   来
我从北京来。

也可用于主要动词之后，表动作的趋向。例如：

(3-73) la˧~la˥ =a˧ i˧ sɛ˧ a˧, la˧~la˥
       打:ITER   CONJ 来 COMPL 嗯   打:ITER
       =nɯ˧ i˧ sɛ˧.
       CONJ 来 COMPL
（这样说着就）打起架来了。

七、情态动词

情态动词加在主要动词之后，表示"愿意""敢""可能"等语义。前文例句重复如下：

(3-74) nu˧ kʰa˩ta˩ li˧ lje˧ a˥za˩.
　　　 2SG 几时 来 来:IMP 可以
　　　 你什么时候来都可以。

又如：

(3-75) ŋɑ˧ la˧ be˧ wã˩.
　　　 1SG 又 去 敢
　　　 我敢回去。

情态动词更多的类别和用法见第八章第三节。

第六节　形容词

形容词可以带体、式标记，在句子中一般充当谓语，或修饰名词作定语，例如le˩ tɕʰi˥"凉茶"（"茶"–"冷"）。又如：

(3-76) si˧dzi˧ tʂʰi˧ dzi˧ dzɯ˧ sa˩.
　　　 树　　 DEM:近指 树 大　　 MIR
　　　 这棵树大啊。

(3-77) si˥pʰɤ˩ ʂə˩kuɕ˧ lɜ˩ =le˧.
　　　 叶子　 黄　　 COMPL NMLZ
　　　 树叶变黄了。

形容词可以受程度副词修饰。例如：

(3-78) ma˧ɬã˧ la˧xa˧ dzɯ˧.
　　　 风　　 很　　 大
　　　 风很大。

形容词前加副词lɑ˧xɑ˥也可表示比较级意义。例如：

(3-79) dʑʐ˧ tɕʰi˩pʰɜ˧ =kɤ˩ =kɤ˥ wje˧ pʰo˧sɑ˧ nã˧①,
　　　 山　 脚　　　 里　 GEN 雪　 白　　 但是
　　　 dʑʐ˧ tsɑ˧kʰɤ˧ =kɤ˩ wje˧ lɑ˧xɑ˥ pʰo˧, nã˧
　　　 山　 坡　　　 GEN 雪　 更　　 白　 但是
　　　 a˧xwɑ˥nu˩ dʑʐ˧ u˩tu˧ =be˧ =kɤ˥ wje˧ pʰo˧.
　　　 总的　　　 山　 头　 上（表面）GEN 雪　 白
　　　 山脚的雪是白的，山坡上的雪更白，但山头的雪最白。

玛丽玛萨话可以用形容词的重叠②来表示最高级意义。例如：

(3-80) a˩bɤ˥ gɯ˧dzɯ˧ su˧ i˧ tɕe˩~tɕe˩ tʰɯ˩
　　　 哥哥　 弟弟　　 三　 CL 小:ITER DEM:远指
　　　 i˧ nɯ˧ŋɑ˧, mɑ˩lɯ˧mɑ˧sɑ˧ pjɤ˧ sɛ˩.
　　　 CL TOP　 玛丽玛萨　　　 变　 COMPL
　　　 兄弟三人中最小的那个，变成了玛丽玛萨人。

玛丽玛萨话中也可以在小句首或句末加副词a˧xwɑ˥nu˩"总的来说"表示程度最深，例如（3-79）。

形容词可以加上le˧表示名物化。例如bu˧le˧"亮的东西（也可指电灯）"。

形容词未发现其他重叠用法。个别不及物动词重叠可以构成形容词。例如：

　　　 i˧i˧　 -le˧　 旧的
　　　 拿~拿　 NMLZ

用"拿过来拿过去"表示"旧"的意思。

---

① "但是"意义上与后一小句联系更密切，但韵律上紧接前一小句。
② 这里的重叠可能不是真正的重叠，而是合音的结果，但目前没有发现不合音的例子。

第七节 副词

副词通常修饰谓语，在句子中充当状语。副词可分为程度副词、时间副词、范围副词、方式副词。其中时间副词是句子层面的副词，一般位于句首。范围副词也有的是句子层面的，其他副词都是修饰动词或形容词的。

一、程度副词

常用的有naˈnã˩ "很"（修饰动词）、la˧xa˥ "很"（修饰形容词）、ɕweˈɭe˧ "很"（句子层面的）、a˧ma˩ma˩ "一点点"等。例如：

(3-81) xɯ˧　　naˈnã˩　　dzɿ˩.
　　　 雨　　 很　　　 落
　　　 雨猛烈地下。

(3-82) xĩ˧　　la˧xa˥　　bi˩.
　　　 人　　 很　　　 多
　　　 人非常多。

(3-83) ŋa˧　　ɕweˈɭe˧　　gɯ˧dzɿ˧　　ʂo˧dzi˥　　xɯ˧ma˧.
　　　 1SG　 很　　　 弟弟　　 想　　　 NVIS
　　　 我很想念我弟弟。

(3-84) tʰɯ˧　 ɕweˈɭe˧　　ʂa˧wa˧　　zə˩.
　　　 3SG　 很　　　 说话　　 擅长
　　　 他很会说话。

二、时间副词

常用的有ŋɯ˧ba˧ "首先、开始"、aˈma˩ "还"等。句法表现例如：

(3-85) ŋɯ˧ba˧,　 si˧ly˧　　ʂə˩.
　　　 首先　　 圆木　　 剥皮
　　　 首先，剥圆木的皮。

三、范围副词

修饰动词的有a˧xwɑˈɭe˩ "全部"、la˧ "也/还"、i˧ "都"等。例如：

(3-86) tsu˧tsu˧ a˧xwa˩le˩ gv˧ =sa˩.
东西　　　全部　　　好　　MIR
东西都好啊。

(3-87) tʰɯ˧ sɯ˧ i˧ ma˧= ɕi˩.
他　　死　　都　　NEG　害怕
他死都不怕。

句子层面的有a˧xwa˩lɯɯ˩"总的来说"。例句（3-79）重复如下：

(3-79) dzy˧ tɕʰi˩pɤ˧ =kɤ˩ =kɤ˩ wje˧ pʰo˧sa˧ nã˧,
山　　　脚　　　里　　GEN　雪　　白　　但是
dzy˧ tʂa˧kʰɤ˧ =kɤ˩ wje˧ la˧xa˩ pʰo˧, nã˧
山　　　坡　　　　GEN　雪　　更　　白　　但是
a˧xwa˩lɯɯ˩ dzy˧ u˧tu˧ =be˧ =kɤ˩ wje˧ pʰo˧.
总的　　　　山　　头　　上（表面）GEN　雪　　白
山脚的雪是白的，山坡上的雪更白，但山头的雪最白。

四、方式副词

常用的有a˩ze˩ze˩"慢慢地"、a˧po˩xo˩"高高地"等。句法表现例如：

(3-88) nu˧ a˩ze˩ze˩ u˧.
2SG　　慢慢地　　说
你慢慢说。

第八节　其他封闭词类

一、连词

玛丽玛萨话名词之间的连接，可以直接将几个名词短语组合在一起，不用任何语法成分连接，也可以用连词se˩或sɯ˩nõ˧。

(3-89) ŋa˧ pʰi˩ʟo˩ sɯ˩nõ˧/se˩/Ø sy˧ly˧ ni˧ a˧.
1SG　苹果　　　ASSOC　　　梨　　要　　EGO
我想要苹果和梨。

动词之间的连接，并列关系有的时候也不用连词。使用连词时，常用的有aɬsa˩（表因果）、e˥（表假设）、ỹ˧（表选择）等。例如：

(3-90) ŋɑ˧   tʰʏ˧   ʂi˧   po˧   =sɑ˩,   aɬsa˩   dɯ˧   mje˧
   1SG 累 死 掉 MIR 所以 一 点

   la˧   be˧   ma˧=õ˩mo˧.
   又 去 NEG 愿意
   因为我实在太累了，所以一点都不想去。

(3-91) nu˧   xo˧=le˧,   ỹ˧   nu˧   te˧   gɯ˧dzɯ˧   xo˧=le˧?
   2SG 高 NMLZ 或者 2SG 家 弟弟 高 NMLZ
   你高还是你弟弟高？

连动关系中后一个动词有位移义时，常用a˧连接两个动词。例如：

(3-92) ni˩ze˩   tsʰa˧tỹ˧,   ni˩ze˩ ɣʏ˧,   nɛ˧   =sɑ˩   dze˧   =a˧   ɭi.
   鱼 下扣子 鱼 捞 像这样 ADV 吃 CONJ 来
   钓鱼、捞鱼这样吃着过来。

二、感叹词

感叹词表示感叹语气。常用的感叹词有：

  a˥bɑ˩ 表达较强烈的感叹
  a˥le˩ 表达不太强烈的感叹

三、助词

  玛丽玛萨话助词发达，很多语法功能都通过助词表达。玛丽玛萨话的助词从形式上来说，一般属于"附着词（clitics）"或助动词，从功能上来说，大致可分为结构助词和情貌助词两类，结构助词表示句子成分之间的关系，情貌助词标记体、式等动词性语法范畴和示证、新异、自我中心等句子层面的语法范畴。下面几章我们将结合这些具体的语法范畴描写各个助词的功能。

第四章　词法

第一节　名词的结构与功能形态

一、名词的结构类型

名词的构成方式有三种：

（一）派生

派生构词是一个或多个词根语素加上一个词缀语素的构词方式。例如：

niɨ-meɨ　太阳　　dɯ-pɑɨ　第一个　　kʰeɨ-xāɨ-laɨ　厕所
日-AUG　　　　　一-NMLZ　　　　　屎-切-NMLZ

能够参与派生构词的语法语素，其语法意义和能产性各不相同。第二小节和第三小节将详细介绍。

（二）复合

玛丽玛萨话中用复合方式构成的名词主要分以下几类：

1. 联合式。例如：

zeɨ-xĩɨ　孩子　　　tʂʰoɨ-xwāɨ　快慢
孩子-人　　　　　快-慢

2. 修饰式。如修饰性语素为名词性，则修饰性语素在前；如修饰性语素为形容词性，则修饰性语素在后。例如：

ɛ˧-lo˩ 铜锣锅　　　mi˧-pʰo˧ 酥油
铜-锣锅　　　　　　油-白

3. 陈述式。例如：

ni˧-mɛ˧-tʰɣ˧ 东方
日-AUG-出

4. 支配式。例如：

xĩ˧-dzɯ˩ 强盗
人-抢

陈述式和支配式数量都较少，可以看作由动词短语凝固而来。

（三）拟声

玛丽玛萨话中也有拟声构词，但使用较少。用拟声方式构成名词的，一般是用动物的叫声来表示这种动物。例如：

si˩si˧tɕu˩tɕu˩ 鸟名
ku˥py˩ 布谷鸟

二、名词的前缀

玛丽玛萨话的名词前缀较少，只有一个亲属称谓前缀。

玛丽玛萨话表示长辈的亲属称谓词根之前都带前缀a˧-。下面列出这些亲属称谓：

a˧pʰo˧ 祖父　　　　a˧tɕi˥ 小姨（母亲的妹妹）
a˧ju˩ 祖母　　　　a˧pa˧ 大姨（母亲的姐姐）
a˥by˩ 父亲　　　　a˧bu˧ 伯父、叔父、姑父、姨父
a˧ɣ̃˧ 母亲　　　　a˧ni˥ 伯母、婶母、姑母、舅母
a˧wo˧ 舅父

三、名词的后缀

（一）阴性/大称后缀

-mɛ˦表阴性/大称，构词能力较强，单音节名词都可加上-mɛ˦表示大的、强大的、崇高的等意味，所指有自然性别的单音节名词也都可加上-mɛ˦表示雌性。例如：

  tsʰɯ˩-ɜm˩ 母山羊   ju˥-mɛ˦ 母绵羊
  山羊-FEM   绵羊-FEM
  xwa˦-ɜm˩ 母老鼠   lo˩-ɜm˩ 母马
  老鼠-FEM   马-FEM
  ɣɯ˩-ɜm˩ɯ˩ 牛母   wa˩-mɛ˩ 母猪
  牛-FEM   猪-FEM
  kʰɯ-mɛ˩ 母狗   la˦-mɛ˥ 母鸡
  狗-FEM   鸡-FEM

如果动物名是多音节的，则可以加-ɜm˦，也可以加a˩ɜm˩。例如：

  xwa˦le˩-mɛ˩ 母猫   pa˩-ɜm˩-mɛ˩ 母青蛙
  猫-FEM   青蛙-AUG-FEM
  xwa˦le˩-a˩mɛ˩ 母猫   pa˩-ɜm˩-a˩mɛ˩ 母青蛙
  猫-FEM   青蛙-AUG-FEM

a˩ɜm˩不是"母亲"的意思，如果要表示做母亲的某种动物，则要在动物名后加˦mɛ˦，二者声调不同。例如：

  xwa˦le˩-a˩mɛ˩ 母猫 ≠ xwa˦le˩ a˦mɛ˦ 猫妈妈
  猫-FEM   猫 母亲

部分无生命物名词后面也可加-mɛ˦，但不表示自然性别或语法性别，而是表示大称。大称往往不仅指事物的体积大，同时还含有重要、严肃、崇高等色彩。例如：

niɤmeɤ 太阳　　　　　　　kʰuɤmeɤ 大门
日-AUG　　　　　　　　　门-AUG

"太阳"并没有大小之分，大称是强调其重要。不加大称标记的niɤ只表示"日子"的意思。"大门"并不是指体积大的门，而是特指一家的房屋和院子最外面的一道门，也是强调其重要。如果不是最外面的一道门，无论其体积大小，都只能称kʰuɤ，不能加大称标记。

大称标记的能产性并不强，很多是凝固在词汇中的成分。使用大称标记的理据往往不是语言学的，而是文化的。例如：

ɣɯɤmeɤ　斧头
dzʅɤmeɤ　麻雀
pɑɭmeɤ　青蛙

"斧头"加大称标记的原因是在玛丽玛萨人的创世传说中，斧头是人类祖先逃脱洪水灾害的主要工具之一（见下编第二章第四部分）。"麻雀"加大称标记的原因是在东巴经中，麻雀是人类向神求取经书法术的使者之一。"青蛙"加大称标记的原因是在东巴经中，青蛙身体的五个部位化作了世界的五种基本元素（五行）（傅懋勣 2012）。因此这些都是带有神圣色彩的事物。

还有一些词语中大称标记的理据不明。例如：

dzwɑɤmeɤ 狐狸　　　　　tʰoɤloɤmeɤ 驴

（二）小称后缀

玛丽玛萨话中的小称语素构词能力普遍较弱，除了-zoɤ有一定构词能力外，不同动物的幼崽用的小称语素几乎各不相同，没有规律性。用-zoɤ构成的常用词有：

ɕeɭ-zoɤ　小舌　　　　　ɣɯɤ-zoɤ　小牛
舌头-DIM　　　　　　　牛-DIM

常见的动物幼崽名有：

lo˧ko˧	马驹	la˥tsɯ˧	鸡崽
ju˥lɤ˧	绵羊羔	tsʰu˧tʰu˧	山羊羔
wa˥bu˧	猪崽	kʰɯ˧ni˧	狗崽

其中"马驹""山羊羔""猪崽"中表小称的语素，可以认为是与藏文的小称语素-bu同源的（邵明园2012）。"马"一词可能与缅文mrang同源，加上小称语素-bu以后，小称语素的声母被前面的韵尾同化，变成了软腭部位的。"山羊"一词可能与嘉绒语的tsʰɤt同源（向柏霖2008），加上小称语素-bu以后，小称语素的声母被前面的韵尾同化，变成了齿龈部位的。

相对不常用的动物名词，其幼崽大多在动物名后加za˥xu˥。但za˥xu˥本身有"幼崽"的意思，可以认为是一个词，加za˥xu˥构成的是词组。例如：

bo˧ za˥xu˥　小牦牛　　　xwa˥ za˥xu˥　小老鼠
tʂʰa˥ za˥xu˥　小鹿

也有加-pʰy˥ly˧的。加-pʰy˥ly˧所指的动物幼崽是非常小的，比加za˥xu˥更小。例如：

xwa˥pʰy˥ly˧　非常小的老鼠

相对于za˥xu˥，加-pʰy˥ly˧有讽刺嘲笑的意思，也可用于比喻，比如一只小猪特别小可以说xwa˥pʰy˥ly˧ tʰa˧ dzɯ˧（像小老鼠那么大的小猪）。

少数无生命物名词也可加小称标记，一般是表示同类中体积小的。无生命物的小称标记基本没有能产性。例如：

ɕe˥zo˥　小舌　　　　　kʰwa˥za˥xu˥　小碗
my˥a˧ma˥　小蘑菇

（三）阳性后缀

表示雄性的后缀，构词能力均较弱。不同动物的雄性名称里，表雄性的语素几乎各不相同，没有规律性。例如：

tsʰɯ˧gu˧ 公山羊　　　le˧nu˧ 公绵羊
la˧pʰo˧ 公鸡　　　lo˧ɣy˧ 公马
ja˧ɣo˧ 公牛　　　wa˧pʰy˥ly˧ 公猪

多音节动物名词加阳性标记的例子有：

xwa˥le˧du˧u˧˥wx 公猫　　　tʰo˧ɬo˧mɛa˧pa˧ 公驴

（四）名物化后缀

-pa˧ 通常构成指无生命物的名词。如果加在指人名词词根后，则有贬义，如汉族的称呼xa˧pa˧。

-pa˧ 作为名物化语素，基本上只有词汇中的凝固形式，能产性很弱。例如：

kʰa˩-pa˩ 痰
吐-NMLZ

名物化语素还有-xĩ˧，构词能力较强。-xĩ˧ 构成指人名词。例如：

sɯ˧-xĩ˧ 智者　　　la˧~la˧-xĩ˧ 能干的人
知道-NMLZ　　　打: ITER-NMLZ

还有一个较特殊的名物化词缀-i˧，只加在人称代词后面，将人称代词变为名词性物主代词。例如：

(4-1) ja˩a˩　　tʂʰi˧　　ni˧　　pa˧　　ŋa˧-i˧　　ŋɤ˧.
　　　洋伞　　DEM:近指　二　　CL　　1SG-NMLZ　　COP
　　　这两把雨伞是我的。

另外还有两个具有名物化功能的成分：tsu˧ 和 la˧。
tsu˧ 构成指工具的名词。例如：

dze˧ tsu˧ 餐具　　　tɕʰi˧ tsu˧ 容器
吃　东西　　　　　盛放　东西

不过，tsɯ˧本身是tsɯ˧tsɯ˧"东西"一词的基式，因此这个语素可能不是完全虚化的语法语素。

la˧的能产性则较强，通常构成指地点的名词。例如：

dze˧　gʏ˩　=la˧　厨房
饭　　做　　地方
ĩ˩　　=la˧　卧室
睡　　地方

la˧不仅可以附着在词上，也可以附着在词组上（如"厨房"的构成），因此更适合分析为附着词。

le˧通常是一个有名物化功能的附着词，但一些常见的组合已经凝固为词，这时就只能分析为一个词缀。例如：

a˧nɛɬ-le˧　这样的
这样-NMLZ

第二节　动词的结构与功能形态

一、动词的结构类型

（一）复合

玛丽玛萨话中用复合方式构成动词主要分以下几类：

1. 修饰式。在动词性的中心语素前加上修饰性语素。例如：

pʰju˩ʂo˩　给牛马打死胎
片　生

2. 陈述式。例如：

mɯʏle˩　发誓
天　见

3. 支配式。例如：

zɚ˥sɑ˩　请客（特指新娘出嫁前请娘家人）
酒　请

（二）重叠

玛丽玛萨话中，动词词根可以重叠。能够重叠的词根，单用时一般是及物动词，重叠后一般是不及物动词。动词重叠本质上是一种形态手段，表示"反复体"的意义（见第八章第一节），即反复多次发生的或有交互性的动作。由于有些动作本身就包含反复多次发生或交互性的属性，因此玛丽玛萨话会用一个意义相关的动词词根重叠，来表示这个有反复性、交互性的动作，这样，动词重叠在玛丽玛萨话中也就具有了构词的功能。

玛丽玛萨话中的动词重叠形式一般是AA式，即单音节词根完全重叠。例如：

si˧~si˧　打仗　　　　　　　　kʰɑ˧~kʰɑ˧　吵架
杀:ITER　　　　　　　　　　　骂:ITER

词根"杀"重叠，表示"杀来杀去、互相杀"，就是"打仗"的意思。si˧表示"杀"的意思时是及物动词，重叠后表示"打仗"就成了不及物动词。相似地，"骂"重叠后表示"互相骂"，就是"吵架"的意思。kʰɑ˧是及物动词，重叠后表示"吵架"就成了不及物动词。

少数双音节动词也可重叠，其重叠形式一般是ABB式，即只重叠词根的后一个音节。例如：

dzi˧gwe˩~gwe˩　讨论　　　　　zɚ˧je˩~je˩　大醉
商量:ITER　　　　　　　　　　醉:ITER

"讨论"的词根是dzi˧gwe˩，表示"商量"。重叠后一个音节，表示"互相商量、反复商量"，就是"讨论"的意思。

（三）拟声

玛丽玛萨话可以用拟声方式构成动词，但使用较少。一般是模拟做动作时发出的声音来表示这个动作。例如：

xa˩xa˨ 打哈欠　　　　　ɤ˧tʂi˦ 打嗝

在玛丽玛萨话里，派生不用来构成新的动词，而是用来构成动词的不同语法形式。下面将详细论述。

二、动词的词缀

玛丽玛萨话动词的词缀主要是前缀。虽然动词之后可以带一系列语法成分，但这些成分基本上都是附着词，除了祈使式标记可被分析为后缀外，基本上没有后缀。

（一）禁止式标记tʰa˩-

禁止式表示说话人禁止听话人做某事。玛丽玛萨话用前置于动词的tʰa˩-来标记禁止式。例如：

(4-2) tʰa˩　　be˦!
　　　PROH　走
　　　别走！

（二）方向标记

方向标记表示动作进行的方向。玛丽玛萨话有两个方向标记：gɤ˩-"向上"和ỹ˩-"向下"。"上"包括山的高处和河流的上游，"下"包括山的低处和河流的下游。用法例如：

gɤ˩-pʰu˦ 向上方逃跑　　　ỹ˩-pʰu˦ 向下方逃跑
gɤ˩-lɯ˨ 向上方倒　　　　 ỹ˩-lɯ˨ 向下方倒
gɤ˩-i˦ 上来　　　　　　　ỹ˩-i˦ 下来

有的动词由于语义不搭配，只能带一个方向标记。例如：

gɤ˩-do˦ 上楼　　　　　　 ỹ˩-za˨ 下楼
gɤ˩-tɯ˨ 起来　　　　　　 ỹ˩-ĩ˩ 躺下，睡下

这两个前缀分别是由名词gɤ˩"上方"和ỹ˩"下方"虚化而来，是名词gɤ˩和ỹ˩省略了后面的标记空间位移方向的虚词a˦（详见第六章第二节），

从而变为动词的方向前缀的。

(三)祈使式标记-nje˧/-a˩nje˧

祈使式表示说话人要求听话人做某事。玛丽玛萨话有两个后置于动词的标记来表示祈使式：-nje˧表示一般的要求，对平辈、晚辈、地位低的人用；-a˩nje˧表示礼貌地请求，对长辈或地位高的人用。例见第八章第二节。

第五章　名词短语[1]

玛丽玛萨话中，可以充当动词论元的成分，其内部结构非常多样。Dryer（2007）将能够充当动词论元的句法成分都归为名词短语，本章就在这一视角下，考察玛丽玛萨话名词短语的结构。

前人对纳西语方言的研究中，只有Lidz（2010）全面描写了永宁摩梭话的名词短语结构，和即仁、姜竹仪（1985）在词类和词组部分介绍了丽江纳西语名词短语结构的概貌，和智利（2017）采用数量统计和语序测试的方法探讨了大具纳西语形容词作修饰语时的语序。玛丽玛萨话的名词短语结构与上述几个方言都有一定差异。下面我们分别介绍名词短语的成分顺序、简单名词短语、复杂名词短语和无核心名词短语，并讨论名词短语之间的并列连接问题。

第一节　名词短语的成分顺序

玛丽玛萨话名词的修饰成分包括：名词、形容词、代词、疑问词、数量短语、指量短语、关系小句、格标记等。前人对于语言成分的顺序以及各种成分顺序之间的关联（"语序和谐"），已经有较成熟的研究，Croft（2003）总结了一系列语序和谐关系，其中与名词短语结构相关的有：

---

[1] 本章主要内容曾作为单篇论文发表，见李子鹤（2023a），收入本书时略有改动。

OV型语言：后置词；属格–名词；关系小句–名词；形容词–名词；指示词–名词；数词–名词。

玛丽玛萨话名词短语中核心名词与修饰性成分之间的关系比较复杂，上述共性并不能完全概括。下面我们逐一进行分析。

如果一个名词带多项修饰语，各项修饰语的语序为：

代词-属格标记+关系小句+名词+核心+形容词+指示词+数词+量词+格标记

或者：

代词-属格标记+关系小句+名物化形容词+名词+核心+指示词+数词+量词+格标记

如果核心名词是度量名词，其修饰成分语序相对特殊，我们在本节最后讨论。

名词修饰名词，修饰语在中心语之前。例如：

ʂu˥ bɑ˧ɬbv˩ 铁锅　　　mi˩ le˧ 酥油茶
铁　 锅　　　　　　　 脂肪 油 茶

形容词修饰名词，修饰语在中心语之后。例如：

bɑ˧ɬbv˩ dzu˧ 大锅　　ʂɤ˩ nɑ˩ 瘦肉
锅　　大　　　　　　　肉　瘦

修饰语也可以出现在中心语之前，但需要加名物化标记=le˧变为名词性。例如：

(5-1) tʂʰɑ˧   xə˧   =le˧   kɤ˩   dzu˧   nɯ˩
　　　这么   长   NMLZ   ASSOC   桥   PRT
　　　ɑ˧   zo˧   ni˧   wã˧   ni˧   gv˩
　　　DM   四   日   五   日   做
　　　ɑ˧tsʰi˧ sɛ˩
　　　才   完
这么长的桥，干了四五天才完成。

代词修饰名词，代词先加上属格标记，位于名词之前。例如：

ŋa˧ =kɤ˦ lo˦˧　　我的马
1SG GEN 马

nu˧ =kɤ˦ kʰwa˩　　你的碗
2SG GEN 碗

如果领属关系是不可让渡的，属格标记和代词之间有时会发生合音。见本章第三节第二小节。

数量短语修饰名词，语序为"名词+数词+量词"。例如：

xĩ˧ dɯ˧ i˧　　一个人
人 一 CL

ʂɤ˧ wã˧ tɕi˧　　五斤肉
肉 五 斤

指量短语修饰名词，语序为"名词+指示词+量词"。例如：

la˧-mɛ˦ tʂʰi˧ mɛ˧　　这只母鸡
鸡-FEM DEM:近指 CL

ma˩tyɹ tʰɯ˧ kʰɯ˧　　那根竹竿
竹竿 DEM:远指 CL

指量短语中如还有数词，语序为"名词+指示词+数词+量词"。例如：

ze˧-xĩ˧ tʂʰi˧ su˧ i˧　　这三个小孩
孩子-人 DEM:近指 三 CL

关系小句修饰名词，关系小句在名词之前。例如：

ʂa˧wa˩ su˩ xĩ˧　　学话的人
语言 学 人

(5-2) nɛ˧ a˧xwa˩ kɯ˧nɯ˧ xỹ˧ kɤ˧ =be˧
像这样 所有 ASSOC 穿 东西 上（表面）

laɨ ỹɨ xãɨ teɨ-tɕʰiˀ =nɯɨ.
也/还 银 金 DUR-放 DUR
所有能穿的东西上都戴起金银首饰。

名词如果要带格标记，格标记在名词之后。例如：

(5-3) xĩɨ =nɯɨ kʰuɨ dzi̥ɨ =leɨ.
人 A 门 敲 NMLZ
有人敲门。

(5-4) nuɨ albyɭ =gɤɨ gʏɭtʂʰiˀ tʂʰɨ paɨ paɭ beɨ.
2SG 爸爸 DAT 弯尺 DEM:近指 CL 拿 去
你给爸爸拿这把弯尺过去。

如果核心名词是时间名词、度量名词，则核心名词不用量词修饰，数词和指示词都位于名词之前。例如：

dɯɨ niɨ 一天
一 日

niɨ kʰʏɭ 两年
二 年

tʰɯɨ niɨ kʰʏɭ 那两年
DEM:远指 二 年

suɨ luɭ 三两
三 两

zoɨ xyɨ 四庹
四 庹

核心名词在后面有数量/指量短语的情况下往往可以省略。例如：

(5-5) tʰɯɨɤɨ teɨ zeɨxĩˀ suɨ iɨ dzuɨ,
3PL 家庭 孩子 三 CL 有
dɯɨ iɨ ɕoɭɕaɭ kɤɨ dzuɨ, dɯɨ iɨ
一 CL 学校 里 在 一 CL

aɭuꜛ   dzuʅ,   aꜛmaꜛ   ɖuɹꜛ   iꜛ   loꜘ   jeꜘ
家   在   还有   一   CL   活路   做
tsiꜘ   sɛꜗ.
PROG   COMPL

他们家有三个孩子，一个在学校，一个在家里，还有一个已经工作了。

第二节　简单名词短语

我们把单独一个词修饰核心名词形成的结构，称为简单名词短语，把短语或小句修饰核心名词形成的结构，称为复杂名词短语。本节讨论简单名词短语的结构，下一节讨论复杂名词短语的结构。

一、形容词与名词作修饰语

玛丽玛萨话的形容词是一个独立的词类，可以带体、式标记，在句子中一般充当谓语。这些特点与动词比较相似。但形容词可以受程度副词laꜘxaꜘ"非常、越发"修饰，动词则不可以，因此形容词和动词是有区别的。

如同大多数语言一样，玛丽玛萨话中，形容词可以不带标记作名词的修饰语。例如：

(5-6)　aꜘsɑꜗ　ʐɚꜗ　dzuꜘ　tɕʰiꜗ　sɛꜗ.
　　　　DM　　事　　大　　放　　COMPL
出大事了。

形容词后面还可以带"指示词/数词+量词"结构，整体作名词的修饰语。例如：

(5-7)　tsʰiꜘ　tɕʰiꜗ　nuꜘnaꜘ　tɕaꜗ　tsʰeꜘbjɚꜘ　kuꜘnuꜘ
　　　　热　　冷　　TOP　　非常　合适　　　　ASSOC

　　　　dɯ˦　　ju˩　　ŋɑ˦.
　　　　一　　　处　　COP:EGO
　　是冷热正合适的一个（地方）。

形容词"合适"后面还有数量结构"一处"，整体作为核心名词（根据语境省略）的修饰语。

但是形容词单独作名词的修饰语的情况并不多。出现频率较高的用法是形容词后面加上名物化标记le˦，变为名词性成分，放在中心名词的前面修饰名词。例如：

(5-8)　mɑ˩lɯ˦mɑ˩sɯ˩　te˦　nu˦ŋɑ˦, nja˩　　=le˦
　　　玛丽玛萨　　　　家　　TOP　厉害　　　ADV
　　　dɯ˦　　ju˩　　mi˥te˦　　xɯ˦mɑ˦.
　　　一　　　人家　　好像　　　NVIS
　　　玛丽玛萨家好像是很厉害的一家人。

(5-9)　ɑ˦nɛ˩　　=le˦　　tsɑ˦　　=le˦,　tʂʰɚ˩　　=le˦
　　　这样　　　NMLZ　幸福　　　NMLZ　舒服　　　NMLZ
　　　kɯ˦hɯ˦　　dy˦　　ŋɑ˦　　lo˩mɑ˦　　ŋɑ˦.
　　　ASSOC　　坝子　　COP:EGO　地方　　　COP:EGO
　　　这样幸福、舒服的坝子，这样的地方。

本章第一节中已经提到，玛丽玛萨话中名词可以无标记地修饰名词，且作修饰语的名词位于核心名词之前。因此，玛丽玛萨话形容词修饰名词时后置于名词，表面上与普遍的语序和谐规律不一致，但这种现象本身在玛丽玛萨话中就是比较少见的，语义上的形容词修饰名词时，语法上往往将其包装为名词。

和智利（2017）在大具纳西语中同样发现了形容词作修饰语时有前置和后置两种语序，认为形容词定语的性质、中心名词是单纯词还是复合词、语义结合的紧密度、语义中心的位置、语音节律等因素都影响形容词的语序。玛丽玛萨话形容词前置或后置的具体规律还需要进一步研究。一种可能的解释是，形容词与名词语义联系更紧密时，倾向于后置于名词，同时也是一种词组凝固成词的标志。但我们目前还没有足够的证据。

二、疑问词作修饰语

玛丽玛萨话中，疑问词也可以单独作名词的修饰语。例如：

(5-10) a˧nɛ˧   dɯ˧   ju˩   xỹ˩ =le˩   dɯ˧   lo˩
　　　 什么样   一　　地方　住　 NMLZ　 一　　看
　　　 xũ˧   nje˧   =nɯ˩u˩le˩.
　　　 准备 IMP　　REPD
　　　 去看看（他们）住在什么样的地方。

(5-11) a˧,   ũ˧nɛ˩   dy˩   u˧   jɤ˩   a˧nɛ˩
　　　 嗯　　怎样　 一点　说　N-EGO　什么样
　　　 dy˩   je˧   =ju˧   =nɯ˩u˩le˩   =ŋɤ˧.
　　　 一点 做　　PRT　　REPD　　　 COP
　　　 （前面）怎样说的，就这样做一下。

疑问词作修饰语，其形式与相应的非疑问词作修饰语是一致的。可比较（5-10）与第二节第一小节中相应的例（5-7）。

三、表复数或集体概念的成分作修饰语

玛丽玛萨话名词性成分的量，可以用表复数概念的附着词、集合量词及其构成的短语来表达。

（一）表复数概念的附着词

有的语言中有词义和其他语言的复数词缀意义相似的词，但它们是独立的词，例如Koyra Chiini语（Heath 1998）。Dryer（2007）把这种词称作"复数词（plural word）"。玛丽玛萨话中也有类似的成分，但并不是一个独立的词，而是附着词。因此我们不采用"复数词"的概念，而称为"表复数概念的附着词"。

玛丽玛萨话表复数概念的附着词是=xɤ˧，可后附于代词（第一、第二人称代词特殊，复数标记用-mɑ˧）、名词、名词短语（除表示类指、空间、时间的词以外），表示大于等于二的个体。例如：

zeᆨxĩ˩ =xɤᆨ 孩子们   tʰɯ˩ =xɤᆨ 他们
孩子   PL   3SG   PL

lo˩   =xɤᆨ 马   ʂaᆨlaᆨ =xɤᆨ 桌子
马   PL   桌子   PL

pʰɣᆨlaᆨ =xɤᆨ 神仙   lo˩-jeᆨ-xĩ˩ =xɤᆨ 做活的人们
神仙   PL   活路-做-人   PL

(5-12) nyᆨlwã˩ =xɤᆨ   seᆨ   tyᆨmɯ˩ =xɤᆨ
       纪念日   PL   ASSOC 庆祝仪式   PL
       ma˩=   nɛᆨnɜᆨ =leᆨ.
       NEG   一样   NMLZ
       纪念日和庆祝仪式是不一样的。

(5-13) aᆨpaᆨmeᆨ =xɤᆨ   dy˩   ŋɤᆨ   tʂyᆨtɕɯᆨ =beᆨ
       父母亲   PL   一点   COP   仍然   对于
       aᆨlaᆨ,   zeᆨxĩ˩ =xɤᆨ   =gɤ˩, aᆨtʂʰiᆨtɕuᆨ
       PRT   孩子   PL   P   DM
       tʰaᆨlᆨ suᆨ   beᆨ   zuᆨ   aᆨ.
       书   学   去   必须   EGO
       对于父亲母亲来说，也认为孩子们必须去读书。

但是，指有生命物的名词如果用于类指，则一般不加复数标记。例如：

(5-14) ũᆨmaᆨ   kɯᆨnɯᆨ, aᆨtʂʰiᆨtɕuᆨ, la˩   laᆨ   siᆨ,
       1PL   TOP   DM   老虎   也/还   杀
       sẽᆨgeᆨ   laᆨ   siᆨ,   uᆨ   laᆨ   siᆨ.
       狮子   也/还   杀   熊   也/还   杀
       我们老虎也杀，狮子也杀，熊也杀。

表示空间、时间等度量的词，没有语法形式来表达复数概念。例如下面例句中，"九庹"不加复数标记，"十二个月"的"月"也没有加复数标记：

(5-15) tʂɤ˦ tu˩, a˩tʂʰi˦tɕu˩nuɯ˩, a˦mγ˦ tʂʰa˩=xɤ˦, o˦, gγ˦
　　　 地　　上　　PRT　　　　　　　现在　　　鹿　PL　DM　九

xy˦ dɯ˦ pi˩ kɯ˦nɯ˦ gγ˦ xy˦
庹　　一　　跳　　ASSOC　　九　　庹

pi˩ te˦ a˩nɛ˦ na˦.
跳　　那里　　这样　　COP: N-EGO

地上的，比如说鹿，一跳九庹那样的。

(5-16) dɯ˦ kʰγ˩ tsʰi˦ni˦ xɛ˩=nɯ˦, dɯ˦ γo˩ mi˦
　　　 一　　年　　十二　　月　　LOC　　一　粮食　熟

=a˦ i˦ =le˦.
CONJ　来　NMLZ

一年十二个月，庄稼成熟一次。

（二）集合量词

玛丽玛萨话有集合量词xwɑ˦，表示"一群"或"全部"的意思。像个体量词一样，xwɑ˦可以进入数量结构或指量结构。例如：

(5-17) dzy˦ tɕʰi˩pʰɛ˦ =kɤ˩ tsʰɯ˩ tʰɯ˩ xwɑ˦
　　　 山　　脚　　GEN　　山羊　　DEM:远指　CL

dɯ˦ɕe˦ɕi˩ pʰa˩ dzɯ˦.
一百零八　　CL　　有

山下那群羊有108只。

(5-18) wɑ˩ tʂʰ i˦ xwɑ˦ nɯ˦nɑ˦, wo˦dzwo˦ =le˦
　　　 猪　　DEM:近指　CL　　TOP　　　胖　　NMLZ

kʰɑ˩ po˦, dzɑ˩kɯ˩ =le˦ dzy˦ =be˦
宰　　掉　　瘦　　NMLZ　山　上（表面）

gɤ˩= tɕʰi˩ =nɯ˦.
DIR:向上　放　DUR

这些猪呢，肥的宰掉，瘦的放到山上去。

xwa˧也经常出现在a˧txwaʎe˩中，表示"成群的""所有的"。-le˧是名物化标记，因此a˧txwaʎe这个结构整体应该是名词性的，这样a˧txwaʎe˩就与前面的名词一起构成一个联合式短语，虽然语义上前面的名词是核心，但核心名词有时可以省略。例如：

(5-19) bʌ˧ʂi˩   xĩ˧   la˧   be˧   zu˧   ma˧=   dzu˧
       白沙   人   又   去   可以   NEG   有
       sɛ˩   nuɯ˩hu˧, te˧-˧   xĩ˧   a˧txwaʎe˩   nɛ˧.
       COMPL   REPD   DUR-来   人   全部   像这样
       说是白沙人都没能回去，去了的都（没能回去）。

这一句中a˧txwaʎe˩修饰前面的核心名词xĩ˧，语法上因为带了名物化标记-le˧，因此应该分析为名词性成分，这样a˧txwaʎe˩在语法上就不是xĩ˧的修饰语，而是与其组成一个联合式短语。

(5-20) pʰa˧tɕi˩xĩ˧   =ʁʌ˧   a˧xwa˧ ˧   sɛ˩   we˧,
       年轻人   PL   所有 来   COMPL DM
       a˧sa˧   a˧txwaʎe˩   te˧   =nɯ˧   a˧dzi˩ʎa   ʂʌ˧~ʂʌ˧.
       然后   全都   那里   LOC   酒   喝:ITER
       年轻人都来了，全都在那里喝着酒。

后一个小句中，a˧txwaʎe˩前面省略了核心名词pʰa˧tɕi˩xĩ˧，在语法上a˧txwaʎe˩自己充当了句子的施事成分。

第三节　复杂名词短语

一、数量短语、指量短语作修饰语

玛丽玛萨话中，数词和指示词一般不能单独修饰名词，需要与量词组合，形成数量短语和指量短语，再修饰名词。例见本章第一节。这种数词、指示词需要先与量词组合才能修饰名词，在世界上并不是特殊的，例如Khasi语[一种印度东北部的孟-高棉语，转引自Dryer（2007）]也有类似的现象。

有的时候名词短语的中心语是并列式的短语。例如：

aˌby˧ guɨdzuɨ ni˧ ȵi 兄弟二人
哥哥　弟弟　　二　　CL

修饰语可以是基数，也可以是序数。玛丽玛萨话表达序数时，通常用基数词后加一个名物化标记-paɨ，表"第一"时偶尔借用藏语daɨmbuɨ。表序数的成分作修饰语的例子如：

ɣɯˇ　　duɨ-paɨ　　tʰɯɨ　　pʰa˥
牛　　　一-NMLZ　　DEM:远指　CL
第一名那头牛

但是在一些传说故事中，可以发现数词直接修饰名词的例子。例如：

(5-21) aˌtsaˌ,　myˌsyˇ　　duɨ　　ni˧　=nɯɨ,
　　　　DM　　 明天　　 一　　　日　　LOC
　　　gyɨtsʰeˌgyˇ　dzyˌ　tsʰiˌ　zuˉ　aɨ.
　　　九十九　　　　山　　砍　　 需要　EGO
明天一天就要砍九十九座山。

"九十九座山"通常的表达是dzyˌ gyɨtsʰeˌgyˇ dzyˌ（"山-九十九-山"，后一个"山"用作反响型量词），但前文并没有出现过这种表达方式，因此不应看作省略中心词。

玛丽玛萨话的名量词很发达，基本上是摹状性质的，根据所修饰名词的性状不同而不同，且名量词的本义与名词的性状往往有关。名量词及其能修饰的名词见本书附录。

时量和度量的表达方式不同，结构为"数词+时间名词"。具体例子请见本章第一节。因此可以认为玛丽玛萨话没有专门的时量词。

度量的表达方式为"数词+度量词"。具体例子请见本章第一节。

二、领属成分作修饰语

玛丽玛萨话里的领属关系，通常是用"领有者+属格标记+被领有者"

的结构来表达,被领有者一般是整个短语中的核心名词。很多语言在形式上区分多种领属关系,例如Awa Pit语在领有者是人的条件下,使用后置于领有者的附着词表达领属关系;在领有者非人的条件下,使用并置形式表达领属关系。(Curnow 1997)玛丽玛萨话也有多种领属结构,这种形式区分主要是根据语义差别:可让渡/不可让渡的领属关系、家庭关系中的领属,在语法结构中有不同的表现。

(一)可让渡/不可让渡的领属关系

领属关系可让渡与不可让渡,在领有者是第一人称时,有形式上的差别。属格标记kɤ˩可以与第一人称代词ŋa˧合音,变为ŋa˩。越是不可让渡的领属关系,越倾向于使用合音形式;越是可让渡的领属关系,越不倾向于使用合音形式。例如:

ŋa˩	ɯlɯ˧				我的头
1SG:GEN	头				
ŋa˩	lo˧	/	ŋa˩	kɤ˩ lo˧	我的马
1SG:GEN	马		1SG	GEN 马	
ŋa˧	kɤ˩ tʰa˧ɭe˧	/	ŋa˩	tʰa˧ɭe˧	我的书
1SG	GEN 书		1SG:GEN	书	

身体部位是绝对不可让渡的,因此基本上只用合音形式;马是家庭的重要财产,但不是绝对不可让渡,因此较多使用合音形式,不发生合音也可以;书是一般的领属关系,较少使用合音形式,但也可以使用。

(二)家庭关系中的领属

涉及家庭成员、家庭关键组成部分的领属关系,一般不用属格标记kɤ˩,而是用te˧"家"。例如:

ŋa˧	te˧	a˩by˩	我的爸爸
1SG	家	爸爸	
tʰɯ˧	te˧	a˩lu˩	他的屋子
3SG	家	屋子	

爸爸是家庭成员,屋子是家庭生活的关键要素,因此一般都用"家"

而不用属格标记。ŋa˧ kɤ˥ a˥by˩"我的爸爸"、tʰɯ˧ kɤ˥ a˩u˩"他的屋子"这类说法可以理解，但接受度较低。

三、表时空意义的短语作修饰语

玛丽玛萨话中，表方所、时间意义的名词修饰语，常用表方所、时间意义的名词来充当，表方所的名词后面往往加上方位词，也可以不加。例如：

(5-22) dzy˧ tɕʰi˩pʰɤ˧ =kɤ˥ =kɤ˥ wje˧ pʰo˧sa˥ nã˧,
       山   脚   里   GEN   雪   白   但是

dzy˧ tʂa˧kʰɤ˧ =kɤ˥ wje˧ la˧xa˥ pʰo˧, nã˧
山   坡   GEN   雪   更   白   但是

a˧xwa˥ɯ dzy˧ u˩u˩ =be˧ =kɤ˥
总的   山   头   上（表面） GEN

wje˧ pʰo˧.
雪   白

山脚的雪是白的，山坡上的雪更白，而山头的雪最白。

(5-23) a˩ni˧my˩sy˧ =kɤ˥ dze˧ny˩ ma˧= ju˧.
       昨天   ASSOC 菜   NEG   香

昨天的菜不好吃。

在其他一些语言中[如英语，又如Lezgian语，Haspelmath（1993）]，类似的意义常用介词短语来表达。玛丽玛萨话中，表方所、时间意义的成分之后可以加位格标记，但通常情况下省略。因此这类成分充当名词的修饰语时，通常也不加格标记。

四、关系小句作修饰语

玛丽玛萨话常用关系小句作为修饰语。本章第一节已经举出两例。关系小句用作修饰语时，语序与主句是一致的。例如：

(5-24) tʰɯ˧   ma˩ɯ˩ɯa˩ ʂa˧wa˥   su˩.
       3SG   玛丽玛萨   语言   学

他学玛丽玛萨话。

关系小句用作修饰语是否加标记，由整个名词短语的核心成分与关系小句的语义关系决定。如果核心成分语义上是关系小句中的施事或旁格成分，则关系小句不加标记，即使关系小句很复杂。例如：

(5-25) a˩ʐe˩　　　　u˩dɑ˧　　　 lɯ˧ȵæ˧hɯ˧　nɯ˧，　ỹ˧，　xã˧，
　　　 然后　　　　以前　　　 TOP　　　 PRT　　银　　金

　　　 nɛ˩-lɜ˧， a˩tʂʰi˧tɕu˩， gɯ˧hɯ˧=be˧　　dy˩　　kɤ˧tʂə˧
　　　 像-NMLZ　DM　　　　身体　　上（表面）　戴　　能够

　　　 xĩ˧　　　 ma˧=　　 dʐu˧.
　　　 人　　　 NEG　　　有

　　　 以前，没有戴得起金银首饰的人。

(5-26) tõ˥=　　　 gɤ˧① 　i˧　　 nɯ˧hɯ˧　　a˩tʂʰi˧tɕu˩，
　　　 DIR:向下　 掉　　 来　　 TOP　　　 DM

　　　 tʂʰuˌbu˧， pjɤ˧　 ku˧　 gɤ˧　　 =le˧　　　aˌnɜnɑ˧.
　　　 菖蒲　　　茂盛　 地方　掉　　　NMLZ　　是这样

　　　 掉在了菖蒲茂盛的地方。

（5-25）句中"人"是"戴得起金银首饰"的施事，（5-26）句中"地方"是"菖蒲茂盛"的方所成分（后面省略了位格标记）。这两种情况关系小句都不加任何标记。

如果核心成分语义上是关系小句的受事，则要将关系小句名物化（同时也关系化），再加连接成分kɤ˧。例如：

(5-27) aˌni˧my˩sy˧， te˧tsʰɯ˩　　=le˧　　=kɤ˧　　be˩　　lɑ˧
　　　 昨天　　　　丢　　　　　NMLZ　ASSOC　 钱　　又

　　　 a˧　　 lə˧?
　　　 QUES　 得到

　　　 昨天丢失的钱找到了吗？

---

① 此处与其他用例声调不同，可能是本来后面有一个虚词，后来发生了合音。

"钱"是"丢失"的受事，因此关系小句后面加了名物化标记leɬ。同时因为teɬtsʰɯɭ=leɬ的所指并不是"丢失"这个事件本身，而是"丢失"的受事，所以leɬ也承担了关系化的功能。后面再加连接成分kɤ˥，然后才能修饰核心成分。

第四节 无核心名词短语

一些学者把无核心名词短语分析为核心名词的省略。Dryer（2007）认为从语境中可以推知应该使用哪个名词只反映语言在实际使用中的情况，比如代词实际指代的对象通常也能从语境中推出；而且还有少数情况无法推出具体省略了哪个名词，例如：She saw something large and something small inside the cave, and then she saw *the large thing* move.

因此我们不采取核心名词省略这种分析，仅就无名词的名词短语本身分析其结构。

一、被领有者不出现的领属结构

领属结构中，被领有者有时可以不出现，根据语境可推知其语义。这时候领有者后面就不能再用属格标记kɤ˥，而是要加一个词缀-iɬ。-iɬ可以加在代词、名词后面，也可以加在短语后面。例如：

(5-28) ʐaɭaɭ   tʂʰiɬ   niʉ   paɭ   ŋaɬ-iɬ   ŋɤ˩.
　　　 洋伞   DEM:近指 二   CL   1SG-NMLZ COP
　　　 这两把雨伞是我的。

(5-29) tʂʰɤ˥   ŋaɬ   =kɤ˥   baɬaɭ,   tʰɤ˥   nuɬ-iɬ,
　　　 这个   1SG   GEN   衣服   那个   2SG-NMLZ
　　　 tʂwaɬndzɤɬ   =beɬ   tɤ˥   tʰɤ˥   xĩɬ-iɬ.
　　　 床   上（表面）摆放 那个   人-NMLZ
　　　 这是我的衣服，那是你的，床上摆着的是人家的。

加-iɬ的成分也可以作主语。例如：

(5-30) nuɨ-uɨ   tʂwaɨndzəɨ   =beɨ   ɨɣ   tʰyɨ   ŋɤɨ.
　　　 2SG-NMLZ   床   上（表面） 摆放   那个   COP
　　　 你的是床上摆着的。

-iɨ加在短语后面的例子如：

(5-31) ɣuɨ   tʂʰiɨ   pʰaɨ   dzeɨmɛɨyɨ   teɨ-iɨ   ŋɤɨ.
　　　 牛   DEM:近指 CL   邻居   家-NMLZ   COP
　　　 这头牛是隔壁家的。

比较下面这一句，非领属性的修饰语，则只能用leɨ构成名物化结构：

(5-32) ɣuɨ   tʂʰiɨ   pʰaɨ   dzeɨmɛɨyɨ   teɨ
　　　 牛   DEM:近指 CL   邻居   家
　　　 aɨuɨ   =nuɨ   paɨ   =aɨ   iɨ
　　　 房子   ABL   跑   CONJ   来
　　　 (=leɨ) ŋɤɨ.
　　　 NMLZ   COP
　　　 这头牛是隔壁家跑过来的。

-iɨ可以称为名词性物主代词，加了-iɨ之后，前面的成分与-iɨ一起就构成了一个名词性的成分。

二、名物化的小句构成的名词短语

玛丽玛萨话中，小句除了可以充当核心名词的修饰语，也可以单独充当句子的主语、宾语，这时候需要加上名物化标记，把小句本身变为一个名词短语。例如：

(5-33) maɨɨuɨmaɨsuɑ   nuɨkɣɨ   xiɨ   tɕʰyɨ   tʂʰiɨ   kyɨ
　　　 玛丽玛萨   ASSOC   人   种类   DEM:近指 CL
　　　 xãɨdyɨ   ɨxɨ   ŋɤɨ   tɕaɨ   aɨnɑɨ   =leɨ   naɨ,
　　　 猎人   COP   非常   这样   NMLZ   COP: N-EGO

wa˩ɬuɬ	la˥tsɯ˩	ɣʅ˥	=le˦	ɕwe˩	=le˦
猪崽	鸡崽	养	NMLZ	有点	ADV

ma˦=	tɕʰo˦,	ɣɔ˩	pʰɑ˩	ɣɔ˩	fa˦
NEG	擅长	粮食	撒	粮食	种

=le˦	la˦	ɕwe˩	=le˦	ma˦=	tɕʰo˦.
NMLZ	也/还	有点	ADV	NEG	擅长

玛丽玛萨人是猎人，也不擅长养猪养鸡，也不擅长播种收粮。

(5-34) 　dɯ˦　ni˦　ta˩　ndzʅ˩　=le˦　ma˦=　gv˦
　　　　一　　日　　仅仅　坐　　NMLZ　NEG　　好

整天坐着不好。

（5-33）句"养猪养鸡"和"撒种种粮"分别是一个小句，充当"擅长"的宾语。（5-34）句"整天坐"是一个小句，充当整个句子的主语。每个小句后面都加了名物化标记le˦，把整个小句变成了一个名词短语，但后面不再出现核心名词。

在较随意的语体中，小句后面的名物化标记也可省略。例如：

(5-35) 　a˦ʐa˦,　bʅ˦ʂi˩　xĩ˦　la˦　be˦　zu˦　ma˦=
　　　　然后　　白沙　　人　　又　　去　　可以　NEG

　　　　dʐu˦　ʟɜ˧　　 nɯ˩ɭu˦.
　　　　有　　COMPL　REPD

然后，说是白沙人都没能回去。

"能够回去的"是一个关系小句，充当"有"的补足语，但后面没有加名物化标记。

三、表空间、时间的附着词构成的名词短语

玛丽玛萨话表达空间、时间概念，除了用普通名词外，还可以用"普通名词/代词/短语+方位附着词"构成表方所的名词短语，用"普通名词/代词/短语+时间附着词"构成表时间的名词短语。例如：

dze˧   gɣ˩   =la˧   厨房   kʰe˩   xã˩   =la˧   厕所
饭   做   地方   屎   切   地方
zu˧   dze˧ =dzi˩ 中午   ni˧-mɜ˧ gɣ˩ =dzi˩ 日落
午饭   吃   时   日-AUG   落   时

这里表方位的成分=la˧、表时间的成分=dzi˩等都是附着词，不能单说，但可以加在普通名词/代词/短语后面。这种方式形成的结构，其直接成分可能已经包含短语，因此我们认为整体应该分析为名词短语，表示方所或时间。这些附着词同时也起到了名物化的作用。

第五节　名词短语之间的并列连接

玛丽玛萨话名词短语之间可以以多种方式连接。并列关系的连接可以直接将几个名词短语组合在一起，不用任何语法成分连接，也可以用连词 se˩或su˩nõ˧。

(5-36)　ỹ˧   la˩dʐu˩, xã˧   la˩dʐu˩ dy˩
　　　　银   手镯   金   手镯   戴

　　　　ỹ˧   xɛ˧kʰɣˀ, xã˧   xɛ˧kʰɣˀ dy˩.
　　　　银   耳环   金   耳环   戴
　　　　戴金银手镯、金银耳环。

(5-37)　ŋa˧   pʰi˩koˀ   su˩nõ˧/se˩/Ø   sy˧ly˧   ni˧   a˧.
　　　　1SG   苹果   ASSOC   梨   要   EGO
　　　　我想要苹果和梨。

(5-38)　tʰɯ˧   te˧   a˩by˩   Ø/su˩nõ˧/se˩   a˧mɜ˧   lu˩la˩   tʰɯ˧
　　　　3SG   家   父亲   ASSOC   母亲   都   3SG
　　　　=gɤˀ   la˧   ma=   sɯ˧.
　　　　P   也/还 NEG   认识
　　　　他父亲母亲都没认出他来。

是否使用连词，与并列成分语义上关系的密切程度相关。"父亲母亲”是经常并举的，因此倾向于不使用连词；而“苹果和梨”不经常组合在一起，因此倾向于使用连词。

多项并列之后，表示省略后面的并列项，可以用副词a˧ma˧“再、另外、更多”起连接作用。例如：

(5-39)	si˩mbo˧,	si˩dʐa˧,	xwɑ˧mi˩,	a˧li˥,	a˧ma˧	du˧pɑ˥
	黑枣	鸡栗子	野生蓝莓	刺莓	更多	其他
	＝le˧,	py̩˥	＝le˧	dʑu˧	a˧.	
	NMLZ	多	NMLZ	有	EGO	

黑枣、鸡栗子、野生蓝莓、刺莓，还有其他很多的都有。

玛丽玛萨话的名词短语内部结构非常多样。名词短语内部成分之间的顺序有部分不符合语序和谐规律。名词短语结构的差异大多是语义条件控制的，同时还有多种结构的无核心名词的名词短语。进一步的研究需要继续细致观察形容词、数词直接修饰名词的条件，以及名词短语的功能与结构之间的关系。

第六章　语法关系①

　　玛丽玛萨话的基本语序为SV（不及物句）/APV（及物句），语法手段以语序和虚词（严格来说大部分是附着词）为主。玛丽玛萨话中语法关系的标记基本都是附着词，其功能和隐现规律比较复杂，受语义、语用因素的影响明显。玛丽玛萨话中体现语法关系的附着词及其语法意义概述如下：

　　=nɯ˧：标记施事/工具/从由/方所/时间成分
　　=gʌ˧˩：标记受事/接受者/受益者成分
　　=be˧：标记接受者/受益者成分
　　=kʌ˧˩：标记领属关系
　　=a˧：标记空间位移方向
　　=tu˧˩：标记比较基准成分

　　其中=nɯ˧标记工具、从由时，=gʌ˧˩和=be˧标记动作的接受者时，=a˧标记空间位移方向时，=tu˧˩标记比较基准成分时是强制使用的，其他标记或用于其他功能时，都是根据语义、语用条件选用的。

　　句子中的名词性成分，根据其与句子核心（谓词）发生直接关系还是间接关系，可分为核心论元和外围论元（core argument and peripheral argument，Dixon 2012: Ch. 3）。本章接下来将分核

---

① 本章主要内容曾作为单篇论文发表，见李子鹤（2023b），收入本书时略有改动。

心论元和外围论元两部分，考察论元的语义角色与语法形式之间的关系，最后推测各种标记的来源与演变。

第一节 核心论元的语法关系

核心论元的语法关系，在语义层面不一定是同质的。我们需要从语义角色及其所带语法标记的关系出发去分析。玛丽玛萨话中，不及物句的唯一论元通常不加标记，及物句中的施事者可用=nɯ˦标记或不加标记，受事者可用=gʐ˥标记或不加标记。

施事成分一般是动作的发出者，受事成分一般是及物句或双及物句中动作的接受者。但玛丽玛萨话的施事成分、受事成分都不一定要加标记，其隐现主要是由句中各个论元的生命度等级决定的。

如果施事者是无生命物，则施事标记一定出现。例如：

(6-1) wje˦　　=nɯ˦　　maɭdzi˥　　kʰe˦　　xɯɤ　　=le˦.
　　　雪　　　A　　　竹子　　　　断　　　CAUS　　NMLZ
雪把竹子压断了。

如果施事者、受事者双方生命度等级相当，或施事者生命度等级低于受事者，则施事标记一定出现。受事标记也可以出现，但在多数情况下，句子中只出现施事标记，不出现受事标记。只有说话人要突出施受双方时，施事标记和受事标记才同时出现。例如：

(6-2) tʰɯ˦　　=nɯ˦　　ŋa˦　　=gʐ˥　　u˦.
　　　3SG　　A　　　　1SG　　P　　　　说
他对我说。

(6-3) tʰɯ˦　　=nɯ˦　　ŋa˦　　=gʐ˥　　xĩ˥ka˦.
　　　3SG　　A　　　　1SG　　P　　　　骗
他骗我。

(6-4) kʰɯ˦　　=nɯ˦　　aɭby˦　　tʰaɤ　　sɛ˧.
　　　狗　　　A　　　　哥哥　　　咬　　　COMPL
狗咬了哥哥。

如果施事者生命度等级高于受事者，则施事标记可加可不加，通常不加。例如：

(6-5) uɨ (=nɯɨ) maɭdziɹ kʰeɨ xuɨ =leɨ.
　　　熊　　A　　　竹子　　　断　　CAUS　NMLZ
　　　熊把竹子折断了。（比较"雪把竹子压断了"）

如果受事者生命度等级低于施事者，或施事者与受事者双方都是无生命物，则受事标记一般不出现。例如：

(6-6) ŋaɨ tʰaɨheɨ loɭ.
　　　1SG　　书　　看
　　　我看书。

如果一个句子是不及物句，则句中的唯一论元通常不加标记。例如：

(6-7) tʰɯɨ ỹɨ sɛɭ.
　　　3SG　　哭　　COMPL
　　　他哭了。

(6-8) xuɨ dzɤɭ =saɭ.
　　　雨　　落　　MIR
　　　下雨了。

如果不及物句中的唯一论元是有生命物，且对事件或动作有充分的控制，则这个论元后也可以加=nɯɨ。这时句子表达特定的语义和语用意义，一般是强调故意。例如上面例（6-7）也可以说：

(6-7') tʰɯɨ =nɯɨ ỹɨ sɛɭ.
　　　3SG　　A　　哭　　COMPL
　　　他（故意）哭了。

这个句子加了=nɯɨ，暗示他是故意哭出来，而不是自然感情的表达。

还有一种情况是不及物句的唯一论元是句中的焦点。例如在特定的情境中，一个小姑娘被众人称赞做饭手艺好，她的母亲可以说：

(6-9) ŋa˦   =nɯ˦   lu˧   jɤ˧.
1SG   A   教/学   给

是我教的。

这个句子加了=nɯ˦，暗示母亲教女儿做饭下了一番功夫，而且自己教到这个程度不容易，不是随便谁来教都可以的。

由此可见，玛丽玛萨话的语法关系类型大体上属于作格–通格型，在没有特定语义语用条件的情况下，不及物句的唯一论元与及物句的受事论元语法形式相同（零标记），而与施事论元的语法形式（=nɯ˦）不同。但是实际使用中语义语用因素很大程度上控制着语义格标记的隐现。因此玛丽玛萨话的施事、受事还是语义层面的语义角色，没有形成语法层面强制性的作格–通格系统。

如果要表达反身意义，也就是施事与受事重合的情况，玛丽玛萨话不用施事和受事标记，而是将其看作一种特殊的事件类型，用反身代词ŋu˦ta˧ɦu˦（语素义：自己–仅仅–自己）作受事成分放在动词前来表达。例如：

(6-10) (ŋa˦)   ŋu˦ta˧ɦu˦   la˦
1SG   自己   打

（我）自己打自己

第二节　外围论元的语法关系

外围论元是句子中不直接跟句子核心发生关系的论元，从跨语言比较的角度来看，外围论元可以分成很多类别，但每一类在语义上同质性较强。在玛丽玛萨话中，一些从跨语言角度分出的论元语义角色类别用相同的语法形式标记。因此接下来我们按玛丽玛萨话中的语法形式给外围论元分类，但在描述其功能时按照跨语言角度分出的论元语义角色来分别描述。

一、工具/从由/方所/时间：=nɯ˦

除标记施事外，=nɯ˦在玛丽玛萨话中还可以用作工具、从由、方所、时间成分的标记。

（一）工具成分

工具格标记表示完成动作的工具或凭借物。玛丽玛萨话的工具格标记是一定要出现的。例如：

(6-11)　tʰɯ˧　　　pi˩　　 =nɯ˧　　 tʰa˧lə˧　　dzɤ˨˧.
　　　　3SG　　　笔　　　INST　　　信　　　　写
　　　　他用笔写信。

有的时候工具成分可以以补充说明的形式出现，但也需要带工具格标记。例如：

(6-12)　dzy˧　=be˧　　tʰɯ˧　　be˧　zu˨　a˩xwa˧　nɯ˧ha˧n,　tsʰa˧ty˨,
　　　　山　　上（表面）经过　走　必须　　时候　　　TOP　　下扣了
　　　　u˧je˧　　bi˩,　ta˧ha˧ =nɯ˧,　nɛ˧　=sa˩　xã˩dy˧.
　　　　鸟　　　射　弩弓　　INST　　像这样 ADV　　赶山
　　　　必须走山路的时候就下扣子，用弓箭打鸟，赶山。

（二）动作的从由

=nɯ˧还可以用来标记作为动作来源点的、表地点或时间的论元。=nɯ˧标记动作的从由时不能省略。=nɯ˧作位格标记时则可以省略。例如：

(6-13)　ŋa˧　　tʰa˧tʂi˥　=nɯ˧　 i˧　　=le˧.
　　　　1SG　　 塔城　　　ABL　 来　　NMLZ
　　　　我从塔城来。

(6-14)　tʰɯ˧　　ỹ˧tʂʰa˥　=nɯ˧　 li˧tʂɤ˥　lo˩.
　　　　3SG　　 下边　　　ABL　 上边　　看
　　　　他从下边看上边。

(6-15)　ŋa˧　　tɕɯ˧tjã˩　（=nɯ˧）　ĩ˩a˧xwã˧.
　　　　1SG　　九点（汉）　LOC　　　睡觉
　　　　我从九点开始睡觉。

=nɯ˧也用来标记经过的地点。例如：

(6-16) tsʰū˧tʂã˧ i˧gɣ˧dy˩ =nɯ˧ kʰū˧mĩ˩ be˧.
村长　　　丽江　　　ABL　　昆明　　去
村长经过丽江去了昆明。

表"经过"与"从由"的成分用相同的标记，往往会引起歧义。比如这句话既可以表示"经过丽江"，也可以表示"从丽江出发"，具体的理解要借助于语境。

（三）方所、时间成分

=nɯ˧还可以用来标记方所、时间成分。但是这些成分是否用=nɯ˧标记，取决于语义和语用因素。如果方所、时间成分不是句子的焦点，则一般不加=nɯ˧。例如：

(6-17) tʰɯ˧ tɕʰi˩pʰɛ˧ =nɯ˧ se˩ =sa˧ tʂẽ˧ ku˧ be˧.
3SG　　脚　　　INST　走　　ADV　镇（汉）里　去
他走路去镇上。

(6-18) tʰɯ˧ lɣ˧pɑ˧ =tu˩ xỹ˩.
3SG　　石头　　上　　站
他站在石头上。

(6-19) tʰɯ˧ lɣ˧pɑ˧ =be˧ ko˧.
3SG　　石头　　上（表面）刻
他在石头上刻（字）。

这几个句子中的方所成分后面只加了方位词，没有再加抽象的位格标记。如果在方位词后面再加=nɯ˧，就表示方所成分是说话人刻意强调的。比如例（6-18）也可加上位格标记：

(6-18') tʰɯ˧ lɣ˧pɑ˧ =tu˩ =nɯ˧ xỹ˩.
3SG　　石头　　上　　LOC　　站
他站在石头上。

如果这样说，那就是说话人强调"他"站的位置，可能是很多人在一起，别人都站在地上，只有他自己站在石头上，显得很特别。又如：

(6-20) ŋɑ˧ tʂwɑ˧ndzə˧ =be˧ (=nɯ˧) ĩ˩ɑ˩xwã˧
　　　1SG 床　　　　上（表面）LOC　　睡觉
　　　tsi˧ ɑ˧.
　　　PROG EGO
　　　我在床上睡觉。

(6-21) ŋɑ˧ mɤ˧mã˧=be˧ =nɯ˧ ĩ˩ɑ˩xwã˧ tsi˧ ɑ˧.
　　　1SG 凳子 上（表面）LOC 睡觉　　　PROG EGO
　　　我在凳子上睡觉。

在床上睡，=nɯ˧可加可不加，因为床本来就是睡觉的地方。但凳子上本来不是睡觉的地方，"我"在凳子上睡着了，是比较特别的情况，"在凳子上"会成为句子的焦点，因此需要加=nɯ˧。

时间成分也有类似的现象。例如：

(6-22) ŋɑ˧ tɕu˩tjã˧ (=nɯ˧) ĩ˩ɑ˩xwã˧.
　　　1SG 九点（汉）LOC　　睡觉
　　　我从九点开始睡觉。

这个句子加不加=nɯ˧都成立。如果加了=nɯ˧，有强调时间早的意味。如果要强调时间晚，一般不加=nɯ˧，而是加si˧，有"才……"的意味。又如：

(6-23) dɯ˧ be˩ =nɯ˧ se˧ɣɯ˧ tʰɯ˧ ni˧ (=nɯ˧)
　　　一　村　A　　火把节　　DEM:远指 日　LOC
　　　dɯ˧ ni˧ tsʰɯ˧~tsʰɯ˧.
　　　一　日　跳: ITER
　　　全村玛丽玛萨节（火把节）那天跳了一天舞。

如果加=nɯ˧，也是表示这件事做早了，本来应该过几天再跳舞。

二、接受者/受益者：=gʴ˥与=be˧

=gʴ˥与受事成分的标记相同。玛丽玛萨话的受事、接受者和受益者成分都可以用=gʴ˥来标记。=gʴ˥还有自由变体=ge˧，二者功能没有区别，下文一律写作=gɤ˥。=be˧也可以标记受益者，在这个功能上，=gɤ˥与=be˧有交叠，二者在一定条件下可以互换。

（一）接受者

玛丽玛萨话在双及物句中往往用=gɤ˥标记动作的接受者，包括动作指向的对象和动作影响的对象。这一用法可概括为"与格"。例如：

(6-24) nu˧ ŋa˧ =gɤ˥ gʋ˩tʂʰi˩ tsʰɯ˧ pa˥
　　　 2SG 1SG DAT 弯尺　　　DEM:近指 CL
　　　 pa˥ i˧.
　　　 拿　 来
　　　 你给我拿这把弯尺来。

(6-25) ŋa˧ te˧ a˧me˧ ŋa˧ =gɤ˥ ba˧la˧ dɯ˧ kʰo˥
　　　 1SG 家 母亲　 1SG DAT 衣服　 一　 CL
　　　 zo˩ jɤ˥.
　　　 缝　 给
　　　 我妈妈给我缝了一件衣服。

又如在一个语境省略句中：

(6-26) kʰɯ˧ni˧ =gɤ˥ jɤ˥.
　　　 小狗　　 DAT　 给
　　　 （我）给小狗（骨头）。

这一句的施事者（我）和受事者（骨头）都在语境中被省略。因此受益者（小狗）必须带与格标记，否则会造成语义关系不明。

玛丽玛萨话中，还有一个附着词=be˧，也经常用来标记动作的接受者。用=be˧标记动作接受者的句子，一般都能换用=gɤ˥表达同样的功能。例如：

(6-27) ŋa˧ tʰɯ˧ =be˧/gɤ˥ la˥ =sa˥ ɯ˥ =le˩.
　　　 1SG 3SG　 P　　　　 打　 ADV　死　 NMLZ
　　　 我打死了他。

（二）受益者

=bet和=gɤˀ都还可以标记受益者，即动作/事件给某人带来影响。这种用法可以概括为"受益格"。例如：

(6-28)　tiɭiɭmĩ˧　　ŋa˧　　=bet/ gɤˀ　　tʂɤ˧　　lsɛ.
　　　　 第一名　　 1SG　　 BEN　　　　 算　　　 COMPL
　　　　 第一名算在我头上了（本来应该是别人）。

虽然=bet和=gɤˀ都既可以标记动作的接受者，又可以标记受益者，但二者的典型功能是有细微差别的。如果一个句子中既可以用=bet又可以用=gɤˀ，而且其标记的成分既可解读为动作的接受者又可解读为受益者，那么用=bet还是用=gɤˀ，在语义上会略有区别。例如：

(6-29a)　tʰɯ˧　　ŋa˧　　=gɤˀ　　u˧.
　　　　　3SG　　 1SG　　 DAT　　　说
　　　　　他跟我说话。

(6-29b)　tʰɯ˧　　ŋa˧　　=bet　　u˧.
　　　　　3SG　　 1SG　　 BEN　　 说
　　　　　他说我（坏话）。

如果用=gɤˀ，前面的成分更倾向于理解为动作的接受者；如果用=bet，前面的成分更倾向于理解为受益（受损）者。"他跟我说话"说的是"说"这个动作的指向是"我"；而"他说我坏话"则是说话内容"坏话"对"我"会有影响。下面一对句子也是类似的：

(6-30a)　ŋa˧　　　kʰɯ˧ni˧　　=gɤˀ　　saɭbuɭ　　jɤˀ.
　　　　　1SG　　　小狗　　　　DAT　　 骨头　　　 给
　　　　　我给小狗骨头。

(6-30b)　ŋa˧　　　kʰɯ˧ni˧　　=bet　　saɭbuɭ　　jɤˀ.
　　　　　1SG　　　小狗　　　　BEN　　 骨头　　　 给
　　　　　我拿骨头喂小狗。

(6-30a) 是前面 (6-26) "给小狗"的完整句子，如果把=gɤˀ换成=bet，意义就变了。"给小狗骨头",动作"给"的指向是"小狗";而"拿骨头喂小狗",强调"给"的内容"骨头"对"小狗"有影响。

可见,=gɤ˧和=be˧的核心功能或者说是原型功能是有差别的。=gɤ˧标记动作接受者(与格标记)的功能是更核心的,而=be˧标记受益者(受益格标记)的功能是更核心的。

在有些具体的语境中,=be˧的使用不能理解为"事件影响的对象",只能理解为具体的方所义。这也是=be˧的本义,见本章第三节第四小节。例如:

(6-31a) lo˧si˦　　ŋɑ˦　　=gɤ˧　　ndzɤ˦　　i˦　　lɑ˥.
　　　　老师　　　1SG　　DAT　　坐　　　　来　　NMLZ: N-EGO
　　　　老师到我这里坐。

(6-31b) lo˧si˦　　ŋɑ˦　　=be˧　　ndzɤ˦　　i˦　　lɑ˥.
　　　　老师　　　1SG　　上　　　坐　　　　来　　NMLZ: N-EGO
　　　　老师坐到我身上。

"老师到我这里坐"中,动作"坐"的指向是"我",可以用=gɤ˧来标记动作的接受者。而"老师坐到我身上"用了=be˧,就无法从"事件影响的对象"这种意义上去理解,因为"老师坐"这个事件很难在抽象意义上对"我"产生什么影响,一般会理解为具体的方所成分。

下面一个句子是类似的情况:

(6-32) ʔŋɑ˦　　te˦　　ɑ˧mɛ˦　　ŋɑ˦　　=be˧　　bɑ˦lɑ˦　　dɯ˦
　　　　1SG　　家　　母亲　　　1SG　　上　　　衣服　　　一
　　　　kʰo˦　　zo˥　　jɤ˧.
　　　　CL　　　缝　　　给
　　　　?妈妈把衣服缝到了我身上。

这句话里,"缝"跟"我"的关系,多数情况下是动作和指向的关系,即"为我缝",这种意义就要用=gɤ˧,如前文例(6-25);而如果理解为"事件影响的对象",就只能在很极端的语境中成立,比如"妈妈"和"我"都以缝衣服为生,"妈妈"缝衣服抢了"我"的生意。因此=be˧通常也只能作方位词解读，尽管"缝到了我身上"也不大常见，但是更有可能性的情境。

三、领属关系：=kɤ˩

属格标记表示"属于""拥有"等语义关系。属格表示的是名词性短语内部的关系。玛丽玛萨话的属格用=kɤ˩来表示。领有者可以由代词充当，也可以由普通名词充当。例如：

(6-33) tʰɯ˦　　　ŋɑ˦　　=kɤ˩　　lo˦｜　　ŋɤ˦.
　　　 DEM:远指　 1SG　　GEN　　 马　　　 COP
　　　 那是我的马。

(6-34) ze˦xĩ˩　　=kɤ˩　　pʰo˦mɛ˦　　xĩ˦　　=a˦　　i˦　　tsi˦
　　　 孩子　　 GEN　　 脸　　　　 红　　 CONJ　 来　 PROG
　　　 sɛ˩　　=le˦.
　　　 COMPL　NMLZ
　　　 孩子的脸红起来了。

玛丽玛萨话中，领属关系的可让渡/不可让渡对属格标记的隐现有影响。越是不可让渡的领属关系，越倾向于使用合音形式；越是可让渡的领属关系，越不倾向于使用合音形式。家庭关系中的领属，一般不用=kɤ˩标记领属关系，而是用te˦"家"。例见第五章第三节。还有被领有者省略的情况，例见第五章第四节。

四、空间位移方向：=a˦

玛丽玛萨话中用附着词=a˦标记空间位移的方向。=a˦往往与前一音节结合紧密，有合音的趋势，母语者通常描述为前一音节的拖长，但实际音值通常为[ə]或[ɐ]，音位化后记为/a/。

玛丽玛萨话中，动词前面如果是方所成分，且动词是有位移义的，前面的方所成分后面往往要加=a˦。例如：

(6-35) bɑ˦lɑ˩　　kʰwɑ˩　　xỹ˦　　xĩ˦　　tʰɯ˦　　i˦　　tɑ˥mi˦
　　　 衣服　　 坏　　　 穿　　 人　　 DEM:远指　CL　 一会

tsʰɨtsʰo˧ =a˧ ɨ˧, ʈamɨ˧ tv˧kʰy˧ =a˧ be˧.
这边 ALL 来 一会 那边 ALL 去
那个穿破衣裳的家伙一会儿过来，一会儿过去。

(6-36) le˧tɕy˧, ɨɢy˧dy˥ =nɯ˧ ɨ˧ =sa˩ ŋa˩ŋa˧xɯ˩
又是 丽江 ABL 来 ADV 阿岩河
te˧ =a˧ pa˧ ɨ˧.
家 ALL 到 来
又从丽江来，到了阿岩河家。

不表示空间位移方向的方所成分之后，常用位格标记=nɯ˧，而且也不是强制使用的，出现与否与方所成分的语义有关。加=nɯ˧ 有强调、出人意料的意味，例如前文例句（6-21）；如果要表示指人动作的方向或双及物事件的接受者，也不能用=a˧，而是用=gɤ˩。例如：

(6-37) tʰɯ˧ =nɯ˧ ŋa˧ =gɤ˩ u˧.
3SG A 1SG P 说
他对我说。

(6-38) nɯ˧ ŋa˧ =gɤ˩ gv˩tʂʰi˥ tsʰɨ˧ pa˧ pa˩ ɨ˧.
2SG 1SG DAT 弯尺 DEM:近指 CL 拿 来
你给我拿这把弯尺来。

从以上描述的=a˧的分布与功能来看，=a˧可以归为"向格"标记，但使用受到语义条件的限制，即只适用于动词是位移动词的句子。

前面已经提到，=a˧与前一音节有合音的趋势，在一些藏语方言中，位格助词也已经变为-a并与前一音节融合。

五、比较基准成分：=tu˩

玛丽玛萨话比较结构常见的语序是：被比较者+比较基准+=tu˩+谓语。=tu˩用作比较结构中比较基准成分的标记。例如：

(6-39) kɤ˧ly˧ le˩ke˧ =tu˩ dzu˧.
瓶子 杯子 COMPR 大
瓶子比杯子大。

形容词前可以加表示程度的副词。例如：

(6-40) aˉbyˉ guˉdzuˉ =tuˀ tɕaˉ dyˉ xoˉ.
　　　哥哥　　弟弟　　COMPR　非常　一点　高
　　　哥哥比弟弟高多了。

被比较者和比较基准都只能由名词性成分充当。如果比较的是两种动作或属性，则后面要加名物化标记=leˉ才能进入比较结构。

=tuˀ本为方位词，表示"在某物上方（空间）"，作比较基准标记的用法，是从本义引申出的抽象的"更多的、超过……""在……之上"的意思。

根据语义和语用，"比较基准+=tuˀ"也可以放在被比较者之前。例如：

(6-41) ˉamˉ dyˉ xyˉ =leˉ =tuˀ ˉamˉ dyˉ xoˉ
　　　更　　一点　矮　NMLZ　COMPR　更　一点　高
　　　=leˉ gyˉ.
　　　NMLZ　好
　　　高一点比矮一点好。

如果要表达"不如"这类意义，玛丽玛萨话不用比较标记，而是用动词tsʰeˀ"比"。这样比较结果就充当tsʰeˀ的补语。例如：

(6-42) tsʰiˉ aˉniˉmyˉ tsʰeˀ maˉ= tsʰiˉ.
　　　今天　　昨天　　比　　NEG　　热
　　　今天不如昨天热。

第三节　语法关系标记的来源与演变

玛丽玛萨话各种语法标记的分布和功能是如何形成的？目前的方言材料和已有的研究还不能给我们非常确切的答案。我们尝试从语法功能演变的普遍规律和书面藏语（Written Tibetan, WT）中可能有对应关系的助词两方面来推测。

一、=nɯ˦与书面藏语夺格助词

我们认为=nɯ˦的原型功能是标记从由，而标记施事者、工具成分、方所与时间成分的功能，是由标记夺格的功能发展而来的。ABLATIVE > AGENT是一条有普遍性的演变路径（Heine and Kuteva 2002），从由→施事→工具这一演变路径在很多藏缅语中都发现过（LaPolla 1995）。

=nɯ˦与书面藏语的"夺格助词（'bjung. khungs）"在语音和功能上都很相似。夺格助词读音是nas（与表示"异类比较"的las实际功能差异较大），功能包括：（1）标记来源出处；（2）表示比较关系中的"从同类总体中比较选择出个体"；（3）表示起止（其中的起点）；（4）转表施事主语；（5）转表方式状语。（格桑居冕、格桑央京 2004）与玛丽玛萨话=nɯ˦比较，（1）（3）与标记动作从由的功能一致，（1）强调动作性，（3）可表示作为背景信息的空间范围，（4）与标记施事成分的功能一致。书面藏语中相应成分的功能，也从侧面说明=nɯ˦标记从由的功能可能是最根本的，标记施事者的功能也很早就出现了，标记工具成分的功能可能出现较晚。

=nɯ˦标记方所和时间成分的位格功能，可能是较晚的创新。前面已经提到玛丽玛萨话的=a˦具有标记空间位移方向的功能，而这个附着词很可能与书面藏语的位格助词la同源。书面藏语位格助词的功能很丰富，既包括标记方所、时间等现代语言学意义上典型的位格功能，也包括"表示施动者所进行的动作及于某一对象"的向格功能（格桑居冕、格桑央京 2004）。玛丽玛萨话的=a˦也可能本来兼有位格和向格功能，后来位格的功能被=nɯ˦排挤掉了，只保留了向格的功能。

二、=kɤ˥与书面藏语属格助词

=kɤ˥与书面藏语的"属格助词（'brel. sgra）"音义都很相似。属格助词有gyi、kyi、gi、i、yi五种形式，是同一个后缀根据所依附的词干末尾的音段不同而产生的语音变体。玛丽玛萨话的=kɤ˥在语音上显然是可以与书面藏语的属格助词对应的。属格助词的功能有：（1）作前置定语；（2）作对比复句的连词。（格桑居冕、格桑央京 2004）其中只有（1）是标记格关系的用法。在这种用法上属格助词也与玛丽玛萨话的=kɤ˩一致。因此，我们认为=kɤ˩与书面藏语的属格助词有音义对应关系，而且语法功能基本没有发生变化。

三、=aɬ 与书面藏语位格助词

=aɬ与书面藏语的"位格助词（la.don）"有对应关系。位格助词的基本形式是la，根据所依附的词的韵尾不同，有la、na、su、tu、-r等多种变形，但很多现代藏语方言中都没有形式变化了，特别是康方言，一般都用le（格桑居冕、格桑央京 2002）。书面藏语的-a韵母，在声母为l的条件下通常与玛丽玛萨话的ɛ韵母对应（李子鹤 2021b），但如本章第二节第四小节中所述，－aɬ的实际音值为[ə]或[ɐ]，应该是语音形式磨损弱化的结果，因此完全可能是从ɛ弱化而来的。声母l是流音声母，在合音时弱化脱落是自然的。因此书面藏语的位格助词与玛丽玛萨话的=aɬ在语音上可以对应。

书面藏语位格助词的功能很多，核心功能是"表示施动者所进行的动作及于某一对象或表示进行动作的方位地点"（格桑居冕、格桑央京 2004），在现代语言学理论中可以归为与格。在玛丽玛萨话中，典型的与格意义用=gɤ˩表示[见本章第二节第二小节]，=aɬ的表现更接近向格意义[见本章第二节第四小节]，而向格意义与与格意义关系密切，是跨语言的普遍规律（Heine and Kuteva 2002）。因此，玛丽玛萨话的=aɬ与书面藏语的位格助词音义都能对应。

玛丽玛萨话的=aɬ在"旁格"这个概念域中的语法意义，相对于书面藏语的位格助词，大大地缩减了。与前一音节有合音的趋势说明=aɬ虚化时间较早，语音已经开始磨损，功能逐渐减弱也是与之相应的规律。很多书面藏语位格助词承担的语法功能，在玛丽玛萨话中由=gɤ˩（与格）和=nɯɬ（位格）承担了。但=aɬ还发展出了另外的功能，限于篇幅本书不展开论述。

四、=tu˥、=gʵ˥、=be˧ 的来源与演变

这三个格标记，在书面藏语中找不到相应的语法成分，应该都是出现较晚的。这三个格标记的来源都是方位词，玛丽玛萨话中还能看到用作方位词的例子。

=tu˥本义为"上方"，对应于书面藏语的stod"上方"，玛丽玛萨话中还保留本义的用法。例如：

(6-43) a˩dzɿ˥ ĩ˩ʑɿ˥ lɐ˧ tʂo˧ tu˥ pʰa˩ sɛ˧ mi˦te˩la˩.
真的 睡觉 又 醒 上面 撒 COMPL INF
真的睡醒了，（山）上面就撒好种了。

因此玛丽玛萨话的比较结构"被比较者+比较基准+=tu˥+谓语"，其语义解释应该是"被比较者在比较基准之上（更加）具有某种性质"。Heine and Kuteva（2002）认为从"up"义到比较标记的演变是具有跨语言普遍性的。吕珊珊、木艳娟（2018）认为丽江古城纳西语比较基准标记ciɚ˩最初的来源也是方位词"上"经过向格标记的阶段最终语法化为比较标记。玛丽玛萨话的=tu˥在来源上与ciɚ˩相似，但目前没有证据显示其经过了向格标记的阶段，因此玛丽玛萨话的差比结构属于Heine（1997）、Stassen（1985）总结的差比句类型中的"位置图式"。

=gʵ˥本义为"上"，可以单独作方位词，也可以表示动作的趋向（前附于动词表示"向上"），进而表示抽象的"增长"。作方位词的用法例如：

(6-44) nɛ˩-le˩ a˩tsʰi˦tɕu˩, ɖu˩ ɬɯ˧ ɖu˩ te˧ a˩lu˩
像-NMLZ DM 一 人家 一 人家 家屋
=le˩ a˩tsʰi˦tɕu˩, gʵ˥kʰu˩ =nɯ˧ dy˩ =sa˧ ỹ˥kʰu˩
ADV DM 上边 ABL 赶 ADV 下边
pa˧ zu˧ na˧.
到 需要 COP: N-EGO
像这样，一家屋子一家屋子地，从村头撵到村尾。

表示动作的趋向的例子如：

(6-45) ŋaɹ   gɤ˥-naɹ   tɕuɬuɹ   aɹ   kʰuɹ   yaɹtsuɹ   tʰuɹ
      1SG   好-ADV   看见   EGO 狗   花的   DEM:远指

      mɕɯ   gɤ˥=   piɹ   ỹ˥=   piɹ,   aɹzɤɹ
      CL   DIR:向上 跳   DIR:向下 跳   有趣

      tsaɹ =saɹ.
      非常   MIR

      我亲眼看见那只花狗跳上跳下，可好玩了。

但是=gɤ˥不能用于名词性成分之后作方位词，共同组成表方所的短语。

我们推测=gɤ˥标记接受者成分的用法，是经过结构的重新分析之后的结果。本来是N+（gɤ˥+V），gɤ˥表示动作的趋向，即动作是指向前面一个名词性成分的，后来重新分析为（N+gɤ˥）+V。下面这个句子就有两种可能的解读：

(6-46) baɹdoɹbaɹdoɬoɹ   laɹ   moɬxɤ˥   tsʰiɹ   iɹ
      巴多巴多罗   PRT   姑娘   DEM:近指 CL

      gɤ˥   baɹ   nɤɹ   miɬtɤɬlaɹ.
      DIR:向上/P   喜欢   像这样   INF

      就像这样，巴多巴多罗（传说中的人类始祖）喜欢上了这
      个姑娘。

这里的gɤ˥既可以理解为前附于动词表示趋向（"喜欢上""开始喜欢"），又可以理解为后附于指量短语"这个"，将其标记为受事。

=beɹ本来是一个方位词，义为"上（表面）"，语法化为受益格，上文已经具体论述了=gɤ˥和=beɹ功能上的差异[见本章第二节第二小节]，通过这里对两个标记的来源的考察，我们可以看出，它们功能的差别要从它们的本义去理解。=gɤ˥本义可以表示具体的方向"上方"，也可以表示动作的趋向"向上"，还可以表示抽象的"增长"；而=beɹ本义是方位词"上"，而且强调"物体的上表面"。因此，从=gɤ˥的本义出发，就

会引申出"对某人/某物""为某人/某物"等语法意义，可以概括为"动作指向的对象"；而从＝bel的本义出发，会引申出"动作到达某人/某物那里"的意义，进一步引申为"影响到某人/某物"的意义，可以概括为"事件影响的对象"。

经过对玛丽玛萨话语法关系标记的分析，我们认为玛丽玛萨话中的语法关系及标记可归纳如下：

核心论元语法关系：作格–通格型

　　施事标记：＝nɯ˧

　　受事标记：＝gɤ˩

外围论元语法关系：

　　工具格/位格/夺格：＝nɯ˧

　　与格/受益格：＝gɤ˩（核心为与格）、＝be˧（核心为受益格）

　　向格：＝a˧

　　属格：＝kɤ˩

　　比较格：＝tu˩

其中，＝nɯ˧兼表施事、工具、从由、方所、时间，是玛丽玛萨话的一个特点。在朱艳华（2010）对34种藏缅语的概括中，只有哈尼语存在一个虚词ne˧与玛丽玛萨话＝nɯ˧的格标记功能相同，但哈尼语ne˧标记定语的功能又是玛丽玛萨话＝nɯ˧没有的。

上述标记中很多不是强制使用的，特别是核心论元标记的隐现与语义、语用因素关系非常密切，因此玛丽玛萨话的语法关系系统并非完全从语义角色层面分离出来的。玛丽玛萨话语法关系的标记，有的与书面藏语中的虚词对应，可能产生较早。晚期出现的语法关系标记很多是表方位或趋向的成分语法化而来的。

第七章 动词短语

第一节 成分的顺序

玛丽玛萨话中,作动词修饰语的成分包括:副词、名词、状语小句、补足语小句。

动词本身可以是简单动词或复杂动词。复杂动词内部的语序是:

助动词在主要动词之后。例如:

(7-1) ŋɑ˧   si˧   ku˧   be˧   tsi˧   ŋʴ˧   =le˧.
　　　1SG   柴   捡   去   PROG COP   NMLZ
　　　我要去打柴。

系动词ŋʴ˧在这里用作助动词,加在带了进行体标记tsi˧的主要动词之后,构成展望体。

情态动词在主要动词之后。例如:

(7-2) dɯ˦   sy˩   je˧   i˧   tsi˧   ŋʴ˧   =a˧
　　　一   样   做   来   PROG   COP   CONJ
　　　pa˧xwa˦   tse˧   zu˧   sɛ˧.
　　　办法   用   必须   COMPL
　　　要想办法做一些事情(给我们找麻烦)。

副词作动词的修饰语,位于动词之前。例如:

(7-3) dɯ˧kʰɤ˧   kɛ˧   a˩tseʔ-na˩   dɯ˧   ɕa˩la˩   xu˧   njeʔ.
     一些   派   悄悄-ADV   一   暗中调查 去   IMP
     就派一些人去悄悄地暗中调查。

名词作动词的修饰语，位于动词之前，而且要加关系化标记le˧。例如：

(7-4) a˧ʑa˩   gɤʔpa˩   la˧   tsʰɯ˩   po˧,   la˩kɯ˧   la˧   tsʰɯ˩
     然后   尖   也/还 掐   掉   枝丫   也/还 掐
     po˧,   ni˧tʂʰo˧   ni˧tʂʰo˧   =le˧   la˧   ɕe˧   po˧.
     掉   两半   两半   ADV   又   掰开   掉
     树尖掐掉，枝丫掐掉，两半两半地掰开。

状语小句作动词的修饰语，位于动词之前，表示伴随性的动作，后面加关系化标记le˧。例如：

(7-5) a˧   tsɤ˧tsɤ˧   xi˧   ŋɤ˧   =le˧   je˧   =a˧
     DM   算命   人   COP   ADV   做   CONJ
     =le˧   i˧   tu˧mba˧   dɯ˧   i˧   i˧   =sa˩.
     ADV   来   东巴   一   CL   来   MIR
     一个东巴，装作算命先生来了。

补足语小句位于动词之前。例如：

(7-6) ŋa˧ma˧   a˧pʰo˧   =nɯ˧   a˧i˩tsɤ˧   u˧   =le˧
     1PL   爷爷   A   故事   讲   NMLZ
     xã˧   õ˩mo˧.
     听   愿意
     我们很愿意听爷爷讲故事。

否定标记位于动词或动词短语之前。玛丽玛萨话只有一个否定标记ma=。其韵母和声调都受后面动词的韵母和声调的逆同化（anticipatory assimilation）作用影响：如果动词的韵母为前元音，则否定标记的韵母也是前元音；如果动词的韵母为后元音，则否定标记的韵母也是后元音。声调也由后面的动词决定：如果动词是˧或˦调，读为ma˧/ɑ˧；如果动词是˨或˩调，则读为ma˩/ɑ˩。本书统一标为ma˧，实际音值可由上述规则推出。

否定标记可与体、情态、示证等各种语法范畴的标记搭配。例如：

(7-7) tʰu˧ te˧ lu˧ ma˧= dʐu˧.
　　　3SG 家   地   NEG   有
　　　他家没有地。

(7-8) ŋɑ˧ dze˧ ma˧= mi˧ sa˨.
　　　1SG 饭   NEG   饿   COMPL
　　　我不饿了。

(7-9) çe˧ dzwɑ˧ ɣo˨ fɑ˧ tə̃˧ =sa˧.
　　　山地 挖   粮食 种   像这样 ADV
　　　a˨tʂʰi˧ɕɨ̥˨lɑ˨, ma˧= mi˧ sa˨ nɯ˧hɯ˧lə˨.
　　　DM   NEG   成熟 COMPL REPD
　　　像这样开荒种粮食是不会成熟的。

否定标记并非只能加在动词词根之前。例如下面两句话意思不同：

(7-10a) ŋɑ˧ lɑ˧ ma˧= be˧.
　　　　1SG 又   NEG   去
　　　　我还没有回去。

(7-10b) ŋɑ˧ ma˧= lɑ˧ be˧.
　　　　1SG NEG   又   去
　　　　我不回去。

因此我们不把ma˧=分析为前缀，而是分析为一个附着词。

疑问标记通常位于动词或动词短语之前。玛丽玛萨话用标记a˧=来构成一般疑问句。a˧=的声调也受后面的动词声调的逆同化作用影响。如果动词是˧或˦调，读为a˧；如果动词是˨或˩调，则读为a˩。本书统一标为a˧，实际音值可由上述规则推出。

疑问标记可与体、情态、示证等各种语法范畴的标记搭配。例如：

(7-11) la˦gʌ˦　　　a˦　　　　gʌ˦　　　sɿ˩?
　　　　路　　　　QUES　　　好　　　COMPL
　　　　路（修）好了吗？

(7-12) nu˦　　　　a˦　　　　ŋɯ˦　　　kʰo˦ma˩?
　　　　2SG　　　 QUES　　　饱　　　　已经
　　　　你已经饱了吗？

第二节　状语与补足语

一、状语

玛丽玛萨话句子中作状语成分的，可以是副词、名词或状语小句。副词可以直接作状语，语义上表示方式、程度等。例如：

(7-13) a˩ze˩ze˩　　　se˩　　　nje˦!
　　　　慢慢地　　　　走　　　　IMP
　　　　慢走啊！

一些表示时间的词是不加标记直接作状语的，因此也应归入副词。例如：

(7-14) ŋa˦　　tsʰi˦ni˦　　la˩　　dɯ˦　　me˦　　　zʅ˦, ni˩ze˦
　　　　1SG　　今天　　　鸡　　　一　　　CL　　　买　鱼
　　　　ni˦　　me˦,　　　sʅ˦　　　su˦　　　tɕi˦.
　　　　二　　　CL　　　 肉　　　 三　　　　CL
　　　　我今天买了一只鸡、两条鱼、三斤肉。

(7-15) ŋa˦ma˦　　a˦mʌ˦　　kʰe˦　　tɕa˩　　dʌ˦　　tʂwa˩le˩, su˦wje˦
　　　　1PL　　　现在　　　粪肥　　非常　　一点　　积累　　　明年
　　　　jo˩　　la˦xa˩　　dʌ˦　　dʌ˦　　be˦.
　　　　粮食　　更　　　　一点　　结　　　去
　　　　我们现在多积肥，是为了明年多打粮食。

第七章　动词短语　99

有些副词是由形容词加上后缀-nɑ˧构成的。加上后缀-nɑ˧以后也能直接作状语，表达程度义。例如：

(7-16) a˩tʂʰi˧tɕu˩nu˩, lu˩　=be˧ tɑ˧, gɣ˩-nɑ˩ je˧
　　　 PRT　　丽（猎神）BEN 只　好-ADV　做
　　　 =sɑ˩,　 dze˧　 =ɑ˧　 lɑ˧　 i˧　 sɛ˧
　　　 ADV　 吃　　 CONJ　又　 来　 COMPL
　　　 mi˧te˩le˧nɑ˩.
　　　 INF: N-EGO
　　　 只要好好地崇拜猎神，好像是就这样吃过来了。

(7-17) lɑ˧gɣ˧　 dɯ˧　 xwɑ˩　=le˧　 xɯ˧pʰo˧　 tɕʰɣ˧nɑ˧
　　　 路　　　一　　 CL　　 ADV　 灰尘　　　 严重地
　　　 nɣ˧nɣ˧, a˩tʂʰi˧tlɑ˩, xĩ˧　 a˩pʰɣ˧ mɑ˩= ɬɣ˧ ljo˧.
　　　 翻滚　 DM　　　 人　 外边　 NEG 出　来:IMP
　　　 一路上灰尘滚滚的，人（都遮住了，）外边露不出来。

名词作状语位于动词前，后面要加名词状语标记le˧。名词状语可以表达动作的方式。例如：

(7-18) nɛ˧sɑ˧　 ɑ˧　　 ɣõ˧pɣ˧　 ʂɤ˧　 =ɑ˧　 lu˩　 ni˧tʂʰo˧
　　　 像　　　 PRT　 竹叶菜　 撕　　 CONJ 像　　两半
　　　 ni˧tʂʰo˧　 =le˧　 lɑ˧　 ɕe˧　 po˧.
　　　 两半　　　 ADV　 又　 掰开　 掉
　　　 像撕开竹叶菜一样两半两半地掰开。

(7-19) a˩tʂʰi˧tʰu˩tlɑ˩, dɯ˧　 tʂʰə˧　=le˧　 pjɣ˧　 xã˧
　　　 DM　　　　　　 一　　 辈　　 ADV　 变　　 成
　　　 gɣ˧　 xã˧.
　　　 好　　成
　　　 一辈子做成（一家人），好好相处。

也可以表达范围意义。例如：

(7-20) la˧gγ˧ dʑu˦ xwa˩ =le˦ xuɯ˧pʰo˦ tɕʰy˧na˦
      路   一   CL   ADV   灰尘   严重地
      ny˧ny˦ a˩tʂʰi˦tɕu˩, xĩ˦ a˩pʰy˦ ma˩= tʰγ˦ lje˦.
      翻滚   DM   人   外边   NEG   出   来:IMP
      一路上灰尘滚滚的，人（都遮住了，）外边露不出来。

(7-21) si˦ ku˩ si˦ da˩ nuɯ˧ŋa˦, u˩da˦ a˩xwa˩ nuɯ˧ŋa˦,
      柴   捡   柴   砍   TOP   以前   时候   TOP
      bε˦ =le˦ je˦ tsi˦ sε˩.
      村   ADV   做   PROG COMPL
      打柴、砍柴这件事，以前是整村地在做的。

小句状语也位于动词前，表示动作进行的方式，后面加小句状语标记 sɑ˩。小句状语也可以表达动作的方式。例如：

(7-22) le˦tɕγ˦ zu˦dzɛ˩ʐu̩ u˩da˦ a˦nε˦ =le˦ tʂʰi˦,
      又是   吃午饭   以前   那样   NMLZ PRT
      a˦tɕʰi˩ kʰu˦ ỹ˩= be˦ a˩xwa˩ nuɯ˧ŋa˦,
      水   边   DIR:向下 去   时候   TOP
      ni˩zɛ˩ γγ˦ =sɑ˩ dze˦ =a˦ be˦.
      鱼   捞   ADV   吃   CONJ 去
      又是像午饭前那样，走到水边的时候就捞鱼吃这样走。

(7-23) a˩tʂʰi˦tɕu˩nuɯ˩, luɯ˦ =be˦ tɑ˦, gγ˦-na˩
       PRT   丽（猎神）BEN 只   好-ADV
       je˦ =sɑ˩ dze˦ =a˦ la˦ i˦
       做   ADV   吃   CONJ 又   来
       sε˩ mi˦le˦na˦.
       COMPL INF: N-EGO
       只要好好地崇拜猎神，好像是就这样吃过来了。

二、补足语

（一）动词补足语

玛丽玛萨话动词的补足语可以由另一个动词充当，多表示动作的结果。例如：

  dzeɤ ŋuɤ =leɤ 吃饱了
  吃 饱 NMLZ

  lɑ˩ sɯɤ =leɤ 打死了
  打 死 NMLZ

有的动词经常充当补足语，已经有一定程度的虚化。例如sɛ˩"完"和po˧"掉"：

(7-24) be˩ tʂʰɣ˩ uɤ~uɤ xĩɤ dʐuɤ sɛ˩ nuɤŋaɤ.
    村 这个 说: ITER 人 有 COMPL TOP
    村里就有人讨论这件事。

sɛ˩在这里显然不是"完"的意思，而是已经虚化成了一个表示完结的语法成分，含义是以前没有人讨论这件事，现在有了，这种状态达成了，跟以前的状态不同了。

同时sɛ˩仍然有动词"完"的用法。例如：

 —— dzeɤ dzeɤ aɤ sɛ˩?
    饭 吃 QUES 完
    吃完饭了吗？

 —— dzeɤ sɛ˩ =leɤ.
    吃 完 NMLZ
    吃完了。

po˧则用于未然事件，可以理解为"掉"。例如：

(7-25) ɖoɤ poɤ =sɑ˩ nuɤŋaɤ, aɤtʂʰiɤtɕuɤ yoɤ =leɤ
    抽签 掉 ADV TOP   DM   赢 NMLZ

```
ɣo˧      =le˧       te˧-dʑu˧    ɦɯ.
赢        NMLZ      DUR-有      CAUS
```
抽完签以后，让赢的和赢的在那里（斗）。

这里 po˧ 显然也不是实义动词，只是表示动作或事件的结束。sɛ˩ 与 po˧ 是不能共现的。例如下面的句子不成立：

```
*a˧tɕʰi˥    wã˥     po˧    sɛ˩.
水          倒       掉     COMPL
```
水倒掉了。

（二）补足语小句

玛丽玛萨话的补足语小句一般位于动词前。Noonan（2007）将补足语类型分为陈述式、并列式、不定式、虚拟式、名物化型、分词型。玛丽玛萨话的补足语小句以名物化型为主。例如：

```
(7-26) a˧nɛ˩     dɯ˧     ju˩     xỹ˥     =le˧     dɯ˧     lo˥     xũ
       什么样     一      地方     住       NMLZ    一       看      准备
       nje˧     =nɯ˧u˧le˩.
       IMP      REPD
```
去看看（他们）住在什么样的地方。

```
(7-27) wa˩bu˧   la˥tsu˧    zɤ˥     =le˧    ɕwe˥    =le
       猪崽      鸡崽       养      NMLZ    有点     ADV
       ma˧=    tɕʰo˧,    ɣo˧    pʰɤ˧     ɣo˧     fa˧
       NEG     擅长       粮食    撒       粮食     种
       =le˧    la˧      ɕwe˥    =le˧    ma˧=    tɕʰo˧,
       NMLZ    也/还     有点     ADV     NEG     擅长
       nã˧,    xã˥dy˩    =le˧    nɯ˧ŋa˧,    by˧tɕi˧.
       然后     赶山       NMLZ    TOP        熟悉
```
也不擅长养猪养鸡，也不擅长播种收粮，但很熟悉赶山。

第七章 动词短语 103

有的名物化型补足语小句后面，还要加一个专门的补足语小句标记=nuɨ。例如：

(7-28) oɨ,　gɤ˥pγ˩　=nuɨ　laɨ　tʰɑɨlɘɨ　su˩
　　　 嗯　 上级　　 A　 也/还　 书　　 学
　　　 zuɨ　=ɑɨ　=nuɨ　laɨ　uɨ.
　　　 必须　NMLZ　COMP　也/还　说
　　　 上面也说孩子们必须上学。

这个补足语小句标记有时会弱化为=ɑɨ，与前一音节结合很紧密。例如：

(7-29) pʰã˧tsuɨ　kuɨ　=nuɨ　tɕʰi˧　=ɑɨ　iɨ　le˥keɨ,
　　　 盘子　　 里　 ABL　 放　　 CONJ　来　酒杯
　　　 ɑɨsɑ˧　ã˧　ɑɨnɑɨ　mɑɨ=　suɨ,　dɯɨgγ˧
　　　 然后　 然后　怎样　 NEG　 知道　一点
　　　 suɨ　 tsʰɘɨpjɯ˥hɯ˩　ŋγ˩　=leɨ　=ɑɨ　so˩dzi˧.
　　　 知道　有一点　　　 COP　 NMLZ　COMP　想
　　　 从盘子里拿出酒杯，然后，（给志华茸）有点怀疑（知道一点，也有点不知道），也想着有一点（不对）。

又如：

(7-30) mɑ˥jã˩　tɕi˩　Lγ˩　　mɑɨ=　　zuɨ　　=leɨ　=ɑɨ
　　　 孔雀　　胆　 喝　 NEG　　 需要　NMLZ　COMP
　　　 nɑɨ　　 zeɨ　xjɣ˩　=leɨ　zeɨ　jɤ˩jɣ˩
　　　 COP: N-EGO　哪里　沾　 NMLZ　哪里　腐烂
　　　 =ɑɨ　 lɑɨ　iɨ　teɨ　ɑ˩nɛɑɨ.
　　　 CONJ　又　 来　那里　是这样
　　　 孔雀胆是不用喝下去（才起作用）的，沾到哪里哪里就会烂。

除了名物化型的补足语小句，还有陈述式补足语小句。例如：

(7-31) tʰɯ˧ ɖuᴴ ɦ tɑ˩ ĩ˩a˩xwã˧ ma˧= wã˩.
3SG   一   CL 仅仅 睡觉   NEG   敢

她不敢一个人睡觉。

补语小句中有否定提升（negative raising，Noonan 2007）的现象。例如：

(7-32) xĩ˧ ɖuᴴ ɦ   nuɭuɬle˧ nɤᴴ   le˧pe˧ =le˧
       人   一   CL   REPD   像这样   奇怪   NMLZ

je˧   =le˧   nɯ˧   xĩ˧   ŋʴɤᴴ   ma˧=
做   NMLZ   PRT   人   COP   NEG

lə˧   nɯɬsɑ˧.
猜测 DM

这个人做了这么不可思议的事情，大概不是人吧。

"他不是人"是"猜测"的内容，构成"猜测"的补足语，但否定词却加在了主句动词"猜测"上，也就是否定标记从补足语小句提升到了主句。

少数句子中，补语小句很长，也可以位于动词之后。例如：

(7-33) ŋɑᴴ   gʌ˥-nɑ˩   tɕuɭo˩   a˩   kʰɯᴴ   ya˩tsuᴴ
       1SG   好-ADV   看见   EGO   狗   花的

tʰɯᴴ   me˧   gʴɤ˥=   pi˥   ỹ˥=   pi˥,
DEM:远指   CL   DIR:向上   跳   DIR:向下   跳

a˧zɤ˧   tsa˧   =sɑ˩.
有趣   非常   MIR

我亲眼看见那只花狗跳上跳下，可好玩了。

"那只花狗跳上跳下"整体作为"看见"的论元，是一个很长的补语小句，因此就放在了句子最后，没有放在主句动词前。

第三节 连动结构及其标记

一个句子中的两个动词或者两个小句表示连续发生的动作，往往要用le类虚词连接。这两个动词或小句在句法上是并列关系，两个动作的语义关系可以是多种多样的，前一个动作可以是后一个动作的方式、工具，或者只是时间上的先行后续关系。le˧和a˧两种形式都可以用，a˧使用频率更高，意义没有差别。

le类虚词连接两个动词时，后一个动词往往有位移义。例如：

(7-34) ni˩ze˩ tsʰa˧tʲy˧, ni˩ze˩ ɣʴ˧, bɛn˧ =sa˩ dze˩ =le˧/a˧.
　　　 鱼　　下扣子　　 鱼　　 捞　　 像这样 ADV 吃 CONJ 来
　　　 钓鱼、捞鱼这样吃着过来。

(7-35) xĩ˧   si˩   =le˧/a˧   lɯ˧   zu˧   sɛ˩,   ma˧=
　　　 人   死:CAUS CONJ   去   必须   COMPL   NEG
　　　 dzu˧   xɯ˧   zu˧   sɛ˩.
　　　 有   CAUS   必须   COMPL
　　　 一定要去杀了（那个）人，让他消失。

"这样吃"可以解释为"来"的方式，"（使）死"可以解释为目的，但用le类虚词表示两个动词是并列的，可以用汉语的"而"来解释。

有时后一个动词本义有位移义，但已经虚化为趋向补语，这种情况还是用le类虚词连接。例如：

(7-36) a˩dzi˩ tse˧kɯ˧ly˧ kɯ˧ =nɯ˧, pi˧dze˩ kɯ˧ =nɯ˧
　　　 酒   小酒坛   里   ABL   大酒坛   里   ABL
　　　 bu˧   =a˧   i˧.
　　　 挑   CONJ 来
　　　 从大大小小的坛子里把酒挑出来。

两个动词相连但后一个动词没有位移义，往往会将前一个动词或动词性成分看作状语小句，用动词状语标记sa˧连接两个动词，不用le类虚词。

并列连词的使用不是强制的，不管后一个动词是否有位移义，并列连词都可以省略。例如：

(7-37) dɯ˧ ni˧ kʰʐ˧ gʐ˧ a˧nɛ˧ dzu˧ tsu˧
　　　一　二　年　过　这样　桥　搭
　　　i˧ jɤ˥ zu˧ =la˥.
　　　来　给　必须　NMLZ: N-EGO
　　　过了一两年，需要给（木老爷）来搭桥了。

(7-38) ŋa˧ si˧ ku˧ be˧ tsi˧ ŋɤ˧ =le˧.
　　　1SG　柴　捡　去　PROG　COP　NMLZ
　　　我要去打柴。

(7-39) ŋa˧ tsʰɯ˧xɯ˧xĩ˧ lo˩ be˧ sə˧ =le˧.
　　　1SG　医生　看　去　COMPL　NMLZ
　　　我去看病了。

两个或多个小句相连，也可以用le类虚词连接。例如：

(7-40) a˧sə˩, lo˩ ma˧= dzu˧ =a˧ sɚ˧mɛ˧ lo˩.
　　　然后　活路　NEG　有　CONJ　虱子　看
　　　没事干就找虱子。

也可以不用任何语法成分连接。例如：

(7-41) a˧tɕʰi˥ kʰu˧ ỹ˥= pa˩, ni˩zɛ˥ tʂʰa˧tʐ˧
　　　水　边　DIR:向下　到　鱼　下扣子
　　　ni˩zɛ˥ ɣɤ˧, tɛn˩ =sa˩ dze˧ =a˧ be˧,
　　　鱼　捞　像这样　ADV　吃　CONJ　去
　　　tɕʰe˧tʐ˩ je˥.
　　　盘缠　做
　　　到了水边就钓鱼、捞鱼，这样吃饭、做盘缠。

第四节 致使结构及其标记

从跨语言角度来看，语言中致使的表达可以分为分析型、形态型和词汇型。玛丽玛萨话表达致使义主要使用分析型手段，包括三类：

（1）在动词后加表致使的附着词xɯ˧。例如：

(7-42) ŋa˧˩ tʰɯ˧ gɤ˧ xĩ˧ la˧˩ xɯ˧ =le˧˩.
　　　 1SG 他 P 人 打 CAUS NMLZ
　　　 我让他打人。

（2）在致使者后面加施事标记=nɯ˧。例如：

(7-43) tʰɯ˧ lə˧˩ lɜ˧, ŋa˧˩ =nɯ˧ tʰɯ˧ kɤ˧ ze˧xĩ˧
　　　 3SG 笑 COMPL 1SG A 3SG GEN 孩子
　　　 ɣa˧˩tʂɯ˧ =sa˧˩ lə˧˩ xɯ˧ sɜ˧.
　　　 逗　　 ADV 笑 CAUS COMPL
　　　 他笑了，我把他的小孩逗笑了。

（3）将致使者看作状语，在致使者后面加小句状语标记=sa˧˩。例如：

(7-44) mɯ˧lɯ˧lɯ˧ =sa˧˩ la˧gɤ˧ ʂə˧˩tsa˧˩ bɹ̩˧˩ lɜ˧.
　　　 地震　　 ADV 路 新 垮塌 COMPL
　　　 地震把新修的路震垮了。

第（1）种手段，xɯ˧的使用不是强制的。致使者生命度越高，越是有意的行为，越倾向于加xɯ˧。例如下面这个句子就不能加xɯ˧：

(7-45) *mɯ˧lɯ˧lɯ˧ =sa˧˩ la˧gɤ˧ ʂə˧˩tsa˧˩ bɹ̩˧˩ xɯ˧ sɜ˧.
　　　 地震　　 ADV 路 新 垮塌 CAUS COMPL
　　　 地震把新修的路震垮了。

因为地震是自然现象，致使者是无生命物，而且不可能是有意的行为，因此不能加xɯ˧。又如：

(7-46a) xĩ˧ =kɤ˧ tsu˧tsu˧ pʰjɤ˧ lɜ˧, lɑ˧tsʰy˧ zu˧
　　　 人　 GEN　 东西　 毁坏　COMPL　 赔　 必须

lɯ˧ŋa˧.
要

弄坏了人家的东西是一定要赔偿的。

(7-46b) xĩ˧ =kɤ˧ tsu˧tsu˧ pʰjɤ˧ xɯ˧ sɜ˧, lɑ˧tsʰy˧
　　　 人　 GEN　 东西　 毁坏　CAUS　COMPL　 赔

zu˧ lɯ˧ŋa˧.
必须　 要

弄坏了人家的东西是一定要赔偿的。

以上两句都是成立的，但意义稍有区别。a句不用xɯ˧，意思是无意地弄坏，b句用xɯ˧，意思是有意地弄坏。

句子中使用了xɯ˧不一定出现施事者，但说明一定有施事者，而且生命度高，只是省略了。例如：

(7-47) tjã˧ʂi˧ pʰjɤ˧ xɯ˧ sɜ˧.
　　　 电视　 毁坏　CAUS　COMPL

电视弄坏了。

这个句子里用了xɯ˧，说明电视一定是人为弄坏的，不会是自己坏的。

第（2）种手段使用的条件，一是致使者必须出现，二是致使者是有生命的。有些有致使义的句子是施事者不出现的，例如上面的（7-46a）和（7-46b）。又如：

(7-48) dze˧ tʂʰi˧ kʰwa˧ ʂo˧ xɯ˧ sɜ˧.
　　　 饭　 DEM:近指　 碗　 满　CAUS　COMPL

这碗饭装满了。

有些句子的致使者是无生命物，这样的句子不仅不倾向于在动词后面加xɯ˧，而且一般也不在致使者后面加=nɯ˧。例如：

(7-49) meˑkʰu˦ dzɯ˦ =sa˩ ŋa˦ ĩ˩a˩xwã˦ ha˦= xɯ˦ jɤˀ˩.
　　　伤口　疼　ADV 1SG 睡觉　　NEG 去 N-EGO
　　　伤口疼得我睡不着觉。

=nɯ˦是施事标记，致使者不加=nɯ˦，也就是说这样的致使者不被看作施事者。生命度低的致使者通常不能自主发出动作，因此玛丽玛萨话通常是将这样的致使者连同其动作一起，标记为结果事件的修饰成分，在致使事件后面加=sa˩，也就是第（3）种手段。=sa˩就是玛丽玛萨话中的小句状语标记（本章第二节）。(7-49)就是把"伤口疼"整体标记为小句状语，修饰"我睡不着觉"。

还有的句子致使者是无生命的，但对被致使者产生影响的是致使者本身。这种情况下无法将致使事件标记为结果事件的修饰成分，但致使者仍然不被看作施事者，而是将被致使者视为结果事件的状语。例如：

(7-50) ʂɚ˩ tʂʰi˦ ʂɚ˩ dɯ˦ bɛ˩ =le˦ tʂɤˀ˩ sɛ˩.
　　　事　 DEM:近指 事　一　村　ADV 受惊 COMPL
　　　这件事让全村都很吃惊。

"全村"后面加了名词状语标记=le˦，整体作tʂɤˀ˩"受惊"的状语。

实际上，第（2）种和第（3）种手段，都不是表达致使义特有的语法手段，而只是句子的常规语法手段。也就是说，玛丽玛萨话致使结构的使用是有条件的，只用于致使者出现而且生命度高的情况。

玛丽玛萨话表致使的标记=xɯ˦可能来自表"去"义的动词xɯ˦。

玛丽玛萨话的致使结构也不能表达被致使事件复杂的致使。如果被致使事件是复杂的，致使事件就要被标记为状语。例如：

(7-51) tʰɯ˦ =nɯ˦ ŋa˦ =gɤˀ˩ lɯ˩ =sa˩ je˩ xɯ˦ sɛ˩.
　　　3SG　 A　 1SG P　 灌　 ADV 醉 CAUS COMPL
　　　他把我弄醉了。

(7-52) kʰɤ˦ha˦ =gɤˀ˩/be˦ tɕĩ˦tʂʰa˩ =nɯ˦ la˩ =sa˩ tɕʰi˩pʰɚ˧
　　　小偷　　P/BEN　　警察　　A　 打　ADV 脚

dʑu˧ pʰa˩ dzu˧ lɛ˩.
一　　CL　　病　　COMPL

小偷被警察打伤了一条腿。

语义上的双重致使也不能用致使结构表达。如果语义上是双重致使，也只能将致使事件标记为状语，同时直接致使者标记为受事。例如：

(7-53) tʰɯ˧ =nu˧ xĩ˧ =gʁ˥ a˩dʑi˧ ʈu˩ ɣɯ˥ =sa˩
　　　 3SG　A　 人　 P　 酒　 灌　 CAUS ADV
　　　 ŋa˧ zɚ˧-je˩ lɛ˩.
　　　 1SG 酒-醉　 COMPL

他让人把我灌醉了。

这句话可以直译为"他来指使人灌酒，这样我醉了"。

玛丽玛萨话中有一些动词本身含有致使义，与相应的不含致使义的动词构成词汇型致使。例如：

(7-54a) xã˩dy˩xĩ˧ =nu˧ tʰu˩le˧ la˩ =sa˩ ɕu˧ sɛ˩.
　　　　猎人　　　 A　 兔子　打 ADV 死 COMPL

猎人打死了兔子。

(7-54b) xã˩dy˩xĩ˧ =nu˧ tʰu˩le˧ si˩ sɛ˩.
　　　　猎人　　　 A　 兔子 死:CAUS COMPL

猎人把兔子弄死了。

词汇型致使的例子还有：

bjʁ˧ 碎 /dʑi˧ 捣碎
ba˧ly˩ 聚集 /ɣa˩ 召集
dze˧ 吃 /jʁ˥ 喂

其中少数成对构成词汇型致使的词在语音形式上也有关联，例如：

ɕu˧ 死 /si˩ 杀
su˧ 懂 /su˩ 教

dzɑ˦ 伸长 /dzuɿ˦ 抻

还有些致使义与非致使义的词是同形的，如：

pʰjɤ˧　　　　坏/弄坏
çe˦　　　　　掰/破

这些致使义与非致使义在形态上有关联，或者致使义与非致使义同形的词，可能是早期形态型致使的遗留。但我们目前还无法从现代玛丽玛萨话中归纳出系统的致使形态。

第五节　谓词性并列结构

从语法标记上看，玛丽玛萨话有并列标记隐匿的结构，即在某些情况下，可以直接将两个或多个并列成分相连，只需要保证各个并列成分的内部结构相同，不需要任何语法标记。也有并列标记显现的结构，即使用并列连词连接各个并列成分。并列标记大多虚化程度较高。

并列标记隐匿的结构例如：

(7-55) ŋɑ˦　　gʴ˥-nɑ˩　tɕuɹo˩　ɑ˦　　kʰɯ˦　　ɣɑɬɑɣ˧
　　　　1SG　　好-ADV　　看见　　 EGO　 狗　　　花的

tʰɯ˦　　　　mɜ˦　　gɤ˥=　　　　pi˩　　ỹ˥=　　　pi˩,
DEM:远指　CL　　 DIR:向上　　跳　　 DIR:向下　 跳

ɑɬzɤ˦　tsɑ˦　　=sɑɹ.
有趣　非常　　MIR

我亲眼看见那只花狗跳上跳下，可好玩了。

并列标记显现的结构占多数，其语义关系有多种。例如：
（1）表选择关系

(7-56) tʂɑ˦tɕi˦　xỹ˩　bɑ˩　ỹ˦　kʰɑɬtɕɑ˦　xỹ˩　bɑ˩?
　　　 扎西　　 住　 商量语气　或者　卡佳　　 住　 商量语气
是扎西留下，还是卡佳留下？

（2）表补充关系

(7-57) a˧ʟu˧ kʰa˩dze˩, ʂɤ˧, zy˧ a˧xwa˥le˩ fa˧, a˧sa˩
       房子   玉米   小麦   青稞 所有的   种   还有

       ɣɯ˥ dɯ˧ pʰa˥ zɤ˥.
       牛   一   CL   养

       家里种了玉米、小麦、青稞，另外还养了一头牛。

（3）表动作同时进行

(7-58) ze˧xĩ˥ i˩le˥ se˧~se˧ i˩le˥ bjɯ˧ dze˧
       孩子   一面（汉）走:ITER 一面（汉）糖   吃

       tsi˧   =la˥.
       PROG   NMLZ: N-EGO

       孩子边走边吃糖。

(7-59) a˧xwa˥le˩ my˥kʰɤ˧ la˧ ˧dzɯ˧~˧dzɯ˧ la˧ tsʰɯ˧~tsʰɯ˧
       所有的   晚上   也/还 唱:ITER   也/还 跳:ITER

       大家晚上又唱又跳。

（4）表条件关系

(7-60) lo˧si˧   =hɯ˧   ɕo˩sẽ˥   =be˧   la˧xa˥
       老师   A   学生   BEN   非常/越发

       kʰa˧~kʰa˧ xɯ˥   nɯ˩,   ɕo˩sẽ˥   la˧xa˥
       骂:ITER   去   PRT   学生   非常/越发

       kʰo˥   ma˧=   xã˧.
       话   NEG   听

       老师越骂学生，学生越不听话。

(7-61) my˥ lɯ˥ tʰɤ˥ a˥, ŋa˧ma˧ kʰa˩dze˧ gy˩ta˧ be˧.
       天   都   晴   如果 1PL   玉米   收起   去

       如果天气好的话，我们就收玉米去。

从并列成分的语法属性与形式的关系看，谓词性短语能进入的并列结构既有并列标记居中的（如ỹ˦"或者"、a˦"如果"），也有并列标记加在每个并列项之前的（如i˩mɛ˦"一面"、lɑ˦xɑ˦"非常/越发"）。

第六节 动量的表达

玛丽玛萨话动量的表达与名量的表达很不一样。动量词不发达，很多动量词都是由动词虚化而来。表动量的语法结构是"数词（+动量词）+动词"，很多动词没有动量词与之相配。

玛丽玛萨话的动量词不发达，常用的只有以下一些：

动量词	意义	用例	来源
tʰɤ˦	步	走一步	踩、跺
zi˩	次	去一次	回转
pʰe˦	顿	吃一顿	不详
kʰɯ˦	声	喊一声	不详
lɑ˦	下	打一下	打
tɕʰu˩	脚	踢一脚	踢
lo˦	口	咬一口	不详
ʂwa˦	阵	下一阵雨	泻

使用动量词的例子如：

(7-62) gɤ˦   =le˩   zo˦tsʰi˦ tʰɤ˦   pa˦~pa˦,   ỹ˦
　　　上方　 DIR　 四十　 步　 背:ITER　 下方
　　　=le˩   wã˦tsʰi˦ tʰɤ˦   pa˦~pa˦.
　　　DIR　 五十　 步　 背:ITER
　　　朝上背四十步，朝下背五十步。

不使用动量词的例子如：

(7-63) tɑ˦nɑ˦   =nɯ˦ bi˩ zɯ˦ ỹ˦   u˩xwa˩ dɯ˦
　　　 弩弓　 INST 射   可以 或者 捕熊栅   一

tɕʰi˩ huː ỹː a˧nɛ˩ je˥ zuː lo˥
装   可以 或者 这样   做   可以 看
=sɑ˩   lɑ˧ tʂɣ˩ i˧.
CONJ   又   抓   来

或者用弩弓射，或者用捕熊栅来捉，这样看到了就可以抓来。

另外，玛丽玛萨话还在动词前直接加 dɯ˧ "一"来表达动作的小量，用动词的重叠来表达动作的反复，详见第八章第一节中短时体、反复体的表达。

第七节 动词短语的名物化

我们在第四章第一节中已经介绍了一系列名物化后缀，这些名物化后缀都是加在谓词后面的。玛丽玛萨话里还有一个附着词=le˥，可以加在动词短语后面，将整个动词短语名物化。例如：

(7-64) dɯ˧   ni˧   tɑ˩   ndzɣ˧   =le˥   ma˧=   gɣ˧.
        一   日   仅仅   坐   NMLZ   NEG   好
        整天坐着不好。

(7-65) wɑ˩bu˩   lɑ˧tsu˩   zɣ˧   =le˥   ɕwe˥   =le˥
        猪崽   鸡崽   养   NMLZ   有点   ADV
        ma˧=   tɕʰo˧,   yo˥   pʰɑ˩   yo˥   fa˩
        NEG   擅长   粮食   撒   粮食   种
        =le˥   lɑ˧   ɕwe˥   =le˥   ma˧=   tɕʰo˧,
        NMLZ   也/还   有点   ADV   NEG   擅长
        nã˩,   xã˩dy˩   =le˥   nɯ˧ha˩,   bɣ˧tʂi˧.
        然后   赶山   NMLZ   TOP   熟悉
        也不擅长养猪养鸡，也不擅长播种收粮，但很熟悉赶山。

动词短语的名物化标记还可以加在句末，相当于把句子的谓语部分名物化，将一个动作或事件看作一个实体，整个句子成为一个事态句，意为"是……的"。由于实体是有界（telic）的，因此句中的动作或事件也具有了有界性，从而会产生完整体（perfective）的解读。例如：

(7-66) laˉ-mɛ˥   tsʰi˥   mɤ˥   dzu˥   =le˥.
      鸡-FEM   DEM:近指   CL   病   NMLZ
      这只母鸡病了。

这句话的字面意义是"这只母鸡（是）病了的"。将"病"这个事件当作一个整体看待，整个句子是在描述一种事态。又如：

(7-67) wje˥   =nɯ˥   maˉdzi˥   kʰe˥   xu˥   =le˥.
      雪   A   竹子   断   CAUS   NMLZ
      雪把竹子压断了。

这句话的字面意义是"雪（是）把竹子压断了的"。虽然"使断"是一个动作，但是后面加了名物化标记，就是只观察这个动作的结果形成的事态。

第八章 体范畴、式范畴与情态范畴

第一节 体范畴

体（aspect）范畴是一类跨语言复杂性很强的语法范畴。前人研究中对体范畴的经典定义以Comrie（1976）为代表：体是"观察情状内部时间结构的不同方式"。这一定义主要关注构成参数（parameter of composition）。Dixon（2010）也把体范畴的定义限制在时间构成上，根据是否关注事件内部的时间构成，将体范畴分为完整体（perfective）和非完整体（imperfective）两大类。也有很多学者把情状的其他方面的性质也归入体范畴，如活动阶段（phase of activity）、完结性（completion）、有界性（boundedness）、短暂性（temporal extent）、频率与程度（frequency and degree）等（Dixon 2010）。其中有代表性的研究包括：

Comrie（1976）、Dahl（1985）等在讨论完成体（perfect）这一范畴时，指出完成体的语法意义主要表达事件现在的状态和前序事件时间之间的联系。在此基础上，Dik（1997）将涉及情状和参考时间的关系的一类语法范畴称为"透视体（perspectival aspect）"。

Dik（1997）还提出了"动量体（quantificational aspect）"的概念，表达的是事态发生时在量上的不同形式，比如反复体

（iterative）、惯常体（habitual）等。

Binnick（1991）提出了"阶段体（phasal aspect）"的概念，指的是情状发展中的不同阶段。不过不同学者所划分的阶段并不完全一致，基本的阶段包括：起始（inchoative）、持续（durative）、完结（terminative）等。此外，Trager and Smith（1951）还把完成体也看作情状发展的阶段。

玛丽玛萨话中存在一系列与情状相关的语法范畴。如果从体范畴的经典定义来观察，很难找到完整体/非完整体的区分，但有多个语法范畴所表达的意义与透视体、动量体、阶段体的定义较为一致①。玛丽玛萨话可能并不存在一个以完整/非完整为基本分野的体系统，而是将若干类与"体"相关的语法意义分别语法化，而且语法化程度大多不高，形成一个较为松散、未完全脱离语义语用层面的体系统。下面我们就分别讨论玛丽玛萨话体系统中的几类体范畴。

一、阶段体

玛丽玛萨话中的阶段体包括完结体（completive）、进行体（progressive）、持续体（durative）三类。

（一）完结体

完结体表示动作、事件的实现或完成。完结体不同于完整体，完整体表示观察视角不关注动作、事件的内部时间构成，往往也含有动作、事件完成的语义，但完结体是语法化程度较低的体标记，而完整体则是语法化程度最高的体标记。

玛丽玛萨话用后置于动词的sɛ˩来表达完结体的语法意义。sɛ˩在玛丽玛萨话中还可作为实义动词，例见第七章第二节。在充当补语时，sɛ˩往往有一定程度的虚化，可以表达较抽象的表示动作、事件实现或完成的语法意义。

sɛ˩可以表达动作的完结。各种情状类型都可以进入。例如：

---

① 感谢中国社会科学院民族学与人类学研究所李煊博士在与笔者的讨论中提醒笔者注意这一问题。

结束情况

(8-1) a˧xəm˧   ŋa˧ =gʌ˩   ba˧la˩   sə˩tsa˩ɛ̠   dɯ˧
       母亲   1SG DAT   衣服   新   一
       kʰo˩   zo˩   **sɛ˩.**
       CL   缝   **COMPL**
       妈妈给我缝了一件新衣服。

达成情况

(8-2) mʌ˧lɯ˧lɯ˧ =ʌɛ̠   la˧gʌ˩   sə˩tsa˩ɛ̠   bjʌ˩   **sɛ˩.**
       地震   ADV   路   新   垮塌   **COMPL**
       地震把新修的路震垮了。

活动情况

(8-3) mʌ˩kʰʌ˧   dze˧   dze˧   **sɛ˩,**   a˩tse˩-na˩,   xo˩kʰo˩   tsʰe˧.
       晚上   饭   吃   **COMPL** 悄悄-ADV   半夜   正好
       吃过晚饭,悄悄地,到了半夜。

也可以表示状态的完结,例如:

(8-4) tsu˧tsu˧   tsʰʌ˩   tʌ˩kʰʌ˩   dɯ˧   i˧,   tsʰi˧tsʰo˧
       东西   这个   那边   一   拿   这边
       dɯ˧   i˧   nʌ˩ma˧ndʐə˧   =sa˩,   nu˧   i˧
       一   拿   费事   INTER   2SG   拿
       ma˧=   dza˧   **sɛ˩.**
       NEG   合适   **COMPL**
       这个东西拿来拿去太费事了,你就别拿了。

(二) 进行体

进行体表示在过去、现在或将来时间框架内某一事件、动作在连续进行。玛丽玛萨话的进行体用后置于动词的助动词tsi˧来表达。例如:

(8-5) xĩ˧yõ˧   =xʌ˧   a˩xwa˩le˩   **a˩tse˩-na˩,**   tsʰi˧   sə˧
       客人   PL   全部   **悄悄-ADV**   DEM:近指 CL

kʰo˧tsy˧ je˧ tsi˧.
议论　　做　PROG
客人们都在悄悄地议论这件事。

(8-6) a˩u˩ ta˧ xỹ˧ nɯ˧ zu˧ mo˧ ta˧ gwe˩
　　　房屋　仅仅　住　COMP　可以　火　仅仅　烤
tsi˧ zu˧ nɛ˧-le˧ la˧, ma˧= dʑu˧.
PROG　可以　像-NMLZ　也/还　NEG　有
只能待在屋子里，只能烤火，这样的时候没有。

以上两句话是现在时间框架内的。进行体还可用在过去时间框架内。例如：

(8-7) a˧ dɯ˧ sy˩ la˧ ma˧= je, a˩tʂʰi˧tɕu˧ ta˧
　　　嗯　一　样　也/还　NEG　做　DM　仅仅
zo˧ tsi˧ a˧ʐa˩, zo˧ ni˧ wã˧ ni˧ tsʰe˧ gy˧ a˧.
玩　PROG　然后　四　日　五　日　大约　过　EGO
大家什么都不做，就只是玩。过了四五天……

这句话说话时间显然是在"四五天"之前，因此是在过去时间框架内使用进行体。

只有动态动词能够进入进行体。静态动词如系动词、存在动词等，没有进行体的形式。

进行体常与名物化连用。正在进行的事件或动作往往造成一种持续的状态，因此可以在进行体小句的后面加上名物化标记，用以构成事态句。进行体也常与动词补语sɛ连用，表示由一种状态变成了另一种状态。我们在第七章第二节已有论述。

（三）持续体

持续体表达某种状态的持续。持续体与进行体不同，进行体表达的语法意义是动作本身一直在继续，而持续体即使用于动态动词，表达的也不是动作的继续，而是动作造成的状态一直在延续。玛丽玛萨话的持续体标记有两个，一是后置于动词的＝nɯ˧，二是前置于动词的te˧＝。两个标记功能没有区别。

静态动词可加=nɯ˧或te˧=表示状态持续，带有常态的意味。例如：

(8-8) ɣ˧dʑɤ˧ zɚ˧ɣ˧ xỹ˩ =nɯ˧, na˩xĩ˩ zɚ˧mi˧
　　　藏族　　上游　　住　DUR　　纳西族　　下游
xỹ˩ =nɯ˧.
住　DUR
藏族住在上游，纳西族住在下游。

这句话表示"住在上游"和"住在下游"的状态一直持续。

(8-9) a˩tʂʰi˧tɕu˧ nɯ˩, sɤ˧mɤ˧sɤ˧tse˧ kɯ˧nɯ˧, ɯ˩je˧
　　　DM　　　　PRT　万事万物　　　ASSOC　　鸟
te˧-dʑu˧ sɤ˧mɤ˧sɤ˧tse˧ kɯ˧nɯ˧, ba˩ba˧ te˧-wa˧.
DUR-有　　万事万物　　　　ASSOC　　花　　　DUR-开
万事万物之中，有鸟，花会开。

这句话是在介绍玛丽玛萨族群生活的地方，表示"有鸟""开花"的状态一直持续，也就是这个地方的一种常态。

动态动词也可以加=nɯ˧或te˧=，例如：

(8-10) wa˩ tʂʰi˧ ˩ xwa˧ nɯ˧ŋa˧, wo˧dzwo˧ =le˧
　　　　猪　　DEM:近指　CL　　TOP　　胖　　　　NMLZ
kʰa˧ po˩, dza˧kɯ˧ =le˧ dzɤ˧ =be˧
宰　　掉　　瘦　　　　NMLZ　山　　　上（表面）
gʁ˩= tɕʰi˧ ˩ =nɯ˧.
DIR:向上　放　　DUR
这些猪呢，肥的宰掉，瘦的放到山上去。

tɕʰi˧ "放"是一个动态动词，这里加了=nɯ˧，并不表示"一直在放"，而是表示"放在山上"的状态一直延续，其字面意义更接近"在山上放着"。又如：

(8-11) a˩pʰɤ˧ be˧ la˧ ma˧= tʰa˧ se˧se˧
　　　　外面　　走　　也/还　NEG　　可以　　阴凉

第八章　体范畴、式范畴与情态范畴　121

  la˧　　taɭ　　na˧　　=nɯ˧　　zuɭ.
  地方　　仅仅　　躲　　DUR　　需要
  外面去不了，只能躲在阴凉处。

这里na˧"躲"后面加了=nɯ˧，表示"躲（在）阴凉处"的状态一直延续。

(8-12) bɜ˧　　=sɑɭ,　　aɭtʂʰi˧tɕuɭ,　　nɯɭ,　　nɜ˧　　te˧-je˧
   像这样　ADV　　DM　　　　PRT　　像这样　DUR-做
   sɛɭ　　　=le˧　　　ŋɣɭ　　=le˧　　　na˧.
   COMPL　NMLZ　　COP　　NMLZ　　COP: N-EGO
   都是这样做的了。

这里je˧"做"前面加了te˧=，表示"这样做"的状态一直延续，在一段时间内一直采取同样的做法，并不是"做"的动作正在进行。

两个持续体标记还可同时使用。例如：

(8-13) nɜ˧　　a˧xwɑɭ　　kuɯ˧nɯɭ　　xṽ˧　　kɣ˧　　=be˧
   像这样　所有　　　ASSOC　　穿　　东西　　上（表面）
   la˧　　ỹ˧　　xãɭ　　te˧-tɕʰiɭ　　=nɯ˧　　nɜ˧
   地方　银　　金　　DUR-放　　　DUR　　像这样
   =sɑɭ,　　aɭtʂʰi˧tɕuɭ　　nɯɭ.
   ADV　　　DM　　　　　PRT
   所有能穿的东西上都戴起金银首饰，像这样。

  持续体的两个标记可能是新旧形式并存的关系。te˧=可能是较早的，因为丽江方言有非常相似的"静态谓语"标记tʰe˧=（孙堂茂2002），这个标记的出现应该早于两个方言分化的时间。=nɯ˧可能从位格标记（见第六章第二节）发展而来，也就是用空间维度上的存在来模拟状态在时间维度上的延续。这种功能演变也符合用空间作为时间的隐喻的规律，在语言中有普遍性（LOCATIVE > CONTINUOUS，Heine and Kuteva 2002）。

二、透视体

玛丽玛萨话的透视体包括展望体（prospective）和经历体（experiential）两类。

（一）展望体

展望体表示在过去、现在或将来的参照时间来看，事件即将发生，体现了未然事件和参照时间的联系。玛丽玛萨话的展望体是在动词后面先加上进行体助动词tsi˧，再加上另一个助动词。这个助动词由系动词充当，根据自我中心范畴（第九章）要求的形态变化，有ŋɤ˧、ŋa˧、na˧等形式。

现在时间框架内的展望体例如：

(8-14) tʰu˧ dzi˧ kɤ˧ ʂɤ˧ zə˧ be˧ tsi˧ ŋɤ˧ =le˧.
3SG 街 里 肉 买 去 PROG COP NMLZ
他要去街上买肉。

过去时间框架内的展望体例如：

(8-15) a˧ɬɑ˩, a˧ la˧ dzi˧gwe˩~gwe˩, my˩lo˧je˩ te˧
然后 DM 又 商量: ITER 木老爷 家
=nu˧, dɯ˧ sy˧ je˧ ɦ˩ tsi˧ ŋɤ˧ =a˧
A 一 样 做 来 PROG COP CONJ
pa˧xwa˩ tse˧ zu˧ lɛ˩.
办法（汉） 用 必须 COMPL
木老爷家又反复商量，要想办法做一些事情（给我们找麻烦）。

展望体也只有动态动词可以进入，静态动词如系动词、存在动词等，没有展望体的形式。

展望体的否定形式，是在助动词前面加否定标记，主要动词没有变化。例如：

(8-16) nɛ˧-a˧ tʂʰʏ˧kʏ˩ a˧= gʏ˩ tsi˧ ma˧= ŋɤ˧
像-NMLZ 这个 DIR 做 PROG NEG COP

niɭ aɬsel ɭɜ-lɜn paɭxwaɭ dyɭ tsel zuɭ
要   然后   像-NMLZ 办法（汉） 一点 用   要
tsiɭ naɭ.
PROG COP: N-EGO

这样做不行，要用像这样的一个办法。

（二）经历体

经历体表达某一件事从过去到参照时间的时间段里至少发生过一次，能带经历体的动作必须可重复，且在说话时间已中断。玛丽玛萨话的经历体用后置于动词的助动词dzɜɭ表达。例如：

(8-17) ŋɐɭ saɭmeɭ dzyɭ dzɜɭ tʰaɭneɭ.
1SG   麻籽   吃   EXP   INF

我好像吃过麻籽。

"吃麻籽"在从过去到说话时间的时间段里发生过，但说话的时候没有在吃。又如：

(8-18) tʰɯɭ dzyɭ=beɭ kɤɭnɯɭ boɭ tɕuʃoɭ dzɜɭ.
3SG   山上（表面）   ASSOC   牦牛   看见   EXP

他在山上看见过牦牛。

三、动量体

玛丽玛萨话的动量体包括短时体（delimitative）和反复体（iterative）。

（一）短时体

短时体表达动作短暂持续，同时也隐含动作的尝试义。玛丽玛萨话的短时体用动词前加数词dɯɭ "一"表示。短时体通常和没有完结性且可持续的状态和活动情状搭配。例如：

(8-19) dɯkʰɤɭ kɛ aɬtsel-naɭ dɯɭ ɕeɭleɭ xuɯ njeɭ.
一些   派 悄悄-ADV   一   暗中调查 去   IMP

就派一些人去悄悄地暗中调查。

(8-20) aꜛneꜗ   ɖuꜘ   juꜘ   xỹꜗ   =leꜘ   ɖuꜘ   loꜗ   xũꜘ
什么样   一   地方   住   NMLZ   一   看   准备

njeꜘ   =nɯꜗuꜘleꜗ.
IMP   REPD

去看看（他们）住在什么样的地方。

以上两个例子，不能理解为"调查一次"或"看一次"。
如果句中有补足语小句，则需要后置。例如：

(8-21) nuꜘ   laꜘ   ɖuꜘ   tʂɤꜘ   njeꜘ,   byꜘ   tsʰiꜘ   byꜘ
2SG   又   一   数   IMP   圈   DEM:近指 圈

kɤꜘ   waꜗ   kʰaꜘ   mɛꜘ   dzuꜘ?
里   猪   多少   CL   有

你数数看，这圈里有几头猪？

（二）反复体

反复体表示某一事件动作反复多次进行。玛丽玛萨话的反复体用动词重叠来表示，也可以与其他体配合使用。例如：

(8-22) tʰɯꜘ   ʂu꜖peꜘ   dziꜗ~dziꜘ   =leꜘ.
3SG   铁钉   敲:ITER   NMLZ

他敲打铁钉。

(8-23) ʂaꜘ iꜘ,   aꜘʂaꜗ,   xĩꜘ   kɤꜗ   kʏ꜖tɕiꜘ   =xɤꜘ
牵 来   然后   人   ASSOC   帐篷   PL

ne꜖leꜘ   xɯꜘ   aꜘxwaꜗleꜗ   laꜘ~laꜘ   ʂɤꜗ~ʂɤꜘ   poꜘ.
像-NMLZ   去   很多   打:ITER   撕:ITER   掉

拉回来的时候，把人们的帐篷都打坏划坏了。

反复体也可用来表示交互性动作。例如：

(8-24) ɣɯꜘ   pʰeꜘ~pʰe꜖   tsiꜘ   =leꜘ.
牛   顶:ITER   PROG   NMLZ

牛在顶架。

牛顶架是两头牛互相顶来顶去的，因此用了反复体。由于有表示交互性动作的意义，玛丽玛萨话中的动词重叠有时也可以用作构词手段，见第四章第二节。

动量体的语法形式使用前置的语法成分或动词重叠，与阶段休、透视体主要使用后置的语法成分不同。语法形式的不同也说明动量体与另外两类体范畴在语法意义上有明显差异。

四、体范畴语法形式的虚化程度与连用规律

玛丽玛萨话的体范畴，大多用助动词来表达，虚化程度比较低。这些表达体范畴的助动词都可以被提问、被否定。例如：

(8-25) dze꜔ dze꜔ a꜔ sɛ˩?
饭　吃　QUES　完
吃完饭了吗？

(8-26) ŋa꜔ tʰa˩mi꜔ dzy꜔ =be꜔ si꜔ dɑ˩ ma꜔= tsi꜔.
1SG　现在　山　上（表面）柴　砍　NEG　PROG
我现在没在山上砍柴。

(8-27) tʰɯ꜔ ni˩nɑ˩ be꜔ tsi꜔ ma꜔= ŋɤ꜔ .
3SG　维西　去　PROG　NEG　COP
他没有要去维西。

(8-28) tʰɯ꜔ bo꜔ tɕu˩lo˩ ma꜔= dzɛ꜔.
3SG　牦牛　看见　NEG　EXP
他没见过牦牛。

sɛ˩还明确保留实义动词"完"的语义，tsi꜔和dzɛ꜔都已经没有实词的语义，但仍然可以被否定，系动词用作助动词也可以被否定。因此这些成分的独立性比较强，应该分析为助动词。

动词进入动量体之后，不能加否定标记，也不能加疑问标记。因为从语义上看，对短时或反复的否定，否定的是动量，而不是动作本身。语义上对动量的否定，形式上需要换用其他的动量表达方式。

持续体标记＝nɯ꜔是唯一一个由附着词充当的体标记。然而，这并不说明持续体是一个更为典型的体。=nuɨ在玛丽玛萨话中还可充当施事标记、工具标记、位格标记，持续体标记的功能应该是由位格标记的功能发展而来的。位格标记出现在动词或动词性短语的后面，起到了将动词或动词性短语名物化的功能，语义可以解释为"处于……的地位"，因此可以表达静态性的状态延续。持续体标记与位格标记的这种联系，说明玛丽玛萨话的体并不是一类语法化程度很高的语法范畴，而是借助其他范畴的功能扩展，从其他范畴发展而来。

玛丽玛萨话中体范畴的语法形式连用较为灵活。除了持续体标记=nuɨ不能与其他表达体的语法形式连用以外，阶段体与透视体之间、阶段体与动量体之间都能找到连用的例子。

经历体和完结体可以连用：

(8-29) tʰɑ˧lə˧ tʂʰi˧ tse˩ ŋɑ˧ su˧ zi˩
　　　 书　　DEM:近指 CL　1SG　三　　次
　　　 lo˩ dʑɛ˧ sɛ˩.
　　　 看　EXP　COMPL
　　　 这本书我看过三遍了。

经历体与完结体连用，表示"经历过某事"这个状态完成了。

反复体和完结体可以连用：

(8-30) ly˥ ʂɑ˧ i˧ sɛ˩ ɑ˧xwɑ˥ =gʁ˥
　　　 粮食　牵　来　COMPL　大家　P
　　　 lɑ˧ y˧~y˧ sɛ˩.
　　　 又　分:ITER　COMPL
　　　 粮食运过来以后就分给大家了。

反复体和完结体连用时，反复体用于表示交互性的动作，与完结体连用表示交互性动作的完结。

进行体和完结体可以连用：

(8-31) tʰɯɬɤɤ˧ te˧ ze˧xĩ˧ su˧ ɦɨ˧ dʐu˧, dɯ˧ɦɨ˧
3PL 家庭 孩子 三 CL 有 一
ɦɨ˧ ɕo˩ɕɑ˩ kɤ˧ dʐu˧, dɯ˧ɦɨ˧
CL 学校 里 在 一 CL
a˩ɭɑ˧ dʐu˧, a˧mɑ˧ dɯ˧ɦɨ˧ lo˧ je˧
家 在 还有 一 CL 活路 做
tsi˧ se˩.
PROG COMPL

他们家有三个孩子,一个在学校,一个在家里,还有一个已经工作了。

进行体和完结体连用,表示事件或动作在参照时间（通常是说话时间）以前的一段时间内正在进行,"正在进行"的状态已经达成。

展望体和完结体可以连用：

(8-32) a˩gwe˩ tʰɯ˧ ni˩ ŋɑ˧ kʰũ˧mĩ˧ be˧ tsi˧ ɤɤ˧ se˩.
后面 那 天 我 昆明 去 PROG COP COMPL

第二天,我要去昆明。

展望体和完结体连用,表示事件或动作"将要进行"的状态已经达成。

反复体和进行体可以连用：

(8-33) a˧ne˩ =le˧ xĩ˧ mɑ˩le˧ŋgy˧ =le˧ tʂʰɤ˧
这样 NMLZ 人 天不怕地不怕 NMLZ 这里
se˧~se˧ tsi˧ xɯ˧ zu˧ mɑ˧= dʐu˧.
走:ITER PROG 去 可以 NEG 有

这样天不怕地不怕的人,不能在这里走来走去。

反复体和进行体连用,表示动作正在反复发生,或交互性的动作正在发生。

通常来说,在SOV类型的语言中,能够连用的体之间比较,越靠右侧的体标记虚化程度越高。在玛丽玛萨话中，完结体助动词可以跟很多体连用且句法位置更靠右，但我们认为这并不说明完结体助动词虚化程度更高，因为sɜ˩还很清楚地保留实词的用法。完结体助动词之所以跟其他体的语法形式连用限制很少，主要是因为玛丽玛萨话对于大多数事件都有动态和静态两种观察方式，即使对于正在进行、将要进行的事件，也可以将其看作一种状态，从而用sɜ˩来标记其已经达成。

第二节　式范畴

式（mood）范畴表示说话人对事件的主观态度。根据标记的不同，玛丽玛萨话的式范畴可分为陈述式、祈使式、感叹式、疑问式、禁止式。

一、陈述式

陈述式表示说话人对事件的态度是确定的。玛丽玛萨话没有独立的标记来表示陈述式，或者说陈述式是无标记形式。例如：

(8-34) ŋa˧   tʰa˩tʂʰĩ˧ =nɯ˧   ɦɯ˧   =le˧.
　　　 1SG   塔城   ABL   来   NMLZ
　　　 我从塔城来。

(8-35) tʰɯ˧   =nɯ˧   ŋa˧   =gʌ˧   xĩ˧ka˧.
　　　 3SG   A   1SG   P   骗
　　　 他骗我。

(8-36) wje˧   =nɯ˧   ma˩dzi˧   kʰe˧   xɯ˧   =le˧.
　　　 雪   A   竹子   断   CAUS NMLZ
　　　 雪把竹子压断了。

二、祈使式

祈使式表示说话人要求听话人做某事。玛丽玛萨话有两个后置于动词的标记来表示祈使式：-nje˧表示一般的要求，对平辈、晚辈、地位低的人用；-a˩nje˧表示礼貌地请求，对长辈或地位高的人用。例如：

第八章 体范畴、式范畴与情态范畴 129

ʂv˧ -nje˧ !　　　喝！　　　　ʂv˧ -a˩nje˧.　　　请喝。
喝 IMP　　　　　　　　　喝 IMP:HOR
xã˧ -nje˧ !　　　听！　　　　xã˧ -a˩nje˧.　　　请听。
听 IMP　　　　　　　　　听 IMP:HOR

　　动词i˧"来"的祈使式不规则，是lje˧，但敬语祈使式是规则的i˧-a˩nje˧。我们推测，玛丽玛萨话的"来"曾有*l-声母，丽江坝方言的"来（将来时）"是lɯ˧。因此玛丽玛萨话lje˧可能来自*lɯ˧＋nje˧＞lje˧这样的合音过程，合音的发生早于*l-＞零声母的过程。但-a˩nje˧并未与词根形成合音，因此词根发生了规则的语音变化，形成了i˧-a˩nje˧这个规则的祈使式。

三、感叹式

　　感叹式表示说话人对事件的感叹。玛丽玛萨话常用句首语气词来标记感叹式，有时句末还会带上新异范畴标记=sɑ˩。例如：

　　(8-37) a˥bɑ˩,　　tse˩kwa˧　　te˧tsʰɯ˩　　sɛ˩.
　　　　　INTERJ　　钥匙　　　　丢失　　　　COMPL
　　　　　哎呀！钥匙丢了。

　　(8-38) a˥jɑ˧,　　dzu˧　　=sɑ˩!
　　　　　INTERJ　　疼　　　MIR
　　　　　哎呀！好疼！

四、疑问式

　　疑问式表示说话人对事件的疑问。玛丽玛萨话用前置于动词的标记a-来标记疑问式，构成是非疑问句。玛丽玛萨话的疑问句语序不倒装。a-的声调由后面的动词决定。如果动词是˥调或˧调，读为a˧；如果动词是˩调或˧调，则读为a˥。本书中音位记音一律标为a˧。例如：

　　(8-39) la˧gv˧　　a˧　　gv˧　　sɛ˩?
　　　　　路　　　　QUES　好　　　COMPL
　　　　　路（修）好了吗？

(8-40) nu˧ a˧ ŋɯ˧ kʰo˧la˧?
2SG **QUES** 饱 已经
你已经饱了吗?

五、禁止式

禁止式表示说话人禁止听话人做某事。玛丽玛萨话用前置于动词的标记tʰa˧-来标记禁止式。例如:

tʰa˧ be˧! 别走!   tʰa˧ kʰa˧~kʰa˧! 别吵架!
PROH 走   PROH 骂: ITER

第三节　情态范畴

情态表示一个句子的义务性意义或认识性意义(Van Valin and LaPolla 1997)。从类型学角度来看,义务性情态包括义务、能力、需要、许可等次类,认识性情态包括大概性和可能性等次类。玛丽玛萨话的义务性情态分为义务与需要、能力、条件可能、条件许可四个次范畴,这些次范畴都是用情态动词来表现的。认识性情态只有大概性范畴,是用句末的助词来表现的。

一、义务性情态

(一)义务与需要

玛丽玛萨话表达义务与需要都是用情态动词zu˧。例如:

(8-41) a˩ tʂʰi˧ zi˧ nɯ˧ŋa˧ dzu˧ tsu˧ be˧ **zu˧**
嗯 DEM: 近指 次 TOP 桥 搭 去 必须
=la˧ la˧la˧ xi̠˧ a˧xwa˧ li˧ **zu˧**
NMLZ: N-EGO 能干 人 全部 来 必须
=la˧.
NMLZ: N-EGO
这次是必须去搭桥了,壮丁全部要去。

(8-42) dzʐ˦ =be˦ tʰu˦ be˦ zu˦ nɯɭŋa˦, a˩by˦tʰɯ˩le˦
　　　山　上（表面）　经过　走　必须　TOP　野兔

　　　tʂʰa˦ty˦, ɯ˩le˦ tʂʰa˦ty˦, ɯ˩le˦ bi˥.
　　　下扣子　鸟　下扣子　鸟　射

　　　必须到山上走的时候，下扣子抓野兔，抓鸟、打鸟。

如果是否定形式，直接在情态动词前加否定词。例如：

(8-43) be˥ =xɤ˦ ŋu˦ dy˦ dzu˦ pa˩ɭa˩, dze˦ tsu˦
　　　钱　PL　现在　一点　有　PRT　吃　东西

　　　ŋu˦ dy˦ dzu˦ pa˩ɭa˩, nɯ˩lɜm˦ ndz˦ ma˦=
　　　现在　一点　有　PRT　心　辛苦　NEG

　　　zu˦ sɛ˥.
　　　必须　COMPL

　　　现在也有一点钱了，吃的东西都有，不需要操心。

(8-44) xĩ˦ gɯ˩pje˦ kʰɤ˦ gɯ˩pje˦ da˩, nɛ˦ =sa˥
　　　别人　木板　划　木板　砍　像这样　ADV

　　　te˦-tʂʰɤ˦ =le˦ xũ˩xũ˦ tsi˦, ma˩lɯ˦ma˩lɯ˦
　　　DUR-码　ADV　准备　PROG　玛丽玛萨

　　　te˦ kɯ˩tʂi˦xwa˩zu˦ =nɯ˦, kɯ˩tʂi˦xwa˩zu˦
　　　家　给志华茸　　　A　　给志华茸

　　　be˦ =le˦ nɯ˩ŋa˥, a˦, ma˦= zu˦,
　　　去　NMLZ　TOP　DM　NEG　必须

　　　wo˦xɤ˦ nje˦, ĩ˩ɭa˥xwã˦ nje˦.
　　　休息　IMP　睡觉　IMP

　　　别人划木板、砍木板，码起来做准备。玛丽玛萨家的给志华茸去了，说："不用干活，休息吧，睡觉吧。"

表示"必须"的情态动词zu˦，也有少数表示"条件许可"的例子。例如：

(8-45) mɯɬloɻjeɻ   dɯɻ   gʏɬ   dzoɻ   tjaɭ   dɯɻ   sʏɭ
      木老爷   一   一点   恨   但是   一   样
      jeɻ   zɯɻ   maɻ=   dʑɯɻ.
      做   可以   NEG   有
      木老爷有点恨，但是不知道能做什么。

(8-46) bʏɻʂiɭ   xĩɬ   laɻ   beɻ   zɯɻ   maɻ=   dʑɯɻ
      白沙   人   又   去   可以   NEG   有
      sɜɭ   nɯɬɯɻ, teɻ-iɻ   xĩɬ   aɻxwɑlleɭ   nʌ̃ɻ.
      COMPL   REPD   DUR-来   人   全部   像这样
      说是白沙人都没能回去，去了的都（没能回去）。

范晓蕾（2011）等研究表明，从"义务必要"到"条件许可"是类型学上常见的语法功能演变。玛丽玛萨话可能已经开始发生这种功能演变或扩展。

（二）能力

玛丽玛萨话表达能力情态使用情态动词kʏɻ，强调施事者本身有能力或有注意力做某事。例如：

(8-47) aɻsaɭ   aɻnɛɭ   yoɭ   miɻ,   yoɭ   faɻ   dʏɻ   gʏɻ,
      然后   什么样   粮食   熟   粮食   种   一点   好
      nʌ̃ɻ   tsiɻ   kʏɻ   nɯɬŋaɻ   beɻ=xʏɻ   ŋuɭ   dʏɻ
      像这样   PROG   会   TOP   钱 PL   现在   一点
      dʑɯɻ   pɑllɑɭ.
      有   PRT
      产粮食、种粮食，都会长得很好。现在也有一点钱了。

(8-48) aɻ   laɻ   loɭ   kʏɻ   tʂʰiɻdziɭ   xõɻmeɻ   kuɭ
      DM   又   看   会   那时候   肚子   里
      ỹɻ=   jʏɻɻʏɻ   tsiɻ   sɜɭ   tsʰaɻɻɯɭ   ɑpʰʏɻ
      DIR:向下 腐烂   PROG   COMPL 内脏   外面
      tʰʏɻ   tsiɻ   sɜɭ   =leɻ   naɻ.
      出   PROG   COMPL   NMLZ   COP: N-EGO

等到会看（想起来看）的时候，肚子那里已经腐烂了，内脏都露出来了。

（三）条件可能

玛丽玛萨话表示条件可能使用情态动词dzɤ˧，强调客观条件允许做某事，一般可以解释为"能够"。例如：

(8-49) le˧tɕɤ˧ xĩ˧   ŋa˧ la˧   ma˧= dzɤ˧ a˧lu˧
又是   人   挨   也/还 NEG   能够   房屋
ta˧ xỹ˧ nu˧ zu˧ mo˧ ta˧ gwe˧
仅仅   住   COMP 可以 火   仅仅 烤
tsi˧ zu˧ ne˧-lɜŋ˧ la˧, ma˧= dʐu˧.
PROG 可以   像-NMLZ   也/还 NEG   有
人受不了，只能待在屋子里，只能烤火，这样的时候没有。

(8-50) nu˧ a˧lu˧ i˧ ma˧= dze˧ be˧ nu˧ la˧,
2SG 房屋   有 NEG   吃   去   假设 也/还
a˧pʰɤ˧tʰɤ˧-i˧ nu˧ lɤ˧ la˧ ŋa˧ dzɤ˧
外面-NMLZ   PRT COP 也/还 饱   能够
=le˧ ŋa˧.
NMLZ COP: EGO
你如果不吃家里有的，吃外面的（东西）也可以吃饱。

（四）条件许可

玛丽玛萨话表示条件许可使用情态动词xã˧，强调主观上希望或不希望、允许或不允许某事发生。例如：

(8-51) mi˧tsʰɤ˧ tsʰi˧ kɤ˧ je˧tʂu˧ tsi˧ ma˧= ŋɤ˧,
民族（汉） DEM:近指 CL   控制   PROG   NEG   COP
jɤ˧ gɤ˧dzu˧ mu˧ ma˧= xã˧ sɜ˧.
N-EGO 长大   去   NEG   许可 COMPL
这个民族看来是控制不住的，不能让他们发展。

(8-52) ɕweɻ   nã˩   jeɻ   maɻ=   xã˧,   nɛɹ   =sa˩
      过分   很   做   NEG   许可   像这样   ADV
      teɻ-tɕoɻta˩   lje˩   aɻnɛ˩   =leɻ   naɻ.
      DUR-交代   来:IMP   这样   NMLZ   COP: N-EGO
      不要下手太重，就这样交代了一下。

二、认识性情态

玛丽玛萨话的认识性情态只有大概性范畴。大概性范畴又可以分为"盖然"和"确定"两个次类。

（一）盖然

玛丽玛萨话表示盖然使用句末的助词 miɻte˩，一般可解释为"好像"。例如：

(8-53) aɻ,   iɻmʑi˩   ɬɯɯ=   bi˩   leɻ   bi˩   yɩdy˩   da˩
      嗯   弓箭   INST   射   NMLZ   射   柴刀   砍
      =leɻ   da˧   =sa˩   xĩ˧   si˩   sɛ˩   =leɻ
      NMLZ   砍   ADV   人   死:CAUS   COMPL   NMLZ
      miɻte˩   =la˩   nuɯɻuɻ.
      好像   NMLZ: N-EGO   REPD
      射箭的射箭，拿柴刀的用柴刀砍，好像是杀人了。

(8-54) nɛɻ-aɻ   ɯmɻɯmɻamɻ   teɻ   nuɻŋa˩
      像-NMLZ   玛丽玛萨   家   TOP
      nja˩   =leɻ   ɻɯɯɯ˩   ju˩   miɻte˩   xuɻmaɻ
      厉害   ADV   一   人家   好像   NVIS
      玛丽玛萨家好像是很厉害的一家人。

表示盖然情态的 miɻte˩，与示证范畴中的推测示证标记相同（见第九章），但两种功能不能混为一谈。推测示证表示的语法意义是根据某种依据进行推断，强调信息的来源；而盖然情态表示的语法意义是说话人对句子真值是否成立不够确定，强调主观态度。不过二者也有密切的联系，推测示证表示信息来源不是自己直接所见，自然对信息的可靠程度不够肯定，这样就能够同时表达"盖然"这种不够确定的主观态度。从推测示证的功能发展出盖然情态的功能是很自然的。

（二）确定

玛丽玛萨话表示"确定"使用句末的助词aɭnɛɬnaɬ，字面意思为"是这样（的）"，但已经凝固化。例如：

(8-55) aɬɑɭ,   dɯɬ   kʰʏɭ   tʂʰiɬtɕuɭ =leɬ,   ɬɡyɭ   dzuɬ   tsuɬ
　　　　DM   一   年   每   ADV   丽江   桥   搭

　　　　beɬ   zuɬ,   suɬ   kʰʏɭ   nɜɬ   dɯɬ   ziɭ,   dzuɬ
　　　　去   必须   三   年   像这样   一   转   桥

　　　　tsuɬ   beɬ   zuɬ,   aɬɑɭ   aɬlɜɭɬɜɭ   laɬ   leɭtɕʏɭ
　　　　搭   去   必须   DM   刚好   也/还   又

　　　　dzuɬ   laɭ   ɡaɭ   Lɜɭ   aɭnɛɬnaɬ.
　　　　桥   又   牵   COMPL   是这样

（本来）每年都需要去丽江搭桥，三年轮到一次，刚好又是桥被冲走了。

(8-56) aɬiɬɕɜɭ.ɭɕɕɜɭɬɕɜɭ,   LɯɛɭLɑmɬuɭLɑm   nɯɭkʏɭ   xĩɬ
　　　　很久以前 很久以前   玛丽玛萨   ASSOC   人

　　　　tɕʰʏɭ   tʂʰiɭ   kʏɭ   xãɭdyɭxĩɬ   ŋʏɬ
　　　　种类   DEM:近指   CL   猎人   COP

　　　　tɕaɭ   aɭnɛɬnaɬ.
　　　　非常   是这样

很久很久以前，玛丽玛萨这群人是猎人。

助词aɭnɛɬnaɬ的语源很清楚，aɭnɛɬ的意思是"这样"，naɬ是系动词的非自我中心形式（见第九章），合起来就是"是这样（的）"的意思。但作为确定情态的标记时它们形成一个整体，不可分析，例如，说话人就是玛丽玛萨人，按照自我中心范畴的意义，最后的系动词应该使用自我中心的形式，但实际上使用的是非自我中心的形式。我们推测，之所以用系动词的非自我中心形式来构成确定情态的标记，可能是说话人要表达自己很确定的时候，要尽可能地表现客观性，不让听话人感觉是从说话人自己的主观判断出发的，因此不管是自我中心还是非自我中心的语境，一律用非自我中心的形式，这样逐渐凝固为一个确定情态的标记。

认识性情态没有否定形式，因为说话人的主观态度完全由说话人自己决定，不存在是或非的可能。

第九章 自我中心范畴、示证范畴与新异范畴①

一些语言动词后必须强制附加一个语法成分，表示句子所述事件或状态的凭据或来源，称为示证范畴。Chafe（1986）、Anderson（1986）、Delancey（1986）、Aikhenvald（2004）等研究了不同语言中的示证范畴。其中Aikhenvald（2004）系统整理了示证范畴语法形式和功能的表现，把示证范畴分为三大类六小类：亲知（direct），包括亲见（visual）、非亲见（non-visual）两个小类；推测（infer），包括推断（inference）、猜测（assumption）两个小类；报道（reported），包括听说（hearsay）、引述（quotative）两个小类。但书中也提到一些语言示证系统中某些范畴的语法意义会比较特殊。而Chafe（1986）把说话者对信息来源的确信程度也归为示证范畴。Tournadre and Konchok Jiatso（2001）对藏语拉萨话的示证系统分类则与上述分类都不同，分为感知（sensorial，或直接direct）、断言（assertive，或非直接indirect）、拟测（inferential）、自我中心（egophoric）、引述（quotative）五类，其中最特别的是自我中心范畴被归为示证范畴的一个次类。该文同时还指出，自我中心也可看作与其他四类并列，即第一个层级上分出自我中心和非自

---

① 本章主要内容曾作为单篇论文发表，见李子鹤（2021）。

我中心两类，另外四类都属于非自我中心下面的次类。

自我中心范畴是在藏语研究中被反复提及的概念，Delancey（1986）称之为conjunct/disjunct（向心/离心），Tournadre（1991）采取egophoric/heterophoric的说法，邵明园（2014）把自我中心的语法意义概括为：说话者以"自我-现在-这里"三维空间为核心，对事件和动作所作的肯定的、内心熟知的陈述，事件或行为是自主自控自知的，说话者对此知识或状态是全知全能的。从这一定义可推知，说话者只要采用了自我中心的角度，那么他自己就是信息源头，句子所述事件或状态的信息来源就不会是"感知""断言"等。因此Tournadre and Konchok Jiatso（2001）对藏语拉萨话的示证系统的分类是有道理的。但是，Delancey（1986）等对示证和自我中心的关系有不同看法，认为它们是两类不同的语法范畴，不是上下位关系。

示证范畴和自我中心范畴的关系到底是怎样的？本章试通过纳西语玛丽玛萨方言的材料加以论述。纳西语的示证范畴研究已经积累了一些成果，如Lidz（2010）对永宁纳语的描写中专门分析了示证范畴，柳俊（2012）概述了纳西语多个方言的示证范畴系统。而纳西语的研究中尚未见到对自我中心范畴的报道。因此本章首先要描述玛丽玛萨话的自我中心系统，然后介绍玛丽玛萨话的示证系统及其与自我中心范畴的搭配，接下来介绍新异范畴及其与示证范畴的关系，最后讨论两组示证标记的来源。

第一节　自我中心范畴

玛丽玛萨话在陈述句中"用名物化标记le˧+系动词"表示自我中心范畴。自我中心范畴标记中le˧变为le˩并常与后面的系动词发生合音。自我中心与非自我中心的区别在于系动词形式不同。自我中心系动词是ŋa˧，非自我中心系动词是na˧。例如：

(9-1a)　a˧xɯ˩　　ŋɑ˧　　tʰu˧　　gɤ˥　　ma˧=　　ʂa˧wa˧.
　　　　 昨晚　　 1SG　　 3SG　　 P　　　NEG　　 说话

(9-1b)　a˧xɯ˩　　ŋɑ˧　　tʰu˧　　gɤ˥　　ma˧=　　ʂa˧wa˧ le˩ŋa˧.
　　　　 昨晚　　 1SG　　 3SG　　 P　　　NEG　　 说话　　NMLZ: EGO

(9-1c) a˦ɬuɯ˩ ŋa˦ tʰɯ˩ gʐ˥ ma˦= ʂa˦wa˩ le˩ɳa˥.
昨晚   1SG   3SG   P   NEG   说话   NMLZ: N-EGO
昨晚我没跟他说话。

a 句是中性形式，只是陈述事实。b 句施事者为第一人称，搭配自我中心形式，有"我知道该说话，但故意不说"的意味，即强调说话人对这件事的自控性。c 句施事者为第一人称，搭配非自我中心形式，从语义上看似乎不合逻辑，本来是自己能做主的事却标明自己不能做主，但这句话还是成立的，只是带有特定的语用含义，强调"我"不知道跟"他"说话是必要的，不是有意不跟"他"说话，即强调动作或事件的非主观故意。

(9-2a) a˦ɬuɯ˩ ŋa˦ te˦ a˩bʏ˩ tʰɯ˩ gʐ˥ ma˦= ʂa˦wa˩.
昨晚   1SG   家   父亲   3SG   P   NEG   说话

(9-2b) a˦ɬuɯ˩ ŋa˦ te˦ a˩bʏ˩ tʰɯ˩ gʐ˥ ma˦= ʂa˦wa˩
昨晚   1SG   家   父亲   3SG   P   NEG   说话
le˩ɳa˥.
NMLZ: N-EGO

(9-2c) a˦ɬuɯ˩ ŋa˦ te˦ a˩bʏ˩ tʰɯ˩ gʐ˥ ma˦= ʂa˦wa˩
昨晚   1SG   家   父亲   3SG   P   NEG   说话
le˩ŋa˥.
NMLZ: EGO
昨晚我父亲没跟他说话。

上述三句话施事者都是普通名词，在自我中心系统中的地位相当于第三人称代词。a 句还是陈述事实的中性形式。b 句使用非自我中心形式，表示这是听说双方以外的人做的事，说话人自己不能做主。c 句使用自我中心形式，也是有特定的语用含义，比如"我"事先告诉父亲不要跟那个人说话，父亲照办了，就可以用这种说法，即强调"我"在事件中的控制力、主观性或者参与的密切程度。

由上述两组例子可见，虽然自我中心所表达的原型语法意义是"自我-现在-这里"，但动词搭配自我中心标记还是非自我中心标记，与论元是名词还是代词、代词是第几人称没有必然联系。决定自我中心/非自我中心的关键是句子所述事件或动作是否体现了说话者的自主自控性或与事件关系的密切性，进一步可以概括为"说话人与事件的心理距离"。

le˩可能对应于藏文的待述词de和指示代词de。待述词是并列连词，很可能是指示代词de变来的，这符合普遍的语法化路径（指示词>连词，Heine and Kuteva 2002）。玛丽玛萨话连动结构两个动词之间的标记就是le˧，对应于待述词。le˩可能是进一步虚化过程中声调不规则变化的结果。名物化标记le˧可能是指示代词de发展出来的用法。

自我中心的标记le˩ŋa˥也可合音为a˥，非自我中心的标记le˩na˥也可合音为la˥，意义不变。

疑问句中，玛丽玛萨话用句末助词来表示自我中心范畴，自我中心和非自我中心的助词不同。自我中心助词是a˥，与陈述句中自我中心的标记合音形式同音。非自我中心助词是nɯ˧jɤ˥。例如：

(9-3a)　nu˧　　ze˧　　=hɯ˧　　i˧　　a˥?
　　　　2SG　　哪里　　ABL　　　来　　EGO
　　　　你从哪里来？

(9-3b)　tʰɯ˧　　ze˧　　=hɯ˧　　i˧　　nɯ˧jɤ˥?
　　　　3SG　　哪里　　ABL　　　来　　N-EGO
　　　　他从哪里来？

(9-3c)　nu˧　　ze˧　　=hɯ˧　　i˧　　nɯ˧jɤ˥?
　　　　2SG　　哪里　　ABL　　　来　　N-EGO
　　　　你从哪里来？

a句是对听话人提问，也就是直接与说话人对话的人，在对话关系中是与说话人最密切的，因此使用自我中心的形式。b句是对听说双方之外的第三个人提问，事件与说话人的关系较远，因此使用非自我中心的形式。c句也是对听话人提问，但使用了非自我中心的形式，也是有特定语用含义的，即表现出对对方的戒备，将双方的心理距离拉远。

第二节 示证系统的结构

Aikhenvald（2004）将示证范畴分为六小类，这一体系可概括大多数语言的示证系统。但是，我们在玛丽玛萨话中发现了很多示证范畴标记，是不是玛丽玛萨话的示证系统不能用Aikhenvald（2004）的分类解释呢？经过进一步观察发现，玛丽玛萨话繁复的示证标记，其实可以分为两组，第I组每个标记只有一个形式，第II组的标记根据与自我中心标记的搭配，可能有形式上的交替：

表9-1 玛丽玛萨话第I组示证标记

亲知 DIR		推测 INF	报道 REPD
亲见 VIS	非亲见 NVIS		
∅	Lɑmɨux	tʰɑɨnɑ˧	sɤɨmɨyʌ（合音 sɯɨ）

表9-2 玛丽玛萨话第II组示证标记

	亲知 DIR		推测 INF	报道 REPD
	亲见 VIS	非亲见 NVIS		
自我中心 ŋɑɨ	∅+leɨŋɑɨ（合音 aɨ①）	/	/	nɯɨLɯɨ+Lɯɨŋɑɨ
非自我中心 nɑɨ	∅+leɨnɑɨ（合音 lɑɨ）	/	miɨteɨ+Leɨnɑɨ（合音 miɨteLLɑɨ，进一步合音 miɨʑeɨ）	nɯɨLɯɨ+Lɯɨnɑɨ（合音 nɯɨLɯɨnɑɨ）

下面我们分别举例说明第I组和第II组示证标记的分布和功能。

一、第I组示证标记的分布和功能

（一）非亲见

(9-4) biɨxɨɨ =hɯɯ ŋɑɨ =kɤˀ xɜχ hɯbɜ tʰɑɨ =sɑɨ tsʰɚˀ
　　 虫　　A　 1SG　GEN　耳朵　咬　ADV　　破

---

① 在语流中也常读为 aɨ。

sɛ˩ xɯ˧ma˩.
COMPL NVIS
虫子把我的耳朵咬破了。

(9-5) xɯ˧ dzɤ˥ xɯ˧ma˩.
雨 落 NVIS
下雨了（听见的）。

这两句话所述的事件，都是不可能通过视觉途径得知的，但又都是说话人自己知道的，不是通过他人知道的。这两句句末的助词都不能换成第II组的le˩ŋa˥/le˩na˥。

（二）推测

(9-6) ŋa˧ te˧ a˥by˩ ni˩ze˩ tsʰa˧ty˧ xɯ˩ sɛ˩ tʰa˧nɛ˧.
1SG 家 父亲 鱼 下扣子 去 COMPL INF
我父亲好像是去钓鱼了。

这种说法暗示说话人没看见父亲离开，但凭借经验可以推知他去钓鱼了，如每天这个时间都会去，因此猜测。如果换用mi˥te˩la˥（第II组，非自我中心），则是有一定依据的，如鱼竿和水桶不见了。

(9-7) ŋa˧ sa˧mɛ˧ dze˧ dzɤ˧ tʰa˧nɛ˧.
1SG 麻籽 吃 EXP INF
我好像吃过麻籽。

这里tʰa˧nɛ˧表示纯粹根据自己的记忆回想，无客观依据。如果换用mi˥te˩la˥（第II组，非自我中心），则是有一定依据的，如有剩下的壳等。也含有记忆不在说话人掌控之内的意味。

（三）报道

(9-8) ŋa˧ te˧ a˥by˩ ni˩ze˩ tsʰa˧ty˧ xɯ˩ sɛ˩ sy˩my˧.
1SG 家 父亲 鱼 下扣子 去 COMPL REPD
听说我父亲去钓鱼了。

如果采用这种说法，就暗示是一个确定的人直接跟说话人说了这件事。

(9-9) aɬxuɻ   ŋɤ˧   ĩ˩   ʂaɬwal   syᴊmyɬ.
　　　 昨晚   1SG   睡觉   说话   REPD
　　　 听说我昨晚说梦话了。

这是别人告诉说话人的，而且说话人睡觉的时候，这个人在场。

以上两句syᴊmyɬ都可替换为nɯᴊuɯɬɑl（第II组，非自我中心），但不能替换为nɯᴊuɯɬ leᴊŋal（第II组，自我中心），因为都是别人告诉说话人的，不在说话人掌控之内。

二、第II组示证标记的分布和功能

（一）亲见

如果与第II组示证标记搭配，亲见示证范畴实际上是零形式。在第一、二人称的句子中，亲见示证标记通常用leᴊŋal（常合音为al）。例如：

(9-10) ŋɤ˧   kʰaɬwaᴊgeɬpuɻ   tɕuᴊloɬ   al.
　　　 1SG   梅里雪山   看见   EGO
　　　 我看见了梅里雪山。

说话人自己亲眼见到了梅里雪山，因此句末使用第一、二人称的亲见示证标记。

在第三人称的句子中，亲见示证标记通常用ɻaᴊnal（常合音为lal）。例如：

(9-11) loɬsiɬ   seᴊ   ɕoᴊsẽl   =xɤ˧   xɑɬbɑx   kɤɻ
　　　 老师   ASSOC   学生   PL   操场   里
　　　 aɬzɦɤɕ   tsiɬ   lal.
　　　 玩   PROG   N-EGO
　　　 老师和学生们在操场上玩。

这样说表明说话人亲眼看到老师和学生们在操场上玩，而自己和听话人都没有参与此事，因此句末使用第三人称的亲见示证标记。

以上两句都不能用xuɬmal（第I组），因为不是通过非视觉信息得知的。

（二）推测

第II组的推测示证标记，目前只发现了在第三人称句子中使用的例子：

(9-12) la˧ xĩ˥ =hɯ˧ kʰy˧ lɛ˧ mi˧tɛ˩la˩.
鸡   人   A   偷   COMPL INF: N-EGO
鸡好像被人偷了。

如果说话人说出这个句子，说明他并没有直接看到鸡被偷，而可能只是早晨起来，看到鸡窝里满地鸡毛，而鸡的数目又少了。说话人说话的依据是他直接看到的，但并不是事件本身，需要进行推断。

这一句如果换用tʰa˧nɛ˧，则表示说话人只是看到鸡少了，没有任何证据，完全靠猜测。

(9-13) lo˧sĩ˥ sɑ˧mɛ˧ dzɛ˧ dʑɿ˧ mi˧tɛ˩la˩.
老师   麻籽   吃   EXP   INF: N-EGO
老师好像吃过麻籽。

说话人应该是从日常与"老师"的相处中得到"老师吃过麻籽"这个信息，而不是听"老师"说的。这一句如果换用tʰa˧nɛ˧，则表示说话人没有任何证据，完全根据自己的猜测。

这个标记也可用于疑问句，带有打听消息的意味。例如：

(9-14) nu˧ tɛ˧ a˩by˩ ni˩zɛ˧ tsʰa˧ty˧ xɯ˧ mi˧tɛ˩la˩?
2SG   家   父亲   鱼   下扣子   去   INF: N-EGO
你父亲是去钓鱼了吗？

（三）报道

报道示证范畴在第一、二人称的句子中较为少见，因为听说的信息往往来源于听说双方之外的第三个人。但也有少数条件下可以成立，例如：

(9-15) tʰaɬ   kʰaɬ~kʰaɬ   nɯɭuɬ   leɭŋaʔ!
      PROH   骂: ITER   REPD   EGO
      别吵了！

这句话是祈使句，隐含的人称是第二人称。这样说含有"我已经说过了，再说一遍"的意味。句末不能换用sʏɭmʏɬ（第I组），因为是自己说的话，不是听别人说的。说话人是要把自己说过的话再强调一遍。

又如：

(9-16) ŋa̱ɬ   tiɭiɭmiɭHɨɬ   ləɬ   saɭ   nɯɭuɬ   leɭŋaʔ.
      1SG   第一名 得   COMPL REPD   EGO
      听说我得了第一名。

这句话强调通过自己努力得了第一名。得了第一名虽是别人告知的，但说话人自以为事情在自己掌控之内，较为自信地说。

报道示证范畴在第三人称代词或普通名词作施事成分的句子中经常使用，例（9-8）和例（9-9）句末助词都可替换为nɯɭuɬlaʔ，意思不变。

(9-8') ŋaɬ   teɬ   aɭbʏɬ   niɭzeɬ tʂʰaɬtʏɬ   xɯɬ   saɭ
      1SG   家   父亲   鱼   下扣子   去   COMPL
      nɯɭuɬlaʔ.
      REPD: N-EGO
      听说我父亲去钓鱼了。

(9-9') aɬxɯɬ   ŋa̱ɬ   iɬ   ʂaɬwaɬ   nɯɭuɬlaʔ.
      昨晚   1SG   睡觉   说话   REPD: N-EGO
      听说我昨晚说梦话了。

以上说明了两组示证标记较为常见的用法。但实际上，第II组示证标记的分布和功能比上面描写的情况更为复杂，人称并不能完全说明不同变体的分布，还与自我中心意义的表达相关。下面我们再详细考察一下玛丽玛萨话中示证范畴与自我中心范畴之间的关系。

第三节　示证范畴与自我中心范畴的搭配

上面提到的第II组示证标记中，有时会发现通常出现在第一、二人称句子中的变体也会出现在第三人称的句子中，相应地，通常出现在第三人称句子中的变体也会出现在第一、二人称的句子中。下面我们逐一说明。

一、亲见示证标记与人称的搭配

le˧na˥（la˥）通常用于第三人称，但下面这个句子是第一人称，句末也使用la˥：

(9-17) a˧ɯx˨　　ŋa˥　　a˨lu˨　　bjʁ˥　　sɛ˨　　=le˧
　　　昨晚　　1SG　　房子　　塌　　COMPL　　NMLZ

　　　ju˨my˨kʰwɑ˥　　la˥.
　　　做梦　　　　　　N-EGO

昨晚我梦见房子塌了。

梦中的事件不是真实的，肯定无法亲见。说话人如果在句末用la˥，就表示醒来后还沉浸在梦境里，心里还有害怕的感觉，好像亲眼见到了一样。但做梦是不能自控的，自己不能决定自己梦到什么。所以这里使用常与第三人称共现的非自我中心标记，好像是站在一个客观的立场说自己的梦境。

le˧ŋa˥（a˥）通常用于第一、二人称，但下面这个句子是第三人称，句末也使用a˥：

(9-18) lo˥si˧　　se˥　　ço˨sẽ˥　　=xʁ˧　　xɑ˧bɑ˨　　kʁ˧
　　　老师　　ASSOC　　学生　　　PL　　操场　　　里

　　　a˧zʁ˧　　tsi˧　　a˥.
　　　玩　　　PROG　　EGO

老师和学生们在操场上玩。

这句话与前面的例（9-11）形成对照。这样说表明说话人是老师或学生中的一员，也在操场上玩。虽然形式上是普通名词（相当于第三人称），但语义上"老师和学生们"包括了说话人自己，因此使用常与第一、二人称共现的自我中心标记。

二、推测示证标记与人称的搭配

下面这个句子是第一人称，句末也使用 miɬteɭɑɹ：

(9-19) aɬuxɻa   ŋɑ   tʰuɯ   rɣɹ   ma˧=   ʂa˧wa˧   miɬteɭɑɹ.
　　　 昨晚   1SG   3SG   P   NEG   说话   INF: N-EGO
　　　 昨晚我好像没跟他说话。

这个句子只有在特殊的语境中才成立。一般情况下，这是说话人自己做的事情，说话人应该能够断定，因此不能用推测示证标记。但是，如果说话人昨晚喝醉了，不记得昨晚是否跟别人说过话，那么这个句子就能成立。这种情况是说话人对自己的行为不能自控，从旁观者的角度来叙述自己做的事，信息来源就不是自己，因此采用与非自我中心搭配的推测示证标记。

三、报道示证标记与人称的搭配

nuɯ˧ leɹŋɑɹ 通常用于与自我中心搭配，但下面这个句子是普通名词（相当于第三人称）作施事，句末也使用 nuɯ˧ leɹŋɑɹ：

(9-20) ŋɑ   te˧   guɯ˧zuɯ˧   ʂɚ˧ndzuɯjeɯ   tsi˧   ŋɣɹ
　　　 1SG   家   弟弟   结婚   PROG   COP
　　　 nuɯ˧   leɹŋɑɹ.
　　　 REPD   EGO
　　　 我弟弟要结婚了。

这句话成立的情境通常是"我"听家里人说的这件事。"我"的弟弟结婚，也是"我"家的事，因此使用与自我中心搭配的报道示证标记。这种说法通常还暗示家人与"我"关系非常亲密。

四、小结

可见，在示证标记的分布中，示证与自我中心两类范畴的搭配是重要条件。决定自我中心/非自我中心的主要依据，是动词语义上的自主性和自觉性。如果说话人对动作或事件是自主把握的、有完全自觉的，即使句子形式上是第三人称或普通名词作施事，也会使用与自我中心搭配的示证标记，典型的情况如例（9-20）家人的事。相反，如果说话人对动作或事件是不能自主把握的、不自觉的，即使句子形式上是第一、二人称，也会使用与非自我中心搭配的示证标记，典型的情况如例（9-17）的梦境、例（9-19）喝醉酒无意识的情况。例（9-18）与例（9-11）的对照，则是说话人自己参与与否的区别：自己没有参与则自己对动作、事件的掌控程度低，只能被动观察；自己参与了则自主、自控程度高。

有的语言将"亲为（performative）"范畴化为示证范畴的一类，如 Kashaya 语（Oswalt 1986）。玛丽玛萨话句末的 aɪ 表示的示证意义与此有相似之处，但也有重要的不同，就是亲为范畴只能用于第一人称的句子中，玛丽玛萨话中非第一人称的句子，句末同样可以加 aɪ，如例（9-18）。这可以进一步证明句末的 aɪ 是自我中心范畴与亲见示证范畴结合的标记。

玛丽玛萨话中这种语义上的自主、自控对示证标记的选择，是比较典型的自我中心/非自我中心这一对语法范畴的体现。很多学者在对藏语的研究中讨论过自我中心/非自我中心范畴，其与示证范畴也是有交叉的（Delancey 1986, Tournadre and Konchok 2001）。玛丽玛萨话中的自我中心/非自我中心范畴及其与其他语法范畴的关系，还需要进一步研究。

第四节　不同示证范畴的语义区分

除了动作、事件的自主性、自觉性能够决定同一个示证范畴的人称变体以外，不同示证范畴的区分也是以语义为基础的。某些特定的动作、事件决定了其信息的来源只能是某一种，而几种信息来源之间语义上的相似性也决定了示证标记的功能扩展。

一、可视性与示证的选择

非直接可视的性质、状态等信息，一般不会使用亲见示证来表达。例如：

(9-21)	nu˧	tɕa˥	ʈʰɤ˧	mi˧te˩la˥.
	2SG	非常	累	INF: N-EGO
	你很累吧。			

(9-22)	a˩ni˧mv̩˩sv̩˨	ʈʰɯ˧	tɕa˥	ʈʰɤ˧	tʰa˧nɛ˨.
	昨天	3SG	非常	累	INF
	昨天他好像非常累。				

“累”是一种非直接可视的状态，发现别人累，需要通过其行为、神态等方面的证据，再加上说话人的推断。因此这两句不能用亲见示证标记。但根据推断所依据的客观证据较多还是说话人自身经验较多，可以分别用mi˥te˩la˥和tʰa˧nɛ˨。

(9-23)	a˧xɯ˩	xo˩kʰo˩,	ŋɑ˧mɑ˧	tɕʰi˥xu˩	kʰo˧no˧	xu˧ma˩.
	昨晚	半夜	1PL	冷	感觉	NVIS
	昨天晚上我们感觉很冷。					

“冷”是自己的感受，因此用非亲见示证。而且自己冷不冷，自己很清楚，无需推断，因此这里xu˧ma˩不可以换成推测示证tʰa˧nɛ˨。

但是，这一句中的xu˧ma˩可以换用le˩ŋa˥。这并不是因为“冷”也可以看见，而是强调自己对“冷”的切身感受，有诉苦的意味。

二、推测与报道示证范畴的选择

“推测”与“报道”范畴在一定条件下有联系，但玛丽玛萨话中也能做出明确区别。虽然“推测”也可能是根据别人说的话进行推测，但推测的内容不是别人说的话本身。“报道”就是转述别人的话本身。例如：

(9-24)	a˧pʰo˧	=nɯ˧	u˧	“a˩u˩	la˧	be˧	nje˧!”,
	爷爷	A	说	家	又	去	IMP

	dzu˧ly˧	dzɣ˧	xu˩xu˧	=le˧	mi˧te̠lla˧l.
	冰雹	落	马上	NMLZ	INF

爷爷说"赶快回家去!",大概是马上要下冰雹了。

		lu˩	la˧	be˧	nje˧	sy˧my˧.
(9-25)	a	家	又	去	IMP	REPD

说是要赶快回家去。

前一句"要下冰雹了"后面用了推测范畴的标记,虽然是根据"爷爷"的话做出的推断,但这个推断并不是"爷爷"说的话本身。后一句"赶快回家去"后面用了报道范畴的标记,是因为"赶快回家去"就是转述的内容。上面两句推测示证标记和报道示证标记不能换用。

三、非亲见示证标记的功能扩展

前文说到,xu˩ma˧是非亲见示证的标记,但其功能在其核心意义的基础上有扩展,也可用于听到传闻或来源不确定的消息。例如:

	dɯ˧	i˧	=nɯ˧	ŋɑ˧	tjã˧ʂi˧	la˧-gy˧	xu˩ma˧.
(9-26)	一	CL	A	1SG	电视	又-好	NVIS

好像有个人跟我说过他能把电视修好。

前文例(9-5)表明xu˩ma˧可以用于来源于听觉的信息。这种标记来源于听觉的信息的功能不同于报道范畴。"来源于听觉的信息"是说话人听到客观的声音,自己通过听觉感知并对与此声音相关的事件做出判断;而报道范畴是说话人听到另一个人说话的内容,自己转述别人所说的内容。传闻或来源不确定的消息在一定程度上接近"来源于听觉的信息",因为都需要说话人自己整理加工信息做出判断的过程。这可能是xu˩ma˧功能扩展的原因。

第五节 示证信息的表达与范围

玛丽玛萨话示证信息的表达与范围,其语法手段都是受到一定限制的。一定条件下玛丽玛萨话的句子可以选择示证中立选项，即不表达示证信息；玛丽玛萨话可以将多个示证标记组合使用，表达复杂的信息来源；语法手段表达的示证信息不能单独被提问或否定，如果专门要对信息来源进行否定或提问，只能使用词汇手段。

一、示证中立选项

玛丽玛萨话示证范畴标记的使用与语体有关，在叙述语体中使用较为系统，但在对话中有时不使用示证标记，而是使用名物化标记，将句子变为事态句，从而不表达示证意义。例如：

(9-27) —— tʰɯ˧ ze˧ dzu˧ a˧?
　　　　 3SG 哪里 有　 QUES
　　　　 他在哪里？
　　　 —— tʰɯ˧ tʰa˧mi˧ dzy˧ =be˧ si˧ dɑ˧ tsi˧
　　　　 3SG 现在 山　 上（表面）柴 砍 PROG
　　　　 =le˧ / sy˧my˧ / mi˧teʱlaʔ.
　　　　 NMLZ REPD INF
　　　　 他现在在山上砍柴。

答句句末可以用sy˧my˧（表示"他在山上砍柴"是听别人说的），可以用mi˧teʱlaʔ（表示"他在山上砍柴"是答话人推测的结果），也可以不表达这些示证信息，只用一个表示名物化的le˧，表示"事情是这样的"，不明确表示信息的来源如何。

二、多个示证标记的组合

玛丽玛萨话的一句话中，可能出现多个示证标记的配合使用。示证标记的组合或者表示同一信息有多种来源，或者表示信息是转了几手之后说话人才得知的。例如下面这个句子是信息来源复杂的情况：

(9-28) a˧ni˧my˧sy˧ a˧by˧ =nɯ˧ ɣɯ˧-pʰe˧~pʰe˧ tɕʰi˧
　　　 昨天　　　 父亲　 A　 牛-顶: ITER 放

tsi˧ la˩ mi˧ɕɛ˩ sy˩my˧.
PROG N-EGO INF REPD
昨天听说父亲好像看见斗牛了。

这句话中使用了la˩（亲见）、mi˧ɕɛ˩（推测）、sy˩my˧（报道）三个示证标记。动词后面紧跟着的是la˩，表示"正在斗牛"是父亲看到的。后面再加上mi˧ɕɛ˩，表示"看到正在斗牛"并非父亲告诉说话人的原话，原话可能说的是"一头牛输了""围着一大群人，都牵着牛"等与斗牛有关的情形，从而可以推测父亲看到的是斗牛。最后又加上sy˩my˧，表示说话人知道上面那些信息，是听父亲说的。

表示信息转了几手的情况，一般是连用几个报道示证标记，表示信息是多次转述的。例如：

(9-29) ŋa˧ te˧ a˩by˩ ni˩ze˩ tʂʰa˧tʂy˩ xɯ˧ sɛ˩
1SG 家 父亲 鱼 下扣子 去 COMPL
nɯ˩u˧la˩ sy˩my˧.
REPD: N-EGO REPD
听人说他听说我父亲去钓鱼了。（消息已经转了两手）

nɯ˩u˧la˩和sy˩my˧位置可互换，意思不变。但不能连用两次nɯ˩u˧la˩或连用两次sy˩my˧，必须是第I组的sy˩my˧和第II组的nɯ˩u˧la˩交替使用。

三、对信息来源的提问和否定

玛丽玛萨话不能单独对信息来源进行提问，只能对整句话进行提问。例如对例句（9-8）的提问：

(9-8'') ŋa˧ te˧ a˩by˩ ni˩ze˩ tʂʰa˧tʂy˩ xɯ˧ sɛ˩
1SG 家 父亲 鱼 下扣子 去 COMPL
sy˩my˧ a˧?
REPD QUES
你是听说我父亲去钓鱼了吗？

这里提问的是整句话的内容，不是"是不是听说的"。如果专门对信息来源提问，需要用词汇手段来表达。例如，如果对例（9-8）的信息来源进行提问，需要问"nu˧ kho˧ a˩ mo˦?"（你听见了吗？）。

类似地，玛丽玛萨话也不能单独对信息来源进行否定，只能对整句话进行否定。否定词加在句子的主要动词之前，而不是示证标记之前。如果专门否定信息来源，也只能使用词汇手段。

四、句式和时间表达对示证范畴的制约

玛丽玛萨话的陈述句、否定句、疑问句、祈使句都可出现示证，但疑问句和祈使句中的示证表达会受到限制。在疑问句中，亲知、推测示证范畴可以出现，但报道范畴很少出现，除非对整句话提问[如例(9-8")]，推测示证标记中的tʰa˧nɛ˦一般也不出现。例如：

(9-30) nu˧   te˧   a˩by˩   ni˩ze˩   tʂʰa˧ty˦   a˦   xu˩   la˧?
   2SG 家 父亲 鱼 下扣子 QUES 去 N-EGO
   你看到你父亲要去钓鱼吗？

(9-31) nu˧   te˧   a˩by˩   ni˩ze˩   tʂʰa˧ty˦   a˦   xu˩   mi˧te˧la˧?
   2SG 家 父亲 鱼 下扣子 QUES 去 INF: N-EGO
   你觉得你父亲要去钓鱼吗？

(9-32) nu˧   xu˩   a˦   dzu˦   xu˧ma˩?
   2SG 牙 QUES 疼 NVIS
   你感觉牙疼吗？

疑问句就是在向对方询问信息，因此一般不会再出现"报道"的情况。而推测示证标记中的tʰa˧nɛ˦是从自身经验推测，一般也不会在询问别人的时候出现。

祈使句中的示证更为少见，只有报道范畴偶尔出现，而且不是报道范畴的典型功能，一般是强调自己说过什么话或别人说过什么话，例如上文例（9-15）。又如：

(9-33) xwe˩ kʰɤ˧ beɨ njeɨ, nɯɯluɨleɨnaɨ!
　　　 会　 开　 去　 IMP　 REPD:N-EGO
　　　 去开会！没听说吗？

这句话的情境可以是领导已经通知过要开会，但听话人还没有要去的意思，说话人催促听话人赶快去开会。这里用报道示证标记的非自我中心形式，是强调别人已经通知过了。

句子表达的信息如果是过去或现在时间的，各种示证范畴都能够出现，不受时间的限制。句子表达的信息如果是将来时间的，则一般不出现亲知（亲见与非亲见）示证范畴。特定情况下，表达将来时间的句子可以出现亲见示证范畴，但其表达的意义更偏向于说话人极有把握的预测。例如：

(9-34) myɨsyɨ ŋaɨ tiliɨmĩˑ ləɨ tsiɨ ŋɤɨ leɨnaɨ.
　　　 明天　 1SG 第一名　 得　 PROG COP NMLZ:EGO
　　　 明天我肯定会得第一名。

这样说表示说话人对自己得第一名非常有把握，好像现在就能看到一样。不过这样的例子很少，而且现在玛丽玛萨话还可以用汉语借词"肯定"来表达相同的意思，例如这个句子也可以说"myɨsyɨ ŋaɨ kʰə̃ɨtĩɨ tiliɨmĩˑ ləɨ"，这样就不使用示证，也不使用将行体，更接近于陈述一种状态。

第六节　示证范畴与新异范畴

新异范畴是表示信息不合预期、出乎意料的一种语法范畴（Aikhenvald 2012）。它与示证范畴有联系也有区别，主要区别在于示证范畴表达的是信息的来源渠道，而新异范畴表达的是信息本身的一种性质。玛丽玛萨话中存在新异范畴，其语法形式是句末加上助词=saɨ，而且前一音节变为升调˦。玛丽玛萨话的新异范畴主要表达两类意义。一是新信息与原本的情况相反。例如：

(9-35) xu˧ dzɤ˧=lə˩, ŋɑ˩ lo˦ je˦ ma˦= kʰo˦.
　　　雨　 落　MIR　1SG 活路 做 NEG 去
　　　下雨了，我不去干活了。

这里的=sɑ˩表示"我"本来的计划是去干活，但遇到了下雨的新情况，"我"的计划需要做出改变。如果把=sɑ˩替换为完结体标记sɛ˩，句子仍然成立，但没有遇到新情况的意味。

另一类意义是情况超出预期，有"太……了"的意思。例如：

(9-36) tsʰi˦ni˦ tsʰi˦ =lə˩.
　　　今天　　 热　MIR
　　　今天太热了。

玛丽玛萨话中，新异范畴与亲见、推测示证范畴是互斥的，如果一个句子使用了新异范畴标记，那么它就不能再带上亲见、推测示证范畴标记。例如：

(9-37a) ma˦=　ni˦　 sɛ˩,　 gɤ˦　 la˩.
　　　 NEG　需要　 COMPL　好　 N-EGO
　　　 不要了，够了。

(9-37b) ma˦=　ni˦　 sɛ˩,　 gɤ˦　 =lə˩!
　　　 NEG　需要　 COMPL　好　 MIR
　　　 不要了，太多了！

例（9-37a）和（9-37b）形成对比，（9-37a）可用于别人给说话人添饭添茶等情境，说话人看到饭、茶等已经很多了，因此用亲见示证标记。（9-37b）可用于同样的情境，但是别人添得太多了，超出说话人对自己要吃多少的预期，因此用新异范畴标记，这时虽然也是说话人看到的情形，但不能再加亲见示证标记。

新异范畴与报道范畴可以同时出现，但这种例子一般有直接引语的意味。例如：

(9-38a) ni˧ɑ˥　　　　dzy˥y˥　　　ju˧　　=sɑ˩.
　　　　维西（地名）　豆腐　　　香　　MIR
　　　　维西的豆腐太好吃了。

(9-38b) ni˧ɑ˥　　　dzy˥y˥　　　ju˧　　=sɑ˩　　sy˩my˧.
　　　　维西　　　豆腐　　　　香　　MIR　　REPD
　　　　听说维西的豆腐好吃。

例（9-38a）含有的意味是跟自己吃过的其他豆腐比起来更好吃，超出自己对豆腐的期待。例（9-38b）则是听别人说过这句话。

第七节　两组示证标记的形成

第I组跟其他纳西语方言有对应（柳俊 2012），语法化程度较高，一定位于句末，后面不能再有任何语法成分。其中sɯ˧的形式使用较少，因其与"死"同音。

第II组与其他纳西语方言无对应，且不系统，缺乏表示非亲见途径亲知的手段（le˩ŋɑ˥/le˩nɑ˥不能表示非亲见途径亲知）。语法化程度也低，后面还可加le˩进行名物化，说明这些标记可能还有一定的动词性。这一组可能是晚期自己产生的。

这一组示证标记中，报道示证标记中的u˧与"说"这个词同音。推测示证标记的来源还不清楚，据目前的初步分析，其来源可能是my˧"推"（永宁mi˥），或者是mɑ˩tu˩ɑm˧"问"（丽江mi˥do˥，永宁my˩do˥）。

关于第II组示证标记的形成，我们推测，玛丽玛萨话本来只有示证范畴，没有自我中心范畴，也只有第I组示证标记。后来可能受到藏语影响，或者是其他语法范畴发生了语法意义的演变，示证意义产生了人称的区分。要表达这种人称的区分时，由于固有的示证标记后不能再加语法成分，所以出现了搭配上的困难。为了解决这一问题，玛丽玛萨话又有一些成分语法化，成为新的示证标记，就是第II组。但上述推测还需要进一步的研究去验证。

第十章　句子结构

在本书第五章和第七章，我们已经描写了名词短语和动词短语的语序。根据名词短语和动词短语的语序，玛丽玛萨话中句子基本成分的语序是：

不及物句：名词短语+动词短语

及物句：名词短语1+名词短语2+动词短语

不及物句的语序可概括为"主体+动词"（SV），及物句的语序可概括为"施事+受事+动词"（APV）。

以上是陈述句的结构，接下来本章将讨论疑问句和否定句结构、存在和领属结构以及涉及语篇层面的话题-述评结构。另外比较结构已经在第六章第二节讨论过。

第一节　疑问句和否定句

一、疑问句

玛丽玛萨话的疑问句可分为三种类型：一般疑问句、选择疑问句和特殊疑问句。

（一）一般疑问句

一般疑问句指询问某信息是否为真的疑问句。这种疑问句要求回答的内容就是对该信息真实与否的判断。玛丽玛萨话的一般疑问句用动词前加一般疑问标记a˧-来构成，句子语序不发生倒装。第三章第二节中已经介绍了疑问标记的用法。下面再举一个一般疑问句及其回答的例子：

(10-1) —— a˧ni˧my˩sy˧ tɤ˧tsʰɯ˩ =le˧ =kɤ˩ be˩ la˧
昨天　　　丢　　　NMLZ　ASSOC　钱　又
a˧ lə˧?
QUES 得到
昨天丢失的钱找到了吗？

—— la˧ lə˥ sɜ˩. / la˧ ma˧= lə˧.
又　得到　COMPL　又　NEG　得到
找到了/没找到。

一般疑问句中，句子的各种非完整体范畴都还可以出现。例如：

(10-2) my˩lo˧je˧ tɤ˧ xĩ˧ =nɯ˧ i˧ =sa˩,
木老爷　　家　人　A　　来　ADV
nu˧ma˧ dɯ˩ sy˩ je˧ tsi˧ a˧ ŋɤ˧ =le˧?
2PL　一　样　做　PROG　QUES　COP　NMLZ
木老爷家的人来了："你们要不要做一点事？"

在有助动词的句子中，一般疑问句的疑问标记加在助动词前，而不是主要动词前。

（二）选择疑问句

选择疑问句指问句中给出两个或以上的选项，要求对方的回答在其中选择。玛丽玛萨话的选择疑问句用选项之间加选择疑问标记ỹ˧来构成。ỹ˧不是专职的选择疑问标记，在陈述句中是选择关系连词。

(10-3) —— nu˧ pʰi˧kwo˧ zɤ˧ ỹ˧ çã˧tɕo˧ zɤ˧?
2SG　苹果　买　或者　香蕉　买
你买苹果还是买香蕉？

—— ŋa˧ pʰi˧kwo˧ zɤ˧.
1SG　苹果　买
我买苹果。

―― pʰɨ˦kwo˦ ze˧ ỹ˦ ɕã˦tɕo˦ ze˧ =le˦ la˦
　　苹果　　买　　或者　香蕉　买　NMLZ　也/还

gɣ˦ a˥.
好　EGO

买苹果或香蕉都可以。

(10-4) ―― nu˦ i˦ kyˀtʂɚˀ ỹ˦?
　　　　2SG　来　能　　　或者

你能不能来？

―― ŋa˦ i˦ kyˀtʂɚˀ.
　　　1SG　来　能

我能来。

（三）特殊疑问句

特殊疑问句不能用"是/否"回答，而是要求对方提供具体的特定的新信息。特殊疑问句都用疑问词来构成。玛丽玛萨话中疑问词对应于陈述句中的名词，在句法位置上，疑问词占据的位置就是它所提问的相应陈述句中名词的位置，疑问句语序不发生倒装。

玛丽玛萨话中的特殊疑问句，根据提问对象的不同，往往还需要在句末加上体现自我中心范畴的疑问语气词。一般来说，提问对象是第二人称，用a˦；提问对象是第三人称，用nɯ˦jɤˀ。例如：

(10-5) nu˦ ze˧ =nɯ˦ i˦ a˦?
　　　　2SG　哪里　ABL　来　QUES:EGO

你从哪里来？

(10-6) tʰɯxɤ˦ ze˧ =nɯ˦ i˦ nɯ˦jɤˀ?
　　　　3PL　哪里　ABL　来　QUES:N-EGO

他们从哪儿来的？

少数情况下，提问对象的人称与句末疑问语气词可以不对应，这时会体现一定的语用意义。例如：

(10-7) hu˧ ze˧ =hu˧ i˧ nuɯ˧jɤʔ?
2SG 哪里 ABL 来 QUES:N-EGO
你从哪里来？

这一句跟（10-5）相比，语气中增加了对对方的戒备。说这句话的情景，可以是已经很晚了，对方又事先没有打招呼，自己不知道什么人来了，怕有危险。用非自我中心的疑问语气词，是刻意拉大听说双方的心理距离。

其他疑问词的用法请见第三章第二节第三小节。

二、否定句

（一）一般否定句

玛丽玛萨话的否定句一般是在动词前加否定标记ma˧=（见第七章第一节）。否定标记只有一个，不区分对已然情形的否定和对未然情形的否定。例如：

(10-8) aˌtʂʰi˧tɕuˌ, xĩ˧ aˌpʰɤˌla ma˧= tʰɤ˧ lje˧.
DM 人 外边 NEG 出 来:IMP
人（都遮住了，）外边露不出来。

(10-9) tsʰi˧ni˧ xɯ˧ dzɤʔˌ, mɤ˧ ma˧= tʰɤ˧.
今天 雨 落 天 NEG 出
今天下雨，没出太阳。

(10-10) kɯˌtʂiʔxwaˌtzuˌ nɯ˧ŋaˌ, aˌtsaˌ nyˌtaˌ ku˧ ma˧=
给志华茸 TOP 然后 嘴 里 NEG
ʂɤˌ =le˧.
喝 NMLZ
给志华茸没有用嘴喝。

(10-11) ŋa˧ tsʰaˌdzaˌdzuˌ, aˌdzi˧ ma˧= ʂɤˌ.
1SG 感冒 酒 NEG 喝
我感冒了，不喝酒。

动词前如果还有其他语法标记，否定标记通常会更靠近动词。例如：

(10-12) tʰɯ˧ ɭa˧ be˧ sɛ˩, ŋɑ˧ ɭa˧ ma˧= be˧.
3SG 又 去 COMPL 1SG 又 NEG 去
他回去了，我没回去。

(10-13) si˧dzi˧ =be˧ ɭo˧ tʰɯ˧ kʏ˩
树 上（表面）马 DEM:远指 CL
te˧= ma˧= pʰi˧.
DUR NEG 拴
那匹马没有拴在树上。

(10-14) ŋɑ˧ gʏ˩= ma˧= be˧ si˧.
1SG DIR:向上 NEG 去 还
我还没有上去。

但在表达特定语义时，也有否定标记和动词之间插入其他语法标记的例子，见第七章第一节。

（二）否定的辖域

一个句子中有多个动词的情况下，否定标记出现的位置不同，否定的辖域也随之不同。例如：

(10-15) ŋɑ˧ ɭa˧ be˧ ma˧= õ˩mo˩.
1SG 又 去 NEG 愿意
我不愿意回去。

(10-16) ŋɑ˧ ɭa˧ ma˧= be˧ õ˩mo˩.
1SG 又 NEG 去 愿意
我愿意不回去。

(10-17) ŋɑ˧ ɭa˧ ma˧= be˧ ma˧= õ˩mo˩.
1SG 又 NEG 去 NEG 愿意
我不愿意不回去（我很愿意回去）。

（10-15）中否定标记只否定了情态动词õ˩mo˩，没有否定主要动词be˧。（10-16）中否定标记只否定了主要动词be˧，不能否定情态动词õ˩mo˩。

（10-17）中两个否定标记分别否定了主要动词be˧和情态动词õ˩mo˩。

（三）双重否定

玛丽玛萨话中的双重否定，可以同时否定主要动词和情态动词，也可以同时否定主要动词和存在动词。例如：

(10-18) sy˧ly˧ ma˧= zɚ˧ ma˧= xã˧.
梨 NEG 买 NEG 可以
梨不买不行。

(10-19) ma˧= dʑu˧ sy˧ ma˧= dʑu˧, ma˧= mi˧
NEG 有 CL NEG 有 NEG 熟
sy˧ ma˧= dʑu˧.
CL NEG 有
没有的东西没有，不成熟的东西没有。

（10-18）中主要动词zɚ˧和情态动词xã˧前都加了否定标记，构成双重否定，表示"必须买"的意思。（10-19）中主要动词mi˧和三处存在动词dʑu˧前都加了否定标记，构成两个双重否定句，表示"全部"的周遍义。

第二节　存在和领属结构

玛丽玛萨话用句末的存在动词构成存在结构。玛丽玛萨话有两个存在动词。如果表达的是容器中或类似容器的东西中存在某物，存在动词可以用i˧。如果是其他语义的存在，存在动词用dʑu˧。容器意义的存在也可以用dʑu˧。例如：

(10-20) tʰɯ˧ te˧ si˧dzi˧ ni˧ dzi˧ dʑu˧.
3SG 家 树 二 树 有
他家有两棵树。

(10-21) pa˧dzu˧zɚ˧mɛ˧ =ku˧ a˧tɕʰi˧ i˧.
河 里 水 有
河里有水。

玛丽玛萨话的领属通常是用"领有者+属格标记+被领有者"的结构来表达，具体见第五章第三节。

第三节 话题－述评结构

玛丽玛萨话典型的句子都可以归为话题–述评结构。话题–述评结构的基本形式是话题在前，述评在后。玛丽玛萨话有话题标记nɯ˧ŋa˧，位于话题成分之后。玛丽玛萨话多种句子成分都可以充当话题，但最典型的话题是作施事成分的论元，这种情况下，施事通常不需要带施事标记，也不需要带话题标记。非施事成分充当话题时，一般要带话题标记。

受事成分作话题的例子：

(10-22) dɯ˧   tʂʰo˦   ũ˦ɦɯm˧   xĩ˧   a˩ma˦   tɤ˩,   dɯ˧
　　　 一   半   我们   人   这边   摆放   一

tʂʰo˦   nɯ˧ŋa˧   tʰʏ˦pʏ˦   lʏ˦-pʏ˦   te˦-tse˦.
半   TOP   对岸   石-堆   DUR-砌

一半放在我们的人这一边，另一半在对岸放下，放在砌好的桥墩上。

与事成分作话题的例子：

(10-23) a˩tʂʰi˦tɕɯ˧ɫɯ˩nɯ˧,   tsʰi˦   tɕʰĩ˧   nɯ˧ŋa˧   tɕa˩,   tsʰe˦bjɤ˦.
　　　 PRT   热   冷   TOP   非常   合适
冷热正合适。

(10-24) tʰɯ˦   =gɤ˩   nɯ˧ŋa˧   ŋa˦   =nɯ˧   tsʰwa˦pʰo˦
　　　 3SG   DAT   TOP   1SG   A   米

dɯ˧   tɕi˦   jɤ˦   sɛ˩.
一   斤   给   COMPL
他啊，我给了一斤米。

方所成分作话题的例子：

(10-25) lyꜜ   kɤꜛ   uꜜtuꜜ   =beꜜ   kuꜜ   nɯꜜŋaꜜ,
       龙   ASSOC   头   上（表面）   地方   TOP

aꜜtʂʰiꜜtɕuꜜ,   nuꜜmaꜜ   xĩꜜmuꜜ   keꜛ   =leꜜ
DM   你们   死人   烧   NMLZ

tʂʰɤꜛ   dʐɤꜛ   =laꜛ.
这里   好   NMLZ:N-EGO

龙的头上那个地方，你们的人去世以后到这里烧化是很好的。

时间成分作话题的例子：

(10-26) aꜜsaꜜ   uꜜdaꜜ   nɯꜜŋaꜜ   nɯꜜ   ỹꜜ,   xãꜜ,
        然后   以前   TOP   PRT   银   金

nɐꜜ-leꜜ,   aꜜtʂʰiꜜtɕuꜜ,   guꜜmuꜜ   =beꜜ   dyꜜ   kɤꜜtʂɚꜛ
像-NMLZ   DM   身体   上（表面）   戴   能够

xĩꜜ   maꜜ=   dʑuꜜ.
人   NEG   有

以前，没有戴得起金银首饰的人。

下 编

第一章　语保语法例句

1. lo˧tsi˧   se˨   ɕo˩sẽ˩   =xɤ˩   xɑ˩bʉ˥   kɤ˩
   老师   ASSOC 学生   PL   操场   里
   ɑ˩zɤ˥   tsi˨   lɑ˥.
   玩   PROG   N-EGO
   老师和学生们在操场上玩。

2. ʟɜm˨-ʟɑw˨   mo˧ɣo˥   =nʉ˩   wɑ˥bʉ˩   wã˥   mɜ˥   ʂo˩.
   猪-FEM   老   A   猪崽   五   CL   生
   老母猪下了五头小猪崽。

3. ŋɑ˥   te˩   ɑ˥bʏ˩   =nʉ˩   tʰʉ˥xɤ˥   ze˩xĩ˥
   1SG   家   父亲   A   3PL   孩子
   =xɤ˩   =gɤ˩   xɑ˩pɑ˥   ʂɑ˩wɑ˥   su˩   jɤ˥.
   PL   P   汉族   话   教   给
   我爸爸教他们的孩子说汉语。

4. mbɜ˥   ku˥   ʂɤ˥   ɑ˥xwɑ˩le˩   xĩ˥   =nʉ˩
   村子   里   事情   所有的   人   A
   gʏ˥   xĩ˥   dzʉ˥,   kʰɑ˥-sɯ˥   tʰʉ˥   ŋɤ˥
   做   人   有   哪个-CL   3SG   COP
   =le˩   bɑ˥.
   NMLZ   喜欢
   村子里事事都有人做，人人都很高兴。

5 ū˧ma˧   tsʰi˧ni˧   dʐɤ˧   =be˧   be˧   a˧pa˩.
   1PL:INCL 今天   山   上（表面） 去   PRT
   咱们今天上山去吧。

6 nu˧   te˧   xĩ˧   kʰa˧   i˧   dʐu˧   a˧?
   2SG   家   人   多少   CL   有   QUES
   你家有几口人？

7 nu˧   ŋu˧   =kɤ˩   sɤ˧   ŋu˧ta˩ŋu˧   gv˩.
   2SG   REFL   GEN   事   自己   做
   你自己的事情自己做。

8 tsʰi˧   ŋa˧   =kɤ˩   la˩dʐu˩ŋɤ˧,   tʰɯ˧
   DEM:近指   1SG   GEN   手镯   COP   DEM:远指
   nu˧   =kɤ˩   la˩dʐu˩ŋɤ˧.
   2SG   GEN   手镯   COP
   这是我的手镯，那是你的手镯。

9 sɤ˧   tsʰi˧-ɤ˧   tʰɯ˧ɤ˧   ŋu˧ta˩ŋu˧   tsʰˠ˩~tsʰˠ˩   be˧.
   事   DEM:近指-PL 3PL   自己   解:ITER   去
   这些事情他们自己去解决。

10 tʰɯ˧   kʰa˧mɤ˧   ŋɤ˧?
   3SG   谁   COP
   他是谁？

11 nu˧   a˧tsv˧   dv˧   dze˧   õ˩mo˩   a˧?
   2SG   什么   一点   吃   想   EGO
   ŋa˧   dɯ˧   sy˩   la˧   dze˧   ma˧=   õ˩mo˩   a˧!
   1SG   一   样   也/还   吃   NEG   想   EGO
   你想吃点什么？
   我什么也不想吃！

12 tʰɯ˧ɤ˧   ze˧   =nɯ˧   i˧   nɯ˧jɤ˩?
   3PL   哪里   ABL   来   QUES: N-EGO
   他们从哪儿来的？

13 nu˧ a˧tsv˧ je˧ be˧ ʂo˧dzi˧?
2SG 什么 做 去 想
你想怎么样？

14 nu˧ te˧ ɣɯ˧ kʰɑ˧ pʰa˥ dʑɯ˧ a˧?
2SG 家庭 牛 多少 CL 有 EGO
你家有多少头牛？

15 xĩ˧ɣõ˧ ze˧ tʰa˥mi˧ pa˥?
客人 哪个 时候 到
客人什么时候到？

16 tsʰi˧ni˧ =kɤ˥ xwe˧ kʰɛ˧ =le˥ tʂʰɤ˥ a˧si˧ pa˥.
今天 ASSOC 会 开 NMLZ 这里 先 到
今天的会就幵到这里。

17 ly˥ ʂa˧ i˧ sɛ˥ a˧xwa˥ =gɤ˥ la˧
粮食 牵 来 COMPL 大家 P 又
y˧~y˧ sɛ˩.
分:ITER COMPL
粮食运过来以后就分给大家了。

18 xĩ˧ =kɤ˥ ʂə˧ ũ˧ma˧ kʰa˥li˧ kwa˧
人 GEN 事 1PL:INCL 许多 管
ma˧= dzɑ˧.
NEG 合适
人家的事情咱们别多管。

19 ʂə˧ tsʰi˧ ʂə˧ ŋa˧ la˧ ma˧=
事 DEM:近指 CL 1SG 也/还 NEG
no˧no˧, nu˧ xĩ˧ =gɤ˥ mɑ˧tu˧ xwã˥!
清楚 2SG 人 P 问 IMP
这件事我也不清楚，你去问别人吧！

20 tsʰi˧ni˧ =nu˧ ni˧ȵtsʰi˧wã˧ kʰy˥ tsʰi˧mɛ˧
今天 A 二千零十五 年 十月

ȡɯ˧ ni˧.
一 日
今天是2015年10月1日。

21 a˩ja˩my˧ tʰɯ˧ i˧ gɤ˧tsʰe˧zo˧ kʰɤ˧ ɤɤ˧ sɛ˩,
老太婆 DEM:远指 CL 九十四 年 好 COMPL
ŋa˩ kʰɤ˩pʰa˩ =kɤ˩ ni˧ tu˧ la˩xɯ˩xɯ˧ ŋɤ˩.
1SG:GEN 年龄 ASSOC 二 倍 大约 COP
那个老太婆94岁了，是我年龄的两倍左右。

22 dʐy˧ tɕʰi˩pȡ˧ =kɤ˩ tsʰɯ˧ tʰɯ˧ xwa˧
山 脚 GEN 山羊 DEM:远指 CL
ȡɯ˧ɕe˧ɕi˩ pʰa˩ dʐɯ˧.
一百零八 CL 有
山下那群羊有108只。

23 ŋa˧ ȡɯ˧-pa˧ xỹ˩, nu˧ ni˧-pa˧ xỹ˩,
1SG 一-NMLZ 站 2SG 二-NMLZ 站
tʰɯ˧ mi˧tsɤ˧ xỹ˩.
3SG 尾巴 站
我排第一，你排第二，他排末尾。

24 ŋa˧ tsʰi˧ni˧ la˧ ȡɯ˧ mɜ˧ zɤ˧,
1SG 今天 鸡 一 CL 买
ni˩ze˩ ni˧ mɜ˧, ʂɤ˧ su˧ tɕi˩.
鱼 二 CL 肉 三 CL
我今天买了一只鸡、两条鱼、三斤肉。

25 tʰa˧he˩ tʂʰi˧ tse˩ ŋa˧ su˧ zi˩
书 DEM:近指 CL 1SG 三 次
lo˩ dʐɜ˧ sɛ˩.
看 EXP COMPL
这本书我看过三遍了。

26 nu˧ la˧ ȡɯ˧ tʂɤ˧ nje˧, by˧ tʂʰi˧
2SG 又 一 数 IMP 圈 DEM:近指

	byɨ	kɤɹ	waʟ	kʰaɨ	mɛɨ	dzuɨ?
	圈	里	猪	多少	CL	有

你数数看，这圈里有几头猪？

27	jaʟsaʟ	tsʰiɨ	niɨ	paɨ	ŋaɨ-iɨ	ŋɤɹ.
	洋伞	DEM:近指	二	CL	1SG-NMLZ	COP

这两把雨伞是我的。

28	tʰɯɨ	zeɨtʰɯɹ	kʰyɹ	ŋɤɹ	=leɨ	laɨ=	iɨ.
	3SG	哪一	年	COP	ADV	REP	来

他年年都回家。

29	tʰɯɨ	dziɨ	kɤɹ	ʂɤɹ	zɚɨ	beɨ	tsiɨ
	3SG	街	里	肉	买	去	PROG

	ŋɤɹ	=leɨ.					
	COP	NMLZ					

他要去街上买肉。

30	ŋaɨ	tʰaʟmiɹ	dzyɨ	=beɨ	siɨ	daʟ
	1SG	现在	山	上（表面）	柴	砍

	tsiɨ	aɨ.				
	PROG	EGO				

我正在山上砍柴。

31	aʟ-niɨ-myʟsyɨ,	ŋaɨ	lyʔ	paɨ~paɨ	kʰoʔ①	aɨ.
	昨天	1SG	粮食	背:ITER	去	EGO

昨天我背粮食去了。

32	nyʟdzyɹ	tʰaɨleɨ	gyʔn‑na	suʟ	zuɨ	aɨ.
	你俩	书	好-ADV	学	必须	EGO

你们俩一定要好好地学习。

33	tʰɯɨɹɤɹ	naʟ	loʔ	luɨ	sɛʟ.
	3PL	电影	看	去	COMPL

他们看电影去了。

---

① 这个词形用于过去时间发生的事件。

34 tʰɯ˦   dzʑ˦   =be˦   kɤ˩nɯ˦   bo˦   tɕu˩o˩   dzɛ˩.
    3SG   山   上（表面） ASSOC   牦牛   看见   EXP
    他在山上看见过牦牛。

35 nu˦mɤ˦   gʑ˩tɕʑ˦   tʑ˦kʰʑ˦tʂʰi˥tʂʰo˦   su˩,   tʑ˦kʰʑ˦tʂʰi˥tʂʰo˦
    2PL   以后   互相   学   互相
    kɑ˦~kɑ˥,   dzɯ˥nɑ˩bɑ˩nɑ˥.
    帮助: ITER   互敬互爱
    你们今后一定要互相学习，互相帮助，互敬互爱。

36 nu˦   tʰɯ˦   kɑ˦~kɑ˥   =sɑ˩   bɑ˦lɑ˩   lɑ˦
    2SG   3SG   帮助: ITER ADV   衣服   又
    gʑ˩tɑ˥   jɤ˩.
    整理   给
    请你帮他把衣服收起来。

37 mʑ˦lɯ˥lɯ˦   =sɑ˩   lɑ˦gʑ˩   ʂɚ˩tsɑ˩   bjɤ˩   sɛ˩.
    地震   ADV   路   新   垮塌   COMPL
    地震把新修的路震垮了。

38 nʑ˩-dzʑ˦   lɑ˦   lɑ˦   kʰɑ˩   njeʔ˦.
    2SG-两个   鸡   又   宰   IMP
    你们俩把鸡杀了。

39 nu˦   dze˦mɛxĩ˦   tʰɯ˦   i˦   ɑ˦
    2SG   乞丐   DEM:远指   CL   QUES
    tɕu˩o˩   ɑ˦?
    看见   EGO
    你看见那个乞丐了吗?

40 tʰɯ˦   lə˦   sɛ˩,   ŋɑ˦   =nɯ˦   tʰɯ˦   =kɤ˩
    3SG   笑   COMPL 1SG   A   3SG   GEN
    ze˦xĩ˩   ɣɑ˥tʂʑ˦   =sɑ˩   lə˦   xɯ˥   sɛ˩.
    孩子   逗   ADV   笑   CAUS COMPL
    他笑了，我把他的小孩逗笑了。

41	xã˩dy˩xĩ˦	tʰɯ˦	i˦	la˦	i˦ =sa˩,
	猎人	DEM:远指	CL	又	来 ADV
	a˩pʰɣ˦	xɯ˦	sɛ˩,	ʈalmi˦,	fɣ˦ dɯ˦
	外边	去	COMPL	一会	野鸡 一
	me˦	la˦	pa˦	i˦.	
	CL	又	拿	来	

那个猎人进来以后又出去了，随后拿回来一只野鸡。

42	ŋa˦	gɣ˩-na˩	tɕu˩lo˩	a˦	kʰɯ˦	ɻɯ˦lay˦
	1SG	好-ADV	看见	EGO	狗	花的
	tʰɯ˦	me˦	gɣ˩=	pi˦	ỹ˩=	pi˦,
	DEM:远指	CL	DIR:向上	跳	DIR:向下	跳
	a˦zɤ˦	tsa˦	=sa˩.			
	有趣	非常	MIR			

我亲眼看见那只花狗跳上跳下，可好玩了。

43a	gɣ˩	=le˩	zo˦tsʰi˦	tʰy˦	pa˦~pa˦,	ỹ˩
	上方	DIR	四十	步	背:ITER	下方
	=le˩	wã˩tsʰi˦	tʰy˦	pa˦~pa˦.		
	DIR	五十	步	背:ITER		

朝上背四十步，朝下背五十步。

43b	zo˦tsʰi˦	tʰy˦	gɣ˩-pa˦~pa˦,	wã˩tsʰi˦	tʰy˦
	四十	步	向上-背:ITER	五十	步
	ỹ˩-pa˦~pa˦.				
	向下-背:ITER				

朝上背四十步，朝下背五十步。

44	tsɯ˦tsɯ˦	tʂʰy˦	ty˦kʰy˦	dɯ˦	i˦,	tʂʰi˦tʂo˦
	东西	这个	那边	一	拿	这边
	dɯ˦	i˦	ny˩ma˦ndɤ˦	=sa˩,	nu˦	i˦
	一	拿	费事	INTER	2SG	拿

maɻ= dzɑ˦ sɛ˩.
NEG 合适 COMPL
这个东西拿来拿去太费事了，你就别拿了。

45 bɑ˦lɑ˩ kʰwɑ˩ xỹ˦ xĩ˦ tʰɯ˦ i˦
    衣服   坏   穿   人   DEM:远指 CL
    tɑ˥mi˦ tṣʰi˦tṣʰo˦ =a˦ i˦, tɑ˥mi˦ tɣ˦kʰγ˦
    一会 这边   ALL 来 一会   那边
    =a˦ be˦, a˦tsγ˦ tɑ˦ je˦ tsi˦
    ALL 去   什么 到底 做   PROG
    nɯ˦jɤ˥?
    QUES: N-EGO
    那个穿破衣裳的家伙一会儿过来、一会儿过去的，到底在做什么?

46 tʰɯ˦ ɣ˦dzγ˦ ŋɤ˦, xwe˦tsʰγ˩ mɑ˦= ŋɤ˦.
    3SG 藏族   COP   回族   NEG   COP
    他是藏族，不是回族。

47a tʰɯ˦xɤ˦ te˦ ze˦xĩ˥ su˦ i˦ dzu˦,
    3PL   家庭 孩子 三 CL 有
    dɯ˦ i˦ ɕo˩ɕɑ˩ kɣ˦ dzu˦, dɯ˦
    一   CL 学校   里 在   一
    i˦ a˩lu˩ dzu˦, a˦ɦa˦ dɯ˦ i˦
    CL 家   在   还有   一 CL
    lo˦ je˦ tsi˦ sɛ˩.
    活路 做 PROG COMPL
    他们家有三个孩子，一个在学校，一个在家里，还有一个已经工作了。

47b kɤ˦ly˦ kɤ˦ a˦tɕʰi˥ i˦.
    瓶子   里   水   有
    瓶子里有水。

48 ŋɑ˦mɑ˦ a˦pʰo˦ =nɯ˦ a˦i˦tʂγ˩ u˦ =le˦
    1PL   爷爷   A   故事   讲   NMLZ

	xĩ˧	õ˩o˩.			
	听	愿意			

我们很愿意听爷爷讲故事。

49	kʰɯ˧	tʂʰɤ˥-kɤ˩	xĩ˧	tʰa˥	kɤ˩.
	狗	DEM:近指-CL	人	咬	会

这只狗会咬人。

50	tʰɯ˧	dɯ˧	i˧	tɑ˥	ĩ˩a˩ɕi˧	ma˧=	wã˩.
	3SG	一	CL	仅仅	睡觉	NEG	敢

她不敢一个人睡觉。

51	nu˧	i˧	kɤ˥tʂɤ˩	ỹ˧?		
	2SG	来	能	或者		
	ŋa˧	i˧	kɤ˥tʂɤ˩.			
	1SG	来	能			

你能不能来？
我能来。

52	xĩ˧	tʂʰi˥tʂɤ˧	ŋa˧	dzo˧	=ʟa˧	ma˧=
	人	这些	1SG	恨	ADV	NEG
	dzɤ˧	sɛ˩.				
	可以	COMPL				

这些人我恨透了。

53	ta˩wa˩	te˧	dze˧	la˧	tsʰɯ˧	sɛ˩,
	达娃	家	稻子	又	割	完
	na˩ʟɯ˩	kɤ˥ɕi˩	te˧	dze˧	a˧=˧	la˧
	但是	格西	家	稻子	还有	又
	tsʰɯ˧	ma˧=	sɛ˩.			
	割	NEG	完			

达娃家的稻子收完了，但格西家的稻子还没有收完。

54	ŋa˧	dɯ˧	zi˩	gɤ˩	dɯ˧	zi˩
	1SG	一	次	后面	一	次

```
     ʂɤ˧,        ku˧tɕu˧   la˧      lə˥      sɛ˩.
     找          最后       又       得到      COMPL
     我找了一遍又一遍，终于找着了。

55   nu˧        du˧       wo˧xɤ˧    a˧si˧    du˧,     ŋa˧       =nɯ˧
     2SG        一        休息       先        一       1SG       A
     a˧si˧      tʰɯ˧      =gɤ˥      du˧       wa˩      be˧.
     先         3SG       P         一         谈话      去
     你先休息休息，我试着跟她谈谈。

56   tʰɯ˧xɤ˧    i˧mi˩    ndzu˧     i˧mi˩    tsʰɯ˧,   a˧dzi˧
     3PL        一边      唱         一边      跳        确实
     ba˧-na˩            a˧zɤ˥     tsi˧     =la˩.
     高兴-ADV            玩         PROG     NMLZ: N-EGO
     他们边唱边跳，玩得可高兴了。

57   dze˧   tsu˧   xy˧   tsu˧   a˧xwa˧
     吃     东西    穿     东西    全部
     ma˧=   tsʰɤ˧~tsʰɤ˧.
     NEG    发愁: ITER
     吃的、穿的都不愁。

58   wa˩       tʂʰi˧             xwɤ˩      nu˧ŋa˧,   wo˧dzwo˧   =le˧
     猪        DEM:近指   CL      TOP       胖         NMLZ
     kʰa˩      po˧,      dza˩ku˧   =le˧      dzy˧      =be˧.
     宰        掉        瘦         NMLZ      山         上（表面）
     gɤ˥=      tɕʰi˧     =nɯ˧.
     DIR:向上   放        DUR
     这些猪呢，肥的宰掉，瘦的放到山上去。

59   tʰɯ˧      =kɤ˧      pʰo˧mɜ˧    xĩ˧       =a˧       i˧
     3SG       GEN       脸         红         CONJ      来
     tsi˧      sɛ˩.      =la˩.
     PROG      COMPL     NMLZ: N-EGO
     他的脸红起来了。
```

60	kʰwa˩	kɤ˦	=kɤ˦	dze˧	kɤ˥pv̩˥
	碗	里	GEN	饭	满

	te˧-tɕʰi˥	=la˥.			
	DUR-装	NMLZ: N-EGO			

碗里的饭装得满满的。

61	dzʐ˧	tɕʰi˩pʰɤ˧	=kɤ˦	=kɤ˥	wje˧	pʰo˧sa˧	nã˧,
	山	脚	里	GEN	雪	白	很
	dzʐ˧	tsakʰɤ˧	=kɤ˦		wje˧	la˧xa˥	pʰo˧,	nã˧
	山	坡	GEN		雪	更	白	但是
	a˧xwa˥lɯ˩	dzʐ˧	u˩tu˧	=be˧	=kɤ˥	wje˧	pʰo˧.	
	总的	山	头	上（表面）	GEN	雪	白	

山脚的雪是白的，山坡上的雪更白，而山头的雪最白。

62	y˩dy˩	tʂʰi˧	pa˧	gv̩˧	gv̩˧	=la˥,
	柴刀	DEM:近指	CL	确实	好	NMLZ: N-EGO
	nã˧	pʰo˧	dv̩˧	dzɯ˧	=la˥.	
	但是	价格	一点	大	NMLZ: N-EGO	

这把刀好是好，就是太贵了点。

63	xĩ˧	=kɤ˥	tsɯtsɯ˧	pʰjɤ˥	lsɛ,	la˧tsʰy˥
	人	GEN	东西	毁坏	COMPL	赔
	zɯ˧	lɯ˧ŋa˧.				
	必须	要				

弄坏了人家的东西是一定要赔偿的。

64	tʰɯ˧	tʰɯ˩sɯ˩	a˩nɛ˧	pe˩tɕĩ˧	dɯ˧	sy˩
	3SG	经常	这样	北京	一	样
	je˧	xɯ˥.				
	做	去				

他经常去北京出差。

65	a˩ni˧my˩sy˧	tʰɯ˧	ŋa˧	=nɯ˧	u˧	=le˧
	昨天	3SG	1SG	A	说	NMLZ

	kʰo˧xã˩	sɛ˩,	my˩sy˧	la˧	a˧zɤ˧	i˧	be˧
	听从	COMPL	明天	又	玩	来	去

=nɯ˩u˧.
REPD

昨天他答应了我的要求，说是明天再来玩。

66	ŋa˧	ta˩mi˧	nɯ˧	la˧	i˧.
	1SG	一会	PRT	又	来

我一会儿就回来。

67	tsʰwẽ˧tʂã˩	xĩ˧	dʐɤ˩	dɯ˧	i˧	ŋɤ˧.
	村长	人	好	一	CL	COP

村长可是个好人。

68	ni˩ze˩	tʂʰi˧	me˧	nɯ˩la˩la˩	wã˧	tɕi˧	je˧.
	鱼	DEM:近指	CL	至少	五	CL	做

这条鱼至少有五斤重。

69	pa˧dzɯ˧zɤ˧mɤ˧	tʂʰi˧	xo˧	bi˩	=a˧	wã˧
	河	DEM:近指	CL	多	ADV	五

	xy˧	xwa˧.
	庹	宽

这条河最多有五庹宽。

70	tʰɯ˧	te˧	dɯ˧	ju˩	a˧	=le˩	ŋa˧
	3SG	家庭	一	人家	PRT	NMLZ	1SG

	by˧tʂi˧.
	熟悉

他全家人我都熟悉。

71	a˧mɤ˧	i˧	ma˧=	i˧	sɛ˩,	a˧mɤ˧
	母亲	来	NEG	来	COMPL	母亲
	a˩mɤ˧	la˧	ma˧=	i˧	jɤ˩,	nu˧
	还	又	NEG	来	N-EGO	2SG
	la˧	be˧	ma˧=	dza˧	sɛ˩.	
	又	去	NEG	合适	COMPL	

妈妈不会来了。妈妈还没回来。你别回去了。

72 xĩỹõ˧ =xɤ˧ a˧xwa˩le˧ a˩tse˩-na˩ tʂʰi˧
    客人   PL   全部   悄悄-ADV   DEM:近指
    ʂɚ˧   kʰo˧tsɤ˧   je˧   tsi˧.
    CL   议论   做   PROG
    客人们都在悄悄地议论这件事。

73 nu˧ma˧ ma˩ma˧ kʰa˧ i˧ tsʰe˧ i˧ a˧?
    2PL   本来   多少 CL 已经   来 EGO
    你们究竟来了多少人？

74 tʰɯ˧ ma˧= be˧ =a˧ la˧ gɤ˧ =a˧,
    3SG   NEG   去   NMLZ 也/还 好   NMLZ:EGO
    nã˧ nu˧ ma˧= be˧ ma˧= gɤ˧.
    但是 2SG NEG   去   NEG   好
    他不去也行，但你不去不行。

75 tʂʰɤ˧ ŋa˧ =kɤ˧ ba˧la˩, tʰɤ˧ nu˧-i˧,
    这个   1SG GEN   衣服   那个 2SG-NMLZ
    tʂwa˧ndzɚ˧ =be˧ tɤ˧ tʰɤ˧ xĩ˧-i˧.
    床   上（表面） 摆放 那个 人-NMLZ
    这是我的衣服，那是你的，床上摆着的是人家的。

76a xã˩dy˩xĩ˧ =nu˧ tʰu˩le˧ la˧ =sa˩ sɯ˧ sɛ˩.
    猎人   A   兔子   打   ADV 死   COMPL
    猎人打死了兔子。

76b xã˩dy˩xĩ˧ =nu˧ tʰu˩le˧ la˧ la˧ =sa˩ sɯ˧
    猎人   A   兔子   也/还 打   ADV   死
    sɛ˩.
    COMPL
    猎人把兔子打死了。

76c tʰu˩le˧ xã˩dy˩xĩ˧ =nu˧ la˧ =sa˩ sɯ˧
    兔子   猎人   A   打   ADV   死

sɛ˩.
COMPL
兔子被猎人打死了。

76d xã˥dy˩xĩ˥ =nɯ˧ tʰu˥lɛ˧ si˧ sɛ˩.
猎人　　　　A　　兔子　　死:CAUS　COMPL
猎人把兔子弄死了。

77 tʰɯ˧ =nɯ˧ gɯ˧dzɯ˧ =gʁ˧ pi˧ dɯ˧
3SG　　A　　弟弟　　DAT　　笔　　一
ly˩ jʁ˥.
CL　给
他给了弟弟一支笔。

78 a˧m̩˧ ŋa˧ =gʁ˧ ba˧la˩ sə˧tsa˧ dɯ˧
母亲　　1SG　　DAT　　衣服　　新　　一
kʰo˧ zo˩ sɛ˩.
CL　缝　COMPL
妈妈给我缝了一件新衣服。

79 ɕo˧sẽ˩ =xʁ˧ ma˧pi˧ =nɯ˧ tʰa˧lɛ˧ dzɚ˧, ŋa˧
学生　　PL　　毛笔　　INST　　字　　写　　1SG
ɕi˧tʰe˧ tʂʰi˧ pa˧ =nɯ˧ ʂʁ˧ xã˩.
刀　　DEM:近指　CL　INST　肉　切
学生们用毛笔写字。我用这把刀切肉。

80 xi˧ =xʁ˧ ʂu˧ ba˧by˩ =nɯ˧ dze˧ gv˩.
人　　PL　　铁　　锅　　INST　　饭　　做
人们用铁锅做饭。

81 si˧dzi˧ =be˧ lo˧ ni˧ kv˩.
树　　上（表面）　马　　二　　CL
te˧-pʰi˧ =la˥.
DUR-拴　NMLZ: N-EGO
树上拴着两匹马。

82 a˧tɕʰi˩ kɤ˧ sɿ˧mɿ˧sɿ˧tse˩ kɤ˩hɯ˧ ni˩ze˩
    水   里   各种各样   ASSOC   鱼
    te˧-zɿ˧ =la˩.
    DUR-养   NMLZ: N-EGO
    水里养着各种各样的鱼。

83 ʂa˧la˩ tʰa˧ kʰɯ˧ dʑɯ˧ mɛ˧
    桌子   下   狗   一   CL
    te˧-ĩ˩ =la˩.
    DUR-躺 NMLZ: N-EGO
    桌子下躺着一只狗。

84 dʑy˧   =be˧   =nɯ˧   dʑy˧ tɕʰi˧pɜ˩ kɤ˧
    山   上（表面）   ABL   山   脚   里
    pɑ˧   =le˧ sɯ˧tsʰi˧ xy˧   xɑ˧   dʑɯ˧.
    到   ADV   三十   庹   多出来   有
    山上到山下有三十多庹地。

85 a˩by˧   gɯ˧dzɯ˧ =tu˧   tɕa˧ dy˧   xo˧.
    哥哥   弟弟   COMPR 非常 一点   高
    哥哥比弟弟高多了。

86 gɯ˧dzɯ˧ a˧pʰo˧ gɤ˩   dʑy˧   =be˧   gɤ˩=
    弟弟   爷爷   跟   山   上（表面）   DIR:向上
    xã˩dy˩   xɯ˧   sɜ˩   =la˩.
    赶山   去   COMPL   NMLZ: N-EGO
    小弟跟爷爷上山赶山去了。

87 tsʰi˧ni˧, mɿ˩sɤ˩, u˩sɿ˩   le˩   xɯ˧   dʑɯ˧,
    今天   明天   后天   全都 雨   有
    a˧pʰo˧   se˩   a˧ju˩   a˩pʰɤ˩ tʰy˧   ma˧=
    爷爷   ASSOC 奶奶   外边   出   NEG
    xã˧   sɜ˩.
    可以   COMPL
    今天、明天和后天都有雨，爷爷和奶奶都不能出门了。

88 pʰɿ̃kwo˧ zɚ˧   ỹ˧   ɕã˧tɕo˧   zɚ˧   =le˧
    苹果   买   或者   香蕉   买   NMLZ
    la˧   gʋ˧   a˥.
    也/还   好   EGO
    买苹果或香蕉都可以。

89 a˥ja˧,   dzu˧   =sɑ˩!
    INTERJ   疼   MIR
    哎呀！好疼！

90 a˩ni˧my˩sv˧   te˧tsʰɯ˩   =le˧   =kɤ˩   be˩
    昨天   丢   NMLZ   ASSOC   钱
    la˧   a˧   lɚ˧?
    又   QUES   得到
    昨天丢失的钱找到了吗？

91 tʰɯ˧xɤ˧   tsʰo˧   =nɯ˧   xu˩   sɛ˩   du˧?
    3PL   早   ADV   去   COMPL QUES
    他们早已经走了吧？

92 ŋa˩   be˧   sɛ˩,   tʰɯ˧xɤ˧   le˧tɤ˧   a˧tsv˧
    1SG   去   COMPL   3PL   又   什么
    dy˧   u˧   =la˥?
    一点   说   NMLZ: N-EGO
    我走了以后，他们又说了些什么？

93 a˧bu˧   a˩ni˧my˩sv˧   dzv˧   =be˧   si˧   dɑ˩   tsi˧
    叔叔   昨天   山   上（表面） 柴   砍   PROG
    a˩xwa˧, wa˩tɯ˩   nda˧   dɯ˧   me˧   tɕu˩lo˩.
    时候   野猪   很大   一   CL   看见
    叔叔昨天在山上砍柴的时候，看见一只大大的野猪。

94 ɣ˧dzv˧   zɚ˧ʋ˧   xỹ˩   =nɯ˧,   na˩xĩ˧   zɚ˧mi˧
    藏族   上游   住   DUR   纳西族   下游
    xỹ˩   =nɯ˧.
    住   DUR

藏族住在上游，纳西族住在下游。

95　tʰɯ˧　u˧　ta˥　ma˧=　za˧　=le˧,
　　3SG　说　仅　NEG　（做）好　NMLZ
　　gʌ˩　la˧　gʌ˩　kʌ˩　=sɑ˩.
　　做　也/还　好　会　MIR
　　他不但会说，而且也很会做。

96　tsa˧ɕi˧　xỹ˩　ba˧　ỹ˧　kʰa˧tɕa˧　xỹ˩　ba˥?
　　扎西　住　商量语气　或者　卡佳　住　商量语气
　　是扎西留下，还是卡佳留下？

97　ŋa˧　la˧　be˧　tsʰe˥　ma˧=　õ˧mo˩,　nã˥
　　1SG　也/还　去　PRT　NEG　愿意　但是
　　tɕu˩lo˩~lo˩　　　=le˧　u˧　ma˧=　gʌ˧.
　　看见:ITER　　　ADV　说　NEG　好
　　虽然我也不想去，但又不便当面说。

98　ŋa˧　tʰʌ˩　ʂi˧　po˩　=sɑ˩,　a˩sɑ˩
　　1SG　累　死　掉　MIR　所以
　　dɯ˧　mje˧　la˧　bɤ˧　ma˧=　õ˧mo˩.
　　一　点　又　去　NEG　愿意
　　因为我实在太累了，所以一点都不想去。

99　mʌ˧　lɯ˧　tʰʌ˧　a˩,　ŋa˧ɦɯ̃˧　kʰa˧dze˧
　　天　都　晴　如果　1PL　玉米
　　gʌ˩ta˩　be˧.
　　收起　去
　　如果天气好的话，我们就收玉米去。

100　ŋa˧ɦɯ̃˧　a˧mʌ˧　kʰe˧　tɕa˥　dʌ˧　tʂwa˩le˥,
　　1PL　现在　粪肥　非常　一点　积累
　　su˧wje˧　ɣo˩　la˧xa˥　dʌ˧　dʌ˩　be˧.
　　明年　粮食　更　一点　结　去
　　我们现在多积肥，是为了明年多打粮食。

第二章　长篇语料①

一、玛丽玛萨人的生活

(1)　ŋɑ˧,　　　tʂʰʵ˨　　　nɯ˧
　　 1SG　　　这里　　　DM

(2)　a˧my˧　　 ŋɑ˧mɑ˧　　xĩ˧　　　　gɯ˩
　　 现在　　　1PL　　　 人　　　　些（古）

(3)　a˧Lənˑ　　 je˧　　　 ty˩　　　a˧Lɑ̃˩　　ŋʵ˧　　ne˨-lə˧　　dʝ˩
　　 什么样　　 做　　　 兴　　　 什么样　　是　　 像-NMLZ　　一点

(4)　dɯ˩　　　 u˧　　　=nɯ˧　　 be˧
　　 一　　　　说　　　 COMP　　去

　　 现在我说一下，我们这里的人是什么样的人，做事是怎样做的。

(5)　a˧Lə˨,　　　ŋɑ˧mɑ˧　　xĩ˧　　　gɯ˩　　　 nə˧~tə˨　　　 u˧
　　 然后　　　 1PL　　　　人　　　 些（古）　像:ITER　　　说
　　 i˧　　　　 nɯ˧hɑ˧
　　 来　　　　TOP

(6)　a˩tʂʰiˑLuʂʰiˑLtɕʌ˧　nɯ˧,　　tsʰi˧　　tɕʰi˩　　=be˧　　　　　　=nɯ˧
　　 DM　　　　　　　　　PRT　　 热　　　冷　　　上（表面）　　LOC
　　 u˧　　　　nɯ˧hɑ˧　　　tɕa˩　　tsʰəbjʵ˩
　　 说　　　　TOP　　　　 非常　　合适

　　 我们是这样说的：气候冷热正合适。

---

① 由于"句子"不易界定，因此本书的长篇语料按韵律层面的停顿分行。

(7) dɯ˧ kʰy˧˥ tsʰi˥ni˧ xɛ˧ =be˧ =nɯ˧
    一   年   十二   月   上（表面） LOC
    u˧   i˥   =be˧   =a˧   la˧
    说   来   上（表面）   DIR   也/还

(8) ɕwe˥ =le˧ tsʰi˧ =sɑ˥
    确实   ADV   热   MIR

(9) ɣo˥ la˧ sɯ˧ po˧
    庄稼 也/还 死   掉

(10) a˩pʰɣ˧ be˧ la˧ ma˧= tʰɑ˧
     外面   去   也/还 NEG   可以

(11) se˩se˥u˧ la˧ tɑ˥ na˧ =nɯ˧ zu˧
     阴凉   地方 仅仅 躲   DUR   需要

(12) nɛ˩-le˧ la˧ ma˧= dzɯ˧
     像-NMLZ 地方 NEG   有

一年十二个月里，热到庄稼会死，外面去不了，只能躲在阴凉处的地方，是没有的。

(13) a˩tʂʰi˧tɕu˥ tɕʰi˥ nu˧ nɯ˧ŋa˧ nɯ˥ tɕʰi˥ =sɑ˥
     DM   冷   REPD TOP   PRT 冷   MIR

(14) le˩tɕɣ˥le˥ xĩ˥ ŋa˧ la˧ ma˧= dzɣ˥
     又   人   挨   也/还 NEG   能够

(15) a˩u˩ tɑ˥ xỹ˥ nɯ˧ zu˧
     房屋 仅仅 住   COMP 需要

(16) mo˧ tɑ˥ gwe˩ tsi˧ zu˧
     火   仅仅 烤   PROG 需要

(17) nɛ˩-le˧ la˧ ma˧= dzɯ˧
     像-NMLZ 也/还 NEG   有

冷到人受不了，只能躲在屋里烤火，这样的时候也没有。

(18) a˧sa˩ tsʰi˧ tɕʰi˥ tsʰe˧bjɤ˩ nɯ˧ŋa˧ dɯ˧ sy˥
     然后   热   冷   合适   TOP   一   样

冷热正合适，这是一方面。

(19) dɯ˧ sy˩ nɯ˧ŋa˧ nɯ˩
 一 样 TOP DM

(20) a˩tʂʰi˧tɕu˩, ɣo˩ mi˧
 DM 粮食 熟

(21) a˧tsɤ˧ pʰɑ˩ a˧tsɤ˧ mi˧
 什么 撒 什么 熟

(22) a˧tsɤ˧ fa˧ a˧tsɤ˧ mi˧
 什么 种 什么 熟

另一方面是产粮食，种什么就产什么。

(23) dɯ˧ kʰɤ˩ tsʰi˧ŋi˧ xɜ˧ =nɯ˧ la˧,
 一 年 十二 月 LOC 也/还
 a˩tʂʰi˧tɕu˩ nɯ˩
 DM DM

(24) ni˧ ɣo˩, sɯ˧ ɣo˩
 二 粮食 三 粮食

(25) dɯ˧ ɣo˩ la˧ tsʰɯ˧ lɜ˩ nɯ˧ŋa˧
 一 粮食 又 割 COMPL TOP

(26) dɯ˧ ɣo˩ la˧ fa˧ =nɯ˧
 一 粮食 又 种 DUR

(27) le˩tɕɤ˩ la˧ mi˧ =a˧ i˧
 又是 又 熟 DIR 来

(28) nɛ˧ =sɑ˩ nɯ˧ŋa˧ nɯ˩
 像这样 ADV TOP DM

一年十二个月里可以两熟、三熟，一茬粮食收获后就种下一茬，又可以成熟。就是这样。

(29) tsʰi˧ tɕʰi˩ dɯ˧ ŋa˩ tɕa˩
 热 冷 一 PRT 非常

(30) tsʰe˧bjɤ˩ kɯ˧nɯ˧ dɯ˧ ju˩ ŋa˧
 合适 ASSOC 一 处 COP:EGO

(31) a˧sa˩ a˧ŋɯ˧ ɣo˧ mi˧, ɣo˧ fa˩
然后 什么样 粮食 熟 粮食 种

(32) dy˧ gɣ˧, nɛ˧ tsi˧ kɣ˧ =nɯ˧
一点 好 像这样 PROG 会 DUR

nɯ˧ŋa˧ nɯ˩
TOP PRT

就是这样冷热正合适、粮食收成好的一个地方。

(33) be˩ =xɣ˧ ŋu˩ dy˧ dʑu˧ pa˩la˩
钱 PL 现在 一点 有 PRT

(34) a˧mɣ˧ nɯ˧ŋa˧ dy˧ gɣ˧ la˧ dʑu˧
现在 TOP 一点 好 也/还 有

i˧ sɛ˩
来 COMPL

(35) dze˧ tsu˧ ŋu˩ dy˧ dʑu˧ pa˩la˩
吃 东西 现在 一点 有 PRT

(36) nɯ˩mɛ˧ ndʐɣ˧ ma˧= zu˧ sɛ˩
心 辛苦 NEG 必须 COMPL

现在也有了一点钱、一些好东西，吃的东西不用愁。

(37) a˧sa˩ u˩da˩ nɯ˧ŋa˧ nɯ˩
然后 以前 TOP PRT

(38) ỹ˧, xã˧, nɛ˩-le˧, a˧tʂʰi˧tɕu˩, gu˧mu˧ =be˩
银 金 像-NMLZ DM 身体 上（表面）

(39) dy˩ kɣ˧tʂə˧ xĩ˧ ma˧= dʑu˧
戴 能够 人 NEG 有

以前，没有身上戴得起金银首饰的人。

(40) a˧mɣ˧ nɯ˧ŋa˧ nɯ˩
现在 TOP DM

(41) ỹ˧ la˩tʰu˧ dy˩, xã˧ la˩tʰu˧ dy˩
银 戒指 戴 金 戒指 戴

(42) ỹ˦   la˩dʐu˩,   xã˦   la˩dʐu˩   dy˩
     银   手镯   金   手镯   戴

(43) ỹ˦   xɛ˦kʰɤ˩,   xã˦   xɛ˦kʰɤ˩   dy˩
     银   耳环   金   耳环   戴
     现在戴金银戒指、金银手镯、金银耳环。

(44) tʂʰi˦   ta˥   ma˦=   za˦
     这   仅仅   NEG   可以

(45) a˩tʂʰi˦tɕu˩   a˦ma˦   tsʰu˦~tsʰu˦   gɤ˥~gɤ˥
     DM   更   跳: ITER   唱: ITER
     这还不算完，还唱歌跳舞。

(46) nɛ˦   a˩xɑ˥   kɯ˦hɯ˦   xỹ˦   kɤ˦   =be˦
     像这样 所有   ASSOC   穿   东西   上（表面）
     la˦
     也/还

(47) ỹ˦   xã˦   te˦-tɕʰi˥   =nɯ˦
     银   金   DUR-放   DUR

(48) nɛ˦   =sa˩,   a˩tʂʰi˦tɕu˩   nɯ˩,
     像这样 ADV   DM   PRT

(49) nɛ˦   te˦-je˦   sɛ˩   =le˦   ŋɤ˦   =le˦
     像这样 DUR-做   COMPL   NMLZ   COP   NMLZ
     na˦
     COP: N-EGO

(50) a˦   tʂʰɤ˩kɤ˩   dzi˩   kɤ˦   nɯ˦ŋa˦   nɯ˩
     DM   这个   ?   会   TOP   PRT
     所有能穿的东西上都戴起金银首饰，大家都是这样做的了。

(51) o˦,   u˩da˦,   nɯ˦ŋa˦   a˩tʂʰi˦tɕu˩   nɯ˩
     DM   以前   TOP   DM   PRT

(52) bɤ˦ly˦dy˦   ma˦=   dzu˦   o˦
     汽车   NEG   有   DM
     以前没有汽车。

(53) aɻtʂʰiɻtɕuɹ, aɹuɹa   dɯꜛ   syꜜ   dɯꜛ   uꜜ   gʌꜜ
     DM   房子   一   样   一   ?   修整

(54) nɛꜜ   pɑɹlɑꜜ,   sʌꜜ   dɯꜛ   kʰɑɹtsaꜜ
     像这样 PRT   沙子   一   调羹

(55) lʌꜜpɑꜜ   dɯꜛ   luꜜ
     石头   一   CL

(56) ŋʌꜜ   tʂʌꜛtɕuꜛ   pɑɹlaꜛ
     COP   这种   也

(57) guꜛmuꜛ   =beꜛ   =nuꜛ   tsaꜜ   iꜛ
     身体   上（表面）   LOC   背   来
     修整房子的时候，一把沙子、一块石头，都要人力背上来。

(58) nɛꜜ   =saꜜ,   aɻtʂʰiꜛtɕuꜜ, aɹuɹa
     像这样 ADV   DM   家屋

(59) gʌꜜ   iꜛ   zuꜛ   =leꜜ   naꜜ
     修整   来   必须   NMLZ   COP: N-EGO

(60) siꜛ   dɯꜛ   kʌꜜ   ŋʌꜜ   tʂʌꜛtɕuꜛ   laꜛ
     柴   一   CL   COP   这种   也/还
     poꜜ   iꜛ
     扛   来

(61) maꜛ=   niꜛ   =leꜛ   ʂaꜛ   =aꜛ   iꜛ
     NEG   需要   ADV   拉   DIR   来

(62) nɛꜛ   =saꜜ,   aɻtʂʰuꜛtɕuꜜ   nuꜛ   aɹuɹa   paꜜ
     像这样 ADV   DM   PRT   家屋   到
     iꜛ   zuꜛ
     来   必须
     修整房子的时候，一根柴也要扛着走到家，不能拉着走。

(63) aꜛmʌꜜ   nɯꜛŋaꜛ   nuꜛ
     现在   TOP   PRT

(64) bʌꜛlyꜛdʌꜛ   dzɯꜛ   sɛꜛ
     汽车   有   COMPL

(65) a˧tsɑ˩, la˧gv˧ gv˧ sɛ˩
     然后 路 好 COMPL
     现在有了汽车，路也好了。

(66) a˧tsv˧je˧ =sa˩ =nɯ˧ u˧ nɯ˧ŋa˧ nɯ˩
     为什么 ADV A 说 TOP PRT

(67) u˩dɑ˧ nɯ˧ŋa˧ dzɑ˩kʰe˧ ŋʁ˧ =a˧
     以前 TOP 泥巴 COP NMLZ

(68) a˧mv˧ nɯ˧ŋa˧ a˩tʂʰi˧tɕu˩ nɯ˩ gʁ˥pv˥ =nɯ˧
     现在 TOP DM PRT 上级 A
     [v˧pɑ˧-v˩ jʁ˥ =a˧ i˧ sɛ˩
     石头-粉 给 CONJ 来 COMPL

(69) a˧tsɑ˩, ʂʁ˩ ʂa˧ =a˧ i˧
     然后 沙子 拉 CONJ 来

(70) [v˧pɑ˩ ʂa˧ =a˧ i˧
     石头 拉 CONJ 来

(71) a˩tʂʰi˧tɕu˩ [v˧pɑ˧-v˩, la˧ tsʰwe˧~tsʰwe˧
     DM 石头-粉 也/还 混合:ITER

(72) a˧tsɑ˩ la˧gv˧ gv˧
     然后 路 好
     为什么这样说呢，以前都是泥巴路，现在上级给了水泥，拉来沙子石头，混合上水泥，路就好了。

(73) a˩tʂʰi˧tɕu˩ be˧ ku˩ be˧ v˧ =nɯ˧ be˧ mi˧
     DM 村 里 村 头 ABL 村 尾

(74) pɑ˩ la˧ nu˧ tɕʰi˩pʰʁ˧ su˧ =le˧
     到 也/还 你 脚 光 ADV
     be˧ pɑ˥ la˧
     去 到 也/还

(75) tɕʰe˧ ɖu˧ kʰa˧ =le˧ la˧ ma= wã˩
     刺 一 CL NMLZ 也/还 NEG 戳
     村里从村头到村尾，都可以光脚走，一根刺都不会扎。

(76) kʰa˧su˧   tu˧   ŋɤ˧   =le˧   a˩tʂʰi˧tɕu˩   nɯ˧
     哪家   上   COP   NMLZ   DM   PRT

(77) tɕʰi˩pʰɛ˧   su˩   a˧   =le˧   be˧   pa˧
     脚   光   PROG   ADV   去   到
     la˧   la˧   pa˧   nɯ˧ŋa˧
     也/还   又   到   TOP

(78) a˧ʐa˩   le˩   a˧mɤ˧,   gɤ˧   nɯ˧ŋa˧
     然后   PRT   现在   好   TOP
     每家屋头都是这样，光脚都能走到，现在就好了。

(79) a˧ʐa˩,   ze˧xĩ˩   =xɤ˧
     然后   孩子   PL

(80) =be˧   =nɯ˧   u˧   ɦi˧   pa˧la˩,   a˩tʂʰi˧tɕu˩   nɯ˧
     上（表面）LOC   说   来   PRT   DM   PRT

(81) kʰa˧su˧   te˧   ze˧xĩ˩   ŋɤ˧   tsʏ˧tɕu˧   be˧   le˧
     谁   家   孩子   COP   不管   去   PRT
     la˩   tʰa˧lə˧   su˩
     PRT   书   学
     至于孩子们，每家的孩子都去读书。

(82) o˧,   gɤ˩pʏ˩   =nɯ˧   la˧   tʰa˧lə˧   su˩
     嗯   上级   A   也/还   书   学
     zu˧   =a˧   nɯ˧   la˧   u˧
     必须   NMLZ   COMP   也/还   说

(83) tʰa˧lə˧   su˩   xi˧   =be˧   la˧
     书   学   人   BEN   也/还

(84) a˩tʂʰi˧tɕu˩   gʏ˩na˩   je˧
     DM   很好   做
     上级也说孩子们必须读书，对于孩子们就很好。

(85) na˧nɯ˧,   a˩tʂʰi˧tɕu˩,   a˧pa˧mɛ˧   =xɤ˧   dʏ˧   ŋɤ˧
     DM   DM   父母亲   PL   一点   COP

	tʂy˧tɕu˦	=be˦		a˦	la˦		
	这种	上（表面）		PRT	也/还		
(86)	ze˦xĩ˥	=xɤ˦	gɤ˥	a˩tʂʰi˧tɕu˩			
	孩子	PL	P	DM			
	tʰa˦lə˦	su˩	be˦	zu˦	a˦		
	书	学	去	必须	EGO		
(87)	o˦,	gɤ˥-dzu˦	=a˦	i˦	nɯ˦ŋa˦	nɯ˦	
	嗯，	DIR:向上-大	DIR	来	TOP	PRT	
(88)	dɯ˦	sy˩	pjɤ˥	xɯ˥	zu˦	a˦	
	一	样	变	CAUS	必须	EGO	
(89)	dɯ˦	sy˩	sɯ˦	xɯ˥	zu˦	a˦	
	一	样	懂	CAUS	必须	EGO	
(90)	nɛ˦	=sɑ˩	a˩tʂʰi˧tɕu˩	nɯ˦			
	像这样	ADV	DM	PRT			

父母们也认为孩子们必须读书，需要让他们懂道理，让他们成器。

(91)	tʰa˦lə˦	su˩	la˦	ŋɤ˦			
	书	学	地方	COP			
(92)	tʂy˦tɕu˦	=be˦		a˦	ma˦=	la˦kʰo˦	
	这种	上（表面）		LOC	NEG	远	

读书的地方相对来说也不远。

(93)	gɤ˥	la˦	su˩	be˦	=a˦	zu˦	
	上边	也/还	学	去	NMLZ	可以	
(94)	ỹ˥	la˦	su˩	be˦	=a˦	zu˦,	
	下边	也/还	学	去	NMLZ	可以	
	a˩tʂʰi˧tɕu˩	nɯ˦					
	DM	PRT					
(95)	a˩nɛ˦	=sɑ˩,	a˩tʂʰi˧tɕu˩				
	这样	ADV	DM				

(96) tʰa˧lə˧ ma˧= su˩ xĩ˧ la˧ ma˧= dʐu˧
书 NEG 学 人 也/还 NEG 有

(97) a˩tʂʰi˧tɕu˩, gɤ˧ nɯ˧ŋa˧
DM 好 TOP

上边下边（的乡镇）都有读书的地方，因此没有不读书的人了。这样很好。

(98) a˧sa˩, ŋa˧ma˧ kɯ˧tʂi˧
然后 1PL:EXCL 话

=nɯ˧ u˩ =a˧ i˧ nɯ˧ŋa˧ nɯ˩
INST 说 CONJ 来 TOP PRT

(99) ma˧= dʐu˧ sy˩ ma˧= dʐu˧
NEG 有 样 NEG 有

(100) ma˧= mi˧ sy˩ ma˧= dʐu˧
NEG 熟 样 NEG 有

(101) nɛ˧ la˧= u˧ =le˧ na˧hã˧
像这样 又 说 NMLZ PRT

用我们的话来说，该有的东西都有，种的（庄稼）都成熟，就是这样。

(102) a˩tʂʰi˧tɕu˩ nɯ˩, dʐɤ˩ dʐu˧, la˩ dʐu˧
DM PRT 山 有 悬崖 有

(103) si˧dzi˧ dʐu˧, a˧tɕʰi˩ dʐu˧
树 有 水 有

(104) a˩tʂʰi˧tɕu˩ nɯ˩, sy˧my˧sy˧tse˩ kɯ˧nɯ˩, ɯ˩je˧ te˧-dʐu˧
DM PRT 万事万物 ASSOC 鸟 DUR-有

(105) sy˧my˧sy˧tse˩ kɯ˧nɯ˩, ba˩ba˧ te˧-wa˩
万事万物 ASSOC 花 DUR-开

万事万物之中，有山，有崖，有树，有水，有鸟，有花。

(106) a˧tɕʰi˩ =be˧ =nɯ˧ u˧ i˧ =be˧
水 上（表面） LOC 说 来 上（表面）

	a˧	la˧			
	PRT	也/还			
(107)	a˩tʂʰi˧tɕu˩	dzu˧dzu˧tɕe˧tɕe˧	nu˧		
	DM	大大小小	PRT		
(108)	su˧tsʰi˧	ju˩	tsʰe˧	a˧ma˧	kɯ˧nu˧
	三十	处	很多	更	ASSOC
(109)	ba˩	tse˩	=le˧	ŋγ˥	=le˧	na˧,	o˧
	流	出	NMLZ	COP	NMLZ	COP: N-EGO	DM

至于水（源），出水处有大大小小三十处之多。

(110)	si˧dzi˧	=be˧		=nu˧	u˧	i˧	=be˧
	树	上（表面）		LOC	说	来	上（表面）
	a˧	la˧					
	PRT	也/还					
(111)	a˩tʂʰi˧tɕu˩,	dɯ˧	kʰγ˩	tsʰi˧ni˧	xɛ˧	a˧le˧	
	DM	一	年	十二	月	PRT	
(112)	y˧	nɯ˧ŋa˧	nu˩				
	森林	TOP	PRT				
(113)	te˧-xwã˧	dɯ˧	ni˧	ma˧=	mɛ˥,		
	DUR-绿	一	日	NEG	要		
	a˩tʂʰi˧tɕu˩, ma˧=	dzu˧	sɛ˩				
	DM	NEG	有	COMPL			
(114)	ʂɚ˩kɯ˧	tsi˧	a˧nɛ˩	ma˧=	je˧	sɛ˩	
	黄	PROG	什么样	NEG	做	COMPL	
(115)	my˧tsʰγ˧	ŋa˧la˩,	y˧	la˧	xwã˧lõ˧	na˧	
	冬天	也	森林	也/还	绿	COP: N-EGO	

至于树木，一年十二个月森林常绿，冬天也不枯黄。

(116)	o˧,	a˩tʂʰi˧tɕu˩,	a˧nɛ˩	ŋγ˥	=le˧	na˧
	嗯	DM	怎样	COP	NMLZ	COP: N-EGO
(117)	a˧sɑ˩	dze˧	tsu˧	ʂγ˩	tsu˧	=be˧
	然后	吃	东西	喝	东西	上（表面）

	=nɯ˧	u˧	i˧	=be˧	a˧	la˧
	LOC	说	来	上（表面）	PRT	也/还

(118)	a˧my˧	nɯ˧ŋa˧	nɯ˩,	a˩su˧	ŋa˧	=nɯ˧
	现在	TOP	PRT	刚才	1SG	A
	u˧	lɯ˧lɯ˧				
	说	一样				

(119)	a˧tsy˧	fa˧	a˧tsy˧	mi˧,	a˧tsy˧	pʰa˧
	什么	种	什么	熟	什么	撒
	a˧tsy˧	mi˧				
	什么	熟				

至于吃的喝的，就像我刚才说的一样，播种什么，什么就成熟，撒什么种子，什么就成熟。

(120)	dze˧	tsu˧	sy˩	tsu˧	ŋɤ˧	tsy˧tɕu˧
	吃	东西	喝	东西	COP	这样
	=be˧	a˧	la˧	a˩tʂʰi˧tɕu˧		nɯ˩
	上（表面）	PRT	也/还	DM		PRT

(121)	nɯ˩mɯ˧	ɻ̩ʐɤ˧	ma˧=	zu˧		
	心	辛苦	NEG	必须		

(122)	bɛ˧	ɣ˧	=nɯ˧	bɛ˧	mi˧	pa˧
	村	头	ABL	村	尾	到
	a˩	pa˧	nɯ˩,	a˩tʂʰi˧tɕu˧		nɯ˩
	都	PRT	PRT	DM		PRT

(123)	dzu˧	xĩ˧	ta˧	ŋɤ˧	sɜ˩,	a˧my˧	nɯ˩
	有	人	仅仅	COP	COMPL	现在	PRT

(124)	nɛ˧	sɜ˩	nɯ˩			
	像这样	COMPL	PRT			

吃的喝的都不用愁，全村所有人都有吃有喝。

(125)	dɯ˧	sy˩	nɯ˧ŋa˧	nɯ˩,	nu˧	=nɯ˧
	一	样	TOP	PRT	2SG	A

	maɨ=	faɨ				
	NEG	种				
(126)	nuɨ	=nuɨ	maɨ=	pʰa˩	beɨ	nuɨ	laɨ
	2SG	A	NEG	撒	去	PRT	也/还
(127)	dʑuɨ	kʰɤ˩	tsʰiʔniɨ	xɛ˩	=nuɨ		
	一	年	十二	月	LOC		
(128)	dʑuɨ	ɣo˩	miɨ	=aɨ	iɨ	=leɨ	
	一	粮食	熟	CONJ	来	NMLZ	
	kɯɨnɯɨ						
	ASSOC						
(129)	aɨnɛ˩	=leɨ	dzeɨ	tsuɨ	ʂɣ˩	tsuɨ	
	什么样	NMLZ	吃	东西	喝	东西	
(130)	kʰaɨjuɨnyɨ	dʑuɨ	sɛ˩				
	很多	有	COMPL				

一方面，即使不播种，一年能成熟一季的吃的喝的东西也有很多。

(131)	mɣʔzəɨ	nɛ˩-leɨ				
	夏天	像-NMLZ				
(132)	nuɨ	aɨluɨ	iɨ	maɨ=	dzeɨ	beɨ
	2SG	房屋	有	NEG	吃	去
	nuɨ	laɨ				
	假设	也/还				
(133)	aɨpʰɣɨtʰɣɨ-iɨ		nuɨ	ŋɣʔ	laɨ	ŋuɨ
	外面-NMLZ		PRT	COP	也/还	饱
	dzɣ˩	=leɨ	ŋaɨ			
	能够	NMLZ	COP:EGO			

比如夏天，你不吃家里的东西，只吃野生的东西都可以饱。

(134)	aɨtsɣɨbeɨ	=nuɨ	uɨ	iɨ	nɯɨaɨŋaɨ	nɯɨ
	为什么	A	说	来	TOP	DM
(135)	tʰaʔdʑi˩	dʑuɨ	aɨ,	siɨmboɨ	dʑuɨ	aɨ
	柿子	有	EGO	黑枣	有	EGO

(136) siˌdza˧ dzu˧ a˧, xwa˧miˌ dzu˧ a˧
     鸡粟子 有 EGO 野生蓝莓 有 EGO

(137) a˧liˌ dzu˧ a˧ a˧ma˧ du˧pa˧ =le˧
     刺梅 有 EGO 更多 其他 NMLZ

(138) pyˌ =le˧ dzu˧ a˧
     多 NMLZ 有 EGO

根据什么来说呢？有柿子、黑枣、鸡粟子、野生蓝莓、刺莓等很多东西。

(139) a˧saˌ, tsʰi˧pa˧ ma˧= u˧ be˧ nu˧ la˧
     然后 这些 NEG 说 去 PRT 也/还

(140) tʂʰɯ˧xɤ˧ dyˌ ta˧ u˧ be˧ nu˧
     这些 一点 仅仅 说 去 PRT
     la˧ nõ˧
     也 PRT

(141) myˌzɤˌ =xɤˌ a˧tʂʰi˧tɕuˌ ŋ˧ zɤˌ ŋa˧ =saˌ
     夏天 时候 DM 饱 能够 COP:EGO MIR

只说这些，夏天都能吃饱。

(142) a˧nɛˌ =le˧ tsa˧ =le˧
     什么样 NMLZ 舒服 NMLZ

(143) tʂʰɚˌ =le˧ kɯ˧hu˧ dyˌ ŋa˧ lo˧ma˧
     舒服 NMLZ ASSOC 坝子 COP:EGO 地方
     ŋa˧
     COP:EGO

（我们）坝子就是这样舒服的地方。

(144) gy˧tɕuˌ la˧kʰo˧ xĩ˧, nu˧ma˧ a˧zɤˌ xĩ˧
     以后 远 人 你们 玩 人

(145) nɛ˧ŋɛ˧ tsy˧tɕu˧ pa˧ a˧tʂʰi˧tɕuˌ ŋa˧ma˧ ku˧
     这样 这种 到 DM 1PL 这里
     a˧zɤˌ iˌ
     玩 来

以后远处来玩的人就到我们这里来玩。

(146) nɛ˧ =sɑ˩, ɑ˩tʂʰi˧tɕu˩
像这样 ADV DM

(147) nɛ˧ je˧ zu˧ ɑ˧
像这样 做 需要 EGO
情况就是这样。

二、玛丽玛萨人去白沙打架

(1) ɑ˧ɬi˧ʂɚ˩ ɑ˧ɬi˧ʂɚ˩
很久以前 很久以前

(2) mɑ˩lu˧mɑ˩sɑ˧ ɯ˧kɤ˩ xĩ˧ tɕʰy˩ tʂʰi˧ kɤ˩
玛丽玛萨 ASSOC 人 种类 DEM:近指 CL

(3) xɑ̃˩dy˩xĩ˧ ŋɤ˧ tɕɑ˩ ɑ˩nɛ˧ =le˧ nɑ˧
猎人 COP 非常 这样 NMLZ COP: N-EGO

(4) xɑ̃˩dy˩, tɕʰy˩ nɯ˧ŋɑ˧
赶山 种类 TOP
很久以前,玛丽玛萨这群人是猎人,是赶山的民族。

(5) wɑ˩bu˩ lɑ˩tsɯ˧ zɤ˧ =le˧ ɕwe˧ =le˧
猪崽 鸡崽 养 NMLZ 有点 ADV

mɑ˧= tɕʰo˧
NEG 擅长

(6) ɣo˩ pʰɑ˧ ɣo˩ fɑ˧ =le˧
粮食 撒 粮食 种 NMLZ

(7) lɑ˧ ɕwe˧ =le˧ mɑ˧= tɕʰo˧
也/还 有点 ADV NEG 擅长
也不擅长养猪养鸡,也不擅长播种收粮。

(8) nã˧, xɑ̃˩dy˩ =le˧ nɯ˧ŋɑ˧, bɤ˧tsi˧
然后 赶山 NMLZ TOP 熟悉

(9) u˧ kʰɤ˧, lɑ˧ tsʰɑ˧ty˧
熊 布箭 老虎 下扣子

(10) nɛ˨-le˦ nɯ˦ɦa˦ ɕwe˦ =le˦ by˦ʈʂi˦ nɛ˨-le˦
像-NMLZ TOP 有点 ADV 熟悉 像-NMLZ
na˦
COP: N-EGO
但很熟悉赶山，布设射熊的箭、给老虎下扣子，这类事情都很熟悉。

(11) a˦tsa˨, gɤ˦mɣ˦ty˦ xỹ˨ gɤ˦nɯ˦ ɣ˦ɣ˦
然后 上下边 住 ASSOC 高山放牛场

(12) ɣɯ˦ xwa˦ ku˨ nɛ˨-le˦ la˦
牛 群 里面 像-NMLZ 也/还
ɕã˦kʰy˦ i˦ po˦
狼 来 到

(13) lɑ˦ i˦ po˦ nɛ˨-a˦ la˦
老虎 来 到 像-NMLZ 也
上下村子高山上的放牛场里，狼也会来，老虎也会来。

(14) ũ˦ma˦ xĩ˦ ɣõ˦ʂɤ˦ i˦ te˦ a˨nɛ˨-le˦
1PL 人 请 来 PRT 这样-NMLZ
na˦
COP: N-EGO

(15) mɑ˨mɑ˦ ke˦ la˦ pa˦ =la˦
本来 钩 又 到家 NMLZ: N-EGO

(16) ũ˦ma˦ la˦ dɯ˦tʂʰɤ˨ tɤ˦ i˦ jɤ˦
1PL 也/还 一旁 数 来 N-EGO

(17) la˦ dɯ˦ tʂʰa˦tɣ˦ i˦ jɤ˨, a˦tsa˨ be˦
又 一 下扣子 来 N-EGO 然后 去
都请我们的人来，全部钩着带回家。我们一边清点数目，一边继续下扣子，然后回去。

(18) kʰa˦tʐ˦ zu˦ ỹ˦
布箭 可以 或者

(19) tɑ˧nɑ˧   =nɯ˧   bi˥   zu˥   ỹ˧
     弩弓   INST   射   可以   或者
(20) u˩xwa˩   dɯ˧   tɕʰi˥   zu˥   ỹ˧
     捕熊栅   一   装   可以   或者
(21) a˧nɛ˩   je˧   zu˥   lo˥   =sa˩   la˧   tʂɤ˩   i˧
     这样   做   可以   看   CONJ   又   抓   来
(22) la˧   kʰa˩   i˧
     又   宰   来
(23) nɛ˩   je˧   kɤ˧tsə˩   =le˧   ŋa˩te˧   a˩nɛ˧nɑ˧
     像这样 做   可以   NMLZ   PRT   是这样

或者布（射熊）箭，或者用弩弓射，或者用捕熊栅来捉，这样看到了就可以抓来宰了。

(24) a˧sa˩   nja˩   =le˧   tʂɤ˧   sɜ˩   =le˧   na˧
     然后   厉害   NMLZ   算   COMPL NMLZ   COP: N-EGO
(25) ɣɑ˧   y˥,   la˩lɑ˧,   nɯɯ˩mɤ˧   dzɯ˧
     力气   大   能干   心   大

（我们这群人）算很厉害的，力气大、能干、胆子大。

(26) a˧sa˩   xã˥dy˩xĩ˧   ɦɯ˧   sɜ˩   =le˧
     然后   猎人   饱   COMPL NMLZ
(27) a˩nɛ˩-le˧   dze˧   dze˧   tsi˧   =le˧   a˩nɛ˩nɑ˧
     像这样-NMLZ 饭   吃   PROG   NMLZ   是这样

猎人们就这样吃饱饭。

(28) a˧,   ma˩mɑ˩
     嗯   本来
(29) mɤ˩lo˧je˩   te˧   =nɯ˧   kwa˧   tsi˧   =le˧
     木老爷   家   A   管   PROG   NMLZ
(30) mɤ˩lo˧je˩   te˧   kɤ˥   la˩pʰɛ˩   ku˧   ŋɤ˧
     木老爷   家   ASSOC 手   里   COP
     =le˧   na˧
     NMLZ   COP: N-EGO

（我们这群人）本来是木老爷家管理的。

(31) a˩sa˩ mv˩lo˩je˩ te˩ mo˩ dʑu˩ i˩ nɯ˩ŋa˩
然后 木老爷 家 女儿 一 CL TOP

(32) bɤ˩ʂɯ˩ xĩ˩ jʏ˩
白沙 人 给

(33) a˩, mv˩lo˩je˩=nɯ˩ u˩ =le˩
嗯 木老爷 A 说 NMLZ

(34) ɕwe˩ =le˩ kʰo˩ ma˩ xã˩, ma˩= ɕi˩
有点 ADV 声音 NEG 听 NEG 害怕

木老爷的一个女儿，嫁给了白沙人，（白沙人）不听木老爷的话。

(35) mv˩lo˩je˩ dʑu˩ gʏ˩ dzo˩
木老爷 一 一点 恨

(36) tja˩ dʑu˩ sy˩ je˩ zu˩ ma˩= dzu˩
但是 一 样 做 可以 NEG 有

木老爷有点恨，但是不知道能做什么。

(37) a˩sa˩ nɛ-˩lʑn˩ ma˩lɯ˩ɑm˩sɯ˩ te˩ nɯ˩ŋa˩
然后 像-NMLZ 玛丽玛萨 家 TOP

(38) nja˩ =le˩ dʑu˩ ju˩ mi˩te˩ xɯ˩m˩
厉害 ADV 一 人家 好像 NVIS

(39) tʰɯ˩ gɤ˩ ỹ˩ i˩ xɯ˩ =sa˩
3SG 上边 下边 来 去 ADV

(40) dʑu˩ tʰɤ˩~tʰɤ˩ dʑu˩ xã˩~xã˩ xɯ˩ zu˩
一 踩:ITER 一 砍:ITER 去 可以
=la˩ nɯ˩u˩
NMLZ: N-EGO REPD

玛丽玛萨家好像是很厉害的一家人，他们上边下边到处走遍，砍树烧荒。

(41) nɛ˩ dʑu˩ ʂo˩dʑi˩, a˩ nɛ-˩ʑa˩
像这样 一 想 DM 像-NMLZ

(42) ɖɯ˧ i˧ ɣɯ˧~ɣɯ˥ =sa˩ lo˧ dzɯ˧ =sa˩
　　 一 CL 去:ITER ADV 马 骑 ADV

(43) tʂʰi˧ gʌ˥ kʰo˧me˧ je˧
　　 DEM:近指 上面 信息 做

(44) ŋo˧ xũ˧-nje˧, nɛ˧ =sa˩ ɣɯ˧~ɣɯ˥
　　 得知 准备-IMP 像这样 ADV 去:ITER
（木老爷）这样想，就让一个人骑着马到上边去捎信，让（玛丽玛萨人）去。

(45) a˧sa˩ tʰɯ˧ i˩ i˧
　　 然后 DEM:远指 CL 来

(46) ŋa˩ŋa˧ɣɯ˥ te˧ pa˧ i˧ nu˧ŋa˧, te˧ a˩nɛ˩a˥
　　 阿岩河 家 到达 来 TOP PRT 是这样
送信的人来到了阿岩河（玛丽玛萨人住的地方）家。

(47) a˧, mɯ˩lo˩je˩ te˧ mo˧ma˩ɣõ˧ nu˧ŋa˧
　　 嗯 木老爷 家 女婿 TOP

(48) u˧ le˧tʂo˧ kʰo˧ ma˧= xã˧ jʌ˥
　　 说 一点 声音 NEG 听 N-EGO

(49) tʰʌ˥ be˩ tʰɯ˧ be˩ ma˩ma˩ nu˧
　　 那个 村 DEM:远指 村 本来 PRT

(50) ma˩le˩ŋɣ˧ xĩ˧ ma˧= çi˧ =la˩
　　 调皮 人 NEG 怕 NMLZ:N-EGO
"木老爷家女婿有点不听话，那个村子本来就很调皮，不怕人。"

(51) ã˥ ỹ˥= =a˧ i˧ =sa˩
　　 INTER 下方 CONJ 来 ADV

(52) nu˧ma˧ tsɣ˧tsɣ˥ xa˧xa˩ dɣ˥ ɖɯ˧ je˧ jʌ˥
　　 2PL 吓唬 吓唬 有点 一 做 PRT

(53) nɛ˧ =sa˩
　　 像这样 ADV

(54) ɣõ˧ʂə˧ i˧ nu˧ŋa˧, nu˩u˩le˩ŋa˥ te˧ a˩nɛ˩a˥
　　 请人 来 TOP REPD PRT 是这样

（你们）下来吓唬吓唬他们。"就这样来请（玛丽玛萨人）。

(55) a˧ nɛ˩-a˧ be˧ zu˧ sɛ˩ a˧we˧,
    嗯 像-NMLZ 去 可以 COMPL PRT
    nɛ˧ =sa˩ xɯ˧
    像这样 ADV 去
    "可以去。"（玛丽玛萨人）就这样走了。

(56) a˧, dze˧ tsu˧ a˧ ma˧= dzu˧
    嗯 吃 东西 也/还 NEG 有

(57) tɕʰe˩y˩ a˩ɕwe˧ dy˧ ma˧= dzu˧
    盘缠 多的 一点 NEG 有
    一路上没有吃的，没有盘缠。

(58) a˧sa˩ dɯ˧ ju˧te˧ dɯ˧ i˧
    然后 一 家 一 CL

(59) la˩la˩ xĩ˧ be˧ zu˧ sɛ˩
    能干 人 去 需要 COMPL

(60) ɣɯ˧me˩ y˩dy˩ dɯ˧ pa˩
    斧 柴刀 都 带

(61) i˩mli˧ tʂɚ˩fy˩ nɛ˩-ʟɜ˩ dɯ˧ pa˩
    弓 射石器 像-NMLZ 都 带
    一家出一个得力的人，斧头、柴刀、弓箭、射石器这些都带了。

(62) a˧sa˩, a˧tɕʰi˩ kʰu˧ ỹ˥= pa˩
    然后 水 边 DIR:向下 到

(63) ni˩zɛ˧ tʂʰa˩ty˩, ni˩zɛ˧ ɣy˧
    鱼 下扣子 鱼 捞

(64) nɛ˧ =sa˩ dze˧ =a˧ be˧, tɕʰe˩y˩ je˧
    像这样 ADV 吃 CONJ 去 盘缠 做
    到了水边就钓鱼、捞鱼，这样吃饭、做盘缠。

(65) dzy˧ =be˧ tʰu˧ be˧ zu˧ nɯ˧na˧
    山 上（表面） 跋涉 去 需要 TOP

(66) a˩by˦tʰu˦le˥   tsʰa˦ty˩,   ɯ˦je˦,   tsʰa˦ty˩,   ɯ˦je˦   bi˦
    野兔   下扣子   鸟   下扣子   鸟   射

(67) nɛ˦   =sɑ˩   tsɑ˦pʰy˩   je˦   =a˦   be˦
    像这样 ADV   走一段停下来吃饭再走 做   CONJ 去

(68) tɕʰe˩y˦   je˦   =a˦   be˦   =le˦   ŋa˦tɛ˦   a˩nɛ˩
    盘缠   做   CONJ 去   NMLZ   PRT   是这样

翻山的时候就下扣子抓野兔、抓鸟、打鸟，就这样一路上走走停停，吃饭做盘缠。

(69) a˦sɑ˩,   dɯ˦,   xɛ˦,   tsʰe˦,   gy˦,   nɯ˦na˦,
    然后   一   月   大约   过   TOP

    my˩lo˦je˩   tu˦
    木老爷   上

(70) pɑ˥,   i˦gy˦dy˩
    到了   丽江

这样过了一个月，到了丽江坝木老爷那里。

(71) a˦,   õ˦nɛ˩,   dy˦,   u˦,   jʁ˥
    嗯   怎样   一点   说   给

(72) a˦nɛ˩,   dy˦,   je˦,   jʁ˦,   nu˩u˦le˦   ŋʁ˦
    这样   一点   做   给   REPD   COP

(73) a˦nɛ˩,   ɕwe˦le˦,   nã˩,   je˦,   ma˦=   xã˦
    这样   过分   很   做   NEG   可以

(74) nɛ˦   =sɑ˩,   te˦-tɕo˦tɑ˦,   lje˦,   a˦nɛ˩   =le˦
    像这样 ADV   DUR-交代   来:IMP   这样   NMLZ
    na˦
    COP: N-EGO

"前面说了，帮做一下（这件事），不要下手太重。"就这样交代了一下。

(75) a˦nɛ˩,   a˦,   nɛ˦   =sɑ˩,   xɯ˦,   a˦sɑ˩
    这样   嗯   像这样 ADV   去   然后

(76) a˧ bʏ˧ʂɯ˥ pɑ˧ nu˧ŋɑ˧
嗯 白沙 到 TOP

(77) bʏ˧ʂi˥ xĩ˧ =a˧ lɑ˥lɑ˥ xĩ˧
白沙 人 LOC 能干 人

(78) pʰa˥tɕi˥xĩ˧ =xʏ˧ a˧xwa˥ i˧ sɛ˩ we˧
年轻人 PL 所有 来 COMPL DM
就这样去了白沙，白沙人里的得力的人、年轻人都来了。

(79) a˧sa˩ a˧xwa˥le˥ te˧-ʐ̍˩ a˩dzi˩ ʂʏ˥-ʂʏ˩
然后 全都 DUR-像 酒 喝:ITER

(80) dze˧ dze˧ nu˧ŋa˧, a˩tʂʰi˧Lu˥ʑ̍˥, zə˥je˩~je˥ i˧ sɛ˩
饭 吃 TOP DM 醉:ITER 来 COMPL

(81) a˩tʂʰi˧tɕu˩, kʰɑ˧~kʰɑ˥ i˧ u˧
DM 骂:ITER 来 PRT
全都好像喝了酒、吃了饭，醉醺醺地，一边骂一边过来。

(82) a˧ nu˧ =nu˧ ŋa˧ ma˧= ɕi˩
嗯 2SG A 1SG NEG 害怕

(83) ŋa˧ =nu˧ nu˧ ma˧= ɕi˩ =sa˩
1SG A 2SG NEG 害怕 ADV

(84) lɑ˧~lɑ˥ =a˧ i˧ sɛ˩
打:ITER CONJ 来 COMPL
你不怕我，我也不怕你，这样说着就过来打架了。

(85) a˧, lɑ˧~lɑ˥ =nu˧ i˧ sɛ˩
嗯 打:ITER CONJ 来 COMPL

(86) a˧, ma˧= u˧ sɛ˩, a˧sa˩
嗯 NEG 说 COMPL 然后

(87) a˧, iLmɛ˧ =nu˧ bi˥ =le˧ bi˥
嗯 弓箭 INST 射 NMLZ 射

(88) yLdy˧ dɑ˥ =le˧ dɑ˥ =sa˩
柴刀 砍 NMLZ 砍 ADV

(89) xĩ˧   si˩   sɜ˩   =le˧   mi˥te˩   nɯ˩ɯ˧
     人   死:CAUS COMPL NMLZ 好像   REPD
     打起来了，也就没办法了，射箭的射箭，拿柴刀的用柴刀砍，好像是杀人了。

(90) a˧sɑ˩,   bɤ˩ʂi˩   xĩ˧
     然后   白沙   人

(91) la˧   be˧   zu˧   ma˧=   dzu˧   sɜ˩   nɯ˩ɯ˧
     又   去   可以   NEG   有   COMPL REPD

(92) te˧-i˧   xĩ˧   a˧xwa˩le˩   nɛ˧
     DUR-来   人   全部   像这样
     然后，说是白沙人都没能回去，去了的都（没能回去）。

(93) a˧sɑ˩,   ʂɚ˧   dzu˧   tɕʰi˩   sɜ˩
     然后   事   大   放   COMPL
     出大事了。

(94) a˧   mɤ˩lo˩je˩   =hɯ˧   la˧   dy˩   =a˧   i˧
     嗯   木老爷   A   又   赶   CONJ 来

(95) nɯ˧ma˧   ũ˩n̩˩   nja˩   nɛ˧-le˧   ma˧=   ŋɤ˧
     2PL   这样   厉害   像-NMLZ   NEG   COP

(96) dɯ˧   tsɣ˧tsɣ˧   dɯ˧   xɑ˧xɑ˧   nɛ˧   =le˧   jɤ˩
     一   吓唬   一   吓唬   像这样 NMLZ 给

(97) nɯ˧ma˧   =nɯ˧   a˧xwɑ˧   la˧   si˩   sɜ˩
     2PL   A   全部   又   死:CAUS COMPL
     =la˥
     NMLZ: N-EGO

(98) nɛ˧   la˧   je˧   zu˧   ma˧=   dzu˧   sɜ˩
     像这样 又   做   必须   NEG   有   COMPL
     木老爷又把他们召集起来："我没让你们这样做，只要吓唬吓唬他们，你们把他们都杀了，不用这样做！"

(99) a˧,   nɯ˧ma˧   nɯ˧ŋa˧   gɤ˩   =a˧   be˧
     INTER 2PL   TOP   上方   CONJ 去

	=a˦	za˦			
	CONJ	（做）好			
(100)	zẽ˩y˧	wã˩tʂʰɹ̃˦	lɜ˦,	nɛ˦	lɜ˦,	a˦lɐ˦
	任务	完成	COMPL	像这样	COMPL	DM
(101)	ma˦lɯ˦ʔɑm˦lu˦lɐm˦	te˦	gɤ˦	=a˦	xɯ~xɯ˦
	玛丽玛萨	家	上方	DIR	去: ITER

"你们可以上去（回去）了，任务完成了。"玛丽玛萨家的人就上去了。

(102)	a˦tʂʰi˦tɕu˩,	a˦mɐ˦	dy˦	nɯ˦	tɕʰe˦y˦	ku˦	a˦wɐ˦
	然后	更	一点	ASSOC	盘缠	给	PRT
(103)	nã˦	ma˦=	ly˩	sɛ˩			
	但是	NEG	够	COMPL			

（木老爷）给了一小点盘缠，但是不够。

(104)	a˦	la˦gy˦	dɯxwa˩	=le˦	
	嗯	路	一伙	ADV	
(105)	le˦tɤ˦,	ni˦zɛ˦	tʂʰy˦tyʉ,	ni˦zɛ˦	ɣɤ˦
	PRT	鱼	下扣子	鱼	捞
(106)	nɛ˦	=sa˦	dze˦	=a˦	i˦
	像这样	ADV	吃	CONJ	来
(107)	dzy˦	=be˦	tʰu˦	nɯ˦ŋa˦	ɯ˦je˦	tʂʰa˦ty˦
	山	上（表面）	跋涉	TOP	鸟	下扣子
(108)	ɯ˦je˦	bi˦	xã˦dy˩		
	鸟	射	赶山		

一路上，还是钓鱼、捞鱼，翻山的时候抓鸟、打鸟、赶山，这样赶路。

(109)	nɛ˦	=sa˦	tsa˦pʰy˩		je˦	=a˦	i˦
	像这样	ADV	走一段停下来吃饭再走		做	CONJ	来
(110)	tɕʰe˦y˦	je˦	=a˦	i˦	
	盘缠	做	CONJ	来	

一路走走停停，（赶山）做盘缠。

(111) a˧ ɖɯ˧kʰɤ˧ a˧ dzu˧ sɛ˩
DM 一些 也/还 病 COMPL

(112) ɖɯ˧kʰɤ˧ a˧ tʂʰə˧tʂʰə˧ sɛ˩
一些 也/还 受伤 COMPL

(113) a˧sa˧ xɛ˧ a˩le˧ gɤ˥ a˧si˧
然后 月 多 过 才

(114) la˧ pɑ˧ le˧ a˩tɛ˧ a˩nɛ˧na˧
又 到 NMLZ PRT 是这样

有一些人得病，有一些人受伤，花了一个多月才到家。

三、玛丽玛萨人去丽江搭桥

(1) ma˩ɻɯ˧ma˥sɯ˩ te˧
玛丽玛萨 家

(2) my˩lo˧je˩ =be˧ la˧~la˩ sɛ˩
木老爷 上（表面） 打: ITER COMPL

(3) bɤ˧ʂi˩ xĩ˧ =be˧ la˧~la˩ sɛ˩
白沙 人 上（表面） 打: ITER COMPL

(4) a˧sa˩, gɤ˥ =a˧ i˧
DM 上方 CONJ 来

玛丽玛萨家的人在木老爷那里跟白沙人打了架回来。

(5) a˧sa˩, my˩lo˧je˩ nɯ˧ŋa˧
然后 木老爷 TOP

(6) ɖɯ˥gɤ˩ nɯ˩mɤ˥ ndzɤ˧ sɛ˩
一点 心 辛苦 COMPL

木老爷有点不放心。

(7) a˧lɛ˩, nɛ˧ =le˧
DM 像这样 NMLZ

(8) xĩ˧ niã˧tʂa˩ =le˧ ma˩le˧ŋu˩ =le˧ nu˩ɦu˧
人 勇猛 NMLZ 不听话 NMLZ REPD

	bɤ˧ɬi˩ʂʅ˩	xĩ˧					
	白沙	人					
(9)	tu˩	=nɯ˥	lɑ˥ɭɑ˥	xĩ˧	ɑ˥ʂɑ˩		
	上	LOC	能干	人	DM		
(10)	a˥ne˩	gɤ˥	=a˦	xɯ~xɯ˥		le˥	
	什么样	上方	CONJ	去:ITER		COMPL	

这么勇猛，又不听话，比白沙人都厉害的人，就这么回去了。

(11)	mɤ˩ʂʅ˩	u˩ʂʅ˩	wje˦	ỹ˥	=a˦	i˦	=sɑ˩
	明天	后天	年	下方	DIR	来	ADV
(12)	la˦	be˦	=nɯ˦	tsʰe˥tsʰe˥			
	又	去	ADV	作对	来		
(13)	ŋa˦	=nɯ˥	u˦	=le˥	kʰo˥	ma˦=	xã˩
	我	A	说	NMLZ	声音	NEG	听
(14)	nɛ-ɭe˦	je˦	nɯ˦ŋa˦	nɯ˩			
	像-NMLZ	做	TOP	PRT			
(15)	a˦ne˩	dʐɤ˥	je˦	tsi˦	ŋa˦		ʂɤ˩
	什么样	一点	做	PROG	COP:EGO		PRT

以后他们要是又下来跟我作对，不听我的话，这该怎么办呢？

(16)	a˥ʂɑ˩	tʰɯ˥	ʂo˥dʑi˦	=sɑ˩	nɛ-ɭe˦	ndzɤ˥	=sɑ˩
	然后	3SG	想	ADV	像-NMLZ	辛苦	ADV
(17)	nɛ-a˦	tsʰɤ˩kv˩	=a˦	gv˩	tsi˦	ma˦=	
	像-NMLZ	这个	CONJ	做	PROG	NEG	
	nɯ˦ɲi˩,	a˥ʂɑ˩					
	可以	DM					
(18)	nɛ-a˦	pã˦xwa˩	dʐɤ˥	tse˦	zu˦	tsi˦	
	像-NMLZ	办法	一点	用	需要	PROG	
	na˦						
	COP: N-EGO						

他这样想，很不放心，现在这样不行，得用个办法。

(19) ỹ˩   =a˦   lje˦   =a˦
     下方   DIR   来:IMP   CONJ
(20) dzɯ˦   tsu˦   lje˦   aɬnɛɬnaɬ   =sɑ˩
     桥   搭   来:IMP   是这样   ADV
(21) kʰoɬmeɬ aɬsiɬ   je˦   kʰoɬkʰoɬ je˦,   aɬsɑ˩
     消息   先   做   假装   做   然后
(22) nɯɨ˦   dɯɨ˦   sy˦   je˦   zu˦   tsi˦
     DM   一   样   做   必须   PROG
     na˦
     COP: N-EGO
     让他们下来搭桥，先假装一下，给他们传个消息，然后再做一件事。
(23) nɛ˦   =sɑ˩   kʰwɑ˩   =le˦   ʂoɬdzi˦   =le˦
     像这样 ADV   坏   NMLZ   想   NMLZ
     ŋaɬte˦   aɬnɛɬnaɬ
     PRT   是这样
     这样想了一个坏主意。
(24) aɬsɑ˩,   dɯɨ˦   kʰy˩   tʂʰi˦tɕɯ˩   =le˦
     DM   每一   年   每   ADV
(25) i˦gy˩   dzu˦   tsu˦   be˦   zu˦
     丽江   桥   搭   去   必须
(26) su˦   kʰy˩   nɛ˦   dɯɨ˦   zi˩
     三   年   像这样   一   转
(27) dzu˦   tsu˦   be˦   zu˦
     桥   搭   去   必须
     （本来）每年都需要去丽江搭桥，三年轮到一次，必须去。
(28) aɬsɑ˩   aɬleɬɬeɬ la˦   le˦tɣ˦   dzu˦   la˦   ʂa˦
     DM   刚好   也/还   又   桥   又   牵
     sɛ˩   aɬnɛɬnaɬ
     COMPL   是这样

(29)　i˧ʐɚ˧ʐɚ˧　ku˨　zu˧

江　里　需要

刚好江上的桥又被冲走了。

(30)　a˧sɑ˩　la˧pʰy˧　xĩ˧　nɯ˧ŋa˨　tʂʰi˥tʂʰwa˧　mu˧,　xu˧tse˩

DM　腊普河一带　人　TOP　这里　边　负责

(31)　tv̩˧kʰv̩˧　nɯ˧ŋa˨　tv̩˧kʰv̩˧　xĩ˧　=nɯ˧　xu˧tse˩

那边　TOP　那边　人　A　负责

nɯ˧　=sɑ˩

DUR　ADV

(32)　dzu˧　tsu˧　=le˧　ŋa˩te˧　a˩nɛ˨na˧

桥　搭　NMLZ　PRT　是这样

本来搭桥工作是腊普河一带的人负责这边，那边的人负责那边。

(33)　a˧sɑ˩　le˩tɕɤ˨

然后　又是

(34)　kʰo˧mɛ˧　je˧　xĩ˧　a˧　te˧-i˧　sɛ˩

消息　做　人　又　DUR-来　COMPL

(35)　ɖɯ˧　ni˧　kʰv̩˩　gv̩˧　a˧nɛ˩

一　二　年　过　这样

(36)　dzu˧　tsu˧　i˧　jɤ˥　zu˧　=la˥

桥　搭　来　给　必须　NMLZ:N-EGO

(37)　nɛ˨　=sɑ˩,　mi˩kv̩˧　dy˩　i˧,　a˧sɑ˩

像这样　ADV　民工　赶　来　然后

然后，传话的人来了：“过了一两年，需要给（木老爷）来搭桥了，叫民工来。”

(38)　le˩tɕɤ˨,　kʰo˧mɛ˧　je˧　xĩ˧　ɭo˧ dzɯ˧　=a˧　i˧

又是　消息　做　人　马 骑　CONJ　来

(39)　le˩tɕɤ˨,　i˧gv̩˧dy˩　=nɯ˧　i˧　=sɑ˩

又是　丽江　ABL　来　ADV

(40)　ŋa˩ŋga˧xɯ˩　te˩　a˧　pɑ˥　i˧

阿岩河　家　又　到　来

传话的人从丽江骑马来了，到了阿岩河家。

(41) a˩ tsʰi˥ zi˩ nɯ˧ŋa˥
嗯 DEM:近指 次 TOP

(42) dzu˧ tsu˧ be˧ zu˧ =la˩
桥 搭 去 必须 NMLZ:N-EGO

(43) la˥la˥ xĩ˧ a˧xwa˩ i˧ zu˧ =la˩
能干 人 全部 来 必须 NMLZ:N-EGO

(44) nɛ˧ =sɑ˩
像这样 ADV

"这次是必须去搭桥了，壮丁全部要去。"这样说。

(45) kʰo˧mɛ˧ je˧ =a˧ i˧, te˧ a˩lu˩
消息 做 CONJ 来 家 房子

(46) ja˩ a˧sɑ˩ le˧tɕɤ˩
嗯 然后 又是

(47) la˧ kʰa˧xwe˧ zu˧ sɛ˧ a˧ nõ˩
又 开会 需要 COMPL EGO DM

(48) a˧ le˧tɕɤ˩ ma˩lɯ˧ma˩sɯ˩ te˧
嗯 又是 玛丽玛萨 家

(49) la˧ dɯ˧ dzi˧gwe˩ =nɯ˧
又 一 商量 DUR

消息传到了家里，又开了个会，"又轮到玛丽玛萨家了"，商量了一下。

(50) a˧sɑ˩ dzu˧ tsu˧ be˧ zu˧ sɛ˧
然后 桥 搭 去 需要 COMPL

(51) a˩nɛ˧-a˧ be˧ zu˧ sɛ˧ a˧ we˧
这样-NMLZ 去 需要 COMPL EGO DM

(52) dzɯ˧xĩ˧ =nɯ˧ dy˧ ljɛ˧ nɛ˧-a˧ nɛ˧ sɑ˩
官 A 一点 来:IMP 像-NMLZ 像 MIR

(53) a˧ le˧tɕɤ˩ dɯ˧ sy˩ a˧ ma˧= dzu˧
嗯 又是 一 样 也/还 NEG 有

搭桥是必须去了，当官的叫我们来，又是一样都没有给。

(54) a˧zaɹ   dɯ˧   ju˧te˧   dɯ˧   i˧
    然后   一   家   一   CL

(55) la˧la˧   xĩ˧   =nɯ˧   be˧   zu˧   sɛ˧
    能干   人   A   去   需要   COMPL

一家必须出一个壮丁。

(56) a˧zaɹ   tɕʰe˧ly˧   nɯ˧   tɕʰe˧ly˧   ɕwe˧   dy˧
    然后   盘缠   TOP   盘缠   很   一点

(57) a˧   pa˧   zu˧   ma˧=   dʐu˧
    也/还 带   需要   NEG   有

(58) a˧   ɣɯ˧mɯ˧   y˧dy˧   =xɤ˧   tsu˧tsu˧   =xɤ˧
    啊   斧头   柴刀   PL   东西   PL

    dy˧   pa˧
    一点   带

(59) bi˧   =xɤ˧   dy˧   pa˧,   nɜ˧   =sa˧
    绳子   PL   一点   带   像这样 ADV

(60) le˧tɕɤ˧   se˧   -a˧   bɤ˧   zu˧   sɛ˧   a˧   nõ˧
    又是   走   CONJ   去   需要   COMPL EGO   DM

盘缠也没有什么好带的，带一些斧头、柴刀、绳子等工具，又是要走着过去。

(61) a˧   la˧gy˧   xɤ˧   a˧zaɹ
    DM   路   长   然后

    tɕʰe˧ly˧   a˧   pa˧   tsu˧   ma˧=   dʐu˧
    盘缠   也/还 带   东西   NEG   有

路很远，盘缠没有什么可带的。

(62) a˧zaɹ   le˧tɕɤ˧   u˧ba˧   tʰɯ˧   zi˧   nɜ˧   le˧tʂʰi˧
    然后   又是   以前   DEM:远指 次   那样   PRT

(63) a˧tɕʰi˧   kʰɯ˧   ỹ˧=   be˧   a˧xwa˧   nɯ˧ŋ˧
    水   边   DIR:向下 去   时候   TOP

(64) ni˩ze˥   ɣɤ˥   =sa˩   dze˧   =a˧   be˧
      鱼   捞   ADV   吃   CONJ   去

(65) ni˩ze˥   tʂʰa˧tɣ˥ =a˧   be˧
      鱼   下扣子   CONJ   去

(66) dzy˧   =be˧   tʰu˧   be˧   zu˧   axwa˧
      山   上（表面）   跋涉   去   需要   时候
      nuɯ˧ŋa˧ tʂʰa˧tɣ˥
      TOP   下扣子

(67) ɯlje˧   bi˥,   tɑ˧nɑ˧   =nɯ˧
      鸟   射   弩弓   INST

(68) nɛ˧   =sa˩   xã̄ldy˩   nɯɯ˧ŋa˧
      像这样   ADV   赶山   TOP

(69) tsa˩pʰu˥ je˧   =a˧   be˧
      走走停停   做   CONJ   去

(70) tɕʰe˧y˥ je˧   =a˧   be˧   =le˧   a˩tɛ˧   a˩nɛ˧nˑ
      盘缠   做   CONJ   去   NMLZ   PRT   是这样
      又是像前一次那样，走到水边就捞鱼、钓鱼，走山路就下扣子、打鸟、赶山，走走停停，做盘缠。

(71) a˧   i˧gy˥   pɑ˩   nɯɯ˧ŋa˧   tsa˩pʰu˥   je˧
      啊   丽江   到   TOP   走走停停   做

(72) tsu˧tsu˧ a˧xwa˩ te˧-tɣ˧, nɛ˧   sɛ˩
      东西   全部   DUR-摆放 像这样   COMPL
      就这样走走停停到了丽江，把东西都放下了。

(73) nuɯ˧ɯma˧ la˧pʰy˥   xĩ˥   nɯɯ˧ŋa˧ nuɯ˧ma˧ a˧ma˧
      你们   腊普河一带   人   TOP   你们   再
      xu˧tse˩-nje˧
      负责-IMP

(74) ndzo˧lɯ˧ ʂɤ˥   nɯ
      长圆木   找   PRT

(75) tɤ˧kʰɤ˧ nɯ˧ŋa˥, gɯ˩pjɤ˥ ʂə˧ xĩ˧ je˩
     那边   TOP   木板   找   人   做
     =a˧   xɯ˩   be˧
     CONJ   ?   去

(76) i˧gɤ˧dy˩ mɤ˩lo˧je˩   te˧   kɯ˧hɯ˧
     丽江   木老爷   家   ASSOC

(77) dzɯ˧xĩ˧ =nɯ˧   ʈu˧   =le˧   a˩ta˧ a˩nɛ˩na˧
     管事的人 A   说   NMLZ   PRT   是这样

(78) nɛ˩-a˧ nɯɯ   nɛ˧   =sa˩
     像-NMLZ PRT   像这样 ADV

"你们腊普河一带的人就负责腊普河这边，找长圆木，那边的人做木板。"丽江木老爷家管事的人这样说。

(79) a˧   xĩ˧   gɯ˩pjɤ˥ kʰɤ˩   gɯ˩pjɤ˥ da˩
     DM   别人   木板   划   木板   砍

(80) nɛ˧   =sa˩   te˧-tʂʰɤ˧ =le˧   xũ˩xũ˧ tsi˧
     像这样 ADV   DUR-码   ADV   准备   PROG

别人划木板、砍木板，码起来做准备。

(81) ma˩lɯ˧ma˩   te˧   kɯ˩tʂi˩xwa˧zu˩   =nɯ˧
     玛丽玛萨   家   给志华茸   A

(82) kɯ˩tʂi˩xwa˧zu˩   be˧   =le˧   nɯ˧ŋa˥
     给志华茸   去   NMLZ   TOP

(83) a˧,   ma˧=   zu˧,   wo˧xɛ˧-nje˩
     嗯   NEG   必须   休息-IMP

(84) ĩ˩a˩xwã˧-nje˩   nɯ˩lu˧le˩   a˩te˧   a˩nɛ˩na˧
     睡觉-IMP   REPD   PRT   是这样

玛丽玛萨家的给志华茸去了，说："不用干活，休息吧，睡觉吧。"

(85) wo˧xɛ˧,   xã˩dy˩,   ni˩ze˧   ɤɤ˩
     休息   赶山   鱼   捞

(86)　dzeꜛ　　tsuꜛ　　ʂyꜜ　　tsuꜛ　　gyꜛ
　　　吃　　　东西　　　喝　　　东西　　　做

(87)　aꜛsɑꜜ,　loꜛ　　maꜛ=　dzuꜛ　=aꜛ　ʂɚꜛmeʂ　loꜜ
　　　然后　　活路　　NEG　　有　　CONJ　虱子　　看

(88)　ʂɚꜛmeʂ　loꜜ-njeꜛ
　　　虱子　　看-IMP

(89)　ʂaꜛmeꜛ　　　　lyꜜ-njeꜛ　　　ʂaꜛmeꜛ　　　lyꜜ
　　　虱子（古）　　看（古）-IMP　虱子（古）　看（古）

(90)　ɖɯꜛ　　syꜜ　　jeꜛ　　aꜛ　　maꜛ=　zuꜛ
　　　一　　　样　　　做　　　也/还　NEG　　必须

　　　nɯꜩuꜛleꜜ　ŋaꜩteꜛ　aꜩnɛꜛaŋꜛ
　　　REPD　　　PRT　　　是这样

　　"休息，赶山、捞鱼，做吃的喝的，没事干就找虱子吧，什么都不用做。"

(91)　aꜛ　　ɖɯꜛ　　syꜜ　　aꜛ　　maꜛ=　jeꜛ
　　　嗯　　一　　　样　　　也/还　NEG　　做

(92)　aꜩtʂʰiꜛtɕuꜜ　tɑꜛ　　zɚꜛ　　tsiꜛ
　　　DM　　　　　仅仅　　玩　　　PROG
　　　大家什么都不做，就只是玩。

(93)　aꜛsɑꜜ　zoꜛ　niꜛ　wãꜛ　niꜛ　tsʰeꜛ　gyꜛ　aꜛ,　gɯꜩpjɤꜛ
　　　然后　　四　　日　　五　　日　　大约　　过　　PRT　　木板

(94)　xĩꜛ　　gɯꜩpjɤꜛ　kʰɤꜛ　　xĩꜛ　　tʰɤꜛxɤꜛ
　　　人　　　木板　　　划　　　人　　　3PL

(95)　gɯꜩpjɤꜛ　teꜛ-tʂʰɤꜛ　sɛꜜ　　aꜛsɑꜜ
　　　木板　　　DUR-码　　COMPL　然后
　　　过了四五天，划木板的人都把木板码好了。

(96)　mɣꜩloꜛjeꜛ　teꜛ　　xĩꜛ　　=nɯꜛ　iꜛ　　=sɑꜜ
　　　木老爷　　　家　　　人　　　A　　　来　　　ADV

(97)　nɯꜛmaꜛ　ɖɯꜛ　　syꜜ　　jeꜛ　　tsiꜛ　　aꜛ
　　　2PL　　　一　　　样　　　做　　　PROG　　QUES

	ŋɤ˧	=le˧			
	COP	NMLZ			
(98)	xĩ˧	a˧xwɑ˧lɯ˧	gɯ˥pjɤ˧	te˧-kʰɤ˧	sɛ˩
	别人	全部	木板	DUR-划	COMPL
(99)	te˧-xũ˥xũ˧	sɛ˩	=lɑ˩	nɯ˩	nɯ˩ɯ˩
	DUR-准备	COMPL	NMLZ: N-EGO	PRT	REPD

木老爷家的人来了："你们要不要做一点事？人家木板全都划好了，都准备好了。"

(100)	ɣõ˧	je˩	a˧	zɑ˧,	nɯ˩ɯ˧
	DM	做	也/还	（做）好	DM
(101)	kɯ˥tʂi˥xwɑ˥zu˧	xɯ˥	=sɑ˩	ɣ˥kɤ˩	kɤ˩
	给志华茸	去	ADV	森林	里
(102)	zi˩dzi˧	tʰo˧	dzɯ˧~dzɯ˧	kɤ˩	ni˧	dzi˧
	杉树	一样	大:ITER	ASSOC	二	树
	ʂɚ˩	=sɑ˩				
	找	ADV				
(103)	xwɑ˧tʂa˩	kʰe˧	po˧	ne˧	lɑ˧	kʰe˧	po˧
	嫩草	断	掉	一样	也/还	断	掉
(104)	tɕi˥pʰɤ˩	gɤ˥	tʰo˧			
	根	上	边			
(105)	a˧	lɑ˩kɯ˥tʰɑ˥	ŋɑ˩	=sɑ˩	ʂa˩	i˧
	嗯	腋下	夹	ADV	牵	来
	ŋɑ˩te˧	a˩nɛ˩nɑ˧				
	PRT	是这样				

给志华茸说："那行。"就去了森林里，找来一样大小的两棵杉树，跟折断一根草那样连根折断了，夹在胳膊下面拉回来。

(106)	a˧	lɑ˧gɤ˥	dɯ˩	xwɑ˩	=le˧	xɯ˥pʰo˧
	嗯	路	一	CL	ADV	灰尘
	tɕʰɤ˧nɑ˧	ny˧ny˧				
	严重地	翻滚				

(107) aɭtʂʰiɬtɕuɭ, xĩ˥   aɭpʰɤ˩   ma˧=   tʰɤ˥   lje˥
      DM   人   外边   NEG   出   来:IMP
      一路上灰尘滚滚，人（都遮住了，）外边露不出来。

(108) ʂa˧   i˧   a˧sɑɭ,   xĩ˥   kɤ˧   kɤɭtɕi˥ =xɤ˧
      牵   来   然后   人   ASSOC   帐篷   PL

(109) nɛ˧-le˧   luɯ˥   a˧xwɑlle˥ lɑ˧~lɑ˧   ʂɤɭ~ʂɤ˧   po˧
      像-NMLZ   去   很多   打: ITER   撕: ITER   掉

(110) xĩ˥   xỹ˩   =lɑ˧   tʰu˧   lɑ˧   wa˧~wa˧
      人   住   地方   经过   也/还   扫:ITER
      lɑ˧   i˩
      也/还   来

(111) nɛ˧   =sɑɭ,   aɭtʂʰiɬtɕuɭ
      像这样   ADV   DM
      拉回来的时候，经过人住的地方，把人们的帐篷都打坏划坏了。

(112) ũ˧mɑ˧   xĩ˥   xỹ˩   =lɑ˧
      我们   人   住   地方

(113) mɑɭluɭmɑɭsuɭ   te˧   xỹ˩   =lɑ˧
      玛丽玛萨   家   住   地方

(114) kʰuɭmbu˧tɕʰuɭ   tʐɤ˧   =a˧   i˧   sɛ˩
      门前   摆放   CONJ   来   COMPL
      ŋa˧te˧   a˧nɛ˧nɑ˧
      PRT   是这样
      拖到我们玛丽玛萨家人住的地方，放到门前。

(115) a˧zɑɭ   xĩ˩   xĩ˥   lo˩   xĩ˥   =nɯ˧   ʂo˩   =a˧   i˧
      然后   人   人   看   人   A   满   CONJ   来

(116) õ˧   a˧tsɤ˥   ɖuɯ˧   i˧   =nɯ˧   i˧
      DM   什么   一   CL   A   来

(117) a˧tsɤ˥   ɖuɯ˧   i˧   i˧   tsi˧   nɯ˧jɤ˩
      什么   一   CL   来   PROG   QUES: N-EGO

nɛ˧ =sɑ˩
像这样 ADV

看热闹的人挤满了，不知道来了个什么人，在互相问。

(118) a˦sɑ˩ gʌ˩pa˩ la˦ tsʰɯ˩ po˦ la˩kɯ˩
然后 尖 也/还 掐 掉 枝丫

la˦ tsʰɯ˩ po˦
也/还 掐 掉

(119) nɛ˦zɛ˩ a˦ ɣõ˦pɤ˦ ʂɤ˦ =a˦ lɯ˩
像 PRT 竹叶菜 撕 CONJ 像

(120) ni˦tʂʰo˦ ni˦tʂʰo˦ =le˦ la˦ ɕe˦ po˦
两半 两半 ADV 又 掰开 掉

掐掉树尖、掐掉枝丫，像撕开竹叶菜一样两半两半地掰开。

(121) a˦sɑ˩ zo˦ bjʌ˩ le˦tʂʰi˦
然后 四 片 都

(122) ɖɯ˦ tsʰo˦ ũ˦mɑ˦ xĩ˦ a˩mo˦ tʌ˦
一 半 我们 人 这边 摆放

(123) ɖɯ˦ tsʰo˦ nɯ˦ŋa˦ tʰɤ˦pɤ˦
一 半 TOP 对岸

(124) lɤ˦-pɤ˦ te˦-tse˩ tsʰo˦ be˦ tʌ˦ =sɑ˩
石-堆 DUR-砌 这边 去 摆放 ADV

(125) te˩tʰu˦ tsu˦ u˦ =le˦ ŋa˦tɛ˦ a˩nɛ˦
那边 搭 ? NMLZ PRT 是这样

掰成四片，一半放在我们的人这边，另一半在对岸放下，放在砌好的桥墩上，桥就这样搭过去了。

(126) a˦ xĩ˦ xwɑ˦ ɕi˦ sɛ˩
DM 人 都 害怕 COMPL

(127) xĩ˦ ɖɯ˦ i˦ nɯ˩u˦lɛ˦
人 一 CL REPD

(128) nɛ˦ le˦pɛ˦ =le˦ je˦ =le˦ nɯ˦
像这样 奇怪 NMLZ 做 NMLZ PRT

(129) xĩ˧   ŋɤ˧   ma˧=   lə˥   nɯ˦sa˧
      人   COP   NEG   猜测   DM

人们都害怕了，这个人做了这么不可思议的事情，大概不是人吧。

(130) a˧La˩   ũ˦ma˧   xĩ˧   ɖu˦   ni˧   =nɯ˦
      然后   1PL:INCL   人   一   日   ADV
      tsu˦   sɛ˩
      搭   COMPL

(131) a˧La˩   gɯ˥pjɤ˥, gɯ˥pjɤ˥   dzi˩   xĩ˧   i˩mLi˧
      然后   木板   木板   钉   人   一面

(132) dzi˩   =a˧   i˧
      钉   CONJ   来

(133) gɯ˥pjɤ˥ dzi˩   xĩ˧
      木板   钉   人

(134) a˧La˩   zo˧   ni˧   wã˧   ni˧
      然后   四   日   五   日

(135) dɑ˥ku˧   sɛ˩   we˧
      耽误   COMPL   DM

(136) tṣʰa˧   xɚ˧   =le˧   kɤ˥   dzu˧   nɯ˩
      这么   长   NMLZ   ASSOC   桥   PRT

(137) a˧   zo˧   ni˧   wã˧   ni˧   gɤ˩   a˧sa˧   sɛ˩
      DM   四   日   五   日   做   才   完

(138) nɛ˧   sɛ˩
      像这样   COMPL

我们的人一天就搭完了桥，钉木板的人跟着来钉，花了四五天时间，这么长的桥才完成。

(139) a˧La˩   tsʰi˧ni˧   sɛ˩   sɛ˩   a˩nɛ˥   =a˧
      然后   今天   完成   COMPL   这样   CONJ

(140) dzɯ˧ty˥ zu˧   sɛ˩   nɛ˧   =sa˩
      搭桥典礼 需要   COMPL   像这样   ADV

(141) a˧ dzu˧ty˥
 DM 搭桥典礼

(142) a˩dzi˧ tse˧kɯ˧ly˧ kɯ˧ =hɯ˧, pi˧dze˥ kɯ˧ =hɯ˧
 酒 小酒坛 里 ABL 大酒坛 里 ABL

(143) bu˧ =a˧ i˧ tʂʁ˧ =hɯ˧
 挑 CONJ 来 放下 DUR

(144) nɛ˩ʐa˩ a˩dzi˧ tʂu˥
 然后 酒 敬

这一天桥搭完了，要办个落成典礼，从大大小小的坛子里，把酒挑出来放下，然后敬酒。

(145) a˩ʐa˩ a˩xwa˩lle˧ u˩du˥ dzi˧ tʰa˧ tʰu˩ ndzʁ˧
 然后 全部 核桃 树 下 边 坐

(146) a˧ kɯ˩tʂi˥xwa˧zu˩ =gʁ˥ =hɯ˧ i˧
 DM 给志华茸 P A 说

(147) nja˩ sɛ˩ =le˧ =na˩
 厉害 COMPL NMLZ COP: N-EGO

(148) xĩ˧ nc˧ ma˧= nɛ˧ sɛ˩ =la˥
 人 像这样 NEG 像这样 COMPL NMLZ:N-EGO

(149) gʁ˥pɣ˥ ndzʁ˧-nje˧ ã˥ nu˧
 上边 坐-IMP DM 2SG

所有人都坐在核桃树下边，（木老爷）对给志华茸说："你很厉害，跟别人不一样，请上座。"

(150) a˧ ba˧la˩ kʰwa˩ dɣ˧ la˧ tu˧~tu˥
 DM 衣服 坏 一点 又 抱: ITER

(151) nɛ˧ =sa˩ gʁ˥pɣ˥ gʁ˥pɣ˥ =a˧ ndzʁ˧
 像这样 ADV 上边 上边 DIR 坐

(152) nɛ˩ʐa˩ ũ˧hã˧ xĩ˧ tɕʰy˩ dzʁ˩ ỹ˥= ndzʁ˧
 像 我们 人 种类 下来 DIR:向下 坐

(153) nɛ˩ʐa˩ a˧hi˧ nu˧
 然后 才 PRT

(154) la˧pʰɤ˩   xĩ˧   ma˧=   ŋɤ˧   xĩ˧   gɯ˧pjɤ˩①
      腊普河一带 人   NEG   COP   人   木板
(155) gɯ˧pjɤ˩   dʑi˩   xĩ˧   =xɤ˧   ndʐɤ˧
      木板   钉   人   PL   坐
(156) xĩ˧   xĩ˧mɤ˧xĩ˧tɤ˧ xĩ˧   ndʐɤ˧
      人   外来的   人   坐

（给志华苴）抱着脏衣服就往上边坐，我们这群人跟着往下坐，然后是腊普河一带的人、钉木板的人、其他人。

(157) a˧sa˩   mɤ˩lo˧je˩   te˧
      然后   木老爷   家
(158) xĩ˧   =nɯ˧,   a˩dʑi˧   pa˩   =a˧   i˧
      人   A   酒   拿   CONJ   来
(159) tsʰi˧ʐɤ˩ pa˩   =a˧   i˧   ne˧   =sa˩
      泡酒   拿   CONJ   来   像这样   ADV
(160) pʰã˧tsɯ˧ ku˧   =nɯ˧   a˩dʑi˧   tsu˧   kʰo˩kʰo˩ je˧
      盘子   里   ABL   酒   敬   假装   做

木老爷家的人拿来酒，拿来泡酒，从盘子里拿出酒杯假装敬酒。

(161) a˧sa˩,   mɤ˩lo˧je˩   =nɯ˧   kʰwa˩   sɛ˩   na˩nã˩
      然后   木老爷   A   坏   COMPL   非常
(162) a˩dʑi˧   ku˧   ma˩jã˧   tɕi˧   te˧-tɕʰi˩
      酒   里   孔雀胆   胆   DUR-放
      =le˧   ŋa˧te˧   a˩nɛ˧na˧
      NMLZ   PRT   是这样

木老爷很坏，酒里放了孔雀胆。

(163) a˧nɯ˩   =le˧   xĩ˧   ma˩le˧ŋgɤ˧   =le˧
      这样   NMLZ   人   天不怕地不怕   NMLZ
(164) tʂʰɤ˩   se˧~se˧   tsi˧   xɯ˩   zu˧   ma˧=   dʐɯ˧
      这里   走:ITER   PROG   去   可以   NEG   有

---

① "ma˧= ŋɤ˧ xĩ˧ gɯ˧pjɤ˩" 这部分为口误。

(165) ŋa˧   =be˧   ny˥   tsi˧   nã˩
      1SG   上（表面） 妨害   PROG   非常

(166) a˧tsʰi˧tɕu˩ nɯ˧,   xĩ˥   si˩   =a˧   xɯ˥
      是这样   PRT   人   死:CAUS CONJ   去
      zu˧   sɛ˩
      必须   COMPL

(167) ma˧=   dʑɯ˧   xɯ˥   zu˧   sɛ˩,   ne˧sa˩
      NEG   有   CAUS   必须   COMPL   像

"这样天不怕地不怕的人，不能出现在这里，对我很不利，必须杀了他，让他消失。"

(168) a˩sa˩   ũ˧əm˧   xĩ˥   ku˩tʰu˧   a˧si˧   tʂu˧
      然后   我们   人   这边   先   敬
      =a˧   i˧
      CONJ   来

(169) ma˩jã˧   tɕi˧   te˧-tɕʰi˧ kʌ˥   a˩dʑi˧   tʰɤ˥
      孔雀   胆   DUR-放   ASSOC   酒   那个

(170) pʰã˧tsɯ˧   ku˧   =nɯ˧   tɕʰi˥   =a˧   i˧
      盘子   里   ABL   放   CONJ   来
      lɛ˥ke˧,   a˩sa˧
      酒杯   然后

（木老爷）先往我们的人这边敬酒，是放了孔雀胆的酒，从盘子里拿出酒杯。

(171) ã˧   a˧nɛ˩   ma˧=   sɯ˧,   dɯ˥ɡʌ˧   sɯ˧
      然后   什么样   NEG   知道   一点   知道

(172) tsʰe˧pjɤ˧nã˥   ŋɤ˧   =le˧   =a˧   so˧dʑi˥
      有一点   COP   NMLZ   COMP   想

然后，（给志华茸）有点怀疑（知道一点，也有点不知道），也想着有一点（不对）。

(173) a˧sa˩,   a˩dʑi˧   dɯ˧kʰɤ˥   a˧   sv̩˩   sɛ˩
      然后   酒   一些   PRT   喝   COMPL

(174) kuˑ˥tʂiˑ˥xwɑ˧zu˩   nɯ˧ŋɑ˩,   ɑ˧ɬɑ˩   ny˥tɑ˩   ku˧   ma˧=
     给志华茸   TOP   然后   嘴   里   NEG
     ʂv˩   =le˧
     喝   NMLZ

(175) nɯ˧mɛ˧kʰo˧   ỹ˥=   wã˥   =le˧   a˩nɛ˧nɑ˩
     胸口   DIR:向下   倒   NMLZ   是这样

(176) nɯ˧mɛ˧kʰo˧   =nɯ˧   wã˥   po˩,   ɑ˧ɬɑ˩
     胸口   ABL   倒   掉   然后

有些人喝了酒，给志华茸没有用嘴喝，而是从胸口倒了下去。

(177) tʰɯ˧   la˧   dy˩   ŋʕ˧   ty˧   so˧mo˧   we˧
     3SG   也/还   毒药   COP   ？   想到   DM

(178) mɑ˥jã˧   tɕi˧   ŋʕ˧   ty˧   ma˧=   so˧mo˧   sɛ˩
     孔雀   胆   COP   ？   NEG   想到   COMPL

(179) ɑ˧we˧   ɑ˧ɬɑ˩
     DM   然后

他想到是毒药，但没想到是孔雀胆。

(180) mɑ˥jã˧   tɕi˧   ʂv˩   ma˧=   zu˧   =le˧
     孔雀   胆   喝   NEG   需要   NMLZ
     =a˧   na˧
     COMP   COP: N-EGO

(181) ze˧   xjʕ̃˧   =le˧   ze˧   jʕ˧jʕ˧   =a˧
     哪里   沾   NMLZ   哪里   腐烂   CONJ
     la˧   i˧   te˥   a˩nɛ˧nɑ˩
     又   来   那里   是这样

孔雀胆是不用喝下去（才起作用）的，沾到哪里哪里就会烂。

(182) a˧   la˧   lo˩   kʕ˧   tsʰi˧dzi˩
     DM   又   看   会   那时候

(183) xõ˧mɛ˧   ku˩   ỹ˥=   jʕ˧jʕ˧   tsi˧   sɛ˩
     肚子   里   DIR:向下   腐烂   PROG   COMPL

(184) tsʰɑ˧siʉ˧lɯ˩   a˩pʰɤ˧   tʰɤ˥   tsi˧   sɛ˩   =le˧
内脏   外面   出   PROG   COMPL NMLZ
na˧   a˧nõ˧
COP: N-EGO   PRT
等到会看（想起来看）的时候，肚子那里已经腐烂了，内脏都露出来了。

(185) a˧   matsɤ˩ʔe   pɤ˩sa˧   u˩du˩   dzi˧   tʂʰi˧   =dzi˧
      DM   生气   ?   核桃   树   DEM:近指 树

(186) la˧   kʰe˧   =a˧   i˧   =sa˩
      又   折断   CONJ   来   ADV

(187) ɖɯ˧   xɯ˩~xɯ˩   =nɯ˧   ta˩ma˩   wa˧~wa˧
      一   拍打:ITER DUR   （可扫的）垃圾 扫:ITER
      po˧   na˩
      掉   COP:N-EGO
他生气了，把这棵核桃树折断，像扫垃圾一样扫来扫去。

(188) a˧sa˩,   mɤ˩lo˩je˩   te˧   xĩ˧   la˩   tɕa˩   ɖɯ˩gɤ˩
      然后   木老爷   家   人   群   非常   一点
      la˧~la˩   sɛ˩
      打:ITER   COMPL

(189) gɤ˧mɤ˩tɤ˧   xĩ˧   le˧mba˩   ma˧=   dzu˧   xĩ˧   =le˩
      上村下社   人   关系   NEG   有   人   DIR
      tɕa˩   ɖɯ˩gɤ˩   la˩   sɛ˩
      非常   一点   打   COMPL
打到了很多木老爷家的人，周围无辜的人也打了一大片。

(190) a˧sa˩,   na˩nɤ˧   tʰu˧   la˧   sɯ˩   sɛ˩   =le˧   na˧nõ˧
      然后   但是   3SG   也/还   死   COMPL NMLZ   PRT

(191) a˧   te˩nɯ˧   õ˧nɤ˩   kɤ˧
      DM   那个地方 怎样   ASSOC

(192) nja˧kɤ˧   ɖɯ˧   i˧   sɯ˧   sɛ˩
      厉害   一   CL   死   COMPL

但是他也死了，那个地方这么厉害的一个人死了。

(193) dɯ˧pa˥ =le˧ la˩kʰi˧ni˧ sɯ˧ sɛ˩ a˧we˧
　　　另外　　NMLZ　许多　　　死　COMPL　DM
　　　ũ˧ma˧ xĩ˧
　　　我们　　人

(194) dɯ˧kʰɤ˧ sʂ˩ gɤ˧ tʰɤ˧ xĩ˧ sɯ˧
　　　一些（人）　喝　　好　　到　　人　　死
　　　sɛ˩ =le˧ na˧ a˧nõ˧
　　　COMPL　NMLZ　COP: N-EGO　DM
还有其他许多人也死了，一些喝到酒的人也死了。

(195) a˧sa˩, dɯ˧ ni˧ i˧ ta˥ la˥xa˥ sɛ˩
　　　然后　　一　　二　　CL　　仅仅　　剩下　　COMPL

(196) a˧sa˩ a˧nɛ˩-le˧ tsʰi˧, a˧tsʰi˧tɕu˩
　　　然后　　这样-NMLZ　DEM:近指　　DM

(197) la˧ pʰɯ˥ =a˧ i˧ nu˧ɯ˧ zɯ˧
　　　又　　逃　　CONJ　来　　PRT　　必须
　　　sɛ˩ =le˧ na˧nõ˧
　　　COMPL　NMLZ　PRT

(198) te˧ =nɯ˧ nɛ˧
　　　那里　　ABL　　像这样

(199) a˧tsʰi˧tɕu˩, ma˧tsʰo˧ xĩ˧ dɯ˧kʰɤ˧ tsʰe˧ ta˥
　　　DM　　　没用　　　人　　一些　　只　　仅仅

(200) la˥xa˥ sɛ˩ =sa˩, a˧sa˩
　　　剩下　　COMPL　ADV　　然后
只剩下一两个人，就这样从那里逃回来了，像是只剩下了一些没用的人。

(201) a˧sa˩ õ˧ne˧le˥tsʰi˧ gɤ˥ =a˧ i˧
　　　然后　　就这样　　上方　　DIR　　来

(202) a˧tsʰi˧tɕu˩, te˧-na˧ gɤ˧ tʰɤ˧
　　　然后　　DUR-躲　　好　　出

（那些人）就这样回来了，躲过了。

(203) a˧sa˩   le˩tɕɤ˩   dzy˧   =be˧   tʰu˧   =a˧
     然后   又是   山   上（表面）   跋涉   CONJ
     i˧   nɯ˧ŋa˧
     来   TOP

(204) dʑu˧   sy˩   a˧   ma˧=   dzu˧   sɛ˩   a˧lɯɯ˩
     一样   也/还 NEG   有   COMPL   PRT

(205) dze˧   tsu˧   a˧   ma˧=   dzu˧
     吃   东西   也/还 NEG   有

(206) ʂy˩   tsu˧   a˧   ma˧=   dzu˧
     喝   东西   也/还 NEG   有

又是走山路回来，吃的喝的什么都没有。

(207) a˧sa˩   le˩tɕɤ˩   ni˩ze˧   tʂʰa˧ty˧
     然后   又是   鱼   下扣子

(208) a˧tɕʰi˧   pa˧ʂo˧   dy˧   tɕu˩lo˩   a˧
     水   坑   一点   看见   PRT

(209) ni˩ze˧   tʂʰa˧ty˧   =a˧   i˧,   i˧zɤdzɤ˧   ku˧
     鱼   下扣子   CONJ 来   江   里
     ni˩ze˧   yɤ˧
     鱼   捞

(210) nɛ˩   =sa˩   tɕʰe˧y˩   je˧
     像这样   ADV   盘缠   做

走到水塘、江边就钓鱼捞鱼，这样做盘缠。

(211) a˧sa˩,   dzy˧   =be˧   tʰu˧   i˧   nɯ˧ŋa˧
     然后   山   上（表面） 经过   来   TOP
     xã˧   tʂʰa˧ty˧
     野兽   下扣子

(212) a˩by˧tʰʊle˧   tʂʰa˧ty˧   ɯje˧   bi˧
     野兔   下扣子   鸟   射

(213) nɛ˦   =sa˩   a˩nɛ˦   tɕʰe˦y˩   je˦ =sa˩   la˦   i˦
     像这样 ADV   什么样   盘缠   做   ADV   又   来

(214) dɯ˦   sy˩   dze˦   tsu˦   ma˦= dzɯ˦
     一样   吃   东西   NEG   有

(215) a˦nɛ˩ pã˦xwa˩ tse˦   =sa˩   le˦   i˦   a˩nɛ˦ha˦
     什么样 办法   用   ADV   又   来   是这样

走山路时就下扣子抓野兽，抓野兔、打鸟，就这样做盘缠，什么吃的都没有，用这样的办法回来。

(216) a˦sa˩ xɛ˦   a˦le˦   gy˦   a˦si˦
     然后   月   多   过   先

(217) tʂʰɚ˦~tʂʰɚ˦ tʰy˦~tʰy˦   nɯ˦,   dzɯ˦~dzɯ˦   tsʰi˦~tsʰi˦
     拉:ITER   伤:ITER   PRT   病:ITER   热:ITER

(218) nɛ˦   =sa˩   ma˦tʂo˦   xĩ˦   dɯkʰɤ˦   ta˦
     像这样 ADV   没用的   人   一些   仅仅

(219) la˦   pa˦   dzʐ˩   sɛ˩
     又   到   能够   COMPL

(220) nja˩   xĩ˦   zo˩   xĩ˦   a˦xwa˦   sɯ˦   sɛ˩
     厉害   人   突出   人   全部   死   COMPL

(221) kɯ˦tʂi˥xwa˦zu˩ a˦sa˩   sɯ˦   sɛ˩
     给志华茸   然后   死   COMPL

过了一个多月，伤的伤，病的病，只有一些没用的人回来了，厉害能干的人都死了，给志华茸也死了。

(222) a˦sa˩   a˦nɛ˦   le˦tʂʰi˦   la˦   pa˦
     然后   什么样   PRT   又   到

(223) a˦tsʰe˦la˦ la˦   ma˦=   pa˦   =le˦   a˦te˦   a˦nɛ˦ha˦
     差点   又   NEG   到   NMLZ   PRT   是这样

就这样到家了，差点没回去。

(224) a˦   my˦lo˦je˦   nɯ˦na˦   nɯ˦mɛ˦   ma˦=   ʂɚ˦   =sa˩
     DM   木老爷   TOP   心   NEG   放心   ADV

(225) nɛ˩-le˧ nɯ˧ŋa˧ õ˧ne˩ kɤ˧ bɤ˧
      像-NMLZ TOP   怎样   ASSOC 村
      ɖɯ˧ bɤ˧ dʑu˧ =le˧
      一   村   有   NMLZ

(226) a˧nɛ˩ kɯ˧nɯ˧ xĩ˧ ma˩le˩ŋy˧ kɯ˧nɯ˧
      什么样 ASSOC   人   不听话   ASSOC

(227) xĩ˧ tɕʰy˩ dy˧ dʑu˧ =le˧ nɯ˧ŋa˧
      人   种类   一点 有   NMLZ TOP

(228) ɖɯ˧kʰɤ˧ kɛ˧ a˩tse˩-la˧ ɖɯ˧ ɕe˩la˧ xɯ˧-nje˧
      一些   派   悄悄-ADV   一   暗中调查 去-IMP

(229) a˧nɛ˩ ɖɯ˧ ju˩ xỹ˩ =le˧
      什么样 一   地方 住   NMLZ

(230) ɖɯ˧ lo˩ xũ˧-nje˧ =nɯ˧u˩le˩
      一   看   准备-IMP   REPD
      a˩te˧ a˩nɛ˧˩
      PRT   是这样

木老爷还是不放心，有这样一个村子，这样一群不听话的人，就派一些人去悄悄地暗中调查，看看（他们）住在什么样的地方。

(231) a˧ tʂɤ˧tʂɤ˧ xĩ˧ ŋɤ˧ =le˧
      DM 算命   人   COP NMLZ
      je˧ =a˧ =le˧ i˧
      做   CONJ ADV   来

(232) tu˧mba˧ ɖɯ˧ i˧ i˧ =sa˩
      东巴   一   CL 来 MIR

(233) a˩sa˩ ma˩tu˩ =sa˩ ma˩tu˩ =sa˩ i˧ nɯ˧ŋa˧
      然后   问   ADV   问   ADV 来 TOP

(234) xĩ˧ dʑu˧ ũ˧ma˧ xĩ˧ gɤ˥= pa˩ nɯ˧ŋa˧
      人   有   我们   人   DIR:向上 到   TOP

(235) tʂɤ˧tʂɤ˧ xĩ˧ tsʰi˧ i˧ sɯ˧ sɤ˩
      算命   人   DEM:近指 CL 知道 COMPL

		=leɬ	naɬnõ˩,	a˩tʂʰiɬtɕuɹ		
		NMLZ	PRT	DM		
(236)		tsʰeɬmiɬ	dzɤ˥	kuɬnuɬ	zo˩	kuɬnuɬ	ɖuɬ
		宅基地	好	ASSOC	太好	ASSOC	一
		pʰa˩	ŋɤɬ	sɛ˩			
		片	COP	COMPL			
(237)		a˩tʂʰiɬtɕuɹ	lv˩	ɖuɬ	tʂʰa˩	ŋɤɬ	sɛ˩
		DM	龙	一	CL	COP	COMPL
		=leɬ	naɬ	a˩nɛɬaɬ			
		NMLZ	COP: N-EGO	是这样			

算命先生一路问来问去到了我们这里，看出来我们的宅基地风水好过头了，是一条龙。

(238)	tsʏ˩pɣ˥kʰu˩		laɬkʰo˩	gɤ˥=		pa˩	=nuɬ
	主不库（地名）		岩洞	DIR: 向上		到	DUR
(239)	lv˩	u˩tuɬ	=nuɬ	tsʏ˩pɣ˥kʰu˩		iɬ	
	龙	头	A	主不库（地名）		有	
(240)	la˩	tʂʰiɬ	la˩	ŋɤɬ	sɛ˩	=leɬ	
	悬崖	DEM:近指	悬崖	COP	COMPL	NMLZ	
	naɬ		ŋɤɬnã˩				
	COP: N-EGO		PRT				

龙头到了主不库这个地方，这个地方的悬崖就是龙头。

(241)	aɬsɑ˩	tsʏ˩pɣ˥kʰu˩		gɤ˥			
	然后	主不库（地名）		上			
(242)	lv˩	kɤ˥	guɬsuɬ	ŋɤɬ	=leɬ	naɬ	=sɑ˩
	龙	ASSOC	背	COP	NMLZ	COP: N-EGO	MIR
(243)	ũɬmaɬ	xĩɬ	tɕɤɬtɕɤɬ	lv˩	kɤ˥		
	我们	人	刚好	龙	ASSOC		
(244)	guɬmuɬ	=beɬ	xỹ˩	=leɬ	a˩nɛɬaɬ	naɬ	
	身体	上（表面）	住	NMLZ	是这样	COP: N-EGO	

主不库的上面就是龙背，我们的人刚好在龙的身体上住。

(245) aɬ   tsʰɯmγɬnɯɬ tɑɬ   =leɬ   maɬleɬŋγɣ, xĩɬ njaɬtʂaɬ
     DM   所以   仅仅   ADV   不听话   人   厉害
(246) nɛɬtsaɬ xuɹ   =leɬ   nɛɬ   aɹnõɬ
     因此   去   NMLZ   像这样   PRT
(247) xɑɬpɑɬ =nɯɬ   waɹ   lõɹmɛɹ nɯɬuɬleɹ nɛɬ   aɹnõɬ
     汉语   INST   说   龙脉   REPD   像这样   PRT
(248) aɬ   lõɹmɛɹ   dʑuɬ   juɹ   xγ̃ɹ   sɛɹ
     DM   龙脉   一   地方   住   COMPL
     =leɬ   naɬ
     NMLZ   COP: N-EGO
     就因为这个原因，（我们的）人不听话，很厉害，用汉语说就是住在了龙脉上。
(249) miɹtsʰγɹ   tʂʰiɬ   kγɹ   jeɬtʂuɬ   tsiɬ   maɬ=
     民族   DEM: 近指   CL   控制   PROG   NEG
     ŋγɬ   jʕɹ
     COP   N-EGO
(250) gγɬdzuɹ   xuɹ   maɬ=   xɑ̃ɬ   sɛɹ,   nɛɬ   =saɹ
     长大   去   NEG   可以   COMPL   像这样   ADV
     这个民族看来是控制不住的，不能让他们发展。
(251) aɬsaɹ,   aɬ   laɬ   dziɬgweɹ~gweɹ
     然后   DM   又   商量: ITER
(252) mγɹloɬjeɹ   teɬ   =nɯɬ
     木老爷   家   A
(253) dʑuɬ   syɹ   jeɬ   iɬ   tsiɬ   ŋʕɹ   =aɬ
     一   样   做   来   PROG   COP   CONJ
(254) paɬxwaɹ   tseɬ   zuɬ   sɛɹ,   nɛɬsaɬ
     办法（汉） 用   必须   COMPL   DM
     木老爷家又反复商量，要想办法做一些事情（给我们找麻烦）。
(255) aɬsaɹ   teɬ   gʕ˧=   iɬ   nɯɬŋaɬ
     然后   DUR   DIR: 向上 来   TOP

(256) ũ˧ma˧   xi˧   =gɤ˥   xĩ˥ka˩, a˩sa˩
      我们   人   上   骗   然后
      （派人）上来骗我们的人。

(257) lv˩   kɤ˥   u˩tu˥   =be˧   ku˧   nɯ˧ŋa˧,   a˩tʂʰi˥tɕu˩
      龙   ASSOC 头   上（表面） 地方   TOP   DM

(258) nu˧ma˧   xĩ˧mu˧   ke˩   =le˧   tʂ̥ɤ˥
      你们   死人   烧   NMLZ   这里
      dʐɤ˥   =la˥
      好   NMLZ: N-EGO

(259) nu˧ma˧   y˩tʂy˩kwa˧   tʂʰɤ˥   i˧   =a˧   tsa˧
      你们   火葬场   这里   来   NMLZ   舒服
      =la˥
      NMLZ: N-EGO

(260) nɯ˩lu˩le˩   a˧ta˧   a˩nɤ˩-le˩   na˧
      REPD   PRT   这样-NMLZ   COP: N-EGO
      你们把火葬场搬来龙头这个地方，人去世以后到这里烧化是很好的。

(261) a˧   ũ˧ma˧   xĩ˧   ma˧=   sɯ˧   dɯ˧
      DM   我们   人   NEG   知道   一

(262) tʂɤ˧~tʂɤ˧   ma˧=   kɤ˥   =le˧   a˧sa˩   õ˧nɛ˧
      算: ITER   NEG   会   NMLZ   DM   怎么

(263) nɛ˧   ŋɤ˩ty˩   ʂo˧mo˧   =sa˩,   a˩tʂʰi˥tɕu˩
      像这样 真的   想到   ADV   DM

(264) lv˩   je˧tʂy˩   =be˧   xĩ˧mu˧   ke˩   =la˧   je˧   po˧
      龙   脖子   上（表面） 死人   烧   地方   做   掉

(265) y˩tʂy˩kwa˧   je˧   po˧
      火葬场   做   掉
      我们的人也不明白，不懂算命，以为这是真的，就把龙脖子当作了烧尸体的火葬场。

(266) a˩sa˩, la˧xa˩ la˧xa˩ ma˧= to˩
然后 非常/越发 非常/越发 NEG 好（变化的东西、动作）
=a˧ be˧
CONJ 去

(267) la˧xa˩ la˧xa˩ ma˧= dzɯ˧ =a˧ be˧
逐渐 逐渐 NEG 有 CONJ 去

(268) xĩ˩ zo˧ =xɤ˧ la˧ ma˧= tɕiʷw̃˧
人 厉害 PL 也/还 NEG 投胎

(269) a˧ne˩ dɯ˧ tʂʰɤ˩ gɤ˩ dɯ˧ tʂʰɤ˩
什么样 一 代 跟 一 代

(270) a˩ne˩-le˧ pjɤ˩ =a˧ la˧ i˧ a˩ne˩a
这样-NMLZ 变 CONJ 又 来 是这样

逐渐越来越不好，越来越穷，厉害的人不来投胎，一代一代就成了这个样子。

(271) a˧ tɯ˧mba˧, ɕwe˩ =le˩ zɤ˧ =le˩
DM 东巴 很严重 ADV 懂（知识） NMLZ
zo˧ −le˩
厉害 NMLZ

(272) ɣõ˧sɚ˧ =a˧ i˧ =sa˩
请人 CONJ 来 ADV

(273) xɯ˧xɯ˧ =sa˩ nɯ˧ɯ˧ zu˧ =la˩ mɤ˩lo˧je˩
派去 ADV REPD 需要 NMLZ: N-EGO 木老爷
te˧ =nɯ˧
家 A

(274) tʰa˧le˧ dzɚ˩, xwa˧ly˧ tʰv˧
字 写 咒语 出

(275) ne˧ =sa˩ nɯ˧ŋa˧ tʂʏ˩pɣ˩kʰu˩
像这样 ADV TOP 主不库（地名）

(276) tʂʏ˩pɣ˩kʰu˩ la˧ be˧ na˧ =le˩ a˩te˧
主不库（地名） 又 去 PRT NMLZ PRT

　　　　aɭnɛɬnaɬ　　tsʏɭbʏɭ　　dzi̋ɬ　　　=sɑɭ
　　　　是这样　　　墙　　　　春　　　　ADV

(277)　tsʏɭbʏɭ　　　tʰa̋ɬ　　　naɬ　　　=laɭ　　　aɬtɛɬ　　aɭnɛɬɛɬ
　　　　墙　　　　　下　　　　压　　　　NMLZ: N-EGO　PRT　　是这样
　　　　naɬ
　　　　COP: N-EGO

木老爷又请了懂得很多、很厉害的东巴，派去主不库那里写字、念咒语、舂墙，把咒语压在墙下。

(278)　aɬsɑɭ　　　ɭmɑɭlɯɬmɑɬsɯɭ　　tɛɬ
　　　　然后　　　玛丽玛萨　　　　　家

(279)　ŋaɭŋgaɭɭɯxɭ　　tɛɬ　　　nɯɬŋaɬ　　tʏɭ　　　tʂʰɚ̋ɭ　　pɑɬtsi̋ɬ
　　　　阿岩河　　　　家　　　TOP　　　千　　　代　　　　？
　　　　lɛɬtʂʰi̋ɬ　　　　xĩɬ
　　　　这样　　　　　人

(280)　xĩɬ　　　zőɬ　　　maɬ=　　　dzɯɬ
　　　　人　　　厉害　　　NEG　　　有

(281)　njaɭ　　=lɛ̋ɬ　　　maɬ=　　dzɯɬ,　　maɬ=　　tɕi̋ɭwã̋ɬ
　　　　厉害　　NMLZ　　NEG　　 有　　　　NEG　　　投胎

(282)　gɤɭtɛɬ　　i̋ɬ　　　maɬ=　　xɯ̋ɭ
　　　　向上繁荣　来　　　NEG　　　CAUS

这样阿岩河玛丽玛萨家世世代代都没有厉害的人投胎出生，不让（他们）繁荣起来。

(283)　nɛɭ-lɛ̋ɬ　　　kɯɬnɯɬ,　　tʰɑɬlɤ̋ɬ　　xwaɭlʏɬ　　tɛɬ-tʰʏ̋ɬ　　=hɯɬ　　sɑɭ
　　　　像-NMLZ　　ASSOC　　　字　　　　咒语　　　　DUR-出　　　DUR　　DM

(284)　tɛɬ-naɬ　　=lɛ̋ɬ　　　ŋɤɬtɛɬ　　aɭnɛɭ-lɛ̋ɬ　　naɬ
　　　　DUR-压　　NMLZ　　PRT　　　这样-NMLZ　　COP: N-EGO

(285)　tʰɯɬxɤ̋ɬ　　　　　　=bɛ̋ɬ　　　nʏ̋ɭ　　=aɬ　　 i̋ɬ~i̋ɬ　　　ɕi̋ɭ
　　　　他们（木老爷）　 上（表面）　妨害　 CONJ　 来:ITER　 害怕

(286)　siɭsiɭ　　　=a̋ɬ　　　i̋ɬ~i̋ɬ　　　ɕi̋ɭ
　　　　打仗　　　CONJ　　来:ITER　　 害怕

(287) laɕi˧˥ ma˧= dzɤ˩ i˧ ɕi˩ i˧ =sɑ˩
赢（控制）NEG 能够 来 害怕 来 MIR

把字和咒语都压在（墙）下面，害怕他们对木老爷不利，来跟木老爷打仗，害怕控制不了。

(288) a˧ɕi˧ʂɚ˩ ɔ̃˧ni˧ =le˧ ŋɤ˧ nɛ˧nɑ˧
故事 怎样 NMLZ COP 是这样

故事就是这样。

四、开天辟地的传说

(1) a˧ɕi˧ʂɚ˩, a˧ɕi˧ʂɚ˩, a˧ɕi˧ʂɚ˩
很久以前 很久以前 很久以前

(2) xĩ˧ dɯ˧ ju˩ te˧
人 人家 家

(3) a˩bv̩˧ gɯ˧ɦu˧ ni˧ i˧ dzu˧ =le˧
哥哥 弟弟 二 CL 有 NMLZ

ŋɑ˩te˧ a˩nɛ˧nɑ˧
PRT 是这样

很久很久以前，一户人家有兄弟二人。

(4) a˩bv̩˧ gɯ˧ɦu˧ ni˧ i˧ lɑ˧ tɕʰu˩~tɕʰu˩ =sɑ˩
哥哥 弟弟 二 CL 又 靠近:ITER ADV

(5) ɕe˧ tsʰi˩ be˧ =le˧ a˩nɛ˧nɑ˧
山地 砍 去 NMLZ 是这样

兄弟二人结伴去开荒。

(6) a˩tʂʰɯ˧tɕu˩, ɕe˧ a˧tsɿ˧ te˧-tsʰi˩ =nɯ˧
DM 山地 先 DUR-砍 DUR

(7) a˩nɛ˧ sɛ˩, a˩tʂʰɯ˧tɕu˩, ɕe˧ lɑ˧ ke˧
这样 完 DM 山地 也/还 烧

(8) a˩nɛ˧ sɛ˩ =a˧ ɕe˧ dzwɑ˧ be˧ =le˧
这样 完 CONJ 山地 挖 去 NMLZ

	aɹnɛɬnaɬ					
	是这样					

先砍荒地（的草木），然后烧，最后挖地。

(9)	tsʰiɬniɬ	dzwaɹ,	kʰoɹtoɹ	laɬ	iɬ	aɹnɛɬnaɬ
	今天	挖	傍晚	又	来	是这样
(10)	aɭ	laɬ	paɹ,	aɭgweɬ	tʰuɹ	soɭuɬ
	DM	又	到家	后面	DEM:远指	早晨
(11)	leɭtɕɤɬ	ɕeɬ	laɬ	dzwaɹ	beɬ	aɹnɛɬnaɬ
	又	山地	又	挖	去	是这样

今天挖好了，傍晚回家，明天又去开荒。

(12)	aɭbɤɬ	guɬdzuɬ	niɬ	iɬ	laɬ	tɕʰuɹ~tɕʰuɹ	=saɹ
	哥哥	弟弟	二	CL	又	靠近:ITER	ADV
(13)	ɕeɬ	laɬ	dzwaɹ	beɬ	nɯɬnaɬ		
	山地	又	挖	去	TOP		
(14)	aɭtʂʰiɬtɕuɹ,	aɹniɬmyɭsɤɬ	teɬ-dzwaɹ	kɯɬnuɬ			
	DM	昨天	DUR-挖	ASSOC			
(15)	ɕeɬ	tsʰiɬ	ɕeɬ	nɯɬnaɬ			
	地	DEM:近指	地	TOP			
(16)	xaɹduɬ	nɛɬ	teɬ-gɤɹ	sɛɹ	aɹnɛɬnaɬ		
	院坝	像这样	DUR-整	COMPL	是这样		

兄弟二人结伴去开荒，却发现昨天挖好的这块地，又像院坝一样被整平了。

(17)	xĩɬ	dɯɬ	iɬ	=nɯɬ	tsʰɣɹ	=aɬ
	人	一	CL	A	踩	CONJ
	xɯɬ	miɬteɭ				
	去	INF				
(18)	xĩɬ	dɯɬ	laɹ	=nɯɬ	tsʰɣɹ	=aɬ
	人	一	CL	A	踩	CONJ
	xɯɬ	miɬteɭaɹ				
	去	INF: N-EGO				

(19) xa˩du˦   a˩ne˦   gʮ˧   sɛ˩   a˩ne˧na˦
    院坝   那样   整   COMPL   是这样
    好像是一个人或一群人去踩了，已经整得像院坝那样了。

(20) a˦sɑ˩   le˩tɕʮ˧   la˦   dzwa˦
    然后   又   又   挖

(21) kʰo˩to˧ la˦   i˦   a˩ne˧na˦, a˩u˩   la˦   pɑ˦
    傍晚   又   来   是这样   家屋   又   到
    然后又挖一遍，傍晚回家。

(22) a˩gwe˩   tʰɯ˩   so˦u˦
    后面   DEM:远指   早晨

(23) a˩bʮ˦   gɯ˦dzu˩ ni˦   i˦   la˦   tɕʰu˩~tɕʰu˩ =sa˩
    哥哥   弟弟   二   CL   又   靠近: ITER ADV

(24) la˦   lo˦   xɯ˦   nɯ˦na˦, u˩dɑ˩   tʰɯ˩
    又   看   去   TOP   前面   DEM:远指
    xjɤ̃˦   nɛ˦
    夜   像这样

(25) xa˩du˦   nɛ˦   te˦-tʂʮ˩   sɛ˩   a˩ne˧na˦
    院坝   像这样   DUR-踩   COMPL   是这样
    第二天早晨，兄弟二人结伴又去看时，又像前一夜那样，被踩得像院坝一样了。

(26) a˩tʂʰi˦tɕu˩ õ˦nɛ˦   kɯ˦nɯ˦,   su˦   ni˦   =nɯ˦
    DM   怎样   ASSOC   三   日   LOC
    gʮ˧,   a˩tʂʰi˦tɕu˩
    整   DM

(27) a˩bʮ˦   gɯ˦dzu˩ ni˦   i˦   ɖu˩   dzi˦gwe˩   a˩ne˧na˦
    哥哥   弟弟   二   CL   一   商量   是这样
    像这样整了三天，兄弟二人就商量了一下。

(28) ɖu˦   dzi˦gwe˩   nɛ˦   =sa˩
    一   商量   像这样   ADV

(29) õ˧   a˧nɛ˨   dɯ˧   i˧   =nɯ˧   ta˧
     DM   什么样   一   CL   A   还是

(30) nɛ˧   dɯ˧   xwa˧   =nɯ˧   ta˧
     像这样 一   群   A   还是

(31) tʂʰɤ˨ te˧-tʂʰʏ˨ i˧   a˧   ʂɤ˨?
     这里   DUR-踩   来   QUES PRT
     是什么样的一个人或者一群人来这里踩的?

(32) nɛ˧   ɯ˧~ɯ˧   =sa˨,   a˨tʂʰi˧tɕɯ˨,   dɯ˧   xjɤ˨
     像这样 说:ITER ADV   DM   一   夜

(33) kʰo˨to˨   tʂʰo˧   =nɯ˧   la˧   i˧   a˨nɛ˨nɛ˨
     傍晚   早   LOC   又   来   是这样

(34) a˨bɤ˨   gɯ˧dzɯ˧   ni˧   i˧
     哥哥   弟弟   二   CL

(35) la˧   i˧,   la˧   pa˧,   a˨tʂʰi˧tɕɯ˨
     又   来   又   到   DM
     商量了一下,一天傍晚,兄弟二人很早就回家了。

(36) nɛ˧   nɯ˧
     像这样 假设

(37) tsʰi˧   xɯ˨   tɕʰi˧   be˧   a˧   pa˧   nɯ˧   ɯ˧
     这一   晚上   看守   去   QUES 要   COMP 说

(38) ã˧   pa˧   mi˧te˨la˨
     同意 要   INF
     "这样的话,晚上要不要去守地?" "好吧。"

(39) ma˨ma˨   nɯ˧
     本来   PRT

(40) a˧nɛ˨   dɯ˧   i˧   =nɯ˧   ta˧   tʂʰʏ˨   tsi˧
     什么样   一   CL   A   还是   踩   PROG

(41) a˧nɛ˨   dɯ˧   xwa˧   =nɯ˧
     什么样   一   群   A

(42) tɑ˧ tse˧ =le˧ je˧ tsi˧
还是 逗 ADV 做 PROG

(43) nɛ˨-le˧, tɕʰi˧ be˧ zu˧ mi˥ɕɛ˧ ɑ˧ nu˧?
像-NMLZ 看守 去 需要 INF QUES 2SG

(44) ŋɑ˧ ɑ˧ pɑ˧, nu˧ ɑ˧ pɑ˧
1SG 也/还 同意 2SG 也/还 同意

"到底是什么一个人或者一群人在踩，还是在逗着玩？要去守地吧，你说呢？""好吧。"

(45) ɑ˧ mv̩˥kʰɤ˧ dze˧ dze˧ sɛ˨, ɑ˧tse˧-nɑ˨,
DM 晚上 饭 吃 COMPL 悄悄-ADV
xo˨kʰo˨ tsʰe˧
半夜 正好

(46) ɑ˨tʂʰi˧tɕu˨, lo˨ kʰu˧ =le˧ ɑ˨nɛ˧nɑ˨, le˨tɕɤ˨
DM 看 去 NMLZ 是这样 又

(47) lɯ˧ tɕʰi˧ be˧ nɯ˧ŋɑ˨, xo˨kʰo˨ tsʰe˧ gv̩˨
田 看守 去 TOP 半夜 大概 正好

吃过晚饭，到了半夜，悄悄地去看，去守地。

(48) ɑ˧pʰo˨ lɑ˧le˧tʂʰɤ˨ u˨lu˧ pʰv̩˨-ɻɑ˨ pʰv̩˨-ɻɑ˨ nɑ˨
爷爷 这样一个 头 白-ADJ 白-ADJ PRT

(49) ɑ˨tʂʰi˧tɕu˨, mv̩˧tsɯ˨ lɑ˨dzʉ˨ tɑ˧ xɤ˧ pʰv̩˨-ɻɑ˨ =nɑ˨
DM 胡子 山坡 相同 长 白-ADJ ADV

(50) nɛ˧ kɤ˩ dɯ˧ i˧ =nɯ˧
像这样 ASSOC 一 CL A

(51) tʂʰv̩˨ i˧ tsi˧ =lɑ˨ ɑ˨nɛ˧nɑ˨
踩 来 PROG NMLZ: EGO 是这样

一位老爷爷，头发白白的，白胡子像山坡一样长，正在踩地。

(52) ɑ˨tʂʰi˧tɕu˨, ɕe˧ =nɯ˧, ɑ˨tʂʰi˧tɕu˨,
DM 山地 LOC DM

(53) ɑ˧pʰo˨ dɯ˧ i˧ tʂʰv̩˨ tsi˧ nɑ˨
爷爷 一 CL 踩 PROG COP

	gɤ˧,	a˧tʂʰi˧tɕu˩					
	时候	DM					
(54)	a˩bɤ˧	gɯ˧dzu˧	ni˧	i˧			
	哥哥	弟弟	二	CL			
(55)	dɯ˧	i˧	dɯ˧	tʂʰo˧	tʰu˧		
	一	CL	一	半	边		
(56)	xjɤ̃˧	=a˧	la˧	be˧	=sɑ˩		
	拦	CONJ	又	去	ADV		
(57)	a˩tʂʰi˧tɕu˩,	a˧pʰo˧	tʂʰi˧	i˧	te˧-tʂɤ˩	=nɯ˧	a˩nɛ˧na˧
	DM	爷爷	DEM:近指	CL	DUR-抓	DUR	是这样

老爷爷正要踩地的时候，兄弟二人一人一边拦过去，抓住了他。

(58)	te˧-tʂɤ˩,	sɛ˩,	a˩,	nu˧	a˧tsɤ˧	je˧	=sɑ˩?
	DUR-抓	COMPL	DM	2SG	什么	做	ADV
(59)	ŋa˩dzɤ˧	kɯ˧hɯ˧	ɕe˧	tɑ˩	tʂʰɤ˩	i˧	jɤ˩
	我俩	ASSOC	山地	只	踩	来	N-EGO
(60)	nɛ˧	u˧	=le˧	na˧			
	像这样	说	NMLZ	COP:N-EGO			

抓住以后问："你在做什么？为什么专门来踩我们的开荒地？"

(61)	a˩tʂʰi˧tɕu˩,	a˧pʰo˧	tʂʰi˧	i˧	=nɯ˧	u˧	a˩nɛ˧na˧
	DM	爷爷	DEM:近指	来	A	说	是这样
(62)	nu˧	dzɤ˧	kɤ˩				
	2SG	两个	CL				
(63)	ɕe˧	dzwa˧	yo˧	fa˧	nɛ˧	=sɑ˩	
	山地	挖	粮食	种	像这样	ADV	
(64)	a˩tʂʰi˧tɕu˩,	ma˧=	mi˧	sɛ˩	nɯ˧u˧le˩,	ma˧=	
	DM	NEG	成熟	COMPL	REPD	NEG	
	mi˧	sɛ˩					
	成熟	COMPL					

老爷爷说："你们两个这样开荒种粮食，粮食不会成熟的。"

(65) õ˧ a˩tsʐ˧ je˧ =sɑ˩ ma˧= mi˧
　　 DM　　什么　　做　　ADV　　NEG　　成熟
　　 sɛ˩ nɯ˧ɬɯ˧le˩?
　　 COMPL　REPD
　　 "为什么不会成熟？"

(66) a˩tʂʰi˧tɕu˩, tʂʰɑ˧-le˩, mɤ˧nɯ˧tʂi˧dʑi˧tʂa˧ tsi˧ ŋɤ˧ sɛ˩
　　 DM　　快-ADV　 开天辟地　　PROG　COP　COMPL

(67) nɯ˧ u˧ sɛ˩ a˩nɛ˧na˧
　　 COMP　 说　 COMPL　 是这样

(68) a˧pʰo˧ tʂʰi˧ i˧ =nɯ˧ u˧
　　 爷爷　DEM:近指　CL　A　说
　　 "马上要开天辟地了。"老爷爷说。

(69) ŋɤ˧ ma˧= lə˩ nɯ˧ u˧
　　 COP　NEG　猜　COMP　说

(70) õ˧nɛ˩ =sɑ˩ nɛ˧ u˧
　　 怎么样　ADV　像这样　说
　　 "不是吧？怎么这样说？"

(71) a˧ dʐʐ˩ =le˧ ŋɤ˧
　　 QUES　真　 NMLZ　COP

(72) mu˩tʂʰi˧mu˩ =nɯ˧
　　 以后　　　　LOC

(73) ŋɑ˧ lɯ˧ tʂʰi˧ lɯ˧ tʂʰy˩ i˧
　　 1SG　地　DEM:近指　地　踩　来
　　 =le˧ ŋɑ˧
　　 NMLZ　COP: EGO
　　 "真的是这样，所以我才来踩这块地。"

(74) nɛ˧ a˧ mɤ˧nɯ˧tʂi˧dʑi˧tʂa˧ a˧nɛ˧ je˧ nɯ˧ u˧
　　 像这样　QUES　开天辟地　　什么样　做　COMP　说

(75) ma˩tu˦   mi˦te˩la˩, a˦pʰo˦   =gɤ˩
     问   INF   爷爷   P
     "什么是开天辟地？要怎样做？"兄弟二人问老爷爷。

(76) a˩tsʰi˦tɕu˩, a˦pʰo˦   =nɯ˦   u˦   =le˦,   tɕi˥ndo˩xã˦ndo˩
     DM   爷爷   A   说   NMLZ   龙卷风

(77) a˩tsʰi˦tɕu˩   nɯ˩,   dzu˦   dzɤ˥   wje˦   dzɤ˥
     DM   PRT   冰雹   落   雪   落

(78) a˩tsʰi˦tɕu˩,   ma˦ɑm   tʰɤ˥
     DM   风   出

(79) nɛ˦   sɜ˩,   a˩tsʰi˦tɕu˩,   zɤ˦ju˩   ba˦   =sa˩,   a˩tsʰi˦tɕu˩
     像这样 COMPL DM   洪水   跑   MIR   DM

(80) a˦tɕʰi˥   =nɯ˦   my˦   te˦-mi˦   ndza˩   nɯ˩ɯ˩la˩
     水   A   天   DUR-够   到   REPD: N-EGO

(81) nɛ˦   =sa˩   õ˦nɛ˦   ŋɤ˥   nɯ˩ɯ˦le˦ŋa˦
     像这样 ADV   怎样   COP   REPD:EGO
     老爷爷说："会有龙卷风、下冰雹、下大雪，会刮大风，然后洪水滔天。"

(82) a˩tsʰi˦tɕu˩,   pe˦le˦pe˩tsʰi˩dzi˦,   dzy˦u˦xã˩nã˥
     DM   地上人类   山上野兽

(83) si˦dzi˦,   ɯ˩je˦,   bi˩xĩ˦,   a˦xwa˩le˦
     树   鸟   昆虫   全部的

(84) a˩tsʰi˦tɕu˩,   tɕʰy˩   a˦   ma˦=   dzu˦,   a˩tsʰi˦tɕu˩
     DM   种类   都   NEG   有   DM

(85) ly˩dza˩   =sa˩,   a˦tɕʰi˥   =nɯ˦   tsɚ˥   =sa˩,   tsʰa˦-le˩
     泥石流   MIR   水   A   淹   MIR   快-ADV

(86) nɛ˦   =sa˩
     像这样 ADV

(87) a˦pʰo˦   tʂʰi˦   i˦   =nɯ˦   u˦   nɯ˩   a˩nɛ˦ɑn˦
     爷爷   DEM:近指 CL   A   说   PRT   是这样

第二章　长篇语料　243

"地上的人类、山上的野兽，树、鸟、昆虫这些，全都会消失，很快就会有泥石流，被洪水淹没。"老爷爷说。

(88) aˉtsʰɯ̆tɕuˉ, nɛ˧ɬa˧ a˧by˧ gɯ˧dzuɯ̆ ni˧ i˧
　　 DM　　　然后　　哥哥　　弟弟　　二　　CL
　　 =nɯ˧ u˧ =le˧
　　 A　　说　　NMLZ

(89) mɑ˧tɯ̆ miˉtɕɑˉɭɑˉ, mɑ˧tɯ̆, aˉtsʰɯ̆tɕuˉ
　　 问　　INF　　　　问　　　DM

(90) nɛ˧ a˧nɛ˧ je˧ zu˧ lje˧
　　 像这样　什么样　做　需要　来:IMP

(91) a˧nɛ˧ je˧ si˧ nɯ˧
　　 什么样　做　先　PRT

(92) aˉtsʰɯ̆tɕuˉ, ŋɑ˧dzy˧ lɯɯ̆ tsi˧ mɑ˧= ŋv̆˧
　　 DM　　　　我俩　　死　PROG　NEG　COP
　　 =le˧ na˧ sɑ˧
　　 NMLZ　COP: N-EGO　PRT

(93) mɑ˧tɯ̆ miˉtɕɑˉɭɑˉ
　　 问　　INF

然后兄弟二人问道："需要做什么？先做什么？我们两个不会死的吧？"

(94) a˧pʰo˧ tsʰi˧ i˧ =nɯ˧, aˉtsʰɯ̆tɕuˉ, u˧
　　 爷爷　DEM:近指　CL　A　　DM　　　说
　　 =le˧ a˧nɛ˧nɑ˧
　　 NMLZ　是这样

(95) aˉtsʰɯ̆tɕuˉ, nɛ˧ a˧, dzu˧ tsʰi˧ i˧ nɯ˧nɑ˧
　　 DM　　　　像这样　QUES　大　DEM:近指　CL　TOP

(96) nu˧ dzy˧ =nɯ˧ je˧ =le˧
　　 2SG　两个　A　　做　NMLZ

老爷爷说："为什么呢？大的这个，你们两个来做。

(97) nda˧kγ˧   ɖɯ˧   ly˩   gγ˩   a˩nɛ˧na˧   a˩tʂʰi˧tɕu˩   nɯ˩
     鼓   一   CL   做   是这样   DM   PRT
(98) ɣɯ˧   zɝ˧   kɯ˧nɯ˧   nda˧kγ˧   ɖɯ˧   ly˩   gγ˩
     牛   皮   ASSOC   鼓   一   CL   做
(99) a˧sa˩,   kɯ˧kɯ˧lɯ˧   u˧   nɯ˧ŋa˧,   ta˧na˧ɕi˧tʰe˧   ɖɯ˧   pa˧
     然后   里面   说   TOP   削箭刀   一   CL
(100) ɖɯ˧   tʂʰa˧,   la˧pʰo˧   ɖɯ˧   mɛ˧,   kʰɯ˧ni˧
      一   CL   公鸡   一   CL   小狗
      ɖɯ˧   mɛ˧
      一   CL
(101) nɛ˧-le˧   kɯ˧kɯ˧lɯ˧   tɕʰi˩
      像-NMLZ   里面   装
(102) a˧sa˩,   kɯ˧kɯ˧lɯ˧   ndzγ˧,   nɛ˧   =sa˩,   a˩tʂʰi˧tɕu˩
      然后   里面   坐   像这样 ADV   DM
(103) xjõ˩   tsi˧   zu˧   nɯ˧lɯ˧   mi˧te˩la˩
      等   PROG   需要   REPD   INF

做一只牛皮鼓，里面放一把削箭刀、一只公鸡、一只小狗，然后坐在里面等着。

(104) a˧sa˩,   a˩ba˩   tʂʰi˧   i˧   nɯ˧ŋa˧,   a˩tʂʰi˧tɕu˩
      然后   哥哥   DEM:近指 CL   TOP   DM
(105) nda˧kγ˧   zo˩   a˩xwa˧,   u˩   bo˩bγ˧   =le˧
      鼓   缝   时候   针   粗粗的   NMLZ
(106) tʂʰa˧   tsʰi˧dzy˩   =le˧   tse˧-nje˧
      线   细细的   NMLZ   用-IMP
(107) gɯ˧dzɯ˧   tʂʰi˧   i˧   nɯ˧ŋa˧,   u˩   tsʰi˧dzy˩   =le˧
      弟弟   DEM:近指 CL   TOP   针   细细的   NMLZ
(108) tʂʰa˧   nɯ˧ŋa˧,   bo˩bγ˧   =le˧   tse˧-nje˧
      线   TOP   粗粗的   NMLZ   用-IMP

哥哥缝鼓的时候要用粗针细线，弟弟缝鼓的时候要用细针粗线。"

(109) a˧sa˩, dɯ˦ i˦ nda˦kɣ˦ dɯ˦ ly˦ zo˩
然后 一 CL 鼓 一 CL 缝

(110) kʰɯ˦ni˦ dɯ˦ mɜ˩, la˦pʰo˦ dɯ˦ mɜ˦
小狗 一 CL 公鸡 一 CL

(111) ta˦na˦tɕi˦tʰe˦ dɯ˦ i˦ dɯ˦ pa˦
削箭刀 一 CL 一 CL

(112) nɛ˦ly˩, a˦tʂʰi˦tɕu˩, pa˦ =sa˩ kɯ˦kɯ˦ tɕʰi˦ sɛ˩
这些 DM 带 ADV 里面 装 COMPL

(113) a˦tʂʰi˦tɕu˩, te˦-zo˩ =nɯ˦ =sa˩
DM DUR-缝 DUR ADV

然后每人缝了一只鼓，每人装进一只小狗、一只公鸡、一把削箭刀，缝好。

(114) nɛ˦ nɯ˦ je˩, a˦tʂʰi˦tɕu˩, gɣ˦ i˦
像这样 PRT 做 DM 好 来

tsi˦ ŋa˦
PROG COP:EGO

(115) ŋa˦ nɯ˦ dzɣ˦ tʂʰa˦-le˩ ndzɣ˦
1SG 2SG 两个 快-ADV 坐

(116) sɯ˦ ni˦ u˩dɑ˦ =le˩, õ˦nɛ˩ te˦-i˦
三 日 前面 NMLZ 怎样 DUR-来

na˦
COP: N-EGO

(117) nda˦kɣ˦ kɯ˩ ndzɣ˦ õ˦nɛ˩ u˦ tsi˦
鼓 里 坐 怎样 说 PROG

mi˦te˩la˩ a˦tʂʰi˦tɕu˩
INF DM

(118) a˦pʰo˦ tʂʰi˦ i˦ =nɯ˦ u˦ a˦ly˩ly˩
爷爷 DEM:近指 CL A 说 一样一样地

je˦ sa˩
做 PRT

这样快要做好了，"咱们快点坐进去，三天之内要按老爷爷说的做"，就这样做好了。

(119) tɕa˧tɕa˥　ndɑ˧kɣ˧　ku˩　　　kʰo˩to˩　tsʰe˥
　　　正好　　　鼓　　　里　　　　傍晚　　　大概

(120) ndɑ˧kɣ˧　ku˩　　ndzɣ˧　nɯ˧ŋa˧
　　　鼓　　　里　　坐　　　TOP

(121) xo˩kʰo˩　tsʰe˥,　a˩tʂʰi˧tɕu˩
　　　半夜　　大概　　DM

(122) lɯ˧~lɯ˧　=a˧　la˧　　i˧　　sɛ˩　　nɯ˧ŋa˧
　　　动: ITER　CONJ　又　　来　　COMPL　TOP

(123) ndɑ˧kɣ˧　tʂʰi˧　　　　ly˩,　ni˧tɑ˩i˧
　　　鼓　　　DEM:近指　CL　自己（古）

(124) õ˧ne˩　a˧pʰo˩　tʂʰi˧　　　　i˧　　=gɤ˩　u˩dɑ˩　=nɯ˧
　　　怎样　爷爷　　DEM:近指　CL　P　　前面　　LOC

(125) te˧-mɑ˩tu˩,　mi˧te˩lɑ˥,　nɛ˧　a˩nɛ˩　je˧　zu˧　lje˧
　　　DUR-问　　INF　　　　像这样　这样　做　　需要　来:IMP

傍晚坐在鼓里，大概半夜，鼓自己动起来了，就像以前向老爷爷问到的那样。

(126) ndɑ˧kɣ˧　ku˩　　ndzɣ˧　sɛ˩　　　nɯ˧lu˧　mi˧te˩lɑ˥
　　　鼓　　　里　　坐　　　COMPL　REPD　　INF
　　　a˩tʂʰi˧tɕu˩
　　　DM

(127) a˧tsi˧　lɯ˧~lɯ˧　pɤ˧　lɯ˧~lɯ˧　ze˧　dzi˧
　　　什么　动: ITER　PRT　动: ITER　哪里　撞
　　　pɤ˧　dzi˧
　　　PRT　撞

(128) a˧tsi˧　je˧　　pɤ˧　te˧-je˧　　xɯ˥　=sɑ˩
　　　什么　做　　PRT　DUR-做　　去　　ADV
　　　a˩tʂʰi˧tɕu˩
　　　DM

坐在鼓里，不管怎么动，不管撞到哪里，都按老爷爷说的去做。

(129) laɨpʰoɨ   dzoɨ   =aɨ   iɨ
      公鸡   叫   CONJ   来

(130) kʰɯɨnɨ   lyɨ   =aɨ   iɨ   nɯɨŋaɨ
      小狗   叫   CONJ   来   TOP

(131) taɨnaɨlɕiɨtʰeɨ   =nɯɨ   ndʌɨkɣɨ   laɨ   xã,   aɨtʂʰiɨtɕuɨ
      削箭刀   INST   鼓   又   割   DM

(132) aɨpʰyɨ   tʰyɨ   iɨ   =aɨ   laʑɨ
      外面   出   来   CONJ   可以

(133) nɛɨ   =saɨ   nɯɨluɨ   =leɨ   ŋaɨtɨŋaɨ   aɨnɛɨnaɨ,   aɨ
      像这样 ADV   REPD   NMLZ   PRT   是这样   DM

"公鸡、小狗叫起来的时候，用削箭刀割开鼓，就可以出来了。"老爷爷是这样说的。

(134) tʰɯɨ   dzɣɨ   =nɯɨ   jeɨ   =leɨ   nɛɨ
      3SG   两个   A   做   NMLZ   像这样
      jeɨ   miɨteɭaɭ
      做   INF

(135) aɨtʂʰiɨtɕuɨ,   tsuɭjoɨ   =leɨ   ɖuɨ   peɨ   gyɨ
      DM   主要   NMLZ   一   PRT   做
      juɨ   kɯɨnɯɨ
      办法   ASSOC

(136) ɖuɨ   kʰɯɨ   nɯɨŋaɨ
      一   CL   TOP

(137) luɨ   tʂʰyɨ   tsiɨ   aɭawaɨ   nɯɨ   aɨtʂʰiɨtɕuɨ
      田   踩   PROG   时候   PRT   DM

(138) aɨbyɨ   tsʰiɨ   iɨ   =nɯɨ   uɨ   =leɨ
      哥哥   DEM:近指 CL   A   说   NMLZ

(139) aɨpʰoɨ   tsʰiɨ   iɨ   tsɣɨ   sɛɨ
      爷爷   DEM:近指 CL   抓   COMPL

(140) a˩bɤ˦   tʂʰi˦   i˦   =nɯ˦   u˦   =le˦
      哥哥   DEM:近指   CL   A   说   NMLZ

(141) a˦pʰo˦ tʂʰi˦   i˦   si˩   zu˦   nɯ˦
      爷爷   DEM:近指   CL   死:CAUS 需要 COMP
      u˦   mi˦te˩la˩
      说   INF

这种做法总的来说（是因为），（老爷爷）踩地的时候，哥哥好像是说了要把这个老爷爷杀死。

(142) gɯ˦dzɯ˦ tʂʰi˦   i˦   =nɯ˦   u˦   =le˦
      弟弟   DEM:远指   CL   A   说   NMLZ

(143) si˩   ma˦=   xã˦
      死:CAUS NEG   许可

(144) õ˦nɛ˩, a˦pʰo˦ tʂʰi˦   i˦   =nɯ˦   a˦nɛ˩   =sa˩
      怎样   爷爷   DEM:近指 CL   A   什么样   ADV

(145) a˦nɛ˩   u˦   =le˦   a˩ʒɛ˦nɛ˦   =sa˩
      什么样 说   NMLZ   是这样   ADV

弟弟说不能杀。这就是老爷爷为什么这样做，为什么这样说。

(146) a˩tsʰi˦tɕu˩, a˩bɤ˦ tʂʰi˦   i˦   nɯ˦ŋa˦
      DM   哥哥   DEM:近指   来   TOP

(147) tsʰa˦   tsʰi˦dzɤ˥ =le˦   u˩   bo˩bɤ˦ =le˦   tɤ˥   nɯ˩
      线   细细的   NMLZ   针   粗粗的 NMLZ   兴   PRT

(148) ndɑ˦kɤ˦ ku˩   a˦tɕʰi˥   bɤ˩   =a˦   i˦
      鼓   里   水   进来 CONJ   来
      =le˦   a˩ʒɛ˦nɛ˦
      NMLZ   是这样

(149) a˩tsʰi˦tɕu˩, lɤ˩dza˩ je˦   a˦tɕʰi˥   dɑ˩   i˦   nɯ˦ŋa˦
      DM   泥石流   做   水   闯   来   TOP

哥哥用粗针细线（缝鼓），泥石流爆发，水就冲进（鼓里）来了。

(150) gɯ˦dzɯ˦ tʂʰi˦   i˦   nɯ˦ŋa˦
      弟弟   DEM:近指   CL   TOP

(151) uɹ   tsʰiɬdzyˀ   =le˧   tʂˀa˧   boɹby˧   =le˧
      针   细细的   NMLZ   线   粗粗的   NMLZ
      ŋɤ˧   =sɑɹ
      COP   ADV

(152) aɹtʂʰiɬtɕuɹ, kuɬkuɹluɹ   aɹtɕiˀ   mɑ˧=   pɑɹ   nuɬ   aɹnɛnɹa
      DM   里面   水   NEG   到   PRT   是这样
      弟弟用细针粗线（缝鼓），里面进不去水。

(153) aɬnɛɹ   du˧   kɤɹ,   aɹtʂʰiɬtɕuɹ,   ndɑɬkɤ˧   lyɹlyˀ
      什么样 一   CL   DM   鼓   圆圆的

(154) aɹtɕʰiˀ   =nuɬ   pju˧   xuɹ   sɛɹ   miɬteɹlaɹ
      水   LOC   漂   去   COMPL   INF
      这样一个圆圆的鼓在水里漂。

(155) aɹtʂʰiɬtɕuɹ, mɤɬnɯɬtʂiɬdziɬsɑɹ   =sɑɹ,   aɹtʂʰiɬtɕuɹ
      DM   开天辟地   MIR   DM

(156) pju˧   =aɹ   xuɹ   miɬteɹlaɹ
      漂   CONJ   去   INF

(157) aɹtʂʰiɬtɕuɹ, nɛnɹ   tʂʰyˀ   kuɹ   xjõˀ   uɹ   =le˧
      DM   这   这里   里面   等   说   NMLZ

(158) kʰɯɹ   laɬ   mɑ˧=   lyɹ,   laɹpʰyˀ   laɬ
      狗   也/还   NEG   叫   鸡公（古）   也/还
      mɑ˧=   dzoɬ
      NEG   叫
      开天辟地了，（鼓）漂走了，（弟弟）在里面等着，狗和鸡都还没有叫。

(159) aɹtʂʰiɬtɕuɹ, xjõˀ   ũɹ   xjõˀ   ũɹ   nɯɬŋaɬ
      DM   等   还是   等   还是   TOP

(160) zeɬ   pju˧   teɬ   pju˧   mɑ˧=   dzuɬ
      哪里   漂   那里   漂   NEG   有
      miɬmaɬdyɹ   nu˧
      不知道   PRT

(161) a˩tʂʰi˧tɕu˩, tɕa˩   zi˩   ma˧=   tʰɑ˧   sɛ˩
      DM   非常   忍耐   NEG   能够   COMPL

(162) tɕa˩   nɛ˧   dzʑ˧   sɛ˩
      非常   像这样   辛苦   COMPL
      等啊等，不知道漂向哪里，难以忍受，太辛苦了。

(163) nɛ˧   sɛ˩   a˧si˧   nɯ˧,   a˩tʂʰi˧tɕu˩
      像这样   COMPL   先   PRT   DM

(164) dɯ˧   ni˧   ni˧   gʏ˧   sɛ˩   a˧si˧
      一   日   日   过   COMPL   先
      nɯ˧,   a˩tʂʰi˧tɕu˩
      PRT   DM

(165) la˩   dzo˧   =a˧   i˧   =le˧   a˩nɛ˧nɑ˧,   la˩   dzo˧
      鸡   叫   CONJ   来   NMLZ   是这样   鸡   叫

(166) kʰɯ˧ni˧   lʏ˩   =a˧   i˧   mi˧te˩lɑ˩
      小狗   叫   CONJ   来   INF
      后来过了一天又一天，这时鸡叫起来了，狗也叫起来了。

(167) gɯ˧dzɯ˧   tʂʰi˧   i˧   lɑ˧le˧tʂʏ˧,   a˩tʂʰi˧tɕu˩
      弟弟   DEM:近指   CL   这样一个   DM

(168) tɑ˧nɑ˧tɕi˩tʰe˧   =nɯ˧   ndɑ˧kʏ˧   lɑ˧   xã˩   a˧sɑ˩
      削箭刀   INST   鼓   又   割   然后

(169) dɯ˧   lo˩,   a˩pʰʏ˧   dɯ˧   lo˩   mi˧te˩lɑ˩
      一   看   外面   一   看   INF

(170) a˩tʂʰi˧tɕu˩, dzʑ˧   dɯ˧   dzʑ˧,   dɯ˧   tʂʏ˩   tsʰe˧
      DM   山   一   山   一   半   大概

(171) a˩tʂʰi˧tɕu˩, te˧-ţa˩   sɛ˩   =le˧   a˩nɛ˧nɑ˧
      DM   DUR-关   COMPL   NMLZ   是这样
      弟弟用削箭刀割开了鼓，往外边一看，一座山大概一半都被（水）围困了。

(172) a˩tʂʰi˧tɕu˩, a˩pʰʏ˧   tʰʏ˧   i˧   a˧sɑ˩
      DM   外面   出   来   然后

(173) iˌmeˉ seˎ ɨˌmeˉ lɑl~lɑl miˉteˌlɑˉ
　　　一面（汉）　走　一面（汉）　看:ITER　　　INF

(174) dzɤˉ lɑˎ, aˌtʂʰɨˉtɕuˎ, aˉtɕʰĩˋ =nɯˉ tʂɚˋ sɛˎ
　　　山谷　　　　DM　　　　水　　A　淹　COMPL

(175) tʰɯˉ teˉ zɛˎ ŋɤˋ =leˉ
　　　3SG　家　哪里　COP　NMLZ

(176) lɑˉ mɑˉ= sɯˉ sɛˎ
　　　也/还　NEG　知道　COMPL

(177) aˉmɑˉ aˉtɕʰĩˋ =xɤˋ, aˌtʂʰɨˉtɕuˎ
　　　更多　水　PL　DM

(178) dɯˉpeˉ ỹˌdyˌ lɑˉ teˉ-dzoˎ =nɯˉ mɤˉsiˋ
　　　好像　低地　也/还　DUR-积　DUR　PRT
　　　aˌnɛnɑˉ
　　　是这样

（弟弟）出来一边走一边看，山和谷都被水淹没了，家在哪里也不知道了，低洼地积水更多。

(179) aˌtʂʰɨˉtɕuˎ, seˎ =aˉ seˎ =aˉ dzeˉ miˎ
　　　DM　　　　走　CONJ　走　CONJ　饭　饿

(180) xwɑˋ lɑˉ xwɑˋ =nɯˉ miˉteˌlɑˉ
　　　渴　也/还　渴　DUR　INF

(181) nɛˉ aˉ dzeˉ tsuˉ dɯˉ kvˎ
　　　像这样　QUES　吃　东西　一　CL

(182) ʂvˎ tsuˉ dɯˉ kvˎ
　　　喝　东西　一　CL

(183) xĩˋ juˎ dɯˉ kvˎ aˉ dzuˉ?
　　　人　人家　一　CL　QUES　有

走着走着，（弟弟）渴了饿了，有没有吃的喝的，有没有人家？

(184) aˉ lɑˎ xɯˋ miˉteˌlɑˉ
　　　DM　看　去　INF

(185) ɖu˦   ju˩,   mɣ˩kʰɣ˥   dʐ˥   tʰɣ˥   tsi˥
      一   地方   火烟   一点   出   PROG
      =le˦   a˩nɛ˦na˦
      NMLZ   是这样

(186) mɣ˩kʰɣ˥   dʐ˥   tʰɣ˥   tsi˥   nɯ˦ŋa˦   a˩tʂʰi˦tɕu˩
      火烟   一点   出   PROG   TOP   DM

(187) te˦   xɯ˥   mi˦te˩la˥   te˦   xɯ˥   nɯ˦ŋa˦
      那里   去   INF   那里   去   TOP

(188) xĩ˦   ɖu˦   ju˩   dʐu˦   a˩nɛ˦na˦
      人   一   人家   有   是这样
      去看了一下，有一个地方正在冒烟，就去了那里，那里有一户人家。

(189) xĩ˦   ɖu˦   ju˩   dʐu˦   a˩tʂʰi˦tɕu˩
      人   一   人家   有   DM

(190) a˦pʰo˦   tʂʰi˦   i˦   a˩ʟu˩   ma˦=
      爷爷   DEM:近指   CL   房子   NEG
      dʐu˦   a˩nɛ˦na˦
      在   是这样

(191) a˩ʟa˦   a˦ju˩   ɖu˦   i˦   a˩ʟu˩   dʐu˦   mi˦te˩la˥
      DM   奶奶   一   CL   房子   在   INF
      那户人家老爷爷没在家，老奶奶在家。

(192) a˩,   a˩ʟu˩   bɣ˩   xɯ˥   nɯ˦ŋa˦   a˩tʂʰi˦tɕu˩
      DM   房子   进来   去   TOP   DM

(193) dze˦   a˦   dze˦   mi˩,   xwɑ˥   a˦
      饭   也/还   饭   饿   渴   也/还
      xwɑ˥   xu˦ma˦
      渴   NVIS

(194) a˦tɕʰi˥   dʐ˦   me˦   jɤ˥
      水   一点   要   N-EGO

(195) dzeɨ   tsuɨ   dyɣ   mʑʌ   jɤ˥   nɯɨuɨ   miɨteɭɭaɨ
     吃   东西   一点   要   N-EGO   REPD   INF
     （弟弟）走进房子，又渴又饿，要了一点水，一点吃的。

(196) aɨtʂʰiɨtɕu, aɨpʰoɨ   tʂʰiɨ   iɨ   teɨ   maɨ=
     DM   爷爷   DEM:近指 CL   家   NEG
     dzuɨ   aɭnɛnaɭ
     在   是这样

(197) aɨtʂʰiɨtɕu, aɨjuɭ   dɯɨ   iɨ   =nɯɨ
     DM   奶奶   一   CL   A

(198) dzeɨ   dyɣ   laɨ   tsʰiɨ~tsʰiɨ   jɤ˥
     饭   一点   又   热:ITER   给

(199) nɛɨ   =aɨ   miɨteɭɭaɨ, dyɣ   dzeɨ   sʌɨ
     像这样   NMLZ   INF   一点   吃   COMPL
     nɯɨ,   aɭtʂʰiɨtɕu
     PRT   DM
     老爷爷没在家，老奶奶给他热了一点饭，（弟弟）吃了一点。

(200) nɛɨ   aɨ   nuɨ   teɨ
     像这样   QUES   2SG   家

(201) ɯɨ   tɑɨ   ŋɤ˥   =leɨ   aɨ   nɯɨuɨ   aɨ?
     2SG   只   COP   NMLZ   QUES   REPD   EGO
     "怎么你家只有你一个？"

(202) ŋɑɨ   teɨ   aɨ   xiɨ   syɭnõɨ
     1SG   家   LOC   人   跟

(203) ŋɑɨ   teɨ   aɨpʰoɨ aɭuɭ   maɨ=   dzuɨ
     1SG   家   爷爷   房子   NEG   在

(204) tɑɭmiɨ   laɨ   iɨ   tsiɨ   =aɨ   nɯɨuɨ   miɨteɭɭaɨ
     一会   又   来   PROG   NMLZ:EGO REPD   INF
     "我家还有一个人，我家老爷爷没在家，一会马上要回来。"

(205) tɕaɭ   tɑɭmiɨ   gvɣ   =aɨ
     非常   一会   过   NMLZ

(206) a˧pʰo˧   tsʰi˧   i˧   la˧   i˧   a˩ne˩na˧
      爷爷   DEM:近指   CL   又   来   是这样

(207) a˧pʰo˧   tsʰi˧   i˧   la˧   i˧   nɯ˧ŋa˨
      爷爷   DEM:近指   CL   又   来   TOP

(208) tɕa˩   lɯ˧   tʂʰy˩   kɯ˧ŋɯ˧
      非常   田   踩   ASSOC

(209) a˧pʰo˧   tsʰi˧   i˧   ŋɤ˧   sɛ˩
      爷爷   DEM:近指   CL   COP   COMPL

(210) a˩tʂʰi˧tɕu˩, a˧pʰo˧   tsʰi˧   i˧   =nɯ˧   u˧
      DM   爷爷   DEM:近指   CL   A   说
      nɯ˩   a˩ne˩na˧
      COMP   是这样

过了好一会，老爷爷回来了，恰好就是踩地的那个老爷爷。老爷爷说……

(211) a˩tʂʰi˧tɕu˩, ba˧do˧ba˩do˧lo˩   xĩ˧   mi˧tɛ˩la˩
      DM   巴多巴多罗   名叫   INF

(212) u˩da˨   =nɯ˧   lɯ˧   dzwa˧   a˩xwa˧   =nɯ˧
      前面   LOC   田   挖   时候   LOC
      a˩tʂʰi˧tɕu˩
      DM

(213) je˧tsʰu˧   =be˧   ba˧do˧   a˧   la˧   do˩
      脖子   上（表面） 瘿袋   PRT   也/还   结

(214) gu˧ɯ˧   la˧   to˧lo˩   mi˧tɛ˩la˩ sɑ˩
      身体   也/还   一小团   INF   PRT

（弟弟）叫巴多巴多罗，以前挖地的时候，脖子上长了一个瘿袋①，身材也非常矮。

(215) a˧pʰo˧   tsʰi˧   i˧   nɯ˧ŋa˨,   a˩tʂʰi˧tɕu˩
      爷爷   DEM:近指   CL   TOP   DM

---

① 指甲状腺肿。

(216) a˧pa˧xa˧jʀ˩pa˩ nɯ˩lu˩ =le˩ na˧ xa˧pa˧
给饭的老人 REPD NMLZ COP:N-EGO 汉人
=nɯ˧ wa˩
INST 说

(217) a˧tʂʰi˧tɕu˩ nɯ˩, pe˩tɕi˩ʂʀ˩ɕĩ˩ nɤ˧ =sa˩
DM PRT 北极寿星 像这样 ADV

(218) nɛ˧ u˧ gɤ˩ =a˧ tʰa˧nɛ˧
像这样 说 正好 NMLZ INF

这个老爷爷叫"给饭的老人"，用汉语说是北极寿星。

(219) a˧tʂʰi˧tɕu˩ nɯ˩, ba˧do˧ba˩do˧ɣo˩ nu˧ i˧ a˧
DM 巴多巴多罗 2SG 来 EGO
nɯ˩lu˩ mi˧te˩la˩
REPD INF

(220) ŋa˧ i˧ =a˧ õ˧nɛ˧, dɯ˩ i˧ te˧-kʰo˧
1SG 来 NMLZ:EGO 怎么样 一 CL DUR-去

(221) nu˧ ta˧ la˧xa˩ sɛ˩ =nɯ˧
2SG 只 剩下 COMPL NMLZ

(222) na˧ =sa˩ nɯ˩lu˩ a˩nɛ˧nɛ˧
COP: N-EGO ADV REPD 是这样

"巴多巴多罗你来了？"（老爷爷）说。"我来了。""怎么样？一个人走了，只剩下你了。"

(223) ŋa˧ dɯ˩ ju˩ la˧ be˧
1SG 一 地方 又 去

(224) la˧ ma˧= dy˩ sɛ˩
也/还 NEG 有 COMPL

(225) a˧tʂʰi˧tɕu˩ nɯ˩, nu˧ te˧ a˩lu˩ xỹ˩ nɯ˩jʀ˩?
DM PRT 2SG 家 房子 住 QUES: N-EGO

"我一个可去的地方都没有了，能不能住你家房子？"

(226) nɯ˩lu˩ mi˧te˩la˩, ã˩ õ˩, xỹ˩ =a˧ za˩
REPD INF DM 答应 住 CONJ 可以

(227) dze˧ ŋɑ˧ te˧ ɑ˩u˩ dze˧
     饭   1SG 家   房子   吃

(228) lo˧ ŋɑ˧ te˧ ɑ˩u˩ je˧ =ɑ˧ zɑ˩
     活路 1SG 家   房子   做   CONJ 可以
     "好的，可以在我家吃饭，在我家干活。"

(229) ɑ˧nɯ˩te˩kʰo˧   ku˩ xĩ˧   mɑ˧= dʑu˧ sɛ˩
     那时候   里   人   NEG   有   COMPL

(230) lɑ˧ be˧ tsu˧ mɑ˧= dʑu˧ sɛ˩   =le˧
     也/还 去   东西   NEG   有   COMPL NMLZ

(231) lɑ˧ be˧ lɑ˧ mɑ˧= dy˩ sɛ˩
     也/还 去   地方 NEG   有   COMPL

(232) lɑ˧ pɑ˧ lɑ˧ mɑ˧= dy˩ sɛ˩
     也/还 到   地方 NEG   有   COMPL

(233) ɑ˩tʂʰi˧tɕu˩, tʰɯ˧ te˧ ɑ˩u˩ lo˧ je˧ =ɑ˧
     DM   3SG   家   房子   活路 做   NMLZ

(234) ɕe˧ dʐwɑ˩, ɕe˧ tsʰi˩, si˧ ku˩
     山地 挖   山地 砍   柴   捡

(235) nɛ˧ =xɤ˧ mi˧te˩lɑ˥, tʰɯ˧ te˧ ɑ˩u˩
     像这样 PL   INF   3SG   家   房子
     那时候没有人了，也没有回家的工具，也没有地方可以回，就在他家干活了，挖地、开荒、打柴这些。

(236) ɑ˥, tʰɯ˧ te˧ mo˩ =xɤ˧ nɯ˩ŋɑ˧
     DM   3SG   家   女儿   PL   TOP

(237) tɕɑ˥ dɯ˧ ni˧ i˧   dʑu˧ =le˧
     非常   一   二   CL   有   NMLZ
     ŋɑ˩te˧ nɯ˩hu˧ nɯ˩ŋɑ˧
     PRT   REPD   TOP
     他家有好几个女儿。

(238) ɑ˩tʂʰi˧tɕu˩, gv˩tɕu˧ dɯ˧ gv˩ gv˧ =ɑ˥
     DM   以后   一   段   过   NMLZ

(239) moɤxˋ laɬleɬtʂʰɤˋ   dɯˉpeˉ tɕeˋ~tɕeˋ dɯˉ
     姑娘   这样的一个   PRT   小:ITER   一
     iˉ   aˋneˋ
     CL   是这样

(240) aˉsaˋ,   aˉdzuˋdzuˋ,   xĩˉ   nɛˋ   nɯˉ   ŋaˋteˉ
     DM   阿久九   名叫   像这样 NMLZ   PRT
     aˋneˋ   saˋ
     好像   PRT

(241) nɯˋuˉ   nɯˋŋaˉ,   moɤxˋ   tsʰiˉ   iˉ   nɯˉ
     REPD   TOP   姑娘   DEM:近指   CL   PRT

(242) baˉdoˉbaˉdoˉɔˋ aˋ   moɤxˋ   tsʰiˉ   iˉ   =gɤˋ   baˉ
     巴多巴多罗   PRT 姑娘   DEM:近指   CL   P   喜欢

(243) nɛˋ   miˉteɬaˋ,   leˋtɕɤˋ
     像这样   INF   又是

(244) tsʰiˉ   dzɤˉ   dɯˉ   kyˋ   baˉ~baˉ   iˉ
     DEM:近指   两个   一   CL   喜欢:ITER 来
     sɛˋ   miˉteɬaˋ
     COMPL INF

     过了一段时间，巴多巴多罗喜欢上了那个最小的叫阿久九的姑娘，
     他们互相喜欢了。

(245) nɛˋ   sɛˋ,   aˋtsʰiˉtɕuˋ,   baˉdoˉbaˉdoˉɔˋ   =nɯˉ
     像这样   COMPL   DM   巴多巴多罗   A
     uˉ   =leˉ
     说   NMLZ

(246) nuˉ   teˉ   moˉ,   aˉdzuˋdzuˋ,   ŋaˉ   jɤˋ
     2SG   家   女儿   阿久九   1SG   给

(247) aˉ   baˉ   nɯˋ   uˉ   miˉteɬaˋ
     QUES   喜欢   COMP   说   INF

     巴多巴多罗问（老爷爷和老奶奶）："你们愿意把你家女儿阿久九
     嫁给我吗？"

(248) a˧, a˧ju˧ =nɯ˧ u˧ =le˧
DM 奶奶 A 说 NMLZ

(249) jɤ˧ =a˧ zɑ˩, tʰɯ˧ dzy˧ ba˧~ba˧ =nɯ˧
给 CONJ 可以 3SG 两个 喜欢:ITER DUR
老奶奶说："可以，他两个互相喜欢。"

(250) a˩tʂʰi˧tɕu˩, a˧pʰo˧ =nɯ˧ u˧ =le˧ nɯ˧ŋa˧
DM 爷爷 A 说 NMLZ TOP

(251) a˧ju˧ sy˩nõ˧ a˧pʰo˧ dzi˧gwe˩ nɯ˧ŋa˧
奶奶 和 爷爷 商量 TOP

(252) õ˧ pa˧ nɯ˧ jɤ˧ gy˩ di˩jɤ˧no˩
NEG 直接 PRT 给 做 PRT

(253) õ˧nɛ˩ kɯ˧nɯ˧ pẽ˧si˩ a˧ dy˧gy˩ dzu˧
什么样 ASSOC 本事 QUES 一点 有

(254) õ˧nɛ˩ kɯ˧nɯ˧ xĩ˧ gy˧ ɖu˧ i˧
什么样 ASSOC 人 好 一 CL
a˧ ŋɤ˧
QUES COP

(255) ny˩-mɛ˩ dzɤ˧ ɖu˧ ly˩ a˧ ŋɤ˧ =le˧
心-AUG 好 一 CL QUES COP NMLZ

(256) a˧ma˧ ɖu˧ lo˩ a˧si˧ dy˧ zɑ˩
更 一 看 先 一点 可以

(257) nɛ˧ =sɑ˩ u˧~u˧ mi˧te˩lɑ˧
像这样 ADV 说:ITER INF
但老爷爷跟老奶奶商量，不直接嫁给他，要看一下他是不是有本事，是不是一个好人，是不是有一颗好心。

(258) a˧ jɤ˧ a˧no˧ a˩tʂʰi˧tɕu˩
DM 给 如果 DM

(259) a˧pʰo˧ =nɯ˧ u˧ =le˧ kʰo˧xã˧ sɛ˩
爷爷 A 说 NMLZ 听话 COMPL
如果嫁给他就按老爷爷说的做。

(260) nɛ˧ sɛ˩, a˩tʂʰi˧tɕu˩
像这样 COMPL DM

(261) ŋɑ˧ te˧ mo˧ nu˧ jʀ˥ =a˧
1SG 家 女儿 2SG 给 CONJ
zɑ˩, nɑ˩nɯ˧
可以 但是

(262) ŋɑ˧ dʑɯ˧ni˧tsʰi˧sy˩ nu˧ =gʀ˥ je˧ xɯ˥
1SG 各种各样 2SG P 做 CAUS
tsi˧ =a˧
PROG NMLZ

(263) a˧zɑ˩ gy˩ nu˧ tʂɚ˩ nɯ˧ŋa˧
然后 做 假设 能够 TOP

(264) ŋɑ˧ te˧ mo˧ a˧dʐuˡdʐu˩ nu˧ jʀ˥ be˧
1SG 家 女儿 阿久九 2SG 给 去

(265) nu˧ u˧ mi˧te˩lɑ˩
COMP 说 INF

"我家女儿嫁给你可以，但是我要让你做一些事，如果你能干，我家女儿阿久九就嫁给你。"

(266) a˧dʐuˡdʐu˩ le˧ jʀ˥ nu˧ a˧si˧ pɑ˧
阿久九 PRT 给 假设 先 同意
=le˧, a˩tʂʰi˧tɕu˩
NMLZ DM

(267) gy˩ tʂɚ˩ tʂʰʀ˥ dy˩gy˩ je˧ pɑ˧
做 能够 这 一点 做 愿意
nɛ˧ =sɑ˩ nu˧ u˧ mi˧te˩lɑ˩
像这样 ADV COMP 说 INF

"只要把阿久九嫁给我，我就愿意，只要能做到，我什么都愿意做。"

(268) my˩sy˧, be˧ =sɑ˩ ɕe˧ tsʰi˥ xũ˧-nje˧
明天 去 ADV 山地 砍 准备-IMP

(269) a˧sɑ˩, mv̩˩sʏ˥ ɖɯ˧ ni˧ =nɯ˧
DM 明天 一 日 LOC

(270) gʏ˧tsʰe˩gʏ˧ dʑʏ˩ tsʰi˩ zu˧ a˧
九十九 山 砍 需要 EGO

(271) tsʰi˩ sɛ˩ zu˧ nɯ˩ɯ˧ mi˧te˩la˥
砍 完 需要 REPD INF

"明天准备去开荒，一天要砍完九十九座山。"

(272) tɕa˥ ɖɯ˧ xjɹ̃˩ =le˧ ʂo˧dʑi˧, ʂo˧dʑi˧ sɛ˩
非常 一 夜 ADV 想 想 COMPL

(273) a˥gwe˩ tʰɯ˧ so˧ɯ˧, be˧ ma˧= wã˥
后面 DEM:远指 早晨 去 NEG 敢

tsʰe˧ mi˧te˩la˥
大概 INF

（巴多巴多罗）想了整整一夜，第二天早晨，有点不敢去。

(274) a˥, a˧ju˥ =nɯ˧
DM 奶奶 A

(275) a˧ju˥ tʰɯ˧ i˧ =nɯ˧ u˧ =le˥
奶奶 DEM:远指 CL A 说 NMLZ

a˩ne˩na˩
是这样

(276) a˧my˧, nu˧ ɣɯ˧ɦa˧ la˧ bu˧ be˧
现在 2SG 斧头 又 扛 去

(277) a˧sɑ˩ dʑʏ˧ tɕʰi˩pʰɹ̩˧ ku˩ ĩ˥ te˧nõ˥
然后 山 脚 里 睡 PRT

(278) ɖɯ˧ dʑʏ˧ tɕʰi˩pʰɹ̩˧ ku˩ kɯ˧nɯ˧
一 山 脚 里 ASSOC

(279) ĩ˥ ɖɯ˧ma˧ ɖɯ˧ma˧ xwa˩ni˧
睡 一会 一会 闭目养神

(280) a˥, ĩ˩la˩xwã˧ la˧ tʂo˥
DM 睡觉 又 醒

(281) gʏ˧tsʰe˩gʏ˧   dʑy˩   te˧-tsʰi˩   dza˧
      九十九   山   DUR-砍   来   （做）好

(282) nu˧ gʏ˧ dʑy˩ tɑ˩ tsʰi˩ be˧ ma˧= zu˧
      2SG 九   山   只   砍   去   NEG   需要

老奶奶说："现在把斧头扛过去，然后去山脚下睡觉，每座山脚下都闭目养神睡一会，睡醒以后九十九座山就砍好了，你自己连九座山都不用砍。"

(283) a˩tʂʰi˧ɬu̯a, a˧ju˩   =nɯ˧   u˧   =le˧   kʰo˧ɬxã˧
      DM   奶奶   A   说   NMLZ   听话

(284) ɣɯ˧mɛ˧   la˧   bu˧   be˧
      斧头   又   扛   去

(285) dʑy˩   tɕʰi˩pʰɜ˧   ku˩   pa˧
      山   脚   里   到

(286) dɯ˧   dʑy˩   kɯ˧nɯ˧   ĩ˩   dɯ˧ma˧   dɯ˧ma˧   xwɑ˧
      一   山   ASSOC   睡   一会   一会   闭目

(287) ĩ˩ɬa˧xwã˧   la˧   tso˩
      睡觉   又   醒

(288) dɯ˧ dʑy˩ dɯ˧ dʑy˩ nɯ˧ te˧-tsʰi˩
      一   山   一   山   PRT DUR-砍
      sɜ˩   =nɯ˧
      COMPL DUR

(289) a˩   dɯ˧   ni˧   =le˧   gʏ˧tsʰe˩gʏ˧   dʑy˩
      DM   一   日   ADV   九十九   山

(290) tsʰi˩   sɜ˩   mi˧te˩la˩
      砍   COMPL INF

听了老奶奶的话，扛着斧头到了山脚下，一座山脚下睡一会，睡醒以后，九十九座山每座都砍好了。

(291) kʰo˧to˩   ɣɯ˧mɛ˧   la˧   bu˧   la˧   pa˧
      傍晚   斧头   又   扛   又   到

iɨ   miɨteɭlaɭ
来   INF

(292) aɨpʰoɨ   tsʰiɨniɨ   gʏɨtsʰeɭgʏɨ   dzyɭ
      爷爷   今天   九十九   山
      teɨ-tsʰiɭ   sɛɭ
      DUR-砍   COMPL

傍晚扛着斧头回来（说）："爷爷，今天我砍了九十九座山。"

(293) õɨnɛɭ   gʏɨ   =laɭ,   mʏɭsʏɨ   gʏɨtsʰeɭgʏɨ   dzyɭ
      什么样   好   NMLZ: N-EGO   明天   九十九   山

(294) laɨ   keɭ   ljeɨ   nuɨ   uɨ   miɨteɭlaɭ
      又   烧   来:IMP   COMP   说   INF

"这样很好，明天再把九十九座山烧好。"

(295) oɭ,   duɨ   dzyɭ   leɨ   keɭ   maɨ=   sɛɭ   =leɨ
      DM   一   山   PRT   烧   NEG   完   NMLZ

(296) gʏɨtsʰeɭgʏɨ   dzyɭ   aɨnɛɭ   keɭ   nuɯɭuɨlaɭ
      九十九   山   什么样   烧   REPD: N-EGO

一座山都烧不完，九十九座山怎么烧得完？

(297) aɨjuɭ   =nɯɨ   uɨ   =leɨ   ŋaɭteɨ   aɭtseɭ-nɑɭ
      奶奶   A   说   NMLZ   PRT   悄悄-ADV

(298) jeɨ   =aɨ   beɨ,   loɭkʰoɭ   gʏɨ   tʰyɭ
      做   CONJ   去   松明   九   CL
      laɨ   gʏɭ
      又   做

(299) aɨsɑɭ,   gʏɨ   dzyɭ   kʏɭ   tɕʰiɭpʰɛɭ   kuɭ
      然后   九   山   ASSOC   脚   里
      tʏɨ   =nɯɨ
      摆放   DUR

(300) aɭ   nuɨ   ĩɭaɭxwãɭ   zɑɭ
      DM   2SG   睡觉   可以

老奶奶悄悄说:"去吧,准备好九捆松明,放在九座山脚下,就可以睡觉了。"

(301) ĩ˩a˩xwã˦ la˦ tʂo˩ dɯ˦ lo˩ lje˦
睡觉 又 醒 一 看 来:IMP

(302) tɕʰwã˩pɣ˦ gɣ˦tsʰe˦pɣ˦ dʐɣ˩
全部 九十九 山

(303) la˦ ke˦ sɛ˩ a˩nɛ˦
又 烧 COMPL 是这样

睡醒了再一看,全部九十九座山又烧好了。

(304) a˦ kʰo˩to˦ la˦ i˦
DM 傍晚 又 来

(305) a˦ la˦ ke˦ sɛ˩ a˦ nɯ˩u˦ mi˦te˦la˦
DM 又 烧 COMPL EGO REPD INF

傍晚回来(说):"又烧好了。"

(306) mɣ˩sɣ˦ dzwa˦ xũ˦-nje˦ nɯ˩u˦ mi˦te˦la˦
明天 挖 准备-IMP REPD INF

"明天准备去挖地。"

(307) le˦tɕɣ˦ a˦ tsʰɣ˦~tsʰɣ˦ tsi˦ lɛ˩ a˦nõ˩
重复 又 担心:ITER PROG COMPL PRT

接着他又开始担心了。

(308) a˩tsʰi˦tɕɯ˩,le˦tɕɣ˦ a˦ju˩ =nɯ˦ a˩tsɛ˦-na˩
DM 重复 奶奶 A 悄悄-ADV

(309) tsa˦ko˩ pa˩ be˦, a˩tsʰi˦tɕɯ˩, dʐɣ˩ tɕʰi˦pɣ˩ ku˩ pa˦
锄头 拿 去 DM 山 脚 里 到

(310) ĩ˩ =a˦ dɯ˦a˦ xwa˩ te˦nɯ˦
睡 CONJ 一会 闭目 PRT

(311) ĩ˩a˩xwã˦ la˦ tʂo˩
睡觉 又 醒

(312) te˦-dzwa˦ i˦ za˩ nɯ˩u˦ mi˦te˦la˦
DUR-挖 来 可以 REPD INF

又是老奶奶悄悄地说："拿着锄头去山脚下，睡一会，睡醒以后地就会挖好了。"

(313) a˩tsʰi˧tɕu˩, a˥gwe˩   tʰɯ˧   ni˧
      DM   后面 DEM:远指   日

(314) a˧nɛ˩   a˧   dzɤ˩   =le˧,   te˧-dzwa˧   sɛ˩
      什么样   NMLZ   真   NMLZ   DUR-挖   COMPL
      第二天（照样做），真的挖好了。

(315) tɕa˥   la˧   i˧,   kʰo˩to˧   la˧   pɑ˧
      DM   又   来   傍晚   又   到家

(316) dzy˧   dzwa˧   sɛ˩   nɯɯ˧   mi˧te˩la˩   ɕe˧
      山   挖   COMPL   REPD   INF   山地
      dzwa˧   sɛ˩
      挖   COMPL
      傍晚回到家（说）："山挖好了，田挖好了。"

(317) nɛ˩a˧,   gɤ˧tsʰe˩gɤ˧   dzy˩
      然后   九十九   山

(318) la˧   pʰɑ˩   =le˧   nɯɯ˧   mi˧te˩la˩
      又   撒   NMLZ   REPD   INF
      "还要给九十九座山都撒好种。"

(319) dɯ˧   dzy˩   a˧nɛ˩   pʰɑ˩   sɛ˩   nɯ˧
      一   山   怎样   撒   COMPL   PRT

(320) dɯ˧   ni˧   tsʰe˧   =nɯ˧   so˧dzi˧
      一   日   大概   A   想

(321) nɛ˧   sɛ˩   je˧   tsi˧   mi˧te˩la˩
      像这样 COMPL   做   PROG   INF
      "一天时间只能撒完一座山。"他想。

(322) tɕa˥   a˧ju˩   a˧tse˩   =nɯ˧   u˧   =le˧   a˩nɛ˧na˧
      DM   奶奶   悄悄地   ADV   说   NMLZ   是这样

(323) dɯ˧   dzy˩   tɕʰi˩pʰɑ˩   ku˩   kɯ˧nɯ˧
      一   山   脚   里   ASSOC

(324) la˦   dɯ˦   nɯ˧xã˩   dɯ˦   nɯ˧xã˩   te˧-tʂɤ˧   =nɯ˦
      种子   一   袋   一   袋   DUR-摆放   DUR

(325) a˩   nu˦   ĩ˩a˩xwã˩ =nɯ˦
      DM   2SG   睡觉   LOC

(326) pʰa˩ sɛ˧   we˦   nɯ˩u˦   mi˦te˩la˦
      撒   COMPL   PRT   REPD   INF

老奶奶又悄悄说:"一座山脚下放一袋种子,你睡觉,就会撒好种了。"

(327) a˩dʑɤ˦ ĩ˩a˩xwã˩   la˦   tʂo˦
      真的   睡觉   又   醒

(328) tu˦   pʰa˩   sɛ˧   mi˦te˩la˦
      上面   撒   COMPL   INF

真的睡醒了,(山)上面就撒好种了。

(329) a˩tʂʰi˦tɕu˦, te˧-pʰa˧   sɛ˧,   dɯ˦   ɡɤ˩   kwa˦   a˩tʂʰi˦tɕu˦
      DM   DUR-撒   COMPL   一   段   过   DM

(330) la˦   tsʰɯ˦   xɯ˩   mi˦te˩la˦
      又   收割   CAUS   INF

(331) la˦   tsʰɯ˦   lje˦   nɯ˩u˦   mi˦te˩la˦,   ɣo˦
      又   收割   来:IMP REPD   INF   庄稼

      mi˦   sɛ˧
      成熟   COMPL

撒完种过了一段时间,又让(他)收割。"再来收割吧,庄稼熟了。"

(332) o˦   dɯ˦   dʑy˩   la˦   tsʰɯ˦   ma˦=   sɛ˧
      DM   一   山   也/还 收割   NEG   完

(333) dɯ˦   ɕe˧   =le˦   a˦   tsʰɯ˦   ma˦=
      一   山地   NMLZ   也/还   收割   NEG

      sɛ˧   =le˦
      完   NMLZ

(334) o˥ gɣ˧tsʰe˩gɣ˧ pʰo˩
     DM 九十九   片

(335) gɣ˧tsʰe˩gɣ˧ dzy˩
     九十九   山

(336) a˧nɛ˩ tsʰɯ˧ a˩nɛ˧na˧
     什么样 收割   是这样
     一座山都收割不完，一片地都收割不完，九十九片地、九十九座山怎么收割完呢？

(337) a˧ju˥, a˩tʂʰi˧tɕu˩, =nɯ˧ u˧ =le˩ a˩tse˧
     奶奶   DM   A   说   NMLZ 悄悄地
     nɛ˩a˧ le˧tʂʰɤ˧
     然后   PRT

(338) a˩tʂʰi˧tɕu˩, xwɑ˧gɣ˥ pɑ˧ be˧, dzy˩ tɕʰi˩pɜ˧ ku˧ pɑ˧
     DM   镰刀   拿 去   山   脚   里   到

(339) ĩ˩a˩xwã˧ la˧ tʂo˥, a˩tʂʰi˧tɕu˩
     睡觉   又   醒   DM

(340) tɕʰwã˩pɣ˧ la˧ tsʰɯ˧ sɜ˩ mi˧te˩a˥
     全部   又   收割 COMPL INF
     然后老奶奶悄悄说："拿上镰刀，到山脚下睡一会，睡醒以后，就全都收割完了。"

(341) nɛ˩a˧ la˧ dzɑ˧ lje˧ a˧nɛ˩ u˧ mi˧te˩a˥
     然后   又   背   来:IMP 怎样 说 INF

(342) la˧ dzɑ˧ la˧ du˩ zu˧ sɜ˩
     又   背   又   打   需要 COMPL
     =a˧ nɛ˩nɯ˧
     NMLZ PRT

(343) la˧ lɑ˥ zu˧ sɜ˩ we˧nɯ˧ õ˧nɛ˩
     又   打   需要 COMPL PRT 什么样
     a˧nɛ˩ =le˧ dzɑ˧ nɯ˧
     怎样   ADV 背   PRT

（收完）还要背回来，还要打完，那么要怎样背呢？

(344) leˌtɕɤ˧ aˌjuˉ =nɯ˧ u˧ =le˧ ŋaˌt˧ aˌneˌ ɦanˌkɦaŋˌ
     又   奶奶   A   说   NMLZ PRT 是这样

(345) aˌtʂʰiˌtɕu˧, biˉ pa˧ be˧
     DM   绳子 带   去

(346) dzɤˌ tɕʰˌd˧ ku˧ ĩˌaˌxwãˉ
     山   脚   里   睡觉

(347) tɕaˌ, ĩˌaˌxwãˉ laˉ tʂo˧ laˉ dzu˧
     DM   睡觉   又   醒   又   ?

(348) tɕʰwãˌpɤˉ laˉ dzɑˉ sɛ˧
     全部   又   背   COMPL

老奶奶又说："拿着绳子去，在山脚下睡觉，睡醒以后就全部背完了。"

(349) aˉ laˉ dzɑˉ laˉ du˧ nɛˌ sɛ˧
     DM 又 背   又 打 像这样 COMPL

(350) dɯ˧ ly˧ se˧ dɯ˧ tʂɤ˧
     一   粒   ASSOC 一   节

(351) laˉ ma˧= dzu˧ jɤˉ
     又   NEG 够   N-EGO

背完了，打完了，（发现）少了一粒粮食和一节粮食。

(352) nɛˌ =sɑˉ leˌtɕɤˉ
     像这样 ADV 又

(353) aˉpɑˌxɤˉpˌ =nɯ˧ u˧ miˌteˌlaˉ
     给饭的老人   A   说   INF

(354) nu˧ lɯ˧ dɯ˧ ly˧ =sɑˉ
     2SG 种子 一   CL   ADV

(355) lɯˉ dɯˉ ly˧ aˉ dɯ˧ tʂɤ˧
     种子 一 CL   和   一   节

(356) laˉ ma˧= dzu˧ aˉ
     又   NEG 够   EGO

(357) la˧   ʂɤ˧   xũ˧-nje˧   nuɯ˩˧   mi˧tɛ˩la˥
      又   找   准备-IMP   REPD   INF
      这样北极寿星说："怎么少了一粒种子和一节种子？要找到。"

(358) a˥   ze˧   ʂɤ˧   be˥?
      DM   哪里   找   去

(359) le˩tɕɤ˥   a˩ju˩   ɯ˩nuɯ˩   u˧   ɯ˩le˩   ŋa˩tɛ˥   a˩nɛn˥
      又   奶奶   A   说   NMLZ   PRT   是这样
      去哪里找呢？老奶奶又说了：

(360) dɯ˧   ly˩,   tʰõ˩jẽ˩   ɯ˩nuɯ˩   dzwa˧   mi˧tɛ˩la˥
      一   CL   斑鸠   A   啄   INF

(361) si˧dzi˧   ɯ˩be˧   xiř˩   ŋɤ˧   dza˧   sa˩
      树   上（表面）   歇   COP   可能   PRT

(362) ta˧na˧   ɯ˩nuɯ˩   la˧   bi˥   ɯ˩a˧   lje˧
      弩弓   INST   又   射   CONJ   来:IMP

(363) dɯ˧   tʂɤ˧,   tʂʰwa˧ʐo̞˧   ɯ˩nuɯ˩   dze˧   ŋɤ˧
      一   节   蚂蚁   A   吃   COP
      dza˧   sa˩
      可能   PRT

(364) i˧tsɯ˧   ku˩   dzɯ˧   tʂʰa˧   dɯ˧   tʂʰa˧   ɯ˩nuɯ˩
      腰   里   拴   绳   一   CL   INST

(365) dɯ˧   dzɯ˧   nɯ˧   a˩tʂʰi˩tɕu˩,   dɯ˧   tʂɤ˧
      一   拴   PRT   DM   一   节

(366) la˧   tsʰo˩   ɯ˩a˧   i˧   si˩   i˧   dza˧
      又   掏   CONJ   来   ?   来   可能
      "一粒好像是被树上歇着的斑鸠啄了，用弩弓打下来；一节好像是被蚂蚁吃了，用绳子拴在（它）腰那里，可能就把这一节掏出来了。"

(367) a˩tʂʰi˧tɕu˩, tʰɯ˩   a˧nɛ˩   je˧   nuɯ˧na˧,   a˩tʂʰi˧tɕu˩
      DM   3SG   什么样   做   TOP   DM

(368) ɖɯ˧ ly˩ a˧ ɖɯ˧ tʂɤ˧
　　　一　　CL　 和　 一　　 节
(369) la˧ pɑ˩ i˧ sɛ˩ mi˧te˩lɑ˩
　　　又　　拿　　来　 COMPL INF
他就这样做了，拿到了这一粒和一节。
(370) a˧nɛ˩ a˧dzu˩dzu˩ mɤ̃ jɤ˧ nuɯ u˧ mi˧te˩lɑ˩
　　　什么样　阿久九　　 要　 给　 COMP 说 INF
(371) o˧ nɛ˩a˧ nõ˩
　　　DM　 那么　 PRT
(372) ma˧= jɤ˧ =le˧ ma˧= dy˩ sɛ˩
　　　NEG　 给　 NMLZ NEG　 可以 COMPL
这样就要答应他要阿久九（嫁给他的要求），不给不行了。
(373) a˧ju˩ =nɯ˧ u˧ =le˧, a˩, jɤ˧
　　　奶奶　 A　 说 NMLZ DM　 给
　　　zu˧ sɛ˩
　　　需要 COMPL
(374) a˧dzu˩dzu˩ tʰɯ˧ dzɤ˧ a˩dzu˩dzu˩ sy˩nõ˩ ba˩do˧ba˩do˧lo˩
　　　阿久九　　 3SG　　两个　 阿久九　　　和　　　巴多巴多罗
(375) a˩dzi˧ xu˧xu˩ sɛ˩ mi˧te˩lɑ˩
　　　相处　 和气　　COMPL　INF
老奶奶说了，必须要给了，阿久九和巴多巴多罗两个相处得很好了。
(376) a˩ nɛ˩a˧ nõ˩
　　　DM　 那么　 PRT
(377) a˧nɛ˩ je˧ zu˧ ma˧= sɯ˩ a˧ we˧
　　　怎样　做　 需要 NEG　 知道 EGO　PRT
(378) nɛ˧ sɛ˩ a˩tsʰi˧tɕi˩, ɖɯ˧ dzi˧gwe˩ sɛ˩
　　　像这样 COMPL　DM　　　一　　商量　　 COMPL
(379) a˧pʰo˩ sy˩nõ˩ a˧ju˩ jɤ˧ =le˧ ˩a˩nɛ˩a˩
　　　爷爷　 和　　　奶奶　 给　 NMLZ　是这样

(380) a˥ jɤ˥ sɛ˩ nuɨŋa˦, a˩tʂʰitɕu˩
DM 给 COMPL TOP DM
（本来）不知道怎么办，老爷爷和老奶奶商量了一下，决定（把阿久九）给他了。

(381) dɯɨtekʰoŋo˦, o˩ dɯɨ sy˩ dɯɨ ma˦
古时候 DM 一 样 一 点

(382) ma˦= dʑɯɨ sɛ˩ nuɨ ni˦
NEG 有 COMPL PRT COP（古）
古时候，什么东西都没有。

(383) a˩tʂʰitɕu˩, dɯɨtekʰoŋo˦ xĩ˦ =nuɨ
DM 古时候 人 A

(384) dze˦ tsu˦, dze˦ tʂʰi˦ tsu˦
吃 东西 吃 DEM:近指 东西

(385) xɣ˦ kɣ˩ xɣ˦ tsu˦, la˦ mo˦
穿 能 穿 东西 种子 ?
la˦ kɯɨnuɨ
种子 ASSOC

(386) sɣ˦mɣ˦sɣ˦tse˩ =le˩ kɯɨnuɨ la˦, a˦sa˩ dʑɣɨ˦
万事万物 NMLZ ASSOC 种子 DM 山上
吃的东西，穿的东西，万事万物的种子，还有山上的（都没有）。

五、玛丽玛萨人婚嫁习俗

(1) ma˩lɯɨma˥sɯ˩ kɯɨnuɨ a˦i˦sɤ˩
玛丽玛萨 TOP 以前

(2) dɯɨ ju˩ je˦ =le˩ gɣ˩wa˦
一 家 做 NMLZ 意思

(3) õ˩nɛ˩ ŋɤ˦ te˦ a˩nɛ˦na˦, a˩tʂʰitɕu˩
怎样 COP ? 是这样 DM
玛丽玛萨人以前做一家（婚嫁）的做法是这样的。

(4)　maɻluɯɿmɿɬam˧sɯ˧　te˧　a˩by˦　gɯ˧dzɯ˧　sɯ˩
　　玛丽玛萨　　　　　 家　　哥哥　 弟弟　　三

(5)　i˧　dzɯ˧　=le˧　ŋɤ˧te˥　a˩nɛ˩la˩
　　CL　有　　NMLZ　PRT　　是这样

(6)　a˧sa˩,　dzɯ˧　tʰɯ˧　i˧　=nɯ˧
　　DM　　大　　DEM:远指　CL　A
　　xa˧pa˧　pjɤ˥　sɛ˩
　　汉族　　变　　COMPL

(7)　tɕe˩~tɕe˩　tʰɯ˧　i˧　nɯɯ˧ŋa˧
　　小: ITER　DEM:远指　CL　TOP

(8)　ɣ˧dzɤ˥　pjɤ˥　sɛ˩　na˧
　　藏族　　变　　COMPL　COP: N-EGO

(9)　a˧sa˩,　ʂɚ˧ndzɯ˧　la˧　je˧　sɛ˩
　　DM　　 结婚　　　　 也/还　 做　　COMPL
　　a˧　nɯɯɿɯle˩　na˧
　　PRT　REPD　　 COP: N-EGO

(10)　a˧tsʰi˧ɯɯ˩, tɕʰi˧mɛ˥la˩　la˧　ʂo˧　sɛ˩
　　DM　　 妻子　　　　 也/还　领　 COMPL

传说玛丽玛萨家有兄弟三人，老大变成了汉族，老二变成了藏族，也都结了婚。

(11)　a˧tsʰi˧ɯɯ˩　gɯ˧dzɯ˧　tɕe˩　tʰɯ˧　i˧　nɯɯ˧ŋa˧
　　DM　　　 弟弟　　　　 小　　DEM:远指　CL　TOP

(12)　ma˧=　ʂɚ˧ndzɯ˧　ma˧=　je˧　si˧
　　NEG　结婚　　　 NEG　　做　　还

最小的儿子还没有结婚。

(13)　a˧sa˩　dɯ˧　ni˧,　a˧tsʰi˧ɯɯ˩
　　DM　　一　　日　　DM

(14)　i˧zɚ˧dzɚ˧　kʰɯ˧　xɯ˧　kʰɯ˧　zo˩　si˧dzi˧　tʰa˧
　　江　　　　 边　　　湖　　 边　　柳树　 树　　　下

(15) se˩se˥ɯ˦   la˦
     遮阴   地方
(16) wo˦xɛ˦   tsi˦   =le˩   a˩nɛ˦na˦
     休息   PROG   NMLZ   是这样
     有一天，（小儿子）在江边湖边的柳树下阴凉处休息。
(17) a˩tʂʰi˦tɕɯ˩ mo˩xɤ˥ dɯ˦   i˦   =nɯ˦
     DM   女人   一   CL   A
(18) ŋa˦   la˦   ʂo˦   i˦   jɤ˥
     1SG   又   领   来   N-EGO
(19) nɛ˦   =sa˩   lwa˦   tsi˦   a˩nɛ˦na˦   a˩sa˦
     像这样 ADV   喊   PROG   是这样   DM
     听见一个女人的声音喊着："把我领回去！"
(20) mɣ˦   tu˥   gɤ˥=   dɯ˦   lo˥
     天   上   DIR:向上   一   看
     na˦,   a˩tʂʰi˦tɕɯ˩
     PRT   DM
(21) ẽ˦nã˥   ɕi˩dzɤ˥   dɯ˦   me˦   =nɯ˦
     老鹰   很大   一   CL   A
(22) a˩tʂʰi˦tɕɯ˩, dɯ˦   sy˩   tɕʰi˦   =a˦   i˦   =sa˩
     DM   一   样   提   CONJ   来   ADV
(23) mɣ˦   tu˥   tʰɯ˦   bju˦   i˦
     天   上   跋涉   飞   来
     tsi˦   a˩nɛ˦na˦   sa˩
     PROG   是这样   MIR
(24) bju˦   =a˦   i˦   sa˩,   a˩tʂʰi˦tɕɯ˩
     飞   CONJ   来   MIR   DM
     往天上一看，一只很大的老鹰提着一样东西从天上飞过来。
(25) nɛ˦   nɯ˦ŋa˦,   a˩tʂʰi˦tɕɯ˩
     像这样 TOP   DM

(26) mjɤ˩ tɕu˩ jɤ˩ mjɤ˩ tɕu˩ nu˩ɬu˩le˩
命 救 N-EGO 命 救 REPD
mi˧ɬe˧ɬa˩ ɑ˧ɬɑ˧
INF DM
像是在喊"救命！救命！"

(27) tɕe˧ tʂʰi˩pɤ˩tʂʰi˩ =hɯ˧ i˩me˩ lɑ˧
DM 马上 ADV 弓 又
sɑ˩, ɑ˧ɬɑ˩, ɑ˩tʂʰi˧tɕu˩
取下来 DM DM

(28) i˩me˩ ɖɯ˧ kʰɑ˧ bi˧ =le˧ nɑ˩hɯ˧
弓 一 CL 射 NMLZ DM

(29) ɑ˧ɬɑ˩, ẽ˧nɑ̃˧ kuɯ˧hɯ˧ nɯ˧mɛ˧kʰo˧ be˧
DM 老鹰 ASSOC 胸口 上
zu˧ po˧ ɑ˩nɛ˧nɑ˧
中 掉 是这样
（小儿子）马上取下弓来射了一箭，射中了老鹰的胸口。

(30) ɑ˧ɬɑ˩, ɑ˩tʂʰi˧tɕu˩ tɕʰi˧ =ɑ˧ i˧
DM DM 抓 CONJ 来
tʰɯ˧ kʏ˩
DEM:远指 CL

(31) lɑ˧ɬe˧tʂʰɤ˧ tõ˩= gɤ˩ i˧ =le˧ ɑ˩nɛ˧nɑ˧
那一个 DIR:向下 掉落（古） 来 NMLZ 是这样

(32) tõ˩= gɤ˩ i˧ nɯ˧ŋɑ˧
DIR:向下 掉落（古） 来 TOP

(33) ɑ˩tʂʰi˧tɕu˩, tʂʰu˧bu˧ pjɤ˧ ku˧
DM 菖蒲 茂盛 地方

(34) gɤ˩ =le˧ ɑ˧nɛ˧nɑ˧ tʂʰu˧bu˧ pjɤ˧ ku˧
掉 NMLZ 是这样 菖蒲 茂盛 地方
（老鹰）抓来的那一个就掉下来了，掉在了菖蒲茂盛的地方。

(35) aɭtʂʰiɬtɕuɭ, tʰɯɭ   teɭtʰuɭ   xɯɭ   =saɭ
     DM   3SG   那边   去   ADV
     dɯɬ   loɭ   xɯɭ   saɭ,   aɭtʂʰiɬtɕuɭ
     一   看   去   MIR   DM

(36) moɭxɤɭ   dɯɬ   iɬ   ŋɤɬ   aɭnɛɬnaɬ
     女人   一   CL   COP   是这样

(37) aɬsaɭ   gɤɭ-tʂɤɭ   nɯɬŋaɬ,   aɭtʂʰiɬtɕuɭ
     DM   DIR:向上-半   TOP   DM

(38) pʰɣɭlaɭ nɯɬ   nɛɬ   aɭnɛɬnaɬ   ỹɭ-tʂɤɭ
     菩萨   PRT   像这样   是这样   DIR:向下-半
     nɯɬŋaɬ, aɭtʂʰiɬtɕuɭ
     TOP   DM

(39) niɭzeɭ   miɬtsɣɬ   nɯɬ   nɛɬ   kɯɬnõɬ
     鱼   尾巴   PRT   像这样   ASSOC

(40) oɬ,   moɭxɤɭ   dɯɬ   iɬ   ŋɤɬ   aɭnɛɬnaɬ
     DM   女人   一   CL   COP   是这样

他过去一看，是一个女人，上半身像菩萨，下半身长着鱼尾巴。

(41) aɭtʂʰiɬtɕuɭ, gɣɭnaɭ   =beɬ   loɭ   sɛɭ,   aɭtʂʰiɬtɕuɭ
     DM   好好地   ADV   看   COMPL   DM

(42) ʂaɬwaɭ   iɬ   =leɬ   ŋɤɬ   aɭnɛɬnaɬ
     说话   来   NMLZ   COP   是这样

(43) ʈaɭmiɬ   gɣɬ   =aɬ,   aɭtʂʰiɬtɕuɭ
     一会   过   NMLZ   DM

(44) oɬ,   niɬ,   aɭtʂʰiɬtɕuɭ
     DM   1SG（古）   DM

（小儿子）好好地看了一下，（女人）说起话来："我啊……"

(45) nɯɬ   aɬtsɣɬ   jeɬ   =saɭ
     2SG   什么   做   ADV

(46) aɬnɛɭ   =leɬ,   tsʰɣɭ   bɣɬlɯɬ   naɬ,   nuɭuɬleɭ
     怎样   NMLZ   这里   滚着   COP: N-EGO   REPD

（小儿子）说："你在做什么？怎么在这里滚着？"

(47) a˩tsʰi˧tɕy˧, ɣ˩dzɤ˧ =nɯ˧ wa˩ ɕi˩
DM 藏族 INST 说 ?

(48) ɕe˩tɕy˧ ni˧ kwa˧ =la˧ i˧
老鹰 1SG（古） 抓 CONJ 来
=le˧ na˧
NMLZ COP: N-EGO

(49) ni˧, a˩ts˧i˧tɕy˧, ʂɤ˩ te˧ kɯ˩nɯ˧
1SG（古） DM 龙 家 ASSOC

(50) ʂɤ˩ te˧ kɤ˧ mo˩ ŋɤ˧ a˩nɛn˧
龙 家 ASSOC 女儿 COP 是这样

（女人）用藏语说："是老鹰把我抓来的，我是龙家的女儿。"

(51) a˧sa˩, a˩tsʰi˧tɕy˧, i˧ sɑ˩
DM DM 来 PRT

(52) a˩tsʰi˧tɕy˧, xɯ˩ tu˧ a˩tsʰi˧tɕy˧, ba˩ba˧ dzi˧,
DM 湖 上 DM 花 树
te˧-fa˧ la˧
DUR-种 地方

(53) dzu˧ nɯ˧ŋa˧, a˩tsʰi˧tɕy˧
在 TOP DM

(54) o˧, ɛ̃˧nã˩ =nɯ˧
DM 老鹰 A

(55) ni˧ tɕʰi˧ =a˧ la˧ i˧
1SG（古） 提 CONJ 又 来
sɑ˩, a˧nɛl˧ʒɐ˧ na˧
PRT 是这样 COP: N-EGO
老鹰从湖上种着开花的树的地方把我提过来。

(56) ni˧ te˧ nɯ˧ŋa˧, a˩tsʰi˧tɕy˧
1SG（古） 家 TOP DM

(57) oɤ˧, la˧kʰo˧, la˧ ma˧= ŋʁ˧
DM 远 也/还 NEG COP

(58) ʂʏ˧ te˧ mo˧ ŋʁ˧, nɛ˧
龙 家 女儿 COP 像这样
=sɑ˩ nu˩u˧le˩ na˧
ADV REPD COP: N-EGO
我家也不是远处的，我是龙家的女儿。"

(59) a˩tʂʰi˧tɕu˩, nɛ˧-a˧
DM 像-NMLZ

(60) nu˧ tɕa˩ dzu˧ sɛ˩ =la˩
2SG 非常 疼 COMPL NMLZ: N-EGO

(61) nɛ˧ =sɑ˩, a˩tʂʰi˧tɕu˩, nɛ˧ ni˧
像这样 ADV DM 那么 1SG（古）
te˧ a˩u˩ a˩sɑ˩
家 房子 DM

(62) ɖɯ˧ be˧ lje˧, nɛ˧ =sɑ˩
一 去 来:IMP 像这样 ADV

(63) a˩tʂʰi˧tɕu˩, ni˧ te˧ a˧ ma˧=
DM 1SG（古） 家 也 NEG
la˧kʰo˧, nɛ˧ sɑ˩
远 像这样 PRT

(64) ze˧ tʰɯ˧ i˧ nu˩u˧le˩ nu˩u˧le˩
小伙子 DEM:远指 CL REPD REPD
ŋʁ˧ te˧ a˧nɛ˩
COP 那 什么样
"那你摔疼了吧，先到我家屋里来一下吧，我家也不远。"小伙子说。

(65) tʰɯ˧ te˧ a˩u˩ pɑ˧ nɯ˧ɳa˧, a˩tʂʰi˧tɕu˩
3SG 家 房子 到 TOP DM

(66) tʰɯ˧ te˧ a˩pɑ˧ nõ˩
3SG 家 父亲 PRT

(67) ba˧do˧ba˧do˧lo˧ ŋɤ˧ =le˧ na˧
巴多巴多罗 COP NMLZ COP·N-EGO

(68) tʰɯ˧ te˧ a˧mɛ˧ nõ˩
3SG 家 母亲 PRT

(69) a˩tʂʰi˧tɕu˩, o˧, a˧pɑ˧xɑ˧jɤ˥pɑ˧ kɯ˧nɯ˧ mo˧
DM DM 北极寿星 ASSOC 女儿

(70) a˧dzu˧dzu˩ xĩ˧ nɯ˧ŋa˧, a˩nɛ˧
阿久九 名叫 TOP 是这样

到了他家屋里，他家父亲是巴多巴多罗，他家母亲是北极寿星的女儿阿久九。

(71) tɕa˧ a˩ʟu˩ pɑ˧ nɯ˧ɯɯ, a˩tʂʰi˧tɕu˩
DM 房子 到 TOP DM

(72) tsʰɑ˧xɯ˧ la˧ je˧
药 又 做

(73) dzu˧ =le˧ tʰɯ˧ kɤ˩, a˩tʂʰi˧tɕu˩ nɯ
疼 NMLZ DEM:远指 CL DM PRT

(74) nɛ˧ =sɑ˩, nɛ˧ sɛ˩ nɯ˧ŋa˧, a˩tʂʰi˧tɕu˩
像这样 ADV 像这样 COMPL TOP DM

(75) õ˩nɛ˧ nɯ mɑ˩tu˧, a˩tʂʰi˧tɕu˩ hɑ˩nɛ˩ nɯ
怎么样 PRT 问 DM 那么 PRT

到了家里以后，（小儿子）给摔疼了的那个（女人）做药，问（她）怎么样。

(76) a˩tʂʰi˧tɕu˩, mo˧xɤ˧ɯɯ tʰɯ˧ i˧ nɯ˧ŋa˧
DM 女人 DEM:远指 CL TOP

a˩tʂʰi˧tɕu˩ nɯ
DM PRT

(77) ʂy˩ te˧ mo˧ ŋɤ˧
龙 家 女儿 COP

(78) zeɬxɤɨ tʰɯɨ   iɨ   =nɯɯ˩, tɕuɨmjɤ̃ɨ
     小伙子 DEM:远指   CL   A   救命
     a˩tʂʰiɨtɕu˩ nɯ˩
     DM   PRT

(79) mjɤ̃ɨ   la˩   tɕuɨ   tsʰeɨ
     命   又   救   正好

(80) a˩tʂʰiɨtɕu˩, tʰɯɨ   beɨ,   a˩tʂʰiɨtɕu˩
     DM   3SG   上（表面）   DM

(81) dɯɨ   tʂʰɚ˥   laɨmoɨ   maɨ=   tʰɑ˥
     一   辈   忘记   NEG   能够
     =leɨ   kɯɨnɯɨ
     NMLZ   ASSOC

(82) oɨ,   nɯɯ˩mɛɨkʰoɨ   kuɨ   nɛɨ
     DM   胸口   里   像这样
     ʂoɨdziɨ   =leɨ   a˩nɛɨnɑ˩
     想   NMLZ   是这样

那个女人是龙家的女儿，那个小伙子救了她的命，心里想着一辈子不能忘记他。

(83) aɨsɑ˩,   ʂy˩   teɨ   a˩u˩,   a˩tʂʰiɨtɕu˩,   nɛɨlaɨ
     DM   龙   家   房子   DM   那么

(84) nuɨ   zeɨ   tɕe˩   tʰɯɨ   iɨ   =nɯɯ
     2SG   儿子   小   DEM:远指   CL   A

(85) ʂɚɨndʐuɨ   maɨ=   jeɨ   siɨ
     结婚   NEG   做   还

(86) tɕʰiɨmeɨ   maɨ=   ʂoɨ   siɨ
     妻子   NEG   领   还

(87) aɨnɛ˩   nɛɨlaɨ   dɯɨ   zi˩   leɨ
     什么样   那么   一   次   PRT

(88) oɨ,   dɯɨ   teɨ   a˩u˩,   dɯɨ   teɨ
     DM   一   家   房子   一   家

(89) ʂỹ˩   te˧   a˧pa˧mɛ˧   =gɤ˥
     龙   家   父母亲   P

(90) a˩tʂʰi˧tɕu˩ nu˩, nɛ˧ be˧ nɛ˧
     DM   PRT   像这样 去   像这样

(91) a˩lu˩ a˧nɛ˩ u˧ =le˧ la˧
     屋子   什么样 说 NMLZ PRT

(92) nɛ˧ =le˧ ŋɤ˥ a˧nɛ˩nɛ˩, a˧sa˩
     像这样 NMLZ COP 是这样   DM

（对于）龙家，你的（此处口误）小儿子还没有结婚，这一次要去向龙家父母亲要媳妇了。

(93) a˥gwe˩ tʰɯ˧   ni˧, a˩tʂʰi˧tɕu˩, o˧
     后面   DEM:远指 日   DM   DM

(94) a˩tʂʰi˧tɕu˩, ʂỹ˩   te˧   a˩lu˩ o˧,   dɯ˧
     DM   龙   家   屋子   DM   一
     zi˩   =le˧
     转   NMLZ

(95) tɕu˥ tʰɯ˧   te˧ a˩lu˩ la˧ lo˥   xɯ˥
     ?   DEM:远指   家   屋子   又   看   去

(96) o˧, mo˧ la˧ ʂo˧ =a˧ xɯ˥
     DM   女儿 又   领   CONJ 去

(97) a˧sa˩ dɯ˧ zi˩   =le˧   nɛ˧,   a˩tʂʰi˧tɕu˩
     DM   一   转   NMLZ   像这样   DM

(98) be˧le˧be˧tsʰi˩dzi˩ kɤ˥   tɕʰi˩ɛ˧m a˧   gy˥
     人类   ASSOC 妻子   QUES 做
     a˧   nɛ˧   =sa˩
     QUES 像这样   ADV

(99) ma˩u˧ xɯ˥ nɛ˧   sa˩
     问   去   像这样 PRT

(100) a˧nɛ˩   =le˧   ŋɤ˥   te˧   a˧nɛ˩
      什么样   NMLZ   COP   ?   是这样

第二天，就去了一趟龙家，去问能不能把他家女儿领走，做人类的妻子，去这样问了。

(101) a˦sa˩, be˦ xi˧ nɯ˦ŋa˦, a˦tʂʰi˦tɕu˩
DM 去 人 TOP DM

(102) pa˩mɤ˦, pa˩mɤ˦, a˦tʂʰi˦tɕu˩, ʂa˦wa˥ zɚ˩
青蛙 青蛙 DM 说话 擅长
=le˦ a˦nɤ˦na˦
NMLZ 是这样

去的人是青蛙，青蛙擅长说话。

(103) a˦tʂʰi˦tɕu˩ nɯ˩, tɕʰi˦mɤ˥ mɤ˥ =le˦ nɯ˦ŋa˦
DM PRT 妻子 要 NMLZ TOP

(104) ʂa˦wa˥ zɚ˩ tyɤ˦ ŋɤ˦ zu˧
说话 擅长 ……的样子 COP 需要
mi˦te˩la˥ a˦sa˩
INF DM

(105) pa˩mɤ˦ nɯ˦ŋa˦, a˦dzi˦ ʂa˦wa˥ zɚ˩
青蛙 TOP 确实 说话 擅长
=le˦ a˦nɤ˦na˦
NMLZ 是这样

去求亲，需要青蛙那样擅长说话的人去。

(106) a˦sa˩, ʂy˩ te˦ a˩lu˩, a˦tʂʰi˦tɕu˩
DM 龙 家 房子 DM

(107) by˦tsi˦ =le˦ nɯ˦ŋa˦, a˦tʂʰi˦tɕu˩
熟悉 NMLZ TOP DM

(108) lo˦kʰo˦wɤ̃˧dy˦ a˦nɤ˦na˦, lo˦kʰo˦wɤ̃˧dy˦
动物（乌龟一类的，只晚上在河边出现） 是这样 动物

(109) a˦tʂʰi˦tɕu˩, ʂy˩ te˦ a˩lu˩ by˦tsi˦
DM 龙 家 房子 熟悉
nɯ˦ŋa˦ a˦nɤ˦na˦ sa˩
TOP 是这样 DM

(110) oɬ, aɭtʂʰɨɬtɕuɭ, tʰɯɬ dzuɬ xɯɬ =saɭ
      DM   DM   3SG 两个 去   ADV

(111) aɭtʂʰɨɬtɕuɭ, moɬ tʂʰɨ˥ iɬ
      DM   女儿 DEM:近指 CL

(112) laɬ ʂoɬ ʂʏɭ teɬ aɭuɭ
      又   领   龙   家   房子
      xɯ˥ nɯɬŋaɬ aɭnɛɬnaɬ
      去   TOP   是这样

青蛙和熟悉龙家的loɬkʰoɬwɛ̃dy˥这种动物去了龙家，要把龙家女儿领走。

(113) aɭtʂʰɨɬtɕuɭ, ʂʏɭ teɬ aɭuɭ paɬ nɯɬŋaɬ, aɭtʂʰɨɬtɕuɭ
      DM   龙   家   房子 到   TOP   DM

(114) aɭpaɬmeɬ =gɤ˥ paɬ aɭtʂʰɨɬtɕuɭ nɯ˩
      父母亲   P   到   DM   PRT

(115) õɬnɛɬ nɛɬ jeɬ =la˥, aɭtʂʰɨɬtɕuɭ nɯ˩
      这样   像这样 做 NMLZ: N-EGO DM   PRT

到了龙家父母亲那里就这样做了。

(116) oɬ, ʂʏɭ teɬ aɭuɭ dɯɬ
      DM 龙   家   房子 一
      paɬ, aɭtʂʰɨɬtɕuɭ
      到   DM

(117) ʂʏɭ teɬ, aɭtʂʰɨɬtɕuɭ, tsʰʏɬ~tsʰʏɬ =saɭ
      龙   家   DM   心焦: ITER   ADV

(118) dɯɬ sʏɭ jeɬ tsiɬ sɛɬ aɭnɛɬnaɬ
      一   样   做   PROG COMPL 是这样

到了龙家，龙家正在心焦，想着能做什么。

(119) aɭtʂʰɨɬtɕuɭ, niɬ niɬ tsʰeɬ suɬ niɬ tsʰeɬ
      DM   二   日   大概   三   日   大概

(120) gʏɬ sɛɬ miɬteɬlleɬ naɬ
      过   COMPL INF   COP: N-EGO

(121) tʰuɨ   teɨ   moɨ   teɨtsʰɯɬ   nuɬuɬeɬ   naɨ
      3SG   家   女儿   丢失   REPD   COP: N-EGO
(122) aɨneɬ   neɨ   naɨ   nuɬuɨ,   aɬtsʰiɬtɕuɬ
      什么样   像这样   COP: N-EGO   REPD   DM
      他家女儿失踪两三天了。
(123) nɛɬaɨ   dɯɨ   ziɬ   =leɨ,   oɨ
      那么   一   转   NMLZ   DM
(124) aɬtsʰiɬtɕuɬ, loɨkʰoɨwẽɨdyɨ   suɨnõɨ
      DM   动物   和
(125) paɬmɛɨ   =nɯɨ   uɨ   =leɨ   nɯɨŋaɨ,   aɬtsʰiɬtɕuɬ   nɯɨ
      青蛙   A   说   NMLZ   TOP   DM   PRT
(126) dɯɨ   ziɬ   =leɨ,   oɨ
      一   转   NMLZ   DM
(127) aɬtsʰiɬtɕuɬ, tsʁɨ   tʰaɨ,   beɨleɨbeɨtsʰiɬdziɨ
      DM   地   下   人类
(128) tɕʰiɬmɛɨ   leɨ   aɨ   gɣɨ   aɨnɛɨ   saɬ
      妻子   PRT   QUES   做   什么样   DM
(129) aɬtsʰiɬtɕuɬ aɨnɛɨ   =leɨ   nɯɨŋaɨ   aɬnɛɨnaɨ
      这样   什么样   NMLZ   TOP   是这样
      loɨkʰoɨwẽɨdyɨ和青蛙这次是来说，地上的人类（问龙家女儿）能不能做他的妻子。
(130) aɬtsʰiɬtɕuɬ, ʂɣɬ   teɨ   ziɨgweɬ   nɯɨŋaɨ,   aɬtsʰiɬtɕuɬ
      DM   龙   家   商量   TOP   DM
(131) nɛɬaɨ   nõɨ   jʁɨ   tsʰeɨ   maɨ=   gɣɨ
      那么   PRT   给   正好   NEG   好
(132) uɨ   beɨleɨbeɨtsʰiɬdziɨ   teɨ   nõɨ
      DM   人类   家   PRT
(133) ndʐɣɨ   tɕaɬ,   yɬtʰoɨ   nuɬuɬleɬ   naɨ
      辛苦   非常   困难   REPD   COP: N-EGO

(134)	ʂɤ˩	te˧	nõ˥,	a˧tsʰi˧tɕu˩,		a˧sɑ˩
	龙	家	PRT	DM		语气词
(135)	ỹ˧,	xã˧,	a˧tsʰi˧tʂu˩,	a˧nɛ˩	=le˧	nɯ˧
	银子	金子	DM	什么样	NMLZ	TOP
(136)	tʐ˧	=la˧	ma˧=	dy˩	=le˧	
	摆放	地方	NEG	有	NMLZ	
	ŋɤ˧	sɛ˩	a˧nɜ˧nɜ˧			
	COP	COMPL	是这样			

龙家商量：给是不能给的，人类生活那么困难，龙家金子银子都堆不下。

(137)	na˧,	ʂɤ˩	te˧	mo˧	=nɯ˧,	a˧tsʰi˧tɕu˩
	DM	龙	家	女儿	A	DM
(138)	be˧le˧be˥tsʰi˩dzi˧		te˧			
	人类		家			
(139)	ze˧	tʰɯ˧		i˧	le˧	la˧
	儿子	DEM: 远指		CL	PRT	又
	tɕu˧	sɛ˩,		a˧tsʰi˧tɕu˩		nɯ˩
	救	COMPL		DM		PRT
(140)	a˧tsʰi˧tɕu˩,	ni˧		la˧	ba˧	sɛ˩
	DM	1SG（古）		又	喜欢	COMPL
(141)	a˧nɛ˩	=a˧	mɯ˩	jʐ˩		
	什么样	CONJ	去	N-EGO		
(142)	nɜ˩	mɯ˩	nuu˧lɜ˧	ŋɤ˧	a˧nɜ˧nɜ˧	sɑ˩
	像这样	去	REPD	COP	是这样	PRT

（lo˧kʰo˧wẽ˧dy˩和青蛙说）"龙家女儿说，人类的儿子把我救了，我喜欢他。"这样来求。

(143)	a˧tsʰi˧tɕu˩,	dɯ˧	zi˩	a˧	le˧tʂɚ˧,	o˧
	DM	一	转	PRT	这样一个	DM
(144)	be˧le˧be˥tsʰi˩dzi˧		tɕʰɜ˧me˧	a˧	le˧tʂʰɚ˧	
	人类		妻子	PRT	这样一个	

(145) mɜ˧   =a˦   la˦   i˦   =le˦
      讨   CONJ   又   来   NMLZ
      ŋʶ˦   a˩nɛ˦na˦
      COP   是这样
      这一次人类是要来讨妻子了。

(146) ʂy˩   te˦   mo˩   ŋʶ˦
      龙   家   女儿   COP

(147) a˦ʂɑ˩,   je˦   ju˦   gy˩   ju˦   nɯ˦ŋa˦, a˩tʂʰi˦tɕu˩
      DM   做   办法   整   办法   TOP   DM

(148) dɯ˦   sy˩   nɯ˦ŋa˦,   mjʶ̃˦   la˦
      一   样   TOP   命   又
      tɕu˦   sɛ˩
      救   COMPL

(149) dɯ˦   sy˩   nɯ˦ŋa˦,   a˩tʂʰi˦tɕu˩,   o˦
      一   样   TOP   DM   DM
      be˦le˦be˩tʂʰi˩dzi˦   te˦,   a˩tʂʰi˦tɕu˩
      人类   家   DM

(150) a˩tʂʰi˦tɕu˩,   ze˦   tɕe˦   tʰɯ˦   i˦
      DM   儿子   小   DEM:远指 CL

(151) nɯ˩mɛ˦   la˦   dy˦gy˩   dzu˦
      心   也/还   一点   有

(152) ɣo˦   la˦   dɯ˦gy˩   y˦
      力气   也/还   一点   （力气）大

(153) a˦ʂɑ˩,   a˦dzi˦   xĩ˦ty˩   xĩ˩zi˦   ŋʶ˦
      DM   确实   正直的人   老实人   COP
      sɛ˩   a˩nɛ˦na˦
      COMPL   是这样
      一方面是人类的小儿子救了龙家女儿，另一方面是人类的小儿子是个有心人，力气大，正直老实。

(154) a˧tsʰi˧tɕu˩ nɯ˩, xɯ˧dzɤ˧mo˩nɯ˧   ʂv˩
      DM   PRT   （口误）   龙
      te˧   mo˧   =nɯ˧
      家   女儿   A

(155) ba˧   ŋɤ˧te˧   a˩nɛ˧na˧   sɑ˩
      喜欢   PRT   是这样   PRT
      龙家女儿喜欢他。

(156) tɕʰu˩   tʰɯ˧   sɛ˩   nɯ˧ŋa˧,   a˧tsʰi˧tɕu˩
      PRT   DEM:远指   完   TOP   DM

(157) be˧le˧be˧tsʰi˧dzi˧   te˧   a˩lu˩
      人类   家   房子

(158) ze˧   tɕe˩   tʰɯ˧   i˧   =ge˩
      儿子   小   DEM:远指   CL   DAT

(159) tɕʰi˧mɤ˧   la˧   pjɤ˩   =le˧   ŋɤ˧te˧
      妻子   又   变   NMLZ   PRT
      a˩nɛ˧na˧   sɑ˩
      是这样   PRT

(160) a˧i˧ʂɤ˩   nɯ˧ŋa˧,   õ˧nɛ˩   u˧   =le˧
      故事   TOP   怎样   说   NMLZ
      ŋɤ˧   a˧sɑ˩
      COP   DM
      从那以后，（龙家女儿）就做了人类小儿子的妻子。故事就是这样。

(161) a˧mɤ˧,   a˧tsʰi˧tɕu˩,   tsʰɤ˩   ku˩   =be˧
      现在   DM   这   里   BEN
      lo˩~lo˩   =sɑ˩
      看: ITER   ADV

(162) a˧tsi˧tɕu˩   nɯ˩,   be˧le˧be˧tsʰi˧dzi˧   te˧   kɯ˧nɯ˧,
      DM   PRT   人类   家   ASSOC

	aɻtsʰiɻtɕuɻ	nɯɨ,	oɨ			
	DM	PRT	DM			
(163)	zeɨ	tɕeɻ	tʰɯɨ	iɨ	=kʏɻ	
	儿子	小	DEM:远指	CL	ASSOC	
	tɕʰiɨmɛɻ,	oɨ				
	妻子	DM				
(164)	ũɨmaɨ	maɻlɯɨmaɻsɯɻ	teɨ	kɯɨnɯɨ	aɨmɛɨ	
	我们	玛丽玛萨	家	ASSOC	母亲	
(165)	oɨ,	ʂʏɻ	teɨ	moɨ	ŋʏɨ	aɻnɛɨnaɨ
	DM	龙	家	女儿	COP	是这样

现在来看，人类小儿子的妻子，我们玛丽玛萨的母亲，是龙家的女儿。

(166)	aɨsaɻ,	aɨpʰoɨ	seɻ	aɨjuɻ	nɯɨŋaɨ,	aɻtsʰiɻtɕuɻ
	DM	爷爷	ASSOC	奶奶	TOP	DM
(167)	oɨ,	aɨpaɨxaɨjʏɻpaɨ	ŋʏɨ	aɻnɛɨnaɨ		
	DM	北极寿星	COP	是这样		
(168)	aɨjuɻ	nɯɨŋaɨ,	aɻtsʰiɻtɕuɻ,	ũɨmaɨ		
	奶奶	TOP	DM	1PL		
(169)	maɻlɯɨmaɻsɯɻ	kɯɨnɯɨ	ʂaɨwaɻ	nɯɨŋaɨ,	aɻtsʰiɻtɕuɻ	
	玛丽玛萨	ASSOC	语言	TOP	DM	
(170)	aɨjuɻ	=beɨ,	aɨmɛɻiɻʂiɻtɕʏɨmʏɨ	xĩɨ	=leɨ	
	奶奶	BEN	北极寿星夫人	名叫	NMLZ	
	ŋaɨteɨ	aɻnɛɨnaɨ				
	PRT	是这样				
(171)	aɨpaɨxaɨjʏɻpaɨ	kɯɨnɯɨ,	tɕʰiɨmɛɻ	ŋʏɨ		
	北极寿星	ASSOC	妻子	COP		

爷爷和奶奶，（爷爷）是北极寿星，用玛丽玛萨话说，奶奶是北极寿星夫人。

(172)	aɨsaɻ,	ũɨmaɨ	beɨleɨbeɻtsʰiɻdziɨ	kɯɨnɯɨ
	DM	1PL	人类	ASSOC

	uɨ	nɯ˧ŋa˦,	a˩tʂʰi˦tɕu˩		
	说	TOP	DM		
(173)	a˩pʰo˦	se˦	a˦ju˦		
	爷爷	ASSOC	奶奶		
(174)	a˦pɑ˦xa˩ʐ˩pɑ˦	su˦nõ˦	a˦mɛ˩ʂi˩tɕɤ˦my˦		
	北极寿星		和	北极寿星夫人	
(175)	o˦,	ũ˦mɑ˦	kɯ˦nɯ˦,	a˩tʂʰi˦tɕu˩,	o˦
	DM	1PL	ASSOC	DM	DM
(176)	mɑ˩lɯ˦mɑ˩sɯ˩	te˦	kɯ˦nɯ˦	a˦mɛ˦	nɯ˧ŋa˦
	玛丽玛萨		家	ASSOC 母亲	TOP
(177)	ʂy˩	te˦	mo˦	ŋɤ˦ a˦tla	a˩nɛ˩a˦, a˦sa˩
	龙	家	女儿	COP PRT	是这样 DM

我们人类的爷爷奶奶是北极寿星和北极寿星夫人，我们玛丽玛萨家的母亲是龙家的女儿。

(178)	tsʰy˩my˦	nɯ˦,	gɤ˩=		pa˦	le˦
	现在	PRT	DIR:向上		到	NMLZ
(179)	a˩tʂʰi˦tɕu˩,	kʰy˩sɤ˦	tsʰe˩du˦hĩ˦	nɯ˧ŋa˦		
	DM	新年	初一	TOP		
(180)	o˦,	dzy˦	=be˦,	a˩tʂʰi˦nɯ˦,	sũ˩dũ˦	la˦
	DM	山	上（表面）	PRT	烧香（藏）	地方
(181)	o˦,	dzu˦pa˦mɛ˩la˦				
	DM	地名				
(182)	zi˩lã˦zi˦kv˦	be˦				
	地名	去				
(183)	o˦,	ni˩ze˩kʰo˦du˦	nɛ˩-le˦			
	DM	鱼洞（地名）	像-NMLZ			
(184)	a˦sa˩,	a˦my˦	tu˦	pa˦	=le˦	
	DM	现在	上	到	NMLZ	
(185)	ni˩ze˩kʰo˦du˦	dzu˦pa˦mɛ˩la˦,	zi˩lã˦zi˦kv˦	tu˦		
	鱼洞	地名		地名	上	

现在每年大年初一，都要去山上，去鱼洞、dzu˧pa˧mɛ˩la˧、zi˩lã˧zi˧kv˧等地方烧香。

(186) nɛ˧ =le˧ tsʰe˥du˧dɯ˧ni˧
像这样 NMLZ 初一

(187) kʰv˩ʂɚ˧ tsʰe˥du˧dɯ˧ni˧ dzu˧pa˧ ke˥
新年 初一 天香 烧

(188) nɛ˧ nɯ˧ŋa˧, a˧pʰo˥ a˧ju˧ =ge˥
像这样 TOP 爷爷 奶奶 DAT

(189) pv˧dzi˩ a˩si˧njɛ˧ =le˧ gv˩wa˧
磕头 拜年 NMLZ 意思

大年初一去（那些地方）烧香，是给爷爷奶奶磕头拜年的意思。

(190) a˧sa˩ kʰv˩ʂɚ˧ tsʰi˧ni˧ nɯ˧ŋa˧
DM 新年 十日 DM

(191) ni˩ze˥kʰo˧du˥ tɕʰu˩, mbi˩ndza˩ la˥
鱼洞 靠近 经 念

(192) dzu˧pa˧ ke˥, nɛ˧ =le˧ nɯ˧ŋa˧
天香 烧 像这样 NMLZ TOP

(193) ma˩lu˧ma˩sɯ˩ kɯ˧hnu˩, a˥bv˧ a˧mɛ˧ =ge˥
玛丽玛萨 ASSOC 父亲 母亲 DAT

(194) ʂv˩ te˧ a˩lu˩ a˩si˧njɛ˧ =le˧ gv˩wa˧
龙 家 房子 拜年 NMLZ 意思

大年初十，去鱼洞旁边念经、烧香，是去给玛丽玛萨的父亲母亲、给龙家拜年的意思。

(195) a˧sa˩, nõ˧i˩ ũ˧mɛ˩ tʂʅ˧ =le˧ kɯ˧hnu˩
DM 农历 1PL 算 NMLZ ASSOC

(196) kʰo˩ a˧mɛ˧ ni˧tsi˧ʂɚ˩ ni˧ nɯ˧ŋa˧
六 AUG 二十七 日 TOP

(197) a˩tʂʰi˧tɕɹ̩˩, tʂʰu˧bu˧ ʂu˧kʰwa˧ gɤ˧, si˥tsʰo˧v˩ du˧
DM 菖蒲 裙子 穿 消灾面 砸

(198) o˧, La˩mɯ˧ɻ̍am˧ɬɯ˩, ma˩La˩m˧ɬɯ˩ kɯ˧nɯ˧
 DM 玛丽玛萨 玛丽玛萨 ASSOC
 ty˧my˧ je˧
 节日 做

(199) nɛ˩-lɤ˧ nɯ˧ŋa˧ a˧my˧ tu˥pa˧ =lɤ˧ a˩nɛ˩lɤ˧
 像-NMLZ TOP 现在 到 NMLZ 是这样

(200) o˧ na˧, a˧La˩
 DM COP: N-EGO DM

农历六月二十七日，穿菖蒲裙子，撒消灾面，庆祝玛丽玛萨的节日，一直到现在都是这样。

(201) La˩ma˧ɻ̍am˧ɬɯ˩ tɛ˧ kɯ˧nɯ˧
 玛丽玛萨 家 ASSOC

(202) a˧mɤ˧ nɯ˧ŋa˧, o˧ ʂy˩ tɛ˧
 母亲 TOP DM 龙 家
 mo˧ ŋɤ˧ nɛ˧sa˩
 女儿 COP DM

(203) tʂʰu˧bu˩ ʂu˧kʰwa˧ gɤ˩ zu˧ =lɤ˧
 菖蒲 裙子 穿 必须 NMLZ

玛丽玛萨家的母亲是龙家的女儿，要穿菖蒲裙子。

(204) a˧La˩, o˧, xa˧pa˧ =nɯ˧ wa˧
 DM DM 汉族 INST 说

(205) La˩ma˧ɻ̍am˧ɬɯ˩ kɯ˧nɯ˧
 玛丽玛萨 ASSOC

(206) ty˧my˧, tɕe˩zi˧, a˧nɛ˧ je˧ o˧
 节日 节日 什么样 做 DM
 na˧, a˧La˩
 COP: N-EGO DM

玛丽玛萨的节日就是这样过的。

(207) La˩ma˧ɻ̍am˧ɬɯ˩, ʂy˩ tɛ˧ kɯ˧nɯ˧ mo˧
 玛丽玛萨 龙 家 ASSOC 女儿

(208) aɬtsʰɯ˧tɕu˩, my˧   tʰa˦   be˦le˦be˦tsʰi˦dzi˦   =gʴ˥
      DM   天   下   P

(209) pɑ˦   sɜ˩   nɯ˦ŋɑ˦,   aɬtsʰɯ˧tɕu˩,   zɑ˦xu˥
      到   COMPL   TOP   DM   孩子

(210) aɬtsʰɯ˧tɕu˩   nɯ˩,   ze˦,   mo˥
      DM   PRT   儿子   女儿

(211) aɬtsʰɯ˧tɕu˩, pʰe˦fγ˩   =le˦,   dzə˦   =la˦   i˩
      DM   佩服   ADV   增长   CONJ   来

(212) ɣa˦   =la˦   i˦,   aɬnɛ˦nɑ˦
      富   CONJ   来   是这样

玛丽玛萨家自从龙家的女儿到了以后，人口增长很快，富起来了。

(213) aɬtsʰɯ˧tɕu˩, xĩ˦   gʴ˥=   bi˩   nɯ˦   =la˦   i˦
      DM   人   DIR:向上 多   PRT   CONJ   来

(214) aɬtsʰɯ˧tɕu˩, ɣ˦dzɣ˦   =nɯ˦   wa˥,   ʂwe˦ʂwe˦ɕy˦ɕy˦
      DM   藏族   INST   说   顺顺利利

(215) mɑ˩lɯ˦mɑ˥sɯ˩   =nɯ˦   wa˥,   ma˦=   dzu˦
      玛丽玛萨   INST   说   NEG   病
      ma˦=   tsʰi˦
      NEG   热

(216) xĩ˦   gʴ˥=   dzə˦   =a˦
      人   DIR:向上   增长   CONJ

(217) gʴ˥=   bi˩   =a˦   i˦   =le˦   na˦
      DIR:向上   多   CONJ 来   NMLZ   COP: N-EGO

人多起来了，用藏语说是顺顺利利，用玛丽玛萨话说是无病无灾，人口增长起来，多起来了。

(218) a˦sɑ˩, a˦i˦ʂɜ˩   a˦nɛ˩   je˦   ty˥   a˦sɑ˩
      DM   很早以前 什么样   做   兴   DM

(219) aɬtsʰɯ˧tɕu˩ a˦my˦   gʴ˥=   pɑ˦   nɯ˦ŋɑ˦
      DM   现在   DIR:向上   到   TOP

(220) a˧my˧　　gʌ˧=　　　　　pa˦　　　=le˦,　　a˩tʂʰi˦tɕuɹ
　　　现在　　DIR:向上　　到　　　NMLZ　　DM
　　　从很早以前直到现在都兴这样做。

(221) na˩ɕĩ˩,　　ɣ˧dzɤ˧,　　xɑ˦pa˦
　　　纳西　　　藏族　　　　汉族

(222) nɛ˩-le˦　　kɯ˦nɯ˦,　a˩tʂʰi˦tɕuɹ, je˦　　ju˦,　　ma˦=　　nɛ˦~ʈʂɤ˦
　　　像-NMLZ　ASSOC　　DM　　　　 做　　　办法　　NEG　　像: ITER

(223) nɛ˦　　　　ŋɤ˧　　　=le˦　　　na˦,　　　a˦sɑ˦
　　　像这样　　COP　　　NMLZ　　COP: N-EGO　DM
　　　纳西、藏族、汉族等，做法不一样。

(224) ma˩lɯ˦ma˧sɯ˦　　kɯ˦nɯ˦,　　a˩tʂʰi˦tɕuɹ　　a˩tʂʰi˦tɕuɹ
　　　玛丽玛萨　　　　ASSOC　　　DM　　　　　　DM
　　　ba˦~ba˦　　　=le˦
　　　喜欢: ITER　　NMLZ

(225) ɖɯ˦　　ju˩　　je˦　　zu˦　　=le˦,　　a˩tʂʰi˦tɕuɹ
　　　一　　　家　　　做　　 必须　　NMLZ　　DM

(226) gʌ˩tɕy˩　　a˦na˩　　zu˦　　=le˦,　　a˩tʂʰi˦tɕuɹ
　　　以后　　　那样　　　必须　　NMLZ　　DM
　　　（对于）玛丽玛萨人，互相喜欢才能做一家（结婚），必须是这样。

(227) mo˩ɣɤ˧　　la˦　　tʰɯ˦,　　ze˦ɣɤ˦　　la˦　　tʰɯ˦
　　　女人　　　 也/还　 如此　　　 男人　　　 也/还　 如此

(228) a˩tʂʰi˦tɕuɹ,　nɯ˦ɯ　kʰwa˦　nɯ˦me˦　　dzɤ˧
　　　DM　　　　　心　　　坏　　　心　　　　 好

(229) tʂu˩jo˦,　　o˦,　　nɯ˦ɯ　　=gɤ˧　　lo˧
　　　主要　　　语气词　心　　　 P　　　　看
　　　=le˦　　　na˦
　　　NMLZ　　COP: N-EGO
　　　男人女人都是这样，主要看良心好坏。

(230) a˧sa˩, a˧mʏ˧ tu˥pa˥ =le˧, a˩tʂʰi˧tɕu˩
      DM   现在   直到   ADV   DM

(231) ma˩lɯ˧ma˥sɯ˩ kɯ˧nɯ˧, a˩tʂʰi˧tɕu˩ nɯ˩, ʂɚ˧~ʂɚ˧, o˧
      玛丽玛萨   ASSOC   DM   PRT 找:ITER DM

(232) je˧ ju˧ ba˧~ba˩, sɛ˧~sɛ˧, nɛ˩-le˧ nɯ˧ŋa˧
      做   办法 喜欢:ITER 走:ITER 像-NMLZ TOP

(233) a˩tʂʰi˧tɕu˩, xĩ˧ dɯ˧ i˧ a˧
      DM   人   一   CL 也
      ŋo˧ ma˧= xɯ˥
      得知 NEG   CAUS

直到现在，玛丽玛萨人互相喜欢、谈恋爱，都不让别人知道。

(234) a˧pa˧mɛ˧ la˧ ma˧= ŋo˧
      父母亲   也/还 NEG   得知

(235) a˩bʏ˧ gɯ˧dzɯ˧ la˧ ma˧= ŋo˧
      哥哥   弟弟   也/还 NEG   得知

(236) ma˧= sɯ˧, nɛ˧ le˧tʂʰɤ˧
      NEG 知道   像这样   这样一个

(237) te˧-na˧ te˧-gʏ˩ =a˧ le˧tʂʰɤ˧, o˧
      DUR-躲 DUR-藏 ADV   这样一个   DM

(238) õ˧nɛ˩ je˧ dy˥ =le˧ na˧
      怎样   做   兴   NMLZ COP: N-EGO

父母兄弟都不知道，偷偷摸摸的，就是兴这样做。

(239) a˩tʂʰi˧tɕu˩, ze˧xɤ˧ =nɯ˧ mo˩xɤ˥ =gɤ˩ la˧
      DM   男人   A   女人   P   也/还

(240) mo˩xɤ˥ la˧, a˩tʂʰi˧tɕu˩, ljo˧ka˥
      女人   也/还 DM   了解

(241) tʰɯ˧ nɯ˩mɛ˧ a˧nɛ˩ ŋɤ˧
      3SG   心   怎样   COP

(242) tʰɯ˧ te˧ a˩lu˩ a˩nɛ˩ ŋɤ˧
      3SG   家   屋子   怎样   COP

对于男人，要了解这个女人，她良心怎么样，家庭怎么样。

(243) nɛ˧-lɤ˧, su˧, mo˧ʐɤ˩, la˥ a˧tʂʰi˥tɕu˩
像-NMLZ 知道 女人 也/还 DM

(244) ze˧ɻɤ˥, tʰɯ˧, ju˩, te˥
男人 3SG 家人 家

(245) ze˧ɻɤ˥, tʰɯ˧, i˥ a˩ɳɤ˩ ŋɤ˥
男人 DEM:远指 CL 怎样 COP

(246) nɯ˩mɯ˥, a˥ dzɻ̩˩, ɣo˥dɯ a˥ y˥
心 QUES 好 力气 QUES 大

(247) dɯ˥ sy˩ gʯ˩~ʯ˩ a˥ kɤ˥
一 样 做: ITER QUES 会

(248) la˩mʯ˩ a˥ zɚ˩, nɛ˧-lɤ˧, a˧tʂʰi˥tɕu˩
手艺 QUES 擅长（技术） 像-NMLZ DM

(249) a˧ʈʂwɑ˧lɛ˥, a˧tʂʰi˥tɕu˩, sɯ˧~sɯ˧ sɛ˩, a˧tsy˧je˧sɤ˩
全部 DM 知道: ITER COMPL （DM）?

＝lɛ˧ na˥
NMLZ COP: N-EGO

对于女人，也要知道这个男人家里怎么样，良心好不好，力气大不大，有没有一技之长，有没有手艺，这些全部都要知道。

(250) ba˧~ba˧ sɛ˩ nɯ˧ a˧tʂʰi˥tɕu˩
喜欢: ITER COMPL PRT DM

(251) ze˩ tʂʰi˥ ni˥, o˥, ze˩ tʂʰi˥ xɜ˥
哪 DEM:近指 日 DM 哪 DEM:近指 月

(252) nɯ˧ŋa˥, dɯ˥ ju˩ je˥ ba˩, nɛ˧ ＝sa˩
TOP 一 家 做 IMP 像这样 ADV

(253) dzi˧gwe˧~gwe˥ sɛ˩ ty˩ ＝lɛ˧ na˥
商量: ITER COMPL 兴 NMLZ COP: N-EGO

（两个人）互相喜欢了，（找）一个日子，兴商量做一家（结婚）了。

(254) a˧sɑ˩,　　　bɑ˧~bɑ˧　　　　sɛ˩
　　　 DM　　　　喜欢: ITER　　　COMPL

(255) a˩tʂʰi˧tɕu˩,　nɯ˩,　　ne˧　　　sɛ˩　　　nɯ˧ŋɑ˧,　a˩tʂʰi˧tɕu˩
　　　 DM　　　　　PRT　　 像这样　　COMPL　　TOP　　　 DM

(256) a˧pɑ˧me˧　lɑ˧　　　　ŋo˧　　ma˧=　　zu˧　　a˧
　　　 父母亲　　 也/还　　　得知　　NEG　　 必须　　也

(257) a˩by˧　　gɯ˧dzu˧　lɑ˧　　　ŋo˧　　ma˧=　　zu˧
　　　 哥哥　　 弟弟　　　也/还　　得知　　NEG　　必须

（两个人）互相喜欢了，就像这样，父母兄弟都不需要告诉。

(258) tʰɯ˧dzu˧　=nɯ˧　　lɑ˧　　bɑ˧~bɑ˧　　sɛ˩　　　nɯ˧ŋɑ˧
　　　 他俩　　　 A　　　　又　　 喜欢: ITER　COMPL　　TOP

(259) a˩tʂʰi˧tɕu˩, dɯ˧　　　tsʰɚ˧　　=le˩
　　　 DM　　　　一　　　　辈　　　ADV

(260) pjɤ˥　　xã˧　　gɤ˧　　xã˧
　　　 变　　　成　　　好　　　成

(261) a˩tʂʰi˧tɕu˩, nɯ˩me˧　tɕu˩lo˩~lo˧　　sɛ˩
　　　 DM　　　　心　　　 看见: ITER　　　COMPL

　　　 nɑ˧　　　　　sɑ˩
　　　 COP: N-EGO　　PRT

两个人互相喜欢了，一辈子做成（一家人），双方要互相了解。

(262) a˧my˧　　gɤ˥=　　　　　pɑ˧　　=le˧
　　　 现在　　　DIR:向上　　　到　　　NMLZ

(263) ɣ˧dzy˧,　nɑ˩xĩ˩,　xɑ˧pɑ˧　=nɯ˧　　ma˧=
　　　 藏族　　 纳西　　　 汉族　　　A　　　 NEG

　　　 nɛ˧　　=le˧　　　kɯ˧nɯ˧
　　　 一样　　NMLZ　　 ASSOC

(264) mɑ˩lɯ˧mɑ˩sɯ˩　　kɯ˧nɯ˧,　a˩tʂʰi˧tɕu˩　　　nɯ˩
　　　 玛丽玛萨　　　　ASSOC　　 DM　　　　　　　 PRT

(265) ɯ˧ ju˩ je˧ =le˧ tʂʰi˧
一 家 做 NMLZ DEM:近指

ky˩ nɯŋa˧
CL TOP

(266) a˧my˧ tu˩pa˩ =le˧ a˧nɛ˩ lju˩tʂʰwã˩
现在 直到 ADV 什么样 流传

ŋɤ˧ =le˧ na˧
COP NMLZ COP: N-EGO

一直到现在，跟藏族、纳西族、汉族等不一样，玛丽玛萨做一家的做法，一直流传到现在。

(267) a˧sɑ˩ ɕwe˧ =le˧ kʰa˧ni˩ =le˧
DM 多 NMLZ 多少 NMLZ

ma˧= ŋɤ˧ o˧
NEG COP DM

(268) la˩xɯxɯ˧ lo˩ lje˧ nɯŋa˧
周围 看 来:IMP TOP

(269) a˧my˧ tu˩pa˩ =le˧ õ˧nɛ˩ je˧
现在 直到 ADV 怎样 做

tsi˧ =le˧ na˧
PROG NMLZ COP: N-EGO

(270) a˧sɑ˩ tsʰi˧ ky˩ a˧nɛ˩ na˧
DM 这边 CL 这样 COP: N-EGO

没有增减多少，从周围（的人）来看，一直到现在都这样做。事情就是这样的。

六、玛丽玛萨节撵鬼的风俗

(1) se˧ɣɯ˧ ny˩tsa˩ dy˧
玛丽玛萨节 鬼 赶

(2) ny˩tsa˩ dy˧ a˧nɛ˩ =le˧ je˧ nɯ˧?
鬼 赶 怎么 ADV 做 PRT

玛丽玛萨节攒鬼是怎样做的呢？

(3) pʰɣ˩la˩ lɯ˦ dʑu˦ sɛ˩ nɯ˦ŋa˦
神仙 确实 有 COMPL TOP

(4) ny˩tsɑ˩ dʑu˦ sɛ˩
鬼 有 COMPL

(5) tsʰi˩by˩mɛ˦ dʑu˦ sɛ˩ a˩nɛ˦na˦
妖精 有 COMPL 是这样

（世界上）有神仙，也有鬼，也有妖精。

(6) dɯ˦ sy˩, ni˦ sy˩ nɯ˦ŋa˦
一 样 二 样 TOP

(7) ba˦ =le˦ gɣ˦ =le˦ le˦
喜欢 NMLZ 好 NMLZ PRT
dʑu˦ sɛ˩ nɯ˦ŋa˦
有 COMPL TOP

(8) ma˦= gɣ˦ ma˦= py˦ =le˦
NEG 好 NEG 成 NMLZ

(9) la˦ dʑu˦ sɛ˩, na˦ sɑ˩
也/还 有 COMPL COP: N-EGO PRT
nɯ˩lu˦ nɯ˦ŋa˦
REPD TOP

这是一方面，另一方面，（事情）有开心的，有好的，也有不好的，不成的。

(10) a˦sɑ˩, sɛ˦ɣɯ˦ ny˩tsɑ˩ dy˦ tʰɯ˦ nɯ˦ŋa˦
DM 玛丽玛萨节 鬼 赶 DEM:远指 TOP

(11) a˦tsɣ˦ je˦ =sɑ˩ sɛ˦ɣɯ˦?
什么 做 ADV 玛丽玛萨节

玛丽玛萨节攒鬼做什么呢？

(12) sɛ˦ɣɯ˦ nɯ˦ŋa˦, ũ˦ma˦ tʂɣ˦ lɯ˦
玛丽玛萨节 TOP 1PL 数 PRT

(13) kʰo˩ a˧mɛ˧ ni˧tse˧wã˧ ni˧
 六 AUG 二十五 日

(14) kʰo˩ ni˧, ʂɚ˧ ni˧ nɯ˧ŋa˧
 六 日 七 日 TOP

(15) a˧tʂʰi˧tɕu˩, xwã~xwã˥ tsɯ~tsɯ˥ si˧pʰjʌ˩ dy˩
 DM 绿 紫 叶子 结
 zu˧ lje˧
 需要 来: IMP

(16) a˧xwɑlle˩ nɯ˧ŋa˧ xwã˧lõ˩ =nã˩ ŋʌ˧ sɛ˧
 全部 TOP 绿色 ADV COP COMPL

我们算起来是六月二十五、二十六、二十七日,各种颜色的叶子都长着,不都是绿色的。

(17) a˩nɛ˧na˧ tʂʰi˧gy˩ nɯ˧ŋa˧
 是这样 那时候 TOP

(18) a˩tʂʰi˧tɕu˩, nyã˧tsa˩, tʂʰi˧by˩mɛ˧, nɜ˧ la˧dy˧ky˩ bi˩
 DM 鬼 妖精 像这样 比较 多

(19) se˧~se˧ ky˩ la˧dy˧ky˩ bi˩
 走: ITER CL 比较 多

(20) nɜ˧ =sɑ˩ nɯ˧ɯ˧ nɯ˧ŋa˧ a˧sa˧
 像这样 ADV REPD TOP 然后

那时候,说是鬼和妖精比较多,出来活动的也比较多。

(21) mɑ˩lɯ˧mɑsɯ˩ te˧, a˩tʂʰi˧tɕu˩, ty˧mu˧ je˧ sɛ˧
 玛丽玛萨 家 DM 庆祝仪式 做 COMPL

(22) tɕʰi˧mɛ˩ ʂo˧ sɛ˧, a˩tʂʰi˧tɕu˩ nɯ˩
 妻子 娶 COMPL DM PRT

(23) xĩ˧u˧ pjʌ˥ sɛ˧ nɯ˧ŋa˧
 人家 变 COMPL TOP

(24) ba˧ =le˧ gy˧ =le˧ a˩tʂʰi˧tɕu˩ nɯ˩
 喜欢 NMLZ 好 NMLZ DM PRT

(25) dzu˧ sɛ˩
     有   COMPL
     玛丽玛萨家办了喜事、娶妻成家以后，开心的好的事情都有了。

(26) a˧sa˩, dzu˧pa˧ ke˩,   a˩tʂʰi˧tɕu˩   nɯ˩
     然后   天香   烧   DM   PRT

(27) mbi˩ndza˩ la˥,   nɛ˧   =sa˩
     经   念   像这样   ADV
     a˧tsy˧   tʂʰi˧   ŋʁ˧   =le˧   la˧
     什么   DEM:近指   COP   NMLZ   也/还

(28) a˩tʂʰi˧tɕu˩, je˧   =a˧   i˧   sɛ˩   a˧sa˩
     DM   做   CONJ 来   COMPL 然后
     烧香、念经这样的也全都做起来了。

(29) a˩tʂʰi˧tɕu˩, tʂʰi˩by˩me˧, ɻ˧tsa˩, nɛ˧   la˧   a˩tʂʰi˧tɕu˩
     DM   妖精   鬼   像这样 也/还 DM

(30) ɣ˧dzy˧   =hɯ˧   wa˩   te˩tʂʰɯ˧le˩   nɯ˩ɯ˧   nɯ˧ŋa˧
     藏族   A   说   鬼   REPD   TOP

(31) a˧sa˩,   tɕʰi˧   ma˧=   gy˧   ma˧=   bi˩   =le˧
     DM   ?   NEG   好   NEG   多   NMLZ

(32) xĩ˧   ny˥   =le˧   la˧   dzu˧   =a˧
     人   妨害   NMLZ   也/还   有   CONJ
     ɕi˥,   a˧sa˩
     害怕   DM
     也有妖精和鬼，藏语说是te˩tʂʰɯ˧le˩（鬼），有不好的、不多的，也有妨害人的，害怕这些。

(33) ny˩tsa˩   dy˧   nɯ˩ɯ˧   nɯ˧ŋa˧,   a˧sa˩
     鬼   赶   REPD   TOP   DM

(34) ny˩tsa˩   dy˧   tʂʰi˧   nɯ˧ŋa˧,   a˩tʂʰi˧tɕu˩
     鬼   赶   DEM:近指   TOP   DM

(35)a˧nɛ˩   =le˧   dy˧   zu˧,   a˧sa˩ʔ
     怎样   ADV   赶   需要   DM
     说是撵鬼，撵鬼这件事，要怎样撵？

(36) lo˩kʰo˩   ʂɚ˧   be˧   zu˧
     松明   找   去   需要

(37) si˧tsʰo˧y˩   ʂɚ˧   be˧   zu˧
     消灾面   找   去   需要
     要去找松明、找消灾面。

(38) a˧nɛ˩   ʂɚ˧   ty˥,   a˧nɛ˩   dy˧,   a˩tʂʰi˧tɕu˩   nɯ˧ʔ
     怎样   找   兴   怎样   赶   DM   PRT

(39) tʂʰu˧bu˧   ʂu˧kʰwa˧   gɤ˥   zu˧
     菖蒲   裙子   穿   需要

(40) y˩dy˩   xɚ˧   pa˧   zu˧
     柴刀   长   带   需要

(41) ze˧xɤ˧   =xɤ˧   tɕʰi˩tʰi˩   tʰu˧   zu˧
     男人   PL   绑腿   打   需要

(42) mo˩xɤ˩   =xɤ˧   tʂʰu˧bu˧   ʂu˧kʰwa˧   gɤ˥   zu˧
     女人   PL   菖蒲   裙子   穿   需要
     兴怎样找，怎样撵鬼？要穿菖蒲裙子、拿长刀，男人们要打绑腿，女人们要穿菖蒲裙子。

(43) nɛ˧-le˧   a˩tʂʰi˧tɕu˩,   dɯ˧   ju˩   dɯ˧
     像-NMLZ   DM   一   人家   一
     ju˩   te˧   a˩lu˩   =le˧   a˩tʂʰi˧tɕu˩
     人家   家   房子   ADV   DM

(44) gɤ˥kʰu˩   =nɯ˧   dy˩   =sa˩
     上边   ABL   赶   ADV

(45) ỹ˥kʰu˩   pa˧   zu˧   na˧
     下边   到   需要   COP: N-EGO
     像这样，一家屋子一家屋子地，从村头撵到村尾。

(46) a˧tsɑ˩, ny˧tsa˩ dy˧ =le˧ kɯ˧nɯ˧ gɣ˩wa˧
     DM   鬼   赶   NMLZ   ASSOC   意思
(47) je˧   ju˧,   a˧i˧ʂə˩ xĩ˧   kɯ˧nɯ˧
     做   办法   很久以前   人   ASSOC
(48) u˧   ju˧   ŋɤ˧   a˧nɛ˧na˧
     说   办法   COP   是这样

撑鬼的意义、做法，古时候人们的说法就是这样。

七、斗牛的风俗

(1) a˧tsɑ˩,   ɣɯ˧   pʰe˧~pʰe˥   tɕʰi˥   =le˧
    DM   牛   顶: ITER   放   NMLZ
(2) nɛ˧   tsi˧   sɛ˩   ŋa˧   a˧tsɑ˩
    像这样   PROG   COMPL   COP:EGO   DM
(3) ɣɯ˧   pʰe˧~pʰe˥ tɕʰi˥   =le˧   nɯ˧ŋa˧
    牛   顶: ITER   放   NMLZ   TOP
(4) a˧nɛ˩   ŋɤ˧   =la˥
    什么样   COP   NMLZ: N-EGO

斗牛是这样的。

(5) dɯ˧   kʰɣ˩   nɯ˧ŋa˧,   bɛ˩   =nɯ˧
    一   年   TOP   村   A
(6) a˩tʂʰi˧tɕu˩ nɯ˩, a˧nɛ˩   u˧~u˧   =le˧   nɯ˧ŋa˧
    DM   PRT   什么样   说: ITER   NMLZ   TOP
(7) sɯ˧   zi˩   tɕʰi˥   zu˧   sɛ˩   nɯ˧ŋa˧
    三   次   放   需要   COMPL   TOP

全村商量，一年里要斗三次。

(8) a˧tsɑ˩,   kʰɣ˩   ʂə˧
    DM   年   新
(9) a˩pʰɣ˧   =a˧   lo˩   la˧   je˧   =a˧   be˧
    外面   DIR   活路   又   做   CONJ   去

(10) a˩pʰɤ˧   =a˧   be˧
     外面   DIR   去
(11) ke˧tsi˧   =a˧   be˧   nɯ˧ŋa˧
     开张   CONJ 去   TOP
(12) dʉ˧   zi˩   pʰe˧~pʰe˧   tɕʰi˩
     一   次   顶: ITER   放

过年以后，要去外面做工，开张的时候，斗一次。

(13) ɤ˧ɤ˧   la˧=   za˧   i˧   nɯ˧ŋa˧
     高山   又   下来   来   TOP
(14) le˧tɕɤ˧   dʉ˧   zi˩   pʰe˧~pʰe˧   tɕʰi˩
     又   一   次   顶: ITER   放

（牛）从高山放牛场下来，又斗一次。

(15) a˩tsʰi˧tɕu˩,   ũ˧ma˧   tã˧tʂʰwe˧   la˧   sʐ˧   sɛ˩
     DM   1PL   秋收   又   收   COMPL
(16) yo˩   la˧   gɤ˩ɤ˧   sɛ˩
     粮食 又   整理   COMPL
(17) dy˩   nje˩   sɛ˧   nɯ˧ŋa˧   nɯ˩
     地   空   COMPL TOP   PRT
(18) le˧tɕɤ˧   dʉ˧   zi˩   pʰe˧~pʰe˧   tɕʰi˩
     又   一   次   顶: ITER   放

秋收以后，粮食收完，田里空了，又斗一次。

(19) a˧,   ɤɯ˧   pʰe˧~pʰe˧   tɕʰi˩   =le˧   kɯ˧hɯ˧
     DM   牛   顶: ITER   放   NMLZ   ASSOC
(20) je˧   ju˧   nɯ˧ŋa˧   nɯ˩
     做   办法   TOP   PRT

斗牛的做法：

(21) kʰa˧tsi˧   te˧   ŋɤ˩   =le˧   bi˩   a˧mo˧
     每   家   COP   NMLZ 多   部分
(22) ja˧yo˧   dʉ˧   ju˩   te˧   dʉ˧
     公牛   一   人家 家   一

	pʰa˩	te˦-zɤ˦	sɛ˩				
	CL	DUR-养	COMPL				

大多是一家养了一头公牛。

(23) a˦　　　　tʰɯ˦　　　　su˦　　　i˦tʂɤ˦　　nɯ˦ŋa˦
　　 DM　　　DEM:远指　　三　　　　早晨　　　 TOP

(24) a˩tʂʰi˦tɕu˩, ja˦ɣo˦　a˩pʰɤ˦　ʂa˦　　=a˦　　 i˦
　　 DM　　　　　　　　 公牛　　外面　牵　　CONJ　来

(25) ze˦　　　=nɯ˦　　　pʰe˦~pʰe˦　tɕʰi˧　tsi˦　　ŋɤ˦　 =la˦
　　 哪里　　LOC　　　 顶:ITER　　 放　　 PROG　COP　地方

(26) pa˦　　 i˦,　　ne˦　　 sɛ˩　　 nɯ˦ŋa˦,　a˦sa˩　nɯ˦
　　 到　　 来　　像这样　COMPL　TOP　　　 DM　　PRT

那三天早晨，把公牛牵出来，牵到要斗牛的地方。

(27) be˩　　　tʂʰɤ˧　　u˦~u˦　　xĩ˦　　dʐu˦　　sɛ˩　　　nɯ˦ŋa˦
　　 村　　　这个　　 说:ITER　人　　 有　　　COMPL　TOP

(28) nja˩pa˦,　a˩tʂʰi˦tɕu˩,　nɯ˦,　kʰa˦ta˦　xã˦　　jɤ˦
　　 主事人　　DM　　　　 PRT　　哈达　　 戴　　给

(29) ɣɯ˦　　ʂa˦　　i˦　　xĩ˦　　=be˦
　　 牛　　　牵　　 来　　人　　 BEN

(30) kʰa˦　　pʰa˩　　pjɤ˧　　tsi˦　　pe˦le˦　　la˦
　　 多少　　CL　　 变　　　PROG　　是这样　　也/还

然后村里就有人讨论这件事，主事人给牵牛的人献哈达，不管有多少头牛都是这样做。

(31) ne˦　　 sɛ˩　　　nɯ˦ŋa˦,　do˦i˦　　po˦
　　 像这样　COMPL　TOP　　　 抽签　　 掉

(32) do˦i˦　　po˦　　 =sa˩　　nɯ˦ŋa˦,　a˩tʂʰi˦tɕu˩
　　 抽签　　 掉　　　ADV　　TOP　　　　DM

(33) ɣo˦　　=le˦　　ɣo˦　　=le˦　　te˦-dʐu˦　　xɯ˩
　　 赢　　　NMLZ　赢　　　NMLZ　DUR-有　　CAUS

(34) ʂy˩　　 =le˦　　ʂy˩　　 =le˦　　nɯ˦ŋa˦,　ma˦=
　　 输　　　NMLZ　输　　　NMLZ　TOP　　　　NEG

	tɕʰiɬ	sɛ˩				
	放	COMPL				

然后抽签，抽完签以后，让赢的和赢的在那里（斗），输的就不斗了。

(35) a˩sa˩, ɣoɬ =leɬ ɣoɬ =leɬ ɨ˧mli
然后 赢 NMLZ 赢 NMLZ 一面
la˧ tɕʰiɬ
又 放

(36) a˩tʂʰɨ˧tɕu˧, gɣ˧tɕu˧ gɣ˧tɕu˧ nɯ˧ŋa˧, a˩tʂʰɨ˧tɕu˧
DM 以后 以后 TOP DM

(37) dɯ˧-pa˧, ni˧-pa˧ sɯ˧-pa˧ a˩ne˧-le˧
一-NMLZ 二-NMLZ 三-NMLZ 这样-NMLZ

(38) la˧ si˧ ˧ sɛ˩
又 选 来 COMPL

赢的和赢的斗，最后选出来第一、第二、第三。

(39) a˧ la˧ si˧ ˧ sɛ˩
DM 又 选 来 COMPL
nɯ˧ŋa˧, a˩tʂʰɨ˧tɕu˧ nɯ˩
TOP DM PRT

(40) a˧pʰo˧ =xɣ˧ =nɯ˧, a˩tʂʰɨ˧tɕu˧ nɯ˩
爷爷 PL A DM PRT

(41) tʂʰɣ˩ si˧tsu˧ la˧ dzu˧, a˩tʂʰɨ˧tɕu˧ nɯ˩
这里 讲话 又 有 DM PRT

(42) dɯ˧ u˧~u˧ =nɯ˧, a˩sa˩
一 说: ITER DUR DM

(43) kʰa˧ta˧ dɯ˧ kɣ˩ a˧ xã˧ jɣ˩
哈达 一 CL PRT 戴 给

选出来以后，老爷爷们在那里讲话，讨论一下，（给前三名）献一条哈达。

(44) nɛ˧ jeː˧ sɛ˩ nɯ˧ŋa˧, a˩sa˩
像这样 做 COMPL TOP DM

(45) ju˩ndɑ˩ ju˩ tʂʰi˧ ju˩ =nɯ˧
主人 人家 DEM:近指 人家 A

(46) je˧ be˧ nɛ˧ =le˧ u˧ nɯ˧ŋa˧
做 去 像这样 NMLZ 说 TOP

(47) a˧sa˩, ty˧mu˧ je˧
DM 庆祝仪式 做
然后，主人家要做仪式。

(48) dɯ˧-pa˧ tʰɯ˧ pʰa˩ nɯ˧ŋa˧
一-NMLZ DEM:远指 CL TOP
xĩ˧ɣõ˧ kʰʏ˥
客人 请

(49) nɛ˧ =sa˩, nɛ˧ je˧ zu˧ =le˧ a˩nɛ˧na˧
像这样 ADV 像这样 做 需要 NMLZ 是这样

(50) nɛ˧ je˧ zu˧ =le˧ ŋʏ˧ =la˥, a˧sa˩
像这样 做 需要 NMLZ COP NMLZ:N-EGO DM
第一名那头（牛）的那家要请客，是要这样做的。

附录　分类词表

第一节　通用词

0001	太阳	~下山了	ni˧mɛ˧	0016	霜		mi˧pʰo˧
0002	月亮	~出来了	xe˧mʑ˧	0017	雾		tɕi˩sʏ˧
0003	星星		kɯ˧	0018	露		ndzo˧kʰɑ˧
0004	云		tɕi˩sʏ˧	0019	虹	统称	mʏ˩tse˩zɛ˧
0005	风		mɑ˧xã˧	0020	日食		ni˧mɛ˧nɑ˧
0006	台风		（无）	0021	月食		xe˧mɛ˧nɑ˧
0007	闪电	名词 mju˧mo˩tse˧		0022	天气		（无）
				0023	晴	天~	mʏ˧tʰʏ˧
0008	雷		mʏ˧gʏ˧	0024	阴	天~	mʏ˧nɑ˧
0009	雨		xɯ˧	0025	旱	天~	mʏ˧xo˧
0010	下雨		xɯ˩dzʏ˧	0026	涝	天~	（无）
0011	淋	衣服被雨~湿了 dzʏ˧		0027	天亮		dʑi˩kʰu˩ʂi˧
				0028	水田		dze˧lɯ˧
0012	晒	~粮食	lʏ˧	0029	旱地	浇不上水的耕地 pʏ˧lɯ˧
0013	雪		wje˧				
0014	冰		dzʏ˩zʏ˧	0030	田埂		lɯ˧bu˧
0015	冰雹		ndzu˧	0031	路	野外的	ndɑ˧ko˧

0032	山		dzɤ˦	0058	灰尘	桌面上的	lwe˦
0033	山谷		kʰɤ˦	0059	火		mo˦
0034	江	大的河	i˦zɤ˦ɹ̩˦	0060	烟	烧火形成的	mɤ˨kʰɤ˦
0035	溪	小的河	zɤ˦ɑ˨	0061	失火		mo˦kʰe˦zu˦
0036	水沟儿	较小的水道	kʰa˦	0062	水		a˦tɕʰi˦
0037	湖		xɯ˦	0063	凉水		a˦tɕʰi˦tɕʰi˦
0038	池塘		pa˦dzo˨	0064	热水	如洗脸的热水，不是指喝的开水	a˦tɕʰi˦tsʰi˦
0039	水坑儿	地面上有积水的小洼儿 pa˦dzo˨		0065	开水	喝的	a˦tɕʰi˦tsʰa˨tʰɤ˦
0040	洪水		zɤ˦ju˨	0066	磁铁		（无）
0041	淹	被水~了	tʂɚ˥	0067	时候	吃饭的~	tʰa˨mi˦
0042	河岸		pa˦dzɯ˦zɤ˦mɛ˦kʰo˦	0068	什么时候		ze˦tʰa˨mi˦
0043	坝	沿河修筑拦水的 tsi˦		0069	现在		a˦mɤ˦
0044	地震		mɤ˦lɯ˥lɯ˦	0070	以前	十年~	u˨da˦
0045	窟窿	小的	bo˦kʰo˦	0071	以后	十年~	gɤ˦
0046	缝儿	统称	mɤ˦gɤ˦	0072	一辈子		tʂʰɚ˥
0047	石头	统称	lɤ˦pa˦	0073	今年		tsʰi˦wjɛ˦
0048	土	统称	tʂɤ˦	0074	明年		su˦wjɛ˦
0049	泥	湿的	dza˨kʰe˦	0075	后年		u˦wjɛ˦
0050	水泥	旧称	lɤ˦pa˦tɤ˨	0076	去年		a˦wjɛ˦
0051	沙子		ʂɤ˨	0077	前年		ʂə˨wjɛ˦
0052	砖	整块的	（无）	0078	往年	过去的年份	a˦wjɛ˦ʂə˨wjɛ˦
0053	瓦	整块的	wã˦				
0054	煤		（无）	0079	年初		kʰɤ˦tɤ˦
0055	煤油		（无）	0080	年底		kʰɤ˦mi˦
0056	炭	木炭	xɯ˦tɕu˦	0081	今天		tsʰi˦hi˦
0057	灰	烧成的 kwa˥ju˨lwe˦		0082	明天		mɤ˨sɤ˦
				0083	后天		u˨sɤ˨

0084	大后天	u˧dɯ˧sɤ˨			kʰɤ˨sɚ˥tɑn˧tɤ˧	
0085	昨天	a˨ni˧mɤ˨tiɴ˨	0108	历书	（无）	
0086	前天		0109	阴历	（无）	
		ʂɚ˨ni˧dɯ˧ni˧	0110	阳历	（无）	
0087	大前天		0111	星期天	（无）	
		ʂɚ˨dɯ˧dɯ˧ni˧	0112	地方	ku˧	
0088	整天	dɯ˧ti˧	0113	什么地方		
0089	每天	tʂʰi˧ni˨ne˨			ze˨tʂʰli˨ku˧	
0090	早晨	i˧ʔʐ˨	0114	家里	a˨u˨ku˧	
0091	上午		0115	城里	dza˨ku˧	
		zɤ˨ʔu˨sze˨bɑ˨	0116	乡下	（无）	
0092	中午	zɤ˧dze˧dzi˨li˨	0117	上面	从~滚下来 gɤ˨pɤ˨	
0093	下午	zɤ˨ʔsze˨ʂɚ˨	0118	下面	从~爬上去 ỹ˨pɤ˨	
0094	傍晚	kʰoʰtoˑtoˑ	0119	左边	wa˨tɑ˨	
0095	白天	ni˨le˧gɤ˨	0120	右边	i˨tɑ˧	
0096	夜晚	与白天相对，统称	0121	中间	排队排在~ tɑ˨kʰɤ˨	
		mɤ˨kʰɤ˨	0122	前面	排队排在~ u˨tɑ˨	
0097	半夜	xo˨kʰo˨	0123	后面	排队排在~ a˨gwe˨	
0098	正月	农历 ju˨pe˨xa˨	0124	末尾	排队排在~ mi˨tsɤ˨kɤ˨	
0099	大年初一	农历	0125	对面	（无）	
	（无）		0126	面前	（无）	
0100	元宵节	（无）	0127	背后	（无）	
0101	清明	（无）	0128	里面	躲在~ ku˧ku˨lu˨	
0102	端午	mo˧wã˧ni˨	0129	外面	衣服晒在~ a˨pʰɤ˨	
0103	七月十五	农历，节日名	0130	旁边	tu˨kʰu˨	
	（无）		0131	上	碗在桌子~ tu˨	
0104	中秋	（无）	0132	下	凳子在桌子~	
0105	冬至	（无）			tʰa˨	
0106	腊月	农历十二月 za˨tɕi˨xa˨	0133	边儿	桌子的~ kʰu˨pʰju˨	
0107	除夕	农历	0134	角儿	桌子的~ tse˨tɕʰu˨	

0135	上去	他~了	gɤ˧be˧	0162	梨		sy˧ly˧
0136	下来	他~了	ũ˧a˩i˧	0163	李子		si˧tʂu˥
0137	进去	他~了 ko˧ko˧lo˧be˧		0164	杏		ã˧
				0165	橘子		tʂu˧
0138	出来	他~了	a˩pʰɤ˧tʰɤ˧	0166	柚子		（无）
0139	出去	他~了	a˩pʰɤ˧be˧	0167	柿子		tʰa˩dzi˥
0140	回来	他~了	la˩i˧	0168	石榴		sa˧mi˧
0141	起来	天冷~了	i˧	0169	枣		（无）
0142	树		si˧dzi˧	0170	栗子		tsʰɯ˥ɣɯ˥
0143	木头		si˧	0171	核桃		u˩du˥
0144	松树	统称	tʰu˧si˧dzi˧	0172	银杏	白果	（无）
0145	柏树	统称	ɕy˩dzi˧	0173	甘蔗		bju˥dzi˧
0146	杉树		ʂɤ˩dzi˧	0174	木耳		
0147	柳树		zo˥dzi˧				tu˥lɤ˩lʑxɤ˩lu˥
0148	竹子	统称	ma˧	0175	蘑菇	野生的	mɤ˥
0149	笋		ma˧ky˥dɤ˩	0176	香菇		tʂɚ˥mɤ˥
0150	叶子		pʰjɤ˩	0177	稻	指植物	dze˧
0151	花		ba˥ba˧	0178	稻谷	指籽实（去壳后是大米）
0152	花蕾	花骨朵					dze˧sy˥
			ba˥ba˩tɤ˩ly˧	0179	稻草	脱粒后的	dze˧zɯ˧
0153	梅花		si˧kʰa˧ba˧	0180	大麦	指植物	mi˩dze˧
0154	牡丹		mbe˧ta˩ba˧	0181	小麦	指植物	ʂɤ˧
0155	荷花		（无）	0182	麦秸	脱粒后的	ʂɤ˧ly˧
0156	草		zɯ˧	0183	谷子	指植物（籽实去壳后是小
0157	藤		ni˧tʂʰɤ˧		米）		tsʰy˧
0158	刺	名词	tɕʰe˧	0184	高粱	指植物	la˩na˩
0159	水果			0185	玉米	指植物	kʰa˩dze˧
			sɯ˧gu˧sɯ˧ly˧	0186	棉花	指植物	mba˧tɕi˧
0160	苹果		（无）	0187	油菜	油料作物，不是蔬菜
0161	桃子		ku˥pʰu˧		（无）		

0188	芝麻		saˍlmɛˈ	0215	荸荠		（无）
0189	向日葵	指植物	niˈmɛˈbaˍ	0216	红薯	统称	（无）
0190	蚕豆		ndɑˍdyˈ	0217	马铃薯		jaˍfyˈ
0191	豌豆		tsʰyˍtsʰyˈ	0218	芋头		nɑˍtsiˈ
0192	花生	指果实	loˍtiˍfoˈ	0219	山药	圆柱形的	mjrˈluˈ
0193	黄豆		nyˈ	0220	藕		（无）
0194	绿豆		nyˍzɛˈ	0221	老虎		lɑˈ
0195	豇豆	长条形的	beˈbeˈ	0222	猴子		aˈyˈ
0196	大白菜	东北~	uˍpʰaˈ	0223	蛇	统称	zɑˍpʰoˈ
0197	包心菜	卷心菜，圆白菜，球形的		0224	老鼠	家里的	xwɑˈ
	（无）			0225	蝙蝠		
0198	菠菜		（无）		xwɑˍbjuˈwɑˈ		
0199	芹菜		（无）	0226	鸟儿	飞鸟，统称	ɯjeˈ
0200	莴笋		uˍsyˈ	0227	麻雀		dzyˍmˈ
0201	韭菜		tɕuˍtsʰaˈ	0228	喜鹊		leˍkaˈ
0202	香菜	芫荽	jaˍɕyˈ	0229	乌鸦		laˍiˈ
0203	葱			0230	鸽子		tʰüˍjëˈ
	tsyˍkʰoˍmbuˈ			0231	翅膀	鸟的，统称	duˍtsʰɯˈ
0204	蒜		xoˈ	0232	爪子	鸟的，统称	tsəˈ
0205	姜		ndzyˍkuˈ	0233	尾巴		miˍtsyˈ
0206	洋葱		（无）	0234	窝	鸟的	kʰɯˈ
0207	辣椒	统称	laˍtsɯˈ	0235	虫子	统称	biˍxĩˈ
0208	茄子	统称	gɤˈ	0236	蝴蝶	统称	pʰeˍfˈ
0209	西红柿		（无）	0237	蜻蜓	统称	
0210	萝卜	统称	leˍpyˈ		aˍleˍtsyˍtsyˈ		
0211	胡萝卜		（无）	0238	蜜蜂		bjuˈ
0212	黄瓜		tyˍkʰwaˈ	0239	蜂蜜		siˍbjuˈ
0213	丝瓜	无棱的	（无）	0240	知了	统称	zẽˍzẽˈ
0214	南瓜	扁圆形或梨形，成熟时赤		0241	蚂蚁		tʂʰwaˍzoˈ
	褐色	tɕiˍkweˈ		0242	蚯蚓		

编号	词	注释	读音
			ni˧gʌ˥bi˩xĩ˥
0243	蚕		li˩sʌ˥
0244	蜘蛛	会结网的	mba˧la˧
0245	蚊子	统称	i˧tʂu˩
0246	苍蝇	统称	mbo˩lo˩
0247	跳蚤	咬人的	kʰɯ˧ʂe˧
0248	虱子		ʂɚ˧me˧
0249	鱼		ni˩ze˩
0250	鲤鱼		（无）
0251	鳙鱼	胖头鱼	（无）
0252	鲫鱼		（无）
0253	甲鱼		（无）
0254	鳞	鱼的	（无）
0255	虾	统称	
			bi˩xĩ˥ba˧xwa˩
0256	螃蟹	统称	（无）
0257	青蛙	统称	pa˩me˧
0258	癞蛤蟆	表皮多疙瘩	
			pa˩mɛ˧ndzi˩pʰu˧
0259	马		lo˩
0260	驴		tʰo˧lo˩me˧
0261	骡		ndzə˩
0262	牛		ɣɯ˧
0263	公牛	统称	ja˧ɣo˧
0264	母牛	统称	ɣɯ˩mɯ˩
0265	放牛		ɣɯ˩ly˧
0266	羊		ju˧
0267	猪		wa˩
0268	种猪	配种用的公猪	
			wa˩pʰy˩ly˧
0269	公猪	成年的，已阉的	
			wa˩xo˩
0270	母猪	成年的，未阉的	
			wa˩mɛ˩
0271	猪崽		wa˩bu˧
0272	猪圈		wa˩by˩
0273	养猪		wa˩zʌ˩
0274	猫		xwa˩le˩
0275	公猫		xwa˩le˩du˩mu˧
0276	母猫		xwa˩le˩a˩mɛ˩
0277	狗	统称	kʰɯ˧
0278	公狗		kʰɯ˧by˩
0279	母狗		kʰɯ˧mɛ˩
0280	叫	狗~	ly˩
0281	兔子		tʰu˩le˧
0282	鸡		la˩
0283	公鸡	成年的，未阉的	la˧pʰo˧
0284	母鸡	已下过蛋的	la˧mɛ˩
0285	叫	公鸡~（即打鸣儿）	dzo˧
0286	下	鸡~蛋	ɣõ˧
0287	孵	~小鸡	y˩
0288	鸭		bã˩a˧
0289	鹅		õ˧
0290	阉	~公的猪	xo˧
0291	阉	~母的猪	xo˧
0292	阉	~鸡	xo˧

编号	词	说明	读音
0293	喂	~猪	jɤ˥
0294	杀猪	统称	wa˩kʰa˩
0295	杀	~鱼	kʰa˩
0296	村庄	一个~	mbɛ˧
0297	胡同	统称：一条~ （无）	
0298	街道		dzi˧
0299	盖房子		a˩u˩gy˩
0300	房子	整座的，不包括院子	a˩u˩
0301	屋子	房子里分隔而成的，统称	a˩u˩dɿu˥tʂwa˧
0302	卧室		ĩ˩a˧
0303	茅屋	茅草等盖的	zu˩a˩hu˧
0304	厨房		dze˥xã˧ku˩a˧
0305	灶	统称	kwa˧
0306	锅	统称	ba˧by˩
0307	饭锅	煮饭的	ba˧by˩
0308	菜锅	炒菜的	ba˧by˩
0309	厕所	旧式的，统称 （无）	
0310	檩	左右方向的	u˩lu˩
0311	柱子		za˧
0312	大门		ka˧mɛ˧kʰ˧
0313	门槛儿		kʰu˧hu˧
0314	窗	旧式的	le˧te˧kʰu˧
0315	梯子	可移动的	le˧dzi˧
0316	扫帚	统称	xwa˩tʂu˧
0317	扫地		wa˧
0318	垃圾		ta˩ma˧
0319	家具	统称	（无）
0320	东西	我的~	tsu˧tsu˧
0321	炕	土、砖砌的，睡觉用	ko˧
0322	床	木制的，睡觉用	tʂwa˧ndzə˧
0323	枕头		u˩gu˩
0324	被子		ka˩tsu˧
0325	棉絮		（无）
0326	床单		kʰu˧tsu˧
0327	褥子		kʰo˧ho˧
0328	席子		zuɯ˧kʰo˧ho˧
0329	蚊帐		ma˥tsu˩ku˩tɕi˩
0330	桌子	统称	sa˩la˩
0331	柜子	统称	ta˧
0332	抽屉	桌子的	（无）
0333	案子	长条形的	（无）
0334	椅子	统称	mɤ˧mã˧
0335	凳子	统称	mɤ˧mã˧
0336	马桶	有盖的	（无）
0337	菜刀		xwa˩te˧
0338	瓢	舀水的	la˩dze˥
0339	缸		zo˧gy˩
0340	坛子	装酒的	pi˩dze˥
0341	瓶子	装酒的	kɤ˧ly˩
0342	盖子	杯子的	u˩ka˩
0343	碗	统称	kʰwa˩
0344	筷子		a˩ʂə˧

附录 分类词表 311

0345	汤匙		biɨdzeɨ
0346	柴火	统称	siɨ
0347	火柴		（无）
0348	锁		kʰuɨtseɨ
0349	钥匙		tseɨkwaɨ
0350	暖水瓶		（无）
0351	脸盆		paɨ
0352	洗脸水		dziɨdzeɨ˞zə˞ɨ
0353	毛巾	洗脸用	（无）
0354	手绢		（无）
0355	肥皂	洗衣服用	（无）
0356	梳子	旧式的，不是篦子	tʂɚɨmʒɨ
0357	缝衣针		uɨ
0358	剪子		tsuɨteɨ
0359	蜡烛		（无）
0360	手电筒		（无）
0361	雨伞	挡雨的，统称	（无）
0362	自行车		（无）
0363	衣服	统称	baɨlaɨ
0364	穿	~衣服	xỹɨ
0365	脱	~衣服	pʰoˈ
0366	系	~鞋带	tyɨ
0367	衬衫		（无）
0368	背心		（无）
0369	毛衣		pʰɣˈbaɨlaɨ
0370	棉衣		（无）
0371	袖子		joˈkʰoɨ

0372	口袋	衣服上的	beɨmɨ
0373	裤子		xɛˈkʰwaɨ
0374	短裤	外穿的	（无）
0375	裤腿		xɛˈkʰwaɨjoˈkʰoɨ
0376	帽子	统称	uɨmuɨ
0377	鞋子		zaˈkʰwaɨ
0378	袜子		zaɨkuɨ
0379	围巾		（无）
0380	围裙		kaɨtaɨ
0381	尿布		kʰeˈpʰeˈxwaɨ
0382	扣子		xaɨpaɨmbyʎyˈ
0383	扣	~扣子	tyɨ
0384	戒指		laˈtʰaˈ
0385	手镯		laˈdzuˈ
0386	理发		uɨduˈsiˈ
0387	梳头		uɨduˈtˈɣˈ
0388	米饭		dzeɨ
0389	稀饭	用米熬的，统称	byɨdaˈ
0390	面粉	麦子磨的，统称	yˈ
0391	面条	统称	mjɣˈkaɨ
0392	面儿	玉米~，辣椒~	yˈ
0393	馒头	无馅的，统称	mbaˈtʰyˈ
0394	包子		（无）
0395	饺子		（无）
0396	馄饨		（无）

附录 分类词表 313

0397	馅儿	（无）	0422	白酒	aˌdzi˧	
0398	油条	长条形的，旧称	0423	黄酒	（无）	
		sʅ˧dzy˧ni˩dzɑ˧ʂ˧	0424	江米酒	酒酿，醪糟 pe˧zɤ˧	
0399	豆浆	dzy˩y˩zɑ˧	0425	茶叶	lɑ˧	
0400	豆腐脑	（无）	0426	沏	～茶 tɯ˧	
0401	元宵	食品 （无）	0427	冰棍儿	（无）	
0402	粽子	（无）	0428	做饭	统称 dze˩gy˩	
0403	年糕	用黏性大的米或米粉做的	0429	炒菜	统称，和做饭相对	
		tsʰɑ˩yõ˩ba˩ʅ˧			zɤ˩lɯ˧tsɑ˧	
0404	点心	统称 kʰɑ˩dze˧	0430	煮	～带壳的鸡蛋	
0405	菜	吃饭时吃的，统称			tçɤ˧	
		zɤ˧ny˧	0431	煎	～鸡蛋 dzɑ˧	
0406	干菜	统称 u˩ɑ˩xɤ˩	0432	炸	～油条 dzɑ˧	
0407	豆腐	dzy˩y˧	0433	蒸	～鱼 by˧	
0408	猪血	当菜的 wɑ˩ɯ˩	0434	揉	～面做馒头等	
0409	猪蹄	当菜的			zo˩	
		wɑ˩tçʰi˩çʰy˧	0435	擀	～面，～皮儿	
0410	猪舌头	当菜的 wɑ˩ɕɤ˩			（无）	
0411	猪肝	当菜的 wɑ˩si˧	0436	吃早饭		
0412	下水	猪牛羊的内脏			jɤ˩dzɤ˩dze˧	
		tsʰɑ˧si˧ʅ˩lɯ˩	0437	吃午饭	zɯ˩dze˧	
0413	鸡蛋	lɑ˩yõ˧	0438	吃晚饭		
0414	松花蛋	（无）			my˩kʰɤ˩dze˧	
0415	猪油	Li˧wɑ˧	0439	吃	～饭 dze˧	
0416	香油	i˧ɕɤ˧	0440	喝	～酒 ʂy˧	
0417	酱油	（无）	0441	喝	～茶 ʂy˧	
0418	盐	名词 tsʰe˧	0442	抽	～烟 ʂy˧	
0419	醋	tçi˧	0443	盛	～饭 tçʰi˩	
0420	香烟	jɤ˧	0444	夹	用筷子～菜 ŋa˩	
0421	旱烟	tsʰo˩jɤ˧	0445	斟	～酒 tçʰi˩	

编号	词	注释	音标
0446	渴	口~	xwa˥
0447	饿	肚子~	mi˩
0448	噎	吃饭~着了	kɣ˧tsɯ˧la˩
0449	头	人的，统称	u˧tu˧
0450	头发		xỹ˧tsʰɣ˧
0451	辫子		ku˧tɕu˩pa˧
0452	旋		we˧ŋɯ˧ŋɯ˥
0453	额头		tɣ˧pɣ˥
0454	相貌		ʂu˥
0455	脸	洗~	pʰo˧mɛ˧
0456	眼睛		mjɤ˧lɣ˥
0457	眼珠	统称	na˥lɣ˩lɣ˧
0458	眼泪	哭的时候流出来的	mi˥dzɚ˧
0459	眉毛		mjɤ˩xỹ˥
0460	耳朵		xɛ˩du˧
0461	鼻子		ni˩gɣ˧
0462	鼻涕	统称	nɣ˧
0463	擤	~鼻涕	tʂʰo˧
0464	嘴巴	人的，统称	kɣ˩pe˥
0465	嘴唇		nɣ˧pʰjɤ˧
0466	口水	~流出来	tɕe˧
0467	舌头		ɕe˧
0468	牙齿		xɯ˧
0469	下巴		mɣ˧kɣ˥
0470	胡子	嘴周围的	mɣ˧tsɯ˧
0471	脖子		je˧tʂɣ˥
0472	喉咙		kɣ˩tsɯ˧
0473	肩膀		la˩kʰwa˥
0474	胳膊		la˩zo˩
0475	手（包括臂）		la˩pʰɤ˩
0476	左手		wa˧da˧la˩pʰɤ˧
0477	右手		i˧da˧la˩pʰɤ˧
0478	拳头		la˩kɣ˩tɣ˧
0479	手指		la˩ni˩
0480	大拇指		la˩mɛ˩
0481	食指		la˩ni˩
0482	中指		la˩ni˩
0483	无名指		la˩ni˩
0484	小拇指		a˧kʰɤ˧ndzɯ˧la˩
0485	指甲		la˩tʂɚ˩kɣ˥
0486	腿		dzi˧ba˩
0487	脚（包括小腿和大腿）		tɕʰi˩pʰɤ˧
0488	膝盖	指部位	mo˧kʰo˥tɣ˩lɣ˧
0489	背	名词	gu˧sɯ˧
0490	肚子	腹部	xõ˧mɛ˧
0491	肚脐		a˩ku˩ju˩
0492	乳房	女性的	a˧pu˩
0493	屁股		mu˧pe˩le˩
0494	肛门		kʰe˧kʰo˧
0495	阴茎	成人的	pu˧lu˧
0496	女阴	成人的	a˩pi˧
0497	奸	动词	tɕʰa˧tɕʰa˧
0498	精液		kɣ˩tɕi˩
0499	来月经		xõ˩mɛ˩dzɯ˩

0500	拉屎	kʰeˈxã˩		0525	吃药 统称	tsʰa˧muɯ˧ɣ˩
0501	撒尿	ʂiˌxa˩		0526	汤药	tsʰa˧muɯ˧
0502	放屁	kʰeˈtɕʰi˩		0527	病轻了	dzɯ˧dzu˩la˧gɣ˩
0503	相当于"他妈的"的口头禅	ny˧dza˩		0528	说媒	（无）
0504	病了	dzɯ˩		0529	媒人	mi˧la˧mbo˧
0505	着凉	tɕʰi˧tɕʰi˧su˩ɣu˩		0530	相亲	（无）
0506	咳嗽	tso˧		0531	订婚	zɚ˧sa˩tɕʰi˩
0507	发烧	zo˩ʂi˩tsʰi˩		0532	嫁妆	（无）
0508	发抖	tɕʰɯ˧tɕʰɯ˧		0533	结婚 统称	ʂɚ˧ndzɯ˧je˧
0509	肚子疼	xõ˧me˧dzɯ˧		0534	娶妻子 男子~	ʂo˧
0510	拉肚子	kʰeˈʂwa˧		0535	出嫁 女子~	（无）
0511	患疟疾	xuɯ˩pʰi˩dzo˩		0536	拜堂	（无）
0512	中暑	（无）		0537	新郎	ma˧ɣõ˩ʂɚ˧
0513	肿	lo˧		0538	新娘子	tɕʰi˧me˧ʂɚ˧
0514	化脓	ba˩tɕʰi˩		0539	孕妇	（无）
0515	疤 好了的	me˧		0540	怀孕	ze˩xĩ˩pa˩
0516	癣	（无）		0541	害喜 妊娠反应	（无）
0517	痣 凸起的	si˩na˧		0542	分娩	ze˧xĩ˩dzɯ˧
0518	疙瘩 蚊子咬后形成的	tsʰe˧kʰa˧		0543	流产	ze˧xĩ˩ʂwa˧
0519	狐臭	（无）		0544	双胞胎	dɯ˧dze˧dzu˧
0520	看病	dzɯ˩lo˩		0545	坐月子	i˩li˩kʰɯ˧li˩
0521	诊脉	la˩ma˧na˩		0546	吃奶	na˧sɣ˩
0522	针灸	ɯ˩da˧xo˧		0547	断奶	na˧si˧
0523	打针	ɯ˧la˧		0548	满月	xɛ˧ʂo˧
0524	打吊针	ɯ˩la˧		0549	生日 统称	（无）

0550	做寿		（无）	0576	女人	三四十岁已婚的，统称	
0551	死	统称	sɯ˧			mo˩xɤ˧	
0552	死	婉称，指老人：他～了		0577	单身汉		（无）
	mo˧ɣõ˧			0578	老姑娘		（无）
0553	自杀		（无）	0579	婴儿		a˩ka˧
0554	咽气		sa˩tʂʰɚ˧	0580	小孩	三四岁的，统称	
0555	入殓				ze˩xĩ˧		
	a˩u˩gɤ˧a˩tʂo˧			0581	男孩	统称：外面有个～在哭	
0556	棺材		xɛ˧dzi˩		ze˩xɯ˧ze˩xĩ˧		
0557	出殡		mo˩ko˩	0582	女孩	统称：外面有个～在哭	
0558	灵位		（无）		mo˩xɯ˧ze˩xĩ˧		
0559	坟墓	单个的，老人的		0583	老人	七八十岁的，统称	
	（无）				xĩ˧mo˧ɣõ˧		
0560	上坟		（无）	0584	亲戚	统称	a˩u˩xĩ˧
0561	纸钱		（无）	0585	朋友	统称	tɕʰu˧mɛ˧
0562	老天爷		（无）	0586	邻居	统称	dze˧mɛ˧ly˧
0563	菩萨	统称	pʰɤ˧la˩	0587	客人		xĩ˧ɣõ˧
0564	观音		（无）	0588	农民		lo˧ɬɤ˧xĩ˧
0565	灶神		（无）	0589	商人		zɚ˧la˩ɬɤ˧xĩ˧
0566	寺庙		xɛ˧dzɿ˧	0590	手艺人	统称	pɤ˧tʂɚ˧
0567	祠堂		（无）	0591	泥水匠		
0568	和尚		la˧ma˧		dʐa˩kʰe˩pɤ˧tʂɚ˧		
0569	尼姑		a˩dzo˩	0592	木匠		
0570	道士		（无）		si˧ta˧pɤ˧tʂɚ˧		
0571	算命	统称	ba˩ma˩du˩	0593	裁缝		
0572	运气		kɤ˧ɯ˧		ba˧la˩zo˧pɤ˧tʂɚ˧		
0573	保佑		u˧lu˧	0594	理发师		
0574	人	一个～	xĩ˧		u˧du˩si˩pɤ˧tʂɚ˧		
0575	男人	成年的，统称		0595	厨师		
	ze˧xɤ˧				dze˩gɤ˧pɤ˧tʂɚ˧		

编号	词	说明	读音
0596	师傅		pɣ˦tʂə˩
0597	徒弟		（无）
0598	乞丐	统称	ɑ˩lɑ˩ku˦tɕu˩
0599	妓女		（无）
0600	流氓		（无）
0601	贼		kʰɣ˦ma˦
0602	瞎子	统称	mi˦ɛ˥
0603	聋子	统称	xe˥bu˦
0604	哑巴	统称	du˦pi˦
0605	驼子	统称	gɣ˥mbu˥
0606	瘸子	统称	bu˦kʰe˦
0607	疯子	统称	xĩ˦nɣ˦
0608	傻子	统称	du˦pi˦
0609	笨蛋	蠢的人	ɕo˦lo˥
0610	爷爷	呼称，最通用的	a˦pʰo˦
0611	奶奶	呼称，最通用的	a˦ju˩
0612	外祖父	叙称	a˦pʰo˦
0613	外祖母	叙称	a˦ju˩
0614	父母	合称	a˥pɣ˩a˦mɛ˦
0615	父亲	叙称	a˥bɣ˩
0616	母亲	叙称	a˦mɛ˦
0617	爸爸	呼称，最通用的	a˥bɣ˩
0618	妈妈	呼称，最通用的	a˦mɛ˦
0619	继父	叙称	a˥bɣ˩
0620	继母	叙称	a˦mɛ˦
0621	岳父	叙称	a˥bɣ˩
0622	岳母	叙称	a˦mɛ˦
0623	公公	叙称	a˥bɣ˩
0624	婆婆	叙称	a˦mɛ˦
0625	伯父	呼称，统称	a˦bu˦
0626	伯母	呼称，统称	a˦ni˦
0627	叔父	呼称，统称	a˦bu˦
0628	排行最小的叔父	呼称，如"幺叔"	a˦bu˦a˦mɛ˦
0629	叔母	呼称	a˦ni˦
0630	姑母	呼称，统称	a˦ni˦
0631	姑父	呼称，统称	a˦bu˦
0632	舅舅	呼称	a˦wo˥
0633	舅母	呼称	a˦ni˦
0634	姨母	呼称，统称	a˦pa˦
0635	姨父	呼称，统称	a˦pa˦a˥pɣ˩
0636	弟兄	合称	a˥bɣ˩gɯ˦dzɯ˦
0637	姊妹	合称	mɛ˦mɛ˦gɯ˦
0638	哥哥	呼称，统称	a˥bɣ˩
0639	嫂子	呼称，统称	mɛ˦mɛ˦
0640	弟弟	叙称	gɯ˦dzɯ˦
0641	弟媳	叙称	gɯ˦mɛ˦
0642	姐姐	呼称，统称	mɛ˦mɛ˦
0643	姐夫	呼称	a˥bɣ˩
0644	妹妹	叙称	gɯ˦mɛ˦
0645	妹夫	叙称	gɯ˦dzɯ˦
0646	堂兄弟	叙称，统称	（无）

编号	词	说明	音标	编号	词	说明	音标
0647	表兄弟	叙称，统称	（无）	0667	割稻		dze˧tsʰɯ˩
0648	妯娌	弟兄妻子的合称	（无）	0668	种菜		u˧pʰa˩fa˧
0649	连襟	姊妹丈夫的关系，叙称	（无）	0669	犁	名词	lo˩ky˩
0650	儿子	叙称：我的~	ze˧	0670	锄头		tsa˧ko˩
0651	儿媳妇	叙称：我的~	ze˧tɕʰi˩mɛ˩	0671	镰刀		xwa˧gy˩
0652	女儿	叙称：我的~	mo˧	0672	把儿	刀~	ko˧
0653	女婿	叙称：我的~	mo˧ma˧ɣõ˩	0673	扁担		a˧tɕʰi˩bu˧ty˩
0654	孙子	儿子之子	sẽ˧tsi˩	0674	箩筐		kʰɤ˩
0655	重孙子	儿子之孙	iõ˧tsi˩	0675	筛子	统称	tʂɚ˧
0656	侄子	弟兄之子	ze˧wo˧	0676	簸箕	农具，有梁的	pa˧kʰɤ˩
0657	外甥	姐妹之子	ze˧wo˧	0677	簸箕	簸米用的	mu˧
0658	外孙	女儿之子	sẽ˧tsi˩	0678	独轮车		（无）
0659	夫妻	合称	tɕʰi˧mɛ˩ma˧ɣõ˩	0679	轮子	旧式的，如独轮车上的	kʰu˧
0660	丈夫	叙称，统称，最通用的：她的~	ma˧ɣõ˩	0680	碓	整体	a˧tɕʰi˩mo˩tʂu˧
0661	妻子	叙称，统称，最通用的：他的~	tɕʰi˧mɛ˩	0681	臼		ku˧ba˧
0662	名字		xĩ˩xĩ˩	0682	磨	名词	ly˩tʰa˩
0663	绰号		xĩ˩xĩ˧xa˩	0683	年成		ɣo˩lɚ˩
0664	干活儿	统称：在地里~	lo˩je˩	0684	走江湖	统称	ka˧la˧
0665	事情	一件~	ʂɚ˩	0685	打工		ɣa˧tɕʰe˧
0666	插秧		dze˧tso˧	0686	斧头		ɣɯ˧mɛ˧
				0687	钳子		mbe˧la˧
				0688	螺丝刀		（无）
				0689	锤子		nda˧ty˩
				0690	钉子		pe˧
				0691	绳子		bi˧
				0692	棍子		do˩lo˩kʰo˩

0693	做买卖		zɤ˧la˩lɛ˩	0721	放学	（无）
0694	商店		zɤ˧la˩kʰo˧	0722	考试	（无）
0695	饭馆		dze˥kʰo˧	0723	书包	tʰa˧lɛ˧ta˧kʰɤ˧
0696	旅馆	旧称	ĩ˩kʰo˧	0724	本子	tʰa˧lɛ˧
0697	贵		pʰo˧dzu˧	0725	铅笔	（无）
0698	便宜		pʰo˧ju˧	0726	钢笔	（无）
0699	合算		（无）	0727	圆珠笔	（无）
0700	折扣		（无）	0728	毛笔	（无）
0701	亏本		pʰy˧	0729	墨	mu˥na˧
0702	钱	统称	be˩	0730	砚台	mu˥na˧gʏ˧
0703	零钱		（无）	0731	信 一封~	tʰa˧lɛ˧
0704	硬币		（无）	0732	连环画	（无）
0705	本钱		be˩	0733	捉迷藏	le˥kʏ˧le˥na˧
0706	工钱		ɣa˧pʰo˧	0734	跳绳	（无）
0707	路费		la˧gʏ˧pʰo˧	0735	毽子	tsʰu˥ŋgu˧
0708	花	~钱	tse˧	0736	风筝	（无）
0709	赚	卖一斤能~一毛钱	mby˧	0737	舞狮	sẽ˧gi˧tsʰo˧
0710	挣	打工~了一千块钱	dzɤ˧	0738	鞭炮 统称	（无）
0711	欠	~他十块钱	ɣa˩	0739	唱歌	ndzu˩
0712	算盘		（无）	0740	演戏	（无）
0713	秤	统称	tɕi˧	0741	锣鼓 统称	（无）
0714	称	用杆秤~	kɯ˧	0742	二胡	ni˩ndzu˩
0715	赶集		dzʐ˧gwe˧	0743	笛子	pu˧lɯ˧
0716	集市		（无）	0744	划拳	（无）
0717	庙会		（无）	0745	下棋	（无）
0718	学校		（无）	0746	打扑克	（无）
0719	教室		（无）	0747	打麻将	（无）
0720	上学		（无）	0748	变魔术	（无）

0749	讲故事		a˧ɕi˧ʂɚ˩lu˩
0750	猜谜语		si˩mɯ˧si˥ly˥ly˥tsy˧
0751	玩儿	游玩：到城里~	ɑ˩zɿ˩
0752	串门儿	（无）	
0753	走亲戚	（无）	
0754	看	~电视	lo˩
0755	听	用耳朵~	xɑ̃˧
0756	闻	嗅：用鼻子~	bɯ˧ny˧
0757	吸	~气	tɕʰi˧
0758	睁	~眼	xɑ˩
0759	闭	~眼	mi˧
0760	眨	~眼	du˧
0761	张	~嘴	xɑ˩
0762	闭	~嘴	my˧my˧
0763	咬	狗~人	tʰa˩
0764	嚼	把肉~碎	ŋɯ˧ŋɯ˧
0765	咽	~下去	yõ˧
0766	舔	人用舌头~	jɤ˩
0767	含	~在嘴里	ly˧
0768	亲嘴		bɯ˧bɯ˧
0769	吮吸	用嘴唇聚拢吸取液体，如吃奶时	tɕʰi˧
0770	吐	上声，把果核儿~掉	pe˧
0771	吐	去声，呕吐：喝酒喝~了	pʰɛ˩
0772	打喷嚏	（无）	
0773	拿	用手把苹果~过来	i˧
0774	给	他~我一个苹果	jɤ˩
0775	摸	~头	ʂu˧ʂu˧
0776	伸	~手	tʂʰɚ˩
0777	挠	~痒痒	kwa˧kwa˧
0778	掐	用拇指和食指的指甲~皮肉	tʂʰɯ˩
0779	拧	~螺丝	nɯ˩
0780	拧	~毛巾	be˩nɯ˩
0781	捻	用拇指和食指来回~碎	pɤ˧lɯ˩
0782	掰	把橘子~开，把馒头~开	ɕe˧
0783	剥	~花生	ko˩tsʰo˩
0784	撕	把纸~了	ʂɤ˩
0785	折	把树枝~断	kʰe˧
0786	拔	~萝卜	po˩
0787	摘	~花	tʂʰɚ˩
0788	站	站立：~起来	xỹ˧
0789	倚	斜靠：~在墙上	tʰu˧
0790	蹲	~下	tsy˧tsy˩
0791	坐	~下	ndzy˧
0792	跳	青蛙~起来	pi˩
0793	迈	跨过高物：从门槛上~过去	ɑ˧
0794	踩	脚~在牛粪上	tʂʰy˩

0795	翘	~腿	ku˧	0814	放	把碗~在桌子上 tɤ˧
0796	弯	~腰	gu˧gu˧	0815	摞	把砖~起来 tʂa˧tʂa˧
0797	挺	~胸	tsə˧tsə˧	0816	埋	~在地下 ny˨
0798	趴	~着睡	pjɤ˧	0817	盖	把茶杯~上 ka˥
0799	爬	小孩在地上~ dy˧dy˧		0818	压	用石头~住 na˥
0800	走	慢慢儿~	se˨	0819	摁	用手指按：~图钉 na˨
0801	跑	慢慢儿走，别~ ba˨		0820	捅	用棍子~鸟窝 tsu˧
0802	逃	逃跑：小偷~走了 pʰu˧		0821	插	把香~到香炉里 tʂʰu˥
0803	追	追赶：~小偷 dy˧		0822	戳	~个洞 py˥
0804	抓	~小偷	tʂɤ˨	0823	砍	~树 da˥
0805	抱	把小孩~在怀里 tu˧tu˧		0824	剁	把肉~碎做馅儿 da˥
0806	背	~孩子	pa˧pa˧	0825	削	~苹果 sə˧
0807	搀	~老人	ʂa˧	0826	裂	木板~开了 tʂʰɚ˥
0808	推	几个人一起~汽车 my˧		0827	皱	皮~起来 to˥
0809	摔	跌：小孩~倒了 te˧tu˧		0828	腐烂	死鱼~了 tsʰo˧
0810	撞	人~到电线杆上 zɤ˨		0829	擦	用毛巾~手 tʂʰo˥
0811	挡	你~住我了，我看不见 ta˥		0830	倒	把碗里的剩饭~掉 wã˧
0812	躲	躲藏：他~在床底下 na˧		0831	扔	丢弃：这个东西坏了，~了它 gɤ˧
0813	藏	藏放，收藏：钱~在枕头下面 gy˨		0832	扔	投掷：比一比谁~得远 la˨
				0833	掉	掉落，坠落：树上~下一个梨 dzɤ˥
				0834	滴	水~下来 tʰɤ˧

0835	丢	丢失：钥匙~了 tsʰɯ˩	0859	拆	~房子 kʰa˥
0836	找	寻找：钥匙~到了 ʂɚ˥	0860	转	~圈儿 zi˩
0837	捡	~到十块钱 ku˥	0861	捶	用拳头~ dzi˥
0838	提	用手把篮子~起来 tɕʰi˥	0862	打	统称：他~了我一下 dzi˥
0839	挑	~担 bu˥	0863	打架	动手：两个人在~ la˥la˥
0840	扛	把锄头~在肩上 bu˥	0864	休息	fxow˥
0841	抬	~轿 tɕʰi˥	0865	打哈欠	xa˥xa˥
0842	举	~旗子 tɕʰi˥	0866	打瞌睡	ĩ˩ɣ˥izɿ˥ɾɣ˥li˥
0843	撑	~伞 kʰa˥	0867	睡	他已经~了 i˥
0844	撬	把门~开 gɣ˥	0868	打呼噜	ĩ˩wa˥
0845	挑	挑选，选择：你自己~一个 bu˥	0869	做梦	ju˥mɣ˥kʰwa˥
0846	收拾	~东西 kʌ˥ta˥	0870	起床	gɣ˥ɾɣ˥
0847	挽	~袖子 ndʐu˥	0871	刷牙	（无）
0848	涮	把杯子~一下 ka˥la˥	0872	洗澡	i˥tʂo˥
0849	洗	~衣服 tsʰɯ˥	0873	想	思索：让我~一下 ʂo˥dzi˥
0850	捞	~鱼 ɣɣ˥	0874	想	想念：我很~他 ʂo˥dzi˥
0851	拴	~牛 pʰi˥	0875	打算	我~开个店 ʂo˥dzi˥
0852	捆	~起来 tsɯ˥	0876	记得	tɕɣ˥tʏ˥
0853	解	~绳子 tʂʰɚ˥	0877	忘记	la˥mo˥
0854	挪	~桌子 tʂa˥tɕi˥	0878	怕	害怕：你别~ɕi˥
0855	端	~碗 tɕʰi˥	0879	相信	我~你 mɣ˥gɣ˥
0856	摔	碗~碎了 du˥	0880	发愁	tsʰɣ˥tsɣ˥
0857	掺	~水 tʂʰo˥	0881	小心	过马路要~（无）
0858	烧	~柴 ɕu˥	0882	喜欢	~看电视 ba˥

编号	词	例	音
0883	讨厌	~这个人	dzo˧
0884	舒服	凉风吹来很~	tsa˧
0885	难受	生理的	ma˧tsa˧
0886	难过	心理的	ma˧ʂʰɚ˥
0887	高兴		ba˧
0888	生气		ma˧ɕɚ˥
0889	责怪		tʂi˧
0890	后悔		ne˧ma˩tɕʰa˥
0891	忌妒		ɕi˩du˥
0892	害羞		xa˩du˥
0893	丢脸		pʰo˧mɜɣ˧
0894	欺负		fɜ˧ndza˧
0895	装	~病	kʰo˩ko˧
0896	疼	~小孩儿	nu˩m̩ʐu˥
0897	要	我~这个	mɜ˧
0898	有	我~一个孩子	dzu˧
0899	没有	他~孩子	ma˧dzu˧
0900	是	我~老师	ŋɚ˧
0901	不是	他~老师	ma˧ŋɚ˧
0902	在	他~家	dzya˧
0903	不在	他~家	ma˧dzya˧
0904	知道	我~这件事	sɯ˧
0905	不知道	我~这件事	ma˧sɯ˧
0906	懂	我~英语	sɯ˧
0907	不懂	我~英语	ma˧sɯ˧
0908	会	我~开车	kɣ˧
0909	不会	我~开车	ma˧kɣ˧
0910	认识	我~他	sɯ˧
0911	不认识	我~他	ma˧sɯ˧
0912	行	应答语	gy˧
0913	不行	应答语	ma˧gy˧
0914	肯	~来	（无）
0915	应该	~去	（无）
0916	可以	~去	ta˧zu˧
0917	说	~话	u˧
0918	话	说~	ʂa˧wa˧
0919	聊天儿		tɕã˧tɕu˧
0920	叫	~他一声儿	lwa˧
0921	吆喝	大声喊	xɜ˧tʂa˧
0922	哭	小孩~	ŋỹ˧
0923	骂	当面~人	kʰa˧
0924	吵架	动嘴：两个人在~	kʰa˧kʰa˧
0925	骗	~人	ka˧
0926	哄	~小孩	ta˧tɕu˧
0927	撒谎		xĩ˧ka˧
0928	吹牛		（无）
0929	拍马屁		ɕa˧ɕa˧
0930	开玩笑		tɕɣ˧tɕɣ˧he˧he˧
0931	告诉	~他	u˧
0932	谢谢	致谢语	la˧ndʐɣ˧
0933	对不起	致歉语	kʰa˧jɣ˧ma˧ty˧
0934	再见	告别语	（无）
0935	大	苹果~	dzu˧

0936	小	苹果~	tɕeɨ	0965	瘦	形容人、动物	
0937	粗	绳子~	byɨ			dzaɬkuɨ	
0938	细	绳子~	tsʰyɨ	0966	黑	黑板的颜色	naɨ
0939	长	线~	xəɨ	0967	白	雪的颜色	pʰoɨ
0940	短	线~	dzaɨ	0968	红	国旗的主颜色，统称	xĩɨ
0941	长	时间~	xəɨ	0969	黄	国旗上五星的颜色	
0942	短	时间~	dzaɨ			ʂɤɨ	
0943	宽	路~	xwaɨ	0970	蓝	蓝天的颜色	xwãɨ
0944	宽敞	房子~	dzuɨxwaɨ	0971	绿	绿叶的颜色	xwãɨ
0945	窄	路~	tuɨ	0972	紫	紫药水的颜色	
0946	高	飞机飞得~	xoɨ			naɬmʏɬmʏɨ	
0947	低	鸟飞得~	xyɨ	0973	灰	草木灰的颜色	
0948	高	他比我~	xoɨ			pʰoɨduɨhuɨ	
0949	矮	他比我~	xyɨ	0974	多	东西~	biɨ
0950	远	路~	laɬkʰoɨ	0975	少	东西~	nuɨ
0951	近	路~	laɬnyɨ	0976	重	担子~	ziɨ
0952	深	水~	xaɨ	0977	轻	担子~	iɬɣɨ
0953	浅	水~	bɛɨ	0978	直	线~	tɣɨ
0954	清	水~	ʂɣɬkuɨ	0979	陡	坡~，楼梯~	
0955	浑	水~	baɬndaɨ			taɬbɛɨ	
0956	圆		lyɬlyɨ	0980	弯	弯曲：这条路是~的	
0957	扁		taɬɣaɨ			goɬngoɨ	
0958	方		zyɨ	0981	歪	帽子戴~了	tsʏɬkaɨ
0959	尖		teɬtɕʰuɨ	0982	厚	木板~	luɨ
0960	平		taɬjɣɨ	0983	薄	木板~	bɛɨ
0961	肥	~肉	woɬdzoɨ	0984	稠	稀饭~	uɨ
0962	瘦	~肉	dzaɬkuɨ	0985	稀	稀饭~	ɕeɨ
0963	肥	形容猪等动物		0986	密	菜种得~	luɨ
		woɬdzoɨ		0987	稀	稀疏：菜种得~	
0964	胖	形容人	woɬdzoɨ			bɛɨ	

0988	亮	指光线，明亮 buɤ˧		1010	难	这道题~ n̪dzʐɤ˧
0989	黑	指光线，完全看不见 na˥		1011	新	衣服~ sɚ˧
				1012	旧	衣服~ i˥
0990	热	天气 tsʰi˧		1013	老	人~ mo˧ɣõ˧
0991	暖和	天气 ly˧		1014	年轻	人~ kʰy˧pʰa˧tɕe˧
0992	凉	天气 （无）		1015	软	糖~ mi˧na˧
0993	冷	天气 tɕʰi˥		1016	硬	骨头~ ta˧ŋɣy˧
0994	热	水 tsʰi˧		1017	烂	肉煮得~ jɚ˧jɤ˧
0995	凉	水 tɕʰi˥		1018	糊	饭烧~了 ta˧kʰe˧
0996	干	干燥：衣服晒~了 xo˧		1019	结实	家具~ tʂʰa˧tʂʰa˧
0997	湿	潮湿：衣服淋~了 dzy˧		1020	破	衣服~ kʰwa˧
0998	干净	衣服~ swe˧swe˧		1021	富	他家很~ ɣa˧
0999	脏	肮脏，不干净，统称：衣服~ ma˧tsu˧		1022	穷	他家很~ y˧tʰo˧
1000	快	锋利：刀子~ tʰa˥		1023	忙	最近很~ ma˧mi˧
				1024	闲	最近比较~ mi˧mi˧
1001	钝	刀~ ma˧tʰa˥		1025	累	走路走得很~ tʰɚ˧
1002	快	坐车比走路~ tʂʰo˧		1026	疼	摔~了 dzu˧
1003	慢	走路比坐车~ xwã˧		1027	痒	皮肤~ ɣa˧ɣa˧
1004	早	来得~ tʂʰo˧		1028	热闹	看戏的地方很~ by˥ly˥
1005	晚	来~了 xwã˧		1029	熟悉	这个地方我很~ by˧tʂi˧
1006	晚	天色~ xwã˧		1030	陌生	这个地方我很~ ma˥by˧tʂi˧
1007	松	捆得~ kʰa˧ɕɤ˧		1031	味道	尝尝~ （无）
1008	紧	捆得~ tsa˧tsa˧		1032	气味	闻闻~ by˧ny˧
1009	容易	这道题~ la˧li˧sɤ˧		1033	咸	菜~ kʰa˧
				1034	淡	菜~ ma˧su˧

1035	酸		tɕi˧				ni˩na˥si˧na˩
1036	甜		tɕʰi˧	1062	一		~二三四五……, 下同
1037	苦		kʰa˧				ɖɯ˧
1038	辣		tsɯ˧	1063	二		ni˧
1039	鲜	鱼汤~	（无）	1064	三		su˩
1040	香		ju˧	1065	四		zo̠˧
1041	臭		by˧ny˧	1066	五		wã˧
1042	馋	饭~	tɕi˧	1067	六		kʰo˩
1043	腥	鱼~	ŋgɚ˥lɚ˩	1068	七		ʂɚ˧
1044	好	人~	dʐɤ˥	1069	八		ɕi˩
1045	坏	人~	kʰwa˩	1070	九		gy˧
1046	差	东西质量~	kʰwa˩	1071	十		tsʰi˧
1047	对	账算~了	xu˩	1072	二十		ni˧tsi˧
1048	错	账算~了	dzo̠˧	1073	三十		su˩tsʰi˧
1049	漂亮	形容年轻女性的长相：她很~	jɤ˧	1074	一百		ɖɯ˧ɕe˧
				1075	一千		ɖɯ˧ty˧
1050	丑	形容人的长相：他很~ ʂɯ˧kʰwa˥		1076	一万		ɖɯ˧me˧
				1077	一百零五 ɖɯ˩ɕe˧wã˧		
1051	勤快		ndzi˧ndzi˧				
1052	懒		kʰa˧ɕu˩	1078	一百五十 ɖɯ˩ɕe˧wã˥tsʰi˧		
1053	乖		õ˧me˧				
1054	顽皮 no˧kʰo˧ma˩ɯ˧			1079	第一	~, 第二	ɖɯ˧pa˧
				1080	二两	重量	ni˩ɭɯ˧
1055	老实		ty˥	1081	几个	你有~孩子？ kʰa˧i˥	
1056	傻	痴呆	du˧pi˧				
1057	笨	蠢	ɕo˩lo˥	1082	俩	你们~	ny˩dzy˥
1058	大方	不吝啬	（无）	1083	仨	你们~	su˧i˧
1059	小气	吝啬	xĩ˥tsʰe˧	1084	个把		（无）
1060	直爽	性格~	xĩ˥ty˧	1085	个	一~人	i˧
1061	犟	脾气~		1086	匹	一~马	ky˩

1087	头	一~牛	pʰaʌ		1117	股	一~香味	bo˧
1088	头	一~猪	kɤ˨		1118	行	一~字	mbɤ˨
1089	只	一~狗	kɤ˨		1119	块	一~钱	be˨
1090	只	一~鸡	mɛ˧		1120	毛	角：一~钱	tɤ˧
1091	只	一~蚊子	mɛ˧		1121	件	一~事情	ʂɚ˧
1092	条	一~鱼	mɛ˧		1122	点儿	一~东西	mɚ˧
1093	条	一~蛇	tʂʰa˧		1123	些	一~东西	dʑɯ˧ni˧sʮ˨
1094	张	一~嘴	kɤ˨		1124	下	打一~，动量，不是时量	
1095	张	一~桌子	tʂu˧			（无）		
1096	床	一~被子	kʰo˨		1125	会儿	坐了一~	ta˧mi˧
1097	领	一~席子	tsʰɯ˨		1126	顿	打一~	zi˨
1098	双	一~鞋	dze˨		1127	阵	下了一~雨	ʂwa˨
1099	把	一~刀	pa˧		1128	趟	去了一~	zi˨
1100	把	一~锁	pa˧		1129	我	~姓王	ŋɤ˧
1101	根	一~绳子	tʂʰa˧		1130	你	~也姓王	nu˧
1102	支	一~毛笔	kɤ˨		1131	您	尊称	nu˧
1103	副	一~眼镜	dze˨		1132	他	~姓张	tʰɯ˨
1104	面	一~镜子	bjɤ˨		1133	我们	不包括听话人：你们别	
1105	块	一~香皂	lɤ˧				去，~去	ŋɤ˧mɤ˧
1106	辆	一~车	pa˨		1134	咱们	包括听话人：他们不去，	
1107	座	一~房子	kʰɤ˨				~去吧	ũ˧mɤ˧
1108	座	一~桥	dzu˧		1135	你们	~去	nu˧mɤ˧
1109	条	一~河	xo˨		1136	他们	~去	tʰɯ˧xɤ˧
1110	条	一~路	tʂʰa˧		1137	大家	~一起干	a˧xwa˧le˨
1111	棵	一~树	dzi˨		1138	自己	我~做的	ŋɯ˧ta˧hu˧
1112	朵	一~花	ba˧		1139	别人	这是~的	dʑɯ˧pa˧xĩ˧
1113	颗	一~珠子	lɯ˧		1140	我爸	~今年八十岁	
1114	粒	一~米	lɯ˧				ŋɑ˧a˧bɤ˨	
1115	顿	一~饭	pʰe˧		1141	你爸	~在家吗？	nu˧a˧bɤ˨
1116	剂	一~中药	u˨		1142	他爸	~去世了	tʰɯ˧a˧bɤ˨

1143	这个	我要~，不要那个 tʂʰi˧kɣ˧		1162	更	今天比昨天~热 tu˧
1144	那个	我要这个，不要~ tʰɯ˧kɣ˧		1163	太	这个东西~贵，买不起 ʂi˧
1145	哪个	你要~杯子？ ze˧tʰɯ˧kɣ˧		1164	最	弟兄三个中他~高 （无）
1146	谁	你找~？ kʰɑ˧sɯ˧		1165	都	大家~来了 a˧xwɑ˧le˩
1147	这里	在~，不在那里 tʂʰɣ˩		1166	一共	~多少钱？ a˧xwɑ˧nɯ˩
1148	那里	在这里，不在~ te˧		1167	一起	我和你~去 dɯ˧tɕʰɯ˧tɕʰɯ˧
1149	哪里	你到~去？ ze˧		1168	只	我~去过一趟 tɑ˧
1150	这样	事情是~的，不是那样的 tʂʰi˩ʐɛ˧		1169	刚	这双鞋我穿着~好 tsʰe˧pjɣ˩
1151	那样	事情是这样的，不是~的 mɑ˩ʐɛ˧		1170	刚	我~到 tʰɣ˧si˧li˧
1152	怎样	什么样：你要~的？ a˧ʐɛ˩		1171	才	你怎么~来啊？ a˩mɑ˧
1153	这么	~贵啊？ nɛ˧le˩		1172	就	我吃了饭~去 ɕi˧nɯ˩
1154	怎么	这个字~写？ a˧ʐɛ˩		1173	经常	我~去 tʰɯ˧ʂu˧lɑ˧ʐɛ˧
1155	什么	这个是~字？ a˧tsɣ˧		1174	又	他~来了 le˧tɕɣ˧
1156	什么	你找~？ a˧tsɣ˧		1175	还	他~没回家 a˧mɑ˧
1157	为什么	你~不去？ a˧tsɣ˧je˧		1176	再	你明天~来 lɑ˧
1158	干什么	你在~？ a˧tsi˧wje˧		1177	也	我~去；我~是老师 lɑ˧
1159	多少	这个村有~人？ kʰɑ˧li˧		1178	反正	不用急，~还来得及 a˧nɯ˩be˩le˩lɑ˧
1160	很	今天~热 dzɑ˧		1179	没有	昨天我~去 mɑ˧
1161	非常	比"很"程度深：今天~热 nɑ˧nã˩		1180	不	明天我~去 mɑ˧
				1181	别	你~去 tʰɑ˧
				1182	甭	不用，不必：你~客气 tʰɑ˧

1183	快	天~亮了 tsʰaɬleɬ		seɬ
1184	差点儿	~摔倒了 aɬtsʰeɬ	1194	对 他~我很好 beɬ
1185	宁可	~买贵的 （无）	1195	往 ~东走 aɹmoɹ
1186	故意	~打破的 pɑɬiɹ	1196	向 ~他借一本书 （无）
1187	随便	~弄一下 tsaɬmɑɬtɕuɬ	1197	按 ~他的要求做 （无）
1188	白	~跑一趟 （无）	1198	替 ~他写信 tsʰɯɬpyɬ
1189	肯定	~是他干的 ŋɹyɬ	1199	如果 ~忙你就别来了 （无）
1190	可能	~是他干的 ŋɑɹdoɹ	1200	不管 ~怎么劝他都不听 mɑɹkwaɬ
1191	一边	~走，~说 iɹmeɬ		
1192	和	我~他都姓王 seɹ		
1193	和	我昨天~他去城里了		

第二节　扩展词

1201	天	~地 myɬ	1213	响雷 霹雳，名词 myɬnɑɹnãɬgyɬ
1202	阳光	niɬmɜmjeɬ	1214	大雨 mbɑɬxɯɬ
1203	日出	niɬmeɬtʰyɬ	1215	小雨 xɯɬzpɬ
1204	日落	niɬmɜmdziɬ	1216	毛毛雨 xɯɬpʰyɬtsʰiɬ
1205	彗星 扫帚星	kɯɬkʰeɬ	1217	暴风雨 tɕiɹndoɹxãɹndoɹ
1206	北极星	（无）	1218	雨声 xɯɬdzyɬkʰoɬ
1207	七姐妹星	（无）	1219	下雪 wjɛɹdzyɬ
1208	光	~线 buɬ	1220	雪崩 wiɛɬdzyɬswaɬ
1209	影子	nɑɹoɹ		
1210	刮风	mɑɬxãɬkʰyɬ		
1211	风声 刮风的呼呼声	mɑɬxãɬkʰoɬ		
1212	打雷	myɬgyɬ		

编号	词	注释	IPA	编号	词	注释	IPA
1221	雪水		wje˩zɤ˧				dzy˧tɕʰi˩pʰɜ˧
1222	结冰		dzu˩xjř˧	1251	阴山	指山背阴的一面	
1223	融化	雪~了	wiɛ˩tsa˧				dɑ˧kʰu˧
1224	乌云		tɕi˧suɯ˧na˧	1252	阳山	指山朝阳的一面	
1225	彩云		（无）				dzy˧ni˧mɛ˧ta˧la˧
1226	蒸汽	水蒸气	sa˩	1253	岩洞		la˧by˧kʰo˧
1227	地	总称	tʂɤ˧	1254	岩石		la˧dzy˧
1228	土地		tʂɤ˧	1255	花岗岩		（无）
1229	坡地		ta˧be˧la˧	1256	鹅卵石		dzi˧ly˧
1230	荒地		kʰɤ˧du˧	1257	平原		（无）
1231	山地		ɕe˧	1258	滑坡		ly˧dza˧
1232	平地	平坦的土地	luɯ˧ta˧jʀ˧	1259	陡坡		tu˧tsʰy˧
1233	地界	田地的边界	bu˧	1260	悬崖	峭壁	la˧tsʰy˧
1234	庄稼地		luɯ˧	1261	石板		ly˧bjɤ˧
1235	沼泽地		wa˧ndza˧	1262	小河		zɤ˧la˧
1236	坝子	山中的平地	dy˧	1263	河水		
1237	地陷		（无）				zɤ˧la˧la˧tɕʰi˧
1238	海	大海	（无）	1264	上游	河的~	zɤ˧y˧
1239	田	总称	luɯ˧	1265	下游	河的~	zɤ˧mi˧
1240	梯田		（无）	1266	漩涡	河里的~	
1241	田坎		pu˧				we˧nuɯ˧nuɯ˧
1242	秧田		dze˧je˧luɯ˧	1267	泡沫	河里的~	
1243	试验田		（无）				a˧tɕʰi˧suɯ˧py˧
1244	小山		dzy˧a˧ma˧	1268	泉水		
1245	荒山		y˧				a˧tɕʰi˧pa˧la˧
1246	雪山		wje˧dzy˧	1269	清水	与浊水相对	
1247	山顶		dzy˧lu˧tu˧				a˧tɕʰi˧ʂy˧kuɯ˧
1248	山峰		（无）	1270	瀑布		
1249	山腰		dzy˧tsa˧kʰuɯ˧				a˧tɕʰi˧la˧tʂɤ˧
1250	山脚			1271	草原		

#	词	注	音	#	词	注	音
			zɯ˧kʰɤ˧du˧	1298	生锈	动词	xwa˩pɑ˩du˧
1272	沙漠		ʂɤ˧dy˧	1299	钢		ʂu˩dzɤ˧
1273	峡谷		la˩kʰɤ˩	1300	锡		（无）
1274	泥石流		ly˩dza˩	1301	铝		xa˧jõ˧
1275	地洞		tʂɤ˧by˧kʰo˧	1302	铅		sy˧
1276	洞口		by˧kʰo˧kɤ˧pɛ˧	1303	玉		（无）
1277	山路		dzy˧la˩gɤ˧	1304	翡翠		（无）
1278	岔路		la˧gɤ˧kʰa˩ɲɑ˧	1305	玛瑙		（无）
1279	大路	野外的	la˧gɤ˧mɤ˧	1306	玻璃		dzi˩tsɤ˧
1280	小路	野外的	la˧gɤ˧tɕe˧	1307	硫磺		（无）
1281	公路		（无）	1308	碱		lwe˧zɤ˧
1282	桥	统称	dzu˧	1309	火药		mi˧tʂʰɚ˧xɯ˧
1283	石桥		ly˧pa˧dzu˧	1310	硝	做火药的	（无）
1284	渡口		（无）	1311	火种		mo˩la˧
1285	菜园		kʰo˧	1312	火光		mo˩bu˧
1286	果园		kʰo˧	1313	火焰		mo˩pʰjɤ˩
1287	尘土	干燥的土路上搅起的 lwe˧		1314	火塘		kwa˩ju˧
1288	红土		tʂɤ˧xĩ˩	1315	打火石		tse˧ly˩
1289	粉末		y˩	1316	山火		dzy˧mo˧
1290	渣滓	榨油剩下的 mi˧pɑ˧		1317	火把		mo˩tʰy˧
1291	煤渣		（无）	1318	火星	火塘里的	mo˩zwa˩
1292	锅烟子		mɤ˧na˩	1319	火舌	火苗	mo˩pʰjɤ˩
1293	金		xã˧	1320	火灾		mo˧kʰe˧zo˧
1294	银		ỹ˧	1321	火石		ly˩pʰo˧
1295	铜		ẽ˧	1322	火铲		kʰa˩pa˧
1296	铁		ʂu˧	1323	汽油		（无）
1297	锈	名词	xwa˩pɑ˧	1324	油漆		tɕi˧na˧
				1325	井	水~	pa˧tso˧

1326	沸水	aˌtɕʰiˈtsʰaˈtʰʌ˧				dɯˈxɛˌtʂʰiˈdʐuˈ
1327	温水	aˌtɕʰiˌniˌnoˌnoˌ		1351	月初	xɛ˧ʌ˧
1328	碱水	（无）		1352	月底	xɛ˧mi˧
1329	春天	myˈzɚ˧		1353	元旦	xɑ˧pɑˌkʰʌˌʂɚˌ
1330	夏天	（无）		1354	初一	除了正月以外，其他月份的初一，下同
1331	秋天	myˈtsʰʌ˧				tsʰeˈdu˧dɯ˧ni˧
1332	冬天	（无）		1355	初二	
1333	过年	kʰʌˌʂɚˌjeˈ				tsʰeˈdu˧ni˧ni˧
1334	过节	（无）		1356	初三	
1335	每年					tsʰeˈdu˧su˧ni˧
		dɯˈkʰʌˌtsʰiˌdʐuˈa˧le˧		1357	初四	
1336	上半年					tsʰeˈdu˧zo˧ni˧
		kʰʌˌpʰaˈgʌˈ		1358	初五	
1337	下半年	kʰʌˌpʰaˌuˈ				tsʰeˈdu˧wã˧ni˧
1338	闰月	xɛ˧ɑˈ		1359	初六	
1339	二月					tsʰeˈdu˧kʰo˧ni˧
		xɛ˧ndʑi˧xɛ˧		1360	初七	
1340	三月	sãˈwaˌ				tsʰeˈdu˧ʂɚ˧ni˧
1341	四月	zwa˧a˧mɛ˧		1361	初八	
1342	五月	wã˧a˧mɛ˧				tsʰeˈdu˧ɕe˧ni˧
1343	六月	kʰoˌaˌmɛˌ		1362	初九	
1344	七月	ʂɚ˧a˧mɛ˧				tsʰeˈdu˧gʌ˧ni˧
1345	八月	ɕeˌaˌmɛˌ		1363	初十	
1346	九月	gʌ˧a˧mɛ˧				tsʰeˈdu˧tsʰe˧ni˧
1347	十月	tsʰi˧a˧mɛ˧		1364	昼夜	指白天黑夜
1348	十一月	tsʰi˧dɯ˧xɛ˧				dɯ˧ni˧dɯˈxjř˧
1349	十二月	zi˧tɕi˧xɛ˧		1365	半天	
1350	每月					dɯ˧zu˧dze˧

1366	古时候	a˧ɬi˧ʂɚ˩		1394	漆树	tɕi˩dzi˧
1367	东	ni˧mɛ˧tʰɤ˩		1395	水冬瓜树	no˩dzi˧
1368	南	（无）		1396	青冈栎	bi˧nɑ˩dzi˧
1369	西	ni˧mɛ˧dzɤ˩		1397	万年青	（无）
1370	北	（无）		1398	树皮	si˧kɤ˩zɚ˩
1371	正面	（无）		1399	树枝	si˧lɑ˩lɯ˧
1372	反面	（无）		1400	树干	dzi˧
1373	附近	lɑ˩ny˩		1401	树梢	dzi˩gɤ˩pɑ˧
1374	周围	xɯ˧xɯ˧		1402	根 树~	dzi˧tɕʰi˩pɜ˧
1375	对岸 河的~	tʰɤ˧pɤ˩		1403	树浆	si˧dzi˧zɤ˩
1376	门上 挂在~	kʰu˧bɛ˧		1404	年轮 树的~	（无）
1377	楼上	tsʰu˧tu˩		1405	松球	mbɜ˧lɛ˧lɛ˧
1378	楼下	tsʰu˧tʰɑ˧		1406	松针	tu˧ʂu˩
1379	角落 墙的~	sɛ˩zy˩		1407	松脂	tʰũ˧ɛ˩
1380	在……后	kɤ˩lɤ˩		1408	松香	tʰũ˧ɛ˩
1381	在……前	u˩bɑ˧		1409	松包 松树枝头上的果实 mbɜ˧lɛ˧lɛ˧	
1382	在……之间	ko˩go˧		1410	松明 劈成细条的山松，可以点燃照明 lo˩kʰo˩	
1383	樟树 si˧pʰɤ˩si˧ly˧			1411	桐油	（无）
1384	梧桐	（无）		1412	火麻 路边长的一种扎人的植物 nɑ˩tsʰɚ˧	
1385	杨树	lɑ˧kʰɑ˧		1413	荸荠	（无）
1386	枫树 ni˧zɛ˩xɑ˧zɛ˩			1414	西瓜	（无）
1387	白桦	（无）		1415	桃核	ku˩pʰu˩pɛ˧
1388	桑树	xɯ˩si˧dzi˧		1416	葡萄	ẽ˩nɑ˩ẽ˩gu˩
1389	椿树	kɯ˩ny˧		1417	樱桃	（无）
1390	棕树	dzi˧tsʰe˧		1418	枇杷	（无）
1391	冷杉 一种树种	（无）		1419	壳 核桃~	kɤ˩
1392	桉树	（无）				
1393	槐树	（无）				

编号	词	注	音标
1420	核儿	枣~	pe˧
1421	菠萝		（无）
1422	香蕉		（无）
1423	芭蕉		tɑ˧le˧
1424	柠檬		（无）
1425	柑子		（无）
1426	橙子		（无）
1427	山楂		（无）
1428	无花果		（无）
1429	果皮	统称	kv˩zʴ˧
1430	果干	晒干了的果实	sɯ˧kɯ˧sɯ˩ly˧tɑ˧fox˧
1431	杏仁		（无）
1432	葵花籽	未去壳的	ni˧mɛ˧bɑ˩ly˧
1433	荆藤		（无）
1434	瓜蔓		tɕi˥kwe˧dzi˧
1435	艾草		xỹ˧nɑ˧pʰo˥
1436	仙人掌		（无）
1437	狗尾草		（无）
1438	含羞草		（无）
1439	车前草		wɑ˩ne˧ly˧
1440	草根		zɯ˥tɕʰi˩pʰe˧
1441	青苔		xjã˥pi˩
1442	菊花		xỹ˧nɑ˧bɑ˩
1443	桂花		my˧tsʰe˩ɕu˩bɑ˩
1444	杜鹃花		mbo˧lo˧pʰo˩bɑ˩
1445	月季花		tɕʰe˩bɑ˩
1446	海棠花		（无）
1447	水仙花		（无）
1448	鸡冠花		（无）
1449	葵花		ni˧mɛ˧bɑ˩
1450	桃花		ku˥pʰu˩bɑ˩
1451	茉莉花		（无）
1452	金银花		（无）
1453	花瓣		（无）
1454	花蕊		bɑ˧ku˩
1455	芦苇		pʰɑ˧pʰo˩
1456	菖蒲		tʂʰu˧bɯ˧
1457	水葫芦		（无）
1458	鸡枞菌		bu˩kʰɯ˩my˥
1459	茶树菇		my˩ndzo˧
1460	红菌		lɑ˩tsʰɯ˩my˩
1461	黄菌		lɑ˩mi˥my˧
1462	松茸		kə˧le˧
1463	毒菇		dy˧my˧
1464	笋衣	指笋的嫩壳	（无）
1465	瓜籽	西瓜的	tɕi˥kwe˧pe˧
1466	籽	菜~	u˩ly˧
1467	莲子		（无）
1468	荷叶		（无）
1469	薄荷		ɑ˧ndzi˩

#	词	备注	音标
1470	枸杞		（无）
1471	薤头		（无）
1472	紫苏		（无）
1473	蒲公英		naˈtɕiɬpʰiˈpʰuˈ
1474	马蓝		（无）
1475	灵芝		（无）
1476	银耳		（无）
1477	竹根		maˈtɕʰliˈpʰɜˈ
1478	竹节		maˈtsɯˈ
1479	竹竿		maˈlyˈ
1480	柳絮		zoˈdziˈbaˈ
1481	篾条	编篮子的	maˈtʂaˈ
1482	发芽		kuˈtʂɤtsˈ
1483	结果		lyˈdyˈ
1484	成熟		miˈ
1485	开花		baˈwaˈ
1486	吐须		（无）
1487	凋谢		gɤˈ
1488	粮食	统称	ɣoˈ
1489	种子		laˈ
1490	秧	植物幼苗的统称	jeˈ
1491	稻穗		dzeˈbaˈ
1492	抽穗		dzeˈbaˈtʰɤˈ
1493	大米	去壳后的	tsʰwaˈpʰoˈ
1494	小米	去壳后的	tsʰyˈ
1495	糯米		niˈtʂaˈ
1496	红米		（无）
1497	秕谷		pɛˈsɯˈ
1498	稗子		zɤˈ
1499	糠		pʰiˈ
1500	粟		tsʰyˈ
1501	玉米包	长在植株上的玉米棒子	pɛˈ
1502	玉米秆		kʰaˈdzeˈdziˈ
1503	玉米须		mbaˈʂaˈ
1504	青稞		zyˈ
1505	燕麦		（无）
1506	荞麦		jaˈdzɤˈ
1507	苦荞		jaˈkʰaˈ
1508	麦芒		ʂɤˈmɤˈ
1509	麦穗		ʂɤˈbaˈ
1510	麦茬	麦秆割过后余下的部分	ʂɤˈlkɤˈtsɤˈ
1511	荞花		jaˈdzɤˈbaˈ
1512	荞壳		kɤˈ
1513	苎麻		saˈdziˈ
1514	蓖麻		（无）
1515	豆子	统称	beˈbeˈ
1516	豆秸		nɤˈpoˈzoˈ
1517	豆芽		nɤˈlyˈ
1518	四季豆		ɣɯˈnyˈ
1519	豆苗	豆类的幼苗	beˈbeˈjeˈ
1520	扁豆		tsʰyˈtsʰyˈ
1521	冬瓜		siˈgweˈ
1522	苦瓜		dyˈkʰwaˈ
1523	青菜		ndyˈpʰoˈ

#	词	注释	音标
1524	菜花	一种蔬菜	（无）
1525	空心菜		（无）
1526	苋菜		ne˧
1527	蕨菜		ndɯ˩pɯ˩le˥
1528	荠菜		（无）
1529	卷心菜	所有菜心卷起来的菜的统称	（无）
1530	苦菜		（无）
1531	百合	蔬菜	a˥le˥lo˥
1532	蒜苗		xo˥dzi˧
1533	青椒		la˩tsɯ˩xwã˧
1534	红椒		la˩tsɯ˩xĩ˥
1535	干辣椒		la˩tsɯ˩da˩xo˧
1536	春笋		（无）
1537	冬笋		（无）
1538	笋壳		ma˧kɣ˥tʂɚ˩kɣ˥
1539	笋干		ma˧kɣ˥tʂɚ˩ta˩xo˧
1540	萝卜干		le˧py˥ta˧xo˧
1541	萝卜缨子		le˧py˥pʰʝ˩
1542	根茎	菜的	（无）
1543	野兽		dzy˧ɯ˧xã˩nã˧
1544	狮子		sẽ˧ge˧
1545	豹		za̠˧mɛ˧
1546	大熊猫		（无）
1547	狗熊		u˧
1548	熊掌		u˧la˥pʰɚ˩
1549	熊胆		u˧tɕi˧
1550	野猪		wa˩tɯ˩
1551	獒	藏~，狗的一种	kʰɯ˩du˧
1552	豺狗		（无）
1553	豪猪		（无）
1554	鹿	总称	tʂʰa˥
1555	鹿茸		tʂʰa˧kʰo˧tʏ˥lʏ˥
1556	麂子		tɕʰi˧
1557	狐狸		dzwa˧mɛ˧
1558	狼		ɕã˧kʰʏ˧
1559	黄鼠狼		xwa˧la˩
1560	穿山甲		（无）
1561	水獭		ʂo˧
1562	旱獭	土拨鼠	（无）
1563	野牛		（无）
1564	牦牛		bo˧
1565	挤	~牛奶	tsʰi˧
1566	骆驼		ŋa˧mu˧
1567	驼峰		（无）
1568	大象		tsʰo˩
1569	象牙		tsʰo˩dzwa˩
1570	象鼻		tsʰo˩ny˧ɣ˩
1571	松鼠		xwa˧zɚ˩

1572	金丝猴	a˥y˧pʰo˩				tsʰy˥lɯ˧zɚ˧xɛ˩
1573	啄木鸟			1598	竹叶青 一种毒蛇	kʰy˧zo˩
		si˩ky˧ka˩tʂa˧mɛ˩		1599	蛇皮	
1574	布谷鸟	kɯ˩py˩				za˧pʰo˩ky˧zɚ˩
1575	斑鸠	tʰõ˩jɛ̃˩		1600	七寸	（无）
1576	燕子	xwa˩zɛ˩		1601	蛇胆	za˧pʰo˩tɕi˩
1577	野鸡	fy˧		1602	蛇洞	
1578	老鹰	ɛ̃˧nã˩				za˧pʰo˩by˧kʰo˧
1579	鹰爪	ɛ̃˧nã˧tsɚ˩		1603	刺猬	po˧
1580	猫头鹰	mby˩ly˩fy˧		1604	田鼠	xwa˩
1581	孔雀	ma˩jã˧		1605	母老鼠 母的家鼠	xwa˧mɛ˩
1582	鹦鹉	u˧lɛ˩ka˩		1606	蜥蜴	
1583	画眉鸟	（无）				tsa˧la˧mbu˩
1584	白鹤	（无）		1607	壁虎	la˩nda˧
1585	鹌鹑			1608	蜈蚣	ty˧ɕy˧pʰo˧
1586	鸟蛋	ɯ˩je˩ɣõ˩		1609	蝎子	（无）
1587	鸟笼			1610	头虱	ʂɚ˧mɛ˧
		ɯ˩je˧by˩tu˩		1611	虮子 虱卵	（无）
1588	鸳鸯	（无）		1612	蟑螂	
1589	鱼鹰 鸬鹚	（无）				xwa˩ky˧kʰy˧
1590	麝	lɛ˧		1613	蝗虫 蚱蜢	nja˩mbo˩
1591	麝香	lɛ˩kɯ˩		1614	螳螂	la˩mɛ˩kɯ˩
1592	野兔			1615	蟋蟀 蛐蛐	
		a˩by˩tʰu˩lɛ˩				ba˩kɚ˩tɕɤ˩ly˩
1593	毒蛇			1616	蚕丝	xɯ˩si˧tʂa˧
		za˧pʰo˩dy˩lu˩		1617	蚕蛹	（无）
1594	蟒蛇	zɚ˧du˧mɛ˧		1618	地蚕 土壤里吃土豆、花生的虫	
1595	水蛇	zɚ˧mi˩ɛ̃˩			子，色白状似蚕	la˩ɛ̃˧bi˩xi˩
1596	眼镜蛇	tʰu˩pa˩		1619	蜂 总称	（无）
1597	菜花蛇			1620	蜂窝	

		tɕy˧ɕy˥py˩ly˩	1643	蟹夹	蟹螯	（无）
1621	蜂王	bju˩a˧mɛ˥	1644	蜗牛		a˩ŋo˥ŋo˥
1622	蜂箱	bju˥ly˩	1645	蚌		（无）
1623	蜂蜡	bju˧ɕu˧	1646	田螺		pɑ˩kʰɤ˧
1624	飞蛾	pʰe˩le˧	1647	海螺		（无）
1625	萤火虫	bɑ˧mi˧tʂo˧	1648	蝌蚪		
1626	白蚁				pɑ˩ɕu˧pɑ˩tɕu˥ly˩	
		tʂʰɑ˧zo˥pʰo˧	1649	黄鳝		ni˧zi˩
1627	蚁窝		1650	泥鳅		ni˩tʂo˧
		tʂʰɑ˧zo˥kʰɤ˧	1651	金鱼		（无）
1628	蚁蛋	tʂʰɑ˧zo˥ɣõ˧	1652	带鱼		（无）
1629	田蚂蟥	ɕy˧	1653	鲈鱼		（无）
1630	山蚂蟥	ɕy˧	1654	娃娃鱼	大鲵	（无）
1631	牛虻	lɛ˧mbu˧	1655	白鳝	鳗鲡	（无）
1632	蠓	墨蚁	（无）	1656	鱼鳍	ni˩ze˥bɑ˩
1633	臭虫		（无）	1657	鱼刺	ni˩ze˥mɛ˧
1634	毛毛虫		1658	鱼子	鱼卵	ni˩ze˥ɣõ˧
		sɑ˧lɑ˧mbu˧sy˩	1659	鱼苗		ni˩ze˥lɑ˩
1635	蛔虫	肚子里的	1660	鱼饵		ni˩ze˥dze˧
		xõ˧mɛ˧bi˩xĩ˩	1661	鱼鳔		
1636	肉蛆	ly˩kʰy˩ly˩			ni˩ze˥mɯ˧py˩	
1637	屎蛆		1662	鱼鳃		
		tsʰe˩so˧bi˩xĩ˩			ni˩ze˥xe˧tu˩	
1638	滚屎虫	屎壳郎	1663	剖鱼		ni˩ze˥kʰɑ˩
		wɑ˩kʰe˧tɕe˧by˩ly˩	1664	钓鱼竿		
1639	绿头蝇	（无）			ni˩ze˥ty˧mɑ˩ly˩	
1640	蜘蛛网		1665	皮子	总称	ky˧zɿ˧
		mbɑ˧lɑ˧kʰɤ˧	1666	毛	总称	xỹ˧
1641	织网	蜘蛛~	kʰɤ˧gy˧	1667	羽毛		dy˧
1642	乌龟		（无）	1668	角	动物身上长的	

			kʰo˧	1694	羊毛		ju˧su˧
1669	蹄子	统称	kʰwa˧ɻɜ˧	1695	羊皮		ju˧zɤ˧
1670	发情	动物~	la˧pa˩	1696	公驴		
1671	产崽	动物~	ʂo˧				tʰo˧lo˧mɜ˧ɻa˧pa˩
1672	开膛	剖开宰杀动物的腹部		1697	母驴		
			kʰa˩				tʰo˧lo˧mɜ˧ɻa˧
1673	交尾		tɕʰa˧tɕʰa˩	1698	看家狗		
1674	蝉蜕壳		kɤ˧zɤ˧pʰo˩				a˧ɯ˧tɕʰi˩kʰɯ˩
1675	水牛		ũa˩	1699	哈巴狗		（无）
1676	黄牛		ɣɯ˧	1700	猎狗		xā˩dɣ˩kʰɯ˩
1677	公牛	阉过的	ɣɯ˩xo˩	1701	疯狗		kʰɯ˩nɣ˧
1678	牛犊		ɣɯ˩ze˩	1702	狗窝		kʰɯ˩bɣ˧
1679	牛角		ɣɯ˩kʰo˩	1703	冠	鸡~	be˩be˩
1680	牛皮		ɣɯ˧zɤ˧	1704	鸡崽		la˩tsɯ˧
1681	牛筋		dzo˩lo˧	1705	鸡爪		la˩tʂɤ˧
1682	牛垂皮	黄牛颈项垂下的		1706	鸡屎		la˩kʰe˩
	be˩be˩			1707	鸡胗		pi˩bɣ˧
1683	牛打架			1708	蛋壳		la˩ɣõ˩kɣ˩
	ɣɯ˧pʰe˩pʰe˩			1709	蛋清		la˩ɣõ˩pʰo˧
1684	牛反刍		lo˩ɣɯ˩	1710	蛋黄		
1685	公马		lo˩bɣ˩				la˩ɣõ˩kɣ˩zɤ˧
1686	母马		lo˩mɜ˩	1711	鸡内金		（无）
1687	马驹		lo˩ko˩	1712	嗉囊	鸟类食管后部用于暂存食
1688	马鬃		lo˩bɯ˧u˧		物的膨大部分		la˩bo˩lo˩
1689	绵羊		ju˩	1713	脚蹼	鸭子的	（无）
1690	山羊		tsʰɯ˩	1714	蜕皮		kɤ˧zɤ˧pʰo˩
1691	公羊		le˩nɯ˩	1715	叮	蚊子~	tʰa˩
1692	母羊		ju˩mɜ˧	1716	蜇	蜜蜂~	dzo˧
1693	羊羔		ju˩le˧	1717	爬	虫子~	dɣ˧dɣ˧

1718	叫	牛~	ɭwa˧	1745	圆木	si˧ly˧ly˧
1719	楼房		tsʰu˧	1746	板子	gɯ˨bjɤ˨
1720	木板房		si˧a˨u˨	1747	墙板	tɣ˨da˨
1721	砖瓦房		ũã˧a˨u˨	1748	楼板	mbu˨tsʰɚ˨
1722	碓房		（无）	1749	木板	si˧gɯ˨pjɤ˨
1723	磨坊		lɣ˧tʰa˨a˨u˨	1750	天花板	（无）
1724	仓库		ka˨	1751	门板	kʰu˧bjɤ˨
1725	棚子		xo˨ju˨	1752	墙壁	tʂɣ˨bɣ˨
1726	草棚		zɯ˧xo˨ju˨	1753	围墙	tsa˨ɣe˨
1727	窑	炭~	（无）	1754	砌墙	tʂɣ˨bɣ˨tse˨
1728	碉楼		（无）	1755	砖墙	（无）
1729	山寨		（无）	1756	土墙	tʂʅ˨tʂɣ˨bɣ˨
1730	屋檐		a˨u˨xɛ˨pe˨	1757	城墙	（无）
1731	屋顶		ju˨ku˨	1758	石墙	lɣ˨pɣ˨
1732	梁		u˨ɭu˨	1759	房间	（无）
1733	椽子		ɯ˨u˨lo˨kʰɯ˨	1760	外间	（无）
1734	立柱	房屋中间的主要支柱	du˨mɛ˨zʅ˨	1761	里间	tso˨kʰo˨
1735	榫头		ɕe˨	1762	箱子	统称	ta˨
1736	门		kʰu˧	1763	木箱	si˧ta˨
1737	寨门		ka˨mɜ˧kʰu˧	1764	皮箱	zɚ˧ta˨
1738	门口		kʰu˧mɣ˨tɕʰɤ˨	1765	衣柜	ba˨la˨ta˨
1739	闩	门~	tsu˨tɣ˨	1766	饭桌	（无）
1740	篱笆	竹子做的	kʰo˨tsɣ˨	1767	小板凳	mɣ˨ma˨
1741	栏杆		pa˨ta˨	1768	棕垫	棕树纤维做的床垫	dʑi˧tsʰe˨kʰo˨lo˨
1742	桩子		kʰo˨dɣ˨	1769	电视	（无）
1743	级	楼梯的	le˨dziʰ˨tsʰa˨	1770	冰箱	（无）
1744	木料		si˧lɣ˨	1771	洗衣机	（无）
				1772	电灯	（无）
				1773	灯泡	（无）

1774	电线	tjā˧tʂʰa˦		1799	吹火筒	mo˨mi˨dy˥
1775	开关	（无）		1800	火钳	mbɛ˨ta˦
1776	油灯	ba˦mi˦		1801	铁锅	ʂu˨ba˦by˨
1777	灯罩 油灯的	（无）		1802	铝锅	xã˦jõ˦ba˦by˨
1778	灯芯	du˦ʂi˦				
1779	灯花 烧过的灯芯	（无）		1803	砂锅	tso˨ɣo˦
1780	灯笼	（无）		1804	小锅	ba˦by˦a˨m˨
1781	松明灯	lo˨kʰo˥tʰy˦		1805	锅盖	ba˦by˦y˥ka˦
1782	电池	（无）		1806	锅垫圈	（无）
1783	钟 敲~	（无）		1807	三角架 柴火灶的	ʂu˦tɕʰi˦
1784	盆 洗脸~	pa˥		1808	锅铲	（无）
1785	镜子	gu˨dy˥		1809	丝瓜瓤 丝瓜成熟后，晒干去掉外层表皮，内部丝状物部分 （无）	
1786	风箱	（无）				
1787	篮子	by˨to˦				
1788	瓜果盘 专用于盛放瓜果的 pʰã˦tsɯ˦			1810	刷了 统称	（无）
1789	背篓 背小孩的	（无）		1811	锅刷	（无）
1790	袋子 装粮食的	xɛ˨ax		1812	调羹	kʰa˨tsa˨
1791	麻袋	nɔ̃˥xɔ̃˨		1813	勺子	bi˦dze˨
1792	钩子 挂东西用的	tsa˦ke˥		1814	木勺子	si˥bi˦dze˨
1793	抹布	tʂʰo˦tʂʰo˦dy˥		1815	饭勺	dze˥bi˦dze˨
1794	手纸 便后用的 kʰe˦tʂʰo˦dy˥			1816	砧板	tsi˦tʂa˥
				1817	饭碗	dze˥kʰwa˨
1795	蓑衣 dzi˦tsʰe˦ba˨a˨			1818	大碗	kʰwa˨ba˦
1796	斗笠 dzi˦tsʰe˦ỹ˨my˦			1819	小碗 kʰwa˨za˨xu˨	
1797	雨衣	xu˦dzi˦		1820	木碗	si˥kʰwa˨
1798	炉子	ʂu˥kwa˦		1821	筷子筒	

		aɿ˩py˥ti˧li˧	
1822	盘子 大的	（无）	
1823	碟子 小的	ɑ˧bɛ˧	
1824	刀 总称	（无）	
1825	尖刀	ɕi˩tʰɤ˧	
1826	刀刃	ɕi˩tʰɛ˩xɯ˧	
1827	缺口 刀刃上坏掉缺少的一块	pʰjɤ˧	
1828	刀面	（无）	
1829	刀背	mɤ˩	
1830	刀鞘	tɕʰi˧ju˧	
1831	柴刀	y˩dy˩	
1832	磨刀石	so˩lo˧	
1833	瓦罐	dze˧kɯ˧ly˧	
1834	杯子 统称	lɛ˥ke˧	
1835	玻璃杯	lɛ˥ke˧	
1836	酒杯	lɛ˥ke˧	
1837	茶杯	lɛ˥ke˧	
1838	蒸笼	bɤ˧	
1839	笼屉	（无）	
1840	箅子	pɤ˧tsɯ˩	
1841	甑子	bɑ˩e˩py˥	
1842	捞箕 笊篱	lo˧sy˧	
1843	烧水壶	（无）	
1844	臼窝	（无）	
1845	碓杵	gɯ˩nɯ˧	
1846	工具 统称	tsy˧tsy˧	
1847	铁锤	ʂu˧ndɑ˧ty˧	
1848	锯子	fy˧	
1849	推刨	tʰje˩	
1850	钻子	by˧kʰo˧tsy˧	
1851	凿子	ndzy˧	
1852	墨斗	my˥nɑ˧gy˧	
1853	尺子	lɑ˧ty˥	
1854	铁丝	ʂu˥tʂʰɑ˧	
1855	纺车	tʂʰɤ˥	
1856	织布机	lɤ˥dɑ˧tsy˧	
1857	纺线	dɑ˩	
1858	梭子	（无）	
1859	针眼	u˩mj u˧	
1860	顶针	lɑ˩tsʰi˧	
1861	枪	lɑ˩tʂ˥	
1862	子弹	tʂʰɤ˥ly˥	
1863	子弹头	tʂʰɤ˥ly˥u˧du˧	
1864	子弹壳	tʂʰɤ˥ly˥ky˥	
1865	土铳 火枪	（无）	
1866	炮	（无）	
1867	长矛	（无）	
1868	弓箭 弓与箭的统称	i˩mɛ˧xɛ˧	
1869	弓	i˩mɛ˧	
1870	箭	xɛ˧	
1871	毒箭	dy˩bɑ˩	
1872	箭绳 弦	zy˧	
1873	马笼头	lo˥ju˧	
1874	马嚼子	tʂɑ˧xo˥	
1875	马鞭	mɑ˧ndzu˧	
1876	马鞍	lo˥tɕi˩	
1877	脚蹬 马鞍上的	

		byˌdzuˌgwe˧le˧	1903	烟锅		（无）
1878	前鞘	固定马鞍用的（无）	1904	竹签		maˌpa˧tɕʰu˧
1879	后鞘	固定马鞍用的（无）	1905	水桶		aˌtɕʰi˥ta˧
1880	缰绳	tʂa˧xo˥zy˧	1906	洗衣粉		（无）
1881	缝纫机	（无）	1907	花瓶		po˥mbaˌ
1882	箍	桶~，名词 tɕu˧	1908	花盆		（无）
1883	柴草	枝叶柴 si˥kʰa˧tʂʰa˧	1909	刀架	放刀的架子	（无）
1884	锉子	（无）	1910	刨花		（无）
1885	槌子	（无）	1911	锯末		si˥yˌ
1886	锥子	tʂu˥	1912	水磨		lɤˌtʰaˌ
1887	车轴	风车或独轮车的（无）	1913	筲箕		（无）
1888	铃	打~ li˧ti˧	1914	磨盘		lɤˌtʰaˌtʂbjɤˌ
1889	蒲团	（无）	1915	磨眼儿		lɤˌtʰaˌbɤ˥kʰo˧
1890	手表	（无）	1916	小钢磨		（无）
1891	眼镜	mjɤˌxɤ˥	1917	老虎钳		（无）
1892	扇子	（无）	1918	推剪		（无）
1893	拐杖	myˌtʰy˥	1919	剃头刀		
1894	笓子	用来笓虱子的 tʂɚˌdzuˌ				u˧du˧si˥ɕi˥tʰɚ˧
1895	钱包	（无）	1920	剃须刀		
1896	大烟	罂粟 jɤˌpʰiˌjɤˌ				myˌtsɯ˥si˥ɕi˥tʰɚ˧
1897	烟头	（无）	1921	棉被		（无）
1898	烟灰	（无）	1922	被里		（无）
1899	烟丝	tsʰo˥jɤˌ	1923	被面儿		ku˧ty˥
1900	烟斗	jɤˌkwe˧	1924	毯子		（无）
1901	水烟筒	（无）	1925	枕巾		（无）
1902	烟嘴	kãˌtsɯ˧	1926	枕芯		（无）
			1927	水池	洗碗或涮墩布用的池子	

	zo˧ku˧				mba˧tɕi˧tʂha˧
1928	沉淀物 澄清后沉在底层的东西		1955	麻线	pʰɛ˥tʂha˧
	tʰa˥ndɯ˩		1956	线团	
1929	大刀	y˩dy˩dzɯ˧		tʂha˧ndo˧lo˧	
1930	小刀	y˩dy˩tɕe˧	1957	绸子	i˩pu˩
1931	匕首	（无）	1958	皮革	zɚ˧
1932	铁箍	（无）	1959	皮袄	i˩zo˧
1933	门帘	（无）	1960	上衣	（无）
1934	火镰	tse˧mɛ˧	1961	内衣	
1935	炭火盆	（无）		kʰu˧ku˧lo˧xỹ˩tsy˧	
1936	瓶塞儿	kʰo˥tso˧	1962	夹袄	py˥tɛ˩
1937	水碓	（无）	1963	外衣	
1938	木臼	tsʰe˧ky˥		a˩pʰy˧xỹ˩tsy˧	
1939	水碾	（无）	1964	单衣	dɯ˧ty˥
1940	拖拉机	（无）	1965	长袖	jo˩kʰo˩ex˥
1941	驮架	lo˥tɕi˧	1966	夹衣	jɤ˧pa˧kɤ˥
1942	靠背 椅~	（无）	1967	短袖	jo˩kʰo˩tʂa˥
1943	牙刷	（无）	1968	扣眼	
1944	牙膏	（无）		by˩ly˥by˧kʰo˧	
1945	收音机	（无）	1969	袖口	jo˩kʰo˧
1946	手机	（无）	1970	衣襟	kõ˩sẽ˧
1947	飞机	（无）	1971	大襟	（无）
1948	布 总称	tv˩py˧	1972	小襟	（无）
1949	棉布	（无）	1973	裙子	ʂu˧kʰwa˧
1950	麻布	pʰɛ˧	1974	绣花 名词	ba˥ba˧zo˩
1951	灯芯绒 灯草绒，条绒		1975	花边	（无）
	ku˧pʰy˧pʰy˥		1976	领子	ɣe˥ũ˧
1952	线 总称	tʂha˧	1977	衣袋	
1953	毛线	pʰy˧tʂha˥		ba˥la˥bɛ˧mɛ˥	
1954	棉线		1978	内裤	（无）

1979	裤裆		leˈtʂaɬ	2002	粉	化妆用的	（无）
1980	布鞋			2003	食物	总称	dzeɬtsoˈ
		tyˌpyɟazɟkʰwaˌ		2004	肉	总称	ʂɤɟ
1981	靴子		xoˌtseˌ	2005	肥肉		ʂɤɟmiɟ
1982	草鞋		pʰɜˈɲɜˈ	2006	瘦肉		ʂɤɟnaˌ
1983	皮鞋		（无）	2007	肉皮	指猪、牛、羊等可食用的	
1984	胶鞋		（无）			paˈɣɯˌ	
1985	鞋底			2008	排骨		（无）
		zaɟkʰwaˌtʂʰaˌ		2009	剔骨头		ʂaɟduɟtsʰoˈ
1986	鞋后跟			2010	扣肉		（无）
		zaɟkʰwaɟgɤɟtʰɯɟ		2011	腊肉		ʂɤɟtaɟxoˈ
1987	鞋带			2012	熏腊肉		
		zaɟkʰwaɟzyɟ			ʂɤɟtaɟxoɟlyɟ		
1988	草帽	凉帽	zɯˈɣ̃ɟmyɟ	2013	五花肉		（无）
1989	皮帽			2014	炖肉		ʂɤɟtɕɤɟ
		uˌpaˈɣ̃ɟmyɟ		2015	坨坨肉	一块一块的肉	
1990	棉帽				ʂɤɟndoɟloˈ		
		mbaɟtɕʰiɟɣ̃ɟmyɟ		2016	猪腰子		waˌwoˌɣ̃yɟ
1991	手套		laˌɲuɟ	2017	锅巴		dzeɟtaɟkʰeˈ
1992	腰带		dʑiˌkɤɟ	2018	粉丝	细条的	xɯɟpʰoˈ
1993	围腰帕		kaɟtaɟ	2019	米线	米粉	（无）
1994	绑腿	兵~	tɕʰiˌtʰuˌ	2020	粉条	粗条的	（无）
1995	带子	统称	（无）	2021	粉皮	片状的	（无）
1996	头巾		（无）	2022	面片儿		
1997	头绳				ʂɤɟdzeɟbyɟda		
		xỹˌtsʰɤˌtsɯɟdyɟ		2023	粑粑		baɟlaɟ
1998	镯子		laˌdʑuˌ	2024	烧饼		
1999	耳环		xɛɟkʰɣax		baɟlaɟtaˌlaɟ		
2000	项链		（无）	2025	月饼		（无）
2001	珠子		ɕɤɟlyˌ	2026	素菜		（无）

2027	荤菜	（无）			si˧suɨy˧	
2028	咸菜	keɨlə˧	2056	豆腐渣	dzy˥lyɨpɛ˧	
2029	酸菜	keɨlə˧	2057	面糊	（无）	
2030	豆豉	tyɨçyɨ	2058	麻花	（无）	
2031	汤 总称	uɨzi˧	2059	酥油茶	miɨlmɨ	
2032	米汤	tʂʰaɨzeɨ	2060	牛奶	ɣuɨnɑɨ	
2033	肉汤	sɤ˥luɨziɨ	2061	酒 总称	aɨdziɨ	
2034	菜汤	uɨpʰuɨziɨ	2062	蛇胆酒	（无）	
2035	臽汤	uɨziɨkoɨ	2063	酒曲	zoɨpʰoɨ	
2036	豆腐干	（无）	2064	冷水	tɕʰiɨ	
2037	面筋	（无）	2065	蒸饭	dzeɨbɣɨ	
2038	糖 总称	bjuɨ	2066	夹生饭	（无）	
2039	白糖	bjuɨtsʰeɨ	2067	白饭	tʂʰaɨpʰoɨdzeɨ	
2040	冰糖	bjuɨlyɨpɑɨ	2068	硬饭	dzeɨtaɨŋyɨ	
2041	红糖	ɕaɨtʰaɨmbaɨ	2069	软饭	dzeɨmiɨnɑɨ	
2042	瓜子儿	（无）	2070	碎米	tʂʰaɨyõɨ	
2043	茶 总称	lɛɨ	2071	咸蛋	（无）	
2044	浓茶	lɛɨkʰaɨ	2072	寡蛋 孵不出小鸡的蛋 laɨɣõɨdzyɨ		
2045	油 总称	miɨ	2073	粽子	（无）	
2046	板油	waɨmi	2074	凉粉 tsʰyɨtsʰyɨxuɨ		
2047	猪油 炼过的	waɨmi	2075	搅团 一种用玉米面、荞麦面做的糊糊 naɨtsʰiɨ		
2048	油渣	miɨpɛɨ				
2049	菜籽油	（无）				
2050	芝麻油	（无）	2076	身体 统称	guɨmuɨ	
2051	花生油	（无）	2077	个头	guɨmuɨ	
2052	八角	paɨkuɨ	2078	皮肤	zoɨʃiɨ	
2053	桂皮	（无）	2079	皱纹	toɨtoɨ	
2054	花椒	dzyɨ				
2055	胡椒面儿					

2080	肌肉	人的	ʂɤ˧	2107	后脑	（无）
2081	血液		suɯ˧	2108	囟门	（无）
2082	骨头		ʂa˧du˧	2109	白发	xỹ˧tsʰy˧pʰo˧
2083	骨髓		bi˧ti˧ky˧			
2084	肋骨		xo˧bjɤ˧	2110	鬓角	（无）
2085	脊椎		sɤ˧ŋuɯ˧luɯ˧	2111	睫毛	mjɤ˧tsɤ˧xỹ˧
2086	头盖骨		（无）	2112	气管	tso˧kʰo˧paɭ˧tʰy˧
2087	肩胛骨		（无）			
2088	踝骨		la˧mɛ˧tsuɯ˧	2113	食道	dzy˧dzy˧
2089	内脏	统称	tsʰɑ˧si˧u˧ɭu˧	2114	喉结	tɕi˧py˧ɭy˧
				2115	酒窝	（无）
2090	心		nuɯ˧mɛ˧	2116	颧骨	（无）
2091	肝		si˧	2117	太阳穴	（无）
2092	脾		（无）	2118	眼皮	mjɤ˧ky˧
2093	肺		tsʰo˧	2119	单眼皮	dɯ˧tsuɯ˧
2094	肾	腰子	wo˧ɭy˧	2120	双眼皮	ni˧tsuɯ˧
2095	胃		dzy˧	2121	眼角	mjɤ˧ɭy˧tse˧tɕʰu˧
2096	胆		tɕi˧			
2097	筋		dzo˧bo˧	2122	眼白	（无）
2098	脉		la˧ma˧	2123	眼屎	mi˧kʰe˧
2099	血管		suɯ˧bo˧	2124	耳孔	xɛ˧tu˧by˧kʰo˧
2100	肠子		wo˧			
2101	大肠		wo˧by˧	2125	耳垂	（无）
2102	小肠		wo˧tsʰy˧	2126	耳屎	xɛ˧kʰa˧pa˧
2103	发髻		（无）	2127	痰	kʰa˧pa˧
2104	头顶		gɤ˧pa˧la˧	2128	鼻孔	ni˧gɤ˧by˧kʰo˧
2105	头顶旋窝	脑旋 （无）				
2106	脑髓		y˧fy˧	2129	鼻尖	ni˧gɤ˧gɤ˧pa˧

2130	鼻梁	（无）		2155	汗毛	xỹ˧hɑ˦
2131	鼻毛	ni˦gɤ˦xỹ˧		2156	汗毛孔	（无）
2132	鼻屎	ny˦		2157	粉刺 脸上的	（无）
2133	门牙 xɯ˧tsu˦pʰju˦			2158	痱子	tsʰe˦kʰɑ˦
				2159	指纹	（无）
2134	犬齿	（无）		2160	虎口	（无）
2135	臼齿	wa˦tsa˦me˦		2161	倒刺 指甲下方翻起的小皮 （无）	
2136	齿龈	xɯ˧tu˦				
2137	牙缝 xɯ˧by˦kʰo˧			2162	腋窝	la˩ko˩tʂʰɑ˧
				2163	腿肚子 dzi˦pa˦tse˦ŋɯ˦la˦	
2138	牙垢	（无）				
2139	假牙	（无）		2164	腘窝 大腿和腿肚子中间的弯曲 处 （无）	
2140	小舌	ɕe˦za˦xu˧				
2141	舌尖	ɕe˦gɤ˧pa˧		2165	脚心	mjɤ˦ɣỹ˧
2142	兔唇	ny˦ɬɤ˦		2166	脚趾	mɤ˦ɦi˦
2143	人中	（无）		2167	脚印	kʰwa˩bɛ˦
2144	络腮胡	wa˩by˩ly˩		2168	响屁	（无）
2145	八字胡	mɤ˦tsʰɯ˧		2169	闷屁	（无）
2146	乳头 女性的	na˧na˦		2170	稀屎	（无）
2147	乳汁	na˦		2171	膀胱 尿脬	sɯ˦py˧
2148	胸脯 nɯ˦mɛ˦kʰo˧			2172	子宫	（无）
				2173	阴道	（无）
2149	腰	i˦tsɯ˦		2174	阴毛	（无）
2150	小腹 xõ˦mɛ˦zɑ˦xu˧			2175	睾丸	la˩ly˦
				2176	汗	tʂo˦
2151	手心	la˩wa˩		2177	汗垢	ʂa˦zɤ˧
2152	手背 la˩pʰɤ˧gɣ˦sɯ˦			2178	唾沫	tɕe˦
				2179	医院	（无）
2153	手茧子	la˩pa˦		2180	药店 tsʰa˦xɯ˦kʰo˧	
2154	手腕	la˩tsɯ˦				

2181	中医	（无）				tɕʰi˧tɕʰi˧ʂu˥ʂu˥
2182	西医	（无）	2206	打冷战	发疟疾时	tɕʰu˧tɕʰu˥
2183	小病	dzɯ˧tɕe˥	2207	感冒		tsʰa˩za˥
2184	大病	dzɯ˧dzu˥	2208	传染		tʂo˥tʂo˥
2185	内伤		2209	头晕		u˧tu˥zi˩
	kɯ˧kɯ˧lu˧dzu˥		2210	头疼		u˧tu˧dzu˥
2186	外伤	a˩pʰɣ˧dzu˥	2211	按摩		ŋɯ˧ŋɯ˥
2187	药 总称	tsʰa˧mɯ˥	2212	穴位		（无）
2188	药丸	tsʰa˧mɯ˧lɣ˥	2213	发汗		（无）
2189	药粉	tsʰa˧mɯ˧ɣ˥	2214	牙痛		xɯ˥dzu˥
2190	药水		2215	抽筋		
	tsʰa˧mɯ˧zɚ˥			tsi˧pa˩tɕʰɣ˩pʰɣ˥		
2191	药膏	（无）	2216	抽风		
2192	药酒			ju˥ŋɣ˥dzɯ˩		
	tsʰa˧mɯ˧a˩dzi˥		2217	瘟疫		
2193	草药			dzu˥kʰɑ˥tʂo˧tʂo˥		
	zɯ˥tsʰa˧mɯ˥		2218	哮喘		sa˧tʂa˥
2194	蛇药	（无）	2219	麻风		zi˥pʰɣ˥
2195	毒药	dɣ˩	2220	天花		bo˥tʂɣ˥
2196	开药方	（无）	2221	水痘		（无）
2197	熬药	tsʰa˧mɯ˧u˧	2222	疟疾		xɯ˩pʰi˥
2198	搽药		2223	麻疹		（无）
	tsʰa˧mɯ˧jɣ̃˥		2224	痢疾		（无）
2199	动手术	（无）	2225	中风		xɚ˧nɯ˧la˩
2200	麻药	（无）	2226	大脖子病		ba˧du˥
2201	补药	（无）	2227	骨折		ʂa˧du˩kʰe˥
2202	忌口	ny˥ta˧tsʰe˥	2228	脱臼		
2203	治 ~病	je˥		tsɯ˩pʰo˩pʰo˥		
2204	呕 干~	（无）	2229	伤口		me˧kʰu˥
2205	发冷 感冒前兆时		2230	痂 伤口愈合后结的		

			bɤ˥kɤ˥	2255	六指		
2231	疮	总称	bɤ˥				lɑ˩mɛ˧kɑ˩lɑ˩
2232	痔疮		（无）	2256	近视眼		（无）
2233	冻疮		（无）	2257	老花眼		
2234	起泡		pu˧xu˥				mjɤ˥ly˥dɑ˩lɑ˩
2235	水泡		（无）	2258	白内障		（无）
2236	血泡		（无）	2259	鸡眼	脚茧病	（无）
2237	流鼻血			2260	独眼		
			ni˧gɤ˧sɯ˥pju˧				mjɤ˥ly˥dɯ˧pʰɑ˩
2238	梅毒		（无）	2261	对眼		（无）
2239	伤痕	未好的	tɑ˧tʂ˥	2262	斜眼		
2240	胀	肚子~					mjɤ˥ly˥pʰɑ˧tɑ˥
			xõ˧mɛ˧tɑ˧tɑ˧	2263	歪嘴		
2241	麻	手发~					ny˥tɑ˧tʂɤ˥kɑ˩
			lɑ˩pʰɛ˧tɕy˩ɕy˥	2264	瘫痪		（无）
2242	僵硬		ku˥	2265	招赘		mɑ˧ɣõ˧ʂo˥
2243	伤	受~	（无）	2266	接亲		zɚ˧dzu˩be˩
2244	出血		sɯ˥dzi˧	2267	抢婚		（无）
2245	淤血		sɯ˧nɑ˥ly˥	2268	离婚		（无）
2246	茧	手上长的老~		2269	胎		tɕʰy˧
			（无）	2270	胎衣		（无）
2247	雀斑			2271	脐带		a˩ku˥ju˩zy˧
			bɑ˧nɑ˩kwe˩	2272	小产		ze˧xĩ˥swɑ˥
2248	麻子		mɑ˧tsɯ˩	2273	打胎		ze˧xĩ˥lɑ˩
2249	胎记		（无）	2274	寿命		zo˧xɚ˧
2250	结巴		ɕe˧tʰɑ˩	2275	岁数	人的	kʰy˩pʰɑ˩
2251	脚气		（无）	2276	送葬		mu˧tsʰɯ˧
2252	灰指甲		（无）	2277	尸体		mu˧
2253	癞痢头	癞子	（无）	2278	寿衣		mu˧dzi˧
2254	左撇子		wa˧tɑ˧	2279	唱丧歌		（无）

#	词	音	#	词	音
2280	火葬	xĩ˧mu˧ke˥	2306	光头	ŋgu˥ly˧
2281	火葬场	y˧tʂy˧kwa˧	2307	老太婆	a˧ja˧my˧
2282	土葬	xĩ˧mu˧ny˧	2308	老头子	a˧pa˧lu˧
2283	天葬	（无）	2309	年轻人	pʰa˧tɕi˧xĩ˧
2284	坟地	（无）	2310	小伙子	pʰa˧tɕi˧xĩ˧
2285	灵魂	wa˧xɯ˧	2311	姑娘	mo˧xɤ˧pʰa˧tɕi˧xĩ˧
2286	法术	xwã˧	2312	熟人	sɯ˧sɯ˧xĩ˧
2287	作法	xwã˧	2313	生人	ma˧sɯ˧sɯ˧xĩ˧
2288	命运	mjɤ̃˧	2314	富人	xĩ˧ɣã˧
2289	打卦	（无）	2315	穷人	y˧tʰu˧xĩ˧
2290	拜菩萨	pʰy˧la˧ndzi˧	2316	工人	（无）
2291	佛	˧xɛ˧	2317	官 总称	u˧tu˧dzu˧
2292	鬼	˧ny˧tsa˧	2318	头目	u˧du˧
2293	祸 ~不单行	（无）	2319	土司	da˧xa˧
2294	仙	pʰy˧la˧	2320	医生	tsʰa˧mu˧kwa˧
2295	巫师	to˧ba˧	2321	猎人	xã˧dy˧xĩ˧
2296	巫婆	ʂɤ˧ba˧	2322	屠夫	（无）
2297	经书	la˧ma˧tʰa˧	2323	老板	（无）
2298	龙	ly˧	2324	强盗	xĩ˧dzu˧
2299	许愿	（无）	2325	土匪	（无）
2300	还愿	（无）	2326	骗子	xĩ˧ka˧
2301	占卜	ba˧ma˧du˧	2327	胖子	wo˧dzuo˧xĩ˧
2302	供祭品	kwa˧tsɯ˧ɣɤ˧	2328	族群自称	ma˧lɯ˧ma˧sɯ˧
2303	鬼火 磷火	ny˧tsa˧mo˧tʰy˧	2329	汉族	xa˧pa˧
2304	凤凰	（无）	2330	老百姓	
2305	高个儿	gu˧mɤ˧xo˧			

		maɻdzu˦ma˥gyˋxĩ˥	2356	私生子	（无）
2331	姓	你~什么？（无）	2357	囚犯	（无）
2332	主人	dɑ˦py˦	2358	赶马人	ɭo˥dyˋxĩ˥
2333	兵 总称	tʰa˦pi˦	2359	长辈 统称	dzɯˋxĩ˥
2334	老师	（无）	2360	曾祖父	aˋpʰo˦aˋpu˥
2335	学生	（无）	2361	曾祖母	aˋjɤ˦aˋpu˥
2336	敌人	dzae˥tɕxĩ˥	2362	大舅	aˋyo˦aˋpu˥
2337	伙伴	tɕʰu˦mɛ˦	2363	小舅	aˋyo˦aˋmɛ˦
2338	裁判	tʂʰɚ˦tʂʰɚ˥xĩ˥	2364	大舅母	（无）
2339	摆渡人	lɯˋky˦xĩ˥	2365	小舅母	（无）
2340	酒鬼	zɚ˦ny˦	2366	兄弟 aˋbyˋgɯ˥dzɯ˦	
2341	证人	duˋxĩ˥	2367	姐妹 mɛˋmɛ˦gɯˋmɛ˦	
2342	鳏夫	（无）			
2343	寡妇	（无）			
2344	接生婆	la˦ku˥xĩ˥	2368	堂兄	aˋbyˋ
2345	国王（或皇帝）	kʰaˋ	2369	堂弟	gɯ˦zɯ˦
2346	王后（或皇后）	（无）	2370	堂姐	mɛˋmɛ˦
2347	头人	（无）	2371	堂妹	gɯ˦mɛ˦
2348	石匠	（无）	2372	表姐	mɛˋmɛ˦
2349	篾匠 ma˦tu˩pyˋtʂɚˋ˥		2373	表妹	gɯ˦mɛ˦
			2374	表哥	aˋbyˋ
2350	铁匠 ʂuˋlaˋpu˦tʂɚˋ˥		2375	表弟	gɯ˦zɯ˦
			2376	子女	za˦xuˋxɯ˦
2351	渔夫 niˋzeˋɤˋtɕxĩ˥		2377	侄女	ze˦mɛ˦
			2378	外甥女	ze˦mɛ˦
2352	中人	la˦kʰɤˋxĩ˥	2379	孙女	lɤ˦mɛ˦
2353	流浪汉	xĩ˥kɑ˦aˋ	2380	外孙女	lɤ˦mɛ˦
2354	叛徒	（无）	2381	重孙	ĩõˋtsi˥
2355	藏族	ɤ˦dzyˋ	2382	祖宗	a˦i˦ɛʂɚ˦

2383	孤儿	（无）
2384	母女俩	a˦mɛ˦mo˩ni˧˧
2385	男朋友	ze˦tɕʰu˩mɛ˧˧
2386	女朋友	mo˩tɕʰu˩mɛ˧˧
2387	大舅子	（无）
2388	小舅子	（无）
2389	大姨子	（无）
2390	小姨子	（无）
2391	兄弟俩	a˩by˩gɯ˩dzu˦ni˧˧
2392	夫妻俩	tɕʰi˩mɛ˦ma˩ɣõ˩ni˧˧
2393	姐妹俩	mɛ˦mɛ˦gu˦mɛ˩ni˧˧
2394	曾孙	tsi˦tsi˩
2395	母子俩	a˦mɛ˦ze˦ni˧˧
2396	父女俩	a˦pa˦mo˦ni˧˧
2397	婆家	（无）
2398	亲家	（无）
2399	亲家公	（无）
2400	亲家母	（无）
2401	父子	a˦pa˦ze˦
2402	父女	a˦pa˦mo˦
2403	母子	a˦mɛ˦ze˦
2404	母女	a˦mɛ˦mo˦
2405	种水稻	dze˦tso˦
2406	播种	ɣo˩fa˦
2407	点播	（无）
2408	撒播	ɣo˩pʰa˦
2409	犁田	lɯ˦mɛ˦
2410	种田	lɯ˩fa˦
2411	栽种	fa˦
2412	耙田	lɯ˦kɣ˦
2413	挖地	lɯ˩dzwa˦
2414	锄地	（无）
2415	除草	lwa˩
2416	收割	la˦tsʰa˦
2417	开荒	ɕe˦tsʰi˩
2418	浇水	a˩tɕʰi˦ku˦
2419	肥料	kʰe˦
2420	施肥	kʰe˦tsʰɯ˦
2421	沤肥	kʰe˦py˦
2422	掰玉米	kʰa˩dze˩kʰe˦
2423	杠子 抬物用的	（无）
2424	楔子 橛	lo˦pe˦
2425	连枷	ku˦ju˦
2426	连枷把	ku˦ju˦mɛ˦
2427	连枷头	ku˦ju˦ze˦
2428	锄柄	tsa˦ko˩dzo˦
2429	铁锹	（无）
2430	铲子	（无）
2431	犁头	tʂʰa˦nɯ˦kʰo˦

编号	词	注释	音标
2432	犁铧		lɯ˧me˧tʂʰa˧
2433	犁架		lo˥ɣʌ˩
2434	犁弓		lo˥ɣʌ˧dzɿ˧
2435	犁把		la˩zʌ˧la˥
2436	铡刀		（无）
2437	耙	~地	kɤ˥
2438	牛轭		ɣɯ˧la˥
2439	打场	指在谷场上脱粒	ɣo˥la˥
2440	晒谷		ɣo˥lʌ˩
2441	晒谷场		ɣo˥lʌ˩la˥
2442	风车	扇车	bɯ˧tʂʰɤ˧
2443	磙子	整地用的	（无）
2444	麻绳		bi˧
2445	撮箕		ba˧kʰɤ˧
2446	木耙		la˧ndzʌ˥
2447	鞭子		ma˧ndzu˧
2448	牛鼻绳		dza˧lo˧
2449	筐	统称	kʰɤ˥
2450	粗筛	眼大的筛子	dze˧kɤ˧
2451	细筛	眼小的筛子	sʌ˧la˥
2452	圈儿	统称，名词	bʌ˧
2453	牛圈		ɣɯ˧bʌ˥
2454	马棚		lo˩bʌ˧
2455	羊圈		ju˧bʌ˧
2456	鸡窝		la˧bʌ˥
2457	笼子		bɯ˧tu˧
2458	猪槽		wa˧gʌ˩
2459	木槽		si˩wa˧gʌ˩
2460	谷桶		（无）
2461	碾米		（无）
2462	舂米		tʂʰa˧pʰo˧dzi˧
2463	猪草		wa˩zu˧
2464	猪食		wa˩dze˧
2465	利息		mbʌ˩
2466	买		zɿ˥
2467	卖		tɕʰe˧
2468	交换	物物~	ke˧ke˧
2469	价钱		pʰo˧
2470	借钱		be˧tsʰo˩
2471	还钱		bɛ˧tsʰʌ˩
2472	讨价		pʰo˧tsʰi˧tsʰi˥
2473	还价		（无）
2474	出租		（无）
2475	债		dzɤ˧
2476	赢	~钱	ɣo˧
2477	输	~钱	ʂʌ˩
2478	戥子	厘秤	tɕi˩
2479	秤钩		tɕi˩tsake˧
2480	秤盘		tɕi˩a˩bɛ˧
2481	秤星		tɕi˩mjɤ̃˥
2482	秤砣		tɕi˩lʌ˩
2483	火车		（无）
2484	汽车		bʌ˧lʌ˩dʌ˧
2485	船	总称	lɯ˩
2486	渡船	专用于摆渡的	（无）

2487	划船		luɯ˧kɤ˦
2488	邮局		（无）
2489	电话		（无）
2490	机器		（无）
2491	属相		kʰɤ˧
2492	子	属鼠	xwɑ˧kʰɤ˧
2493	丑	属牛	ɣɯ˧kʰɤ˧
2494	寅	属虎	lɑ˦kʰɤ˧
2495	卯	属兔	tʰu˦le˦kʰɤ˧
2496	辰	属龙	mɤ˦gɤ˦kʰɤ˧
2497	巳	属蛇	zɑ˦pʰo˦kʰɤ˧
2498	午	属马	lo˧kʰɤ˧
2499	未	属羊	ju˧kʰɤ˧
2500	申	属猴	a˧y˦kʰɤ˧
2501	酉	属鸡	lɑ˧kʰɤ˧
2502	戌	属狗	kʰɯ˧kʰɤ˧
2503	亥	属猪	wɑ˦kʰɤ˧
2504	国家	统称	（无）
2505	政府		（无）
2506	乡政府		（无）
2507	省	行政区划	（无）
2508	县	行政区划	（无）
2509	村	行政~	bɛ˦
2510	印章	统称，名词	zɤ˦
2511	私章	个人用的	（无）
2512	记号	标记	tɕɤ˧tɤ˦
2513	证据		（无）
2514	黑板		（无）
2515	粉笔		（无）
2516	笔	总称	（无）
2517	纸	总称	sɤ˧sɤ˦
2518	书	总称	tʰɑ˦le˦
2519	念书		tʰɑ˦le˦su˦
2520	小学		（无）
2521	中学		（无）
2522	大学		（无）
2523	请假		（无）
2524	放假		（无）
2525	毕业		（无）
2526	荡秋千		ka˦ka˦tu˦
2527	踩高跷		tɕi˧lɤ˦ka˦
2528	吹口哨		tɕy˧ɕɤ˦
2529	唱调子	指民族地区的一种说唱形式	（无）
2530	练武术		（无）
2531	打弹弓		tã˦kõ˧li˦
2532	翻筋斗		tɕi˧tuɯ˧ɤ˦kɤ˦
2533	潜水		tʂʰɑ˦bo˦
2534	跳舞		tsʰu˦tsʰu˦
2535	锣	总称	ẽ˧ɭu˦
2536	钹		mbu˦tʂʰu˦
2537	鼓	总称	ndɑ˦kɤ˦
2538	腰鼓		（无）
2539	琴	总称	pʰi˧pʰɑ˦
2540	镲	小钹	（无）
2541	箫		lɑ˦tsɤ˦pɤ˦lɯ˦
2542	号	吹~	bɑ˦bɑ˦
2543	唢呐		si˦nɑ˦

2544	口弦		xɛɬtʰɑɹ			laɬtuɬpeɬxỹɹ	
2545	簧	口弦~	（无）	2569	对歌		（无）
2546	哨子		（无）	2570	唱山歌		（无）
2547	喇叭		（无）	2571	棋子	统称	（无）
2548	戏	演~	（无）	2572	比赛		tsʰeɬtsʰeɹ
2549	木鱼		（无）	2573	游泳		iɬdzoɹ
2550	照相		（无）	2574	骑马		loɬdzuɹ
2551	相片		（无）	2575	钓鱼		
2552	颜色		tsʰyɹ			niɹzeɬtʂʰaɬtyɹ	
2553	射击		biɹ	2576	燃烧	火~	dzoɹ
2554	墨水		myɹnaɬ	2577	哈气		（无）
2555	墨汁		（无）	2578	浮	~在水面	daɹ
2556	糨糊		naɹtsʰiɹ	2579	流	水~动	baɹ
2557	地图		（无）	2580	飞	在天上~	bjuɬ
2558	图画		（无）	2581	住	~旅馆	xỹɹ
2559	涂改		pʰjʁɬpʰjʁɹ	2582	来	~家里	iɬ
2560	字	写~		2583	吹	~火	miɹ
			tʰaɬləɬndzyɬ	2584	拉	~车	ʂaɬ
2561	算	~数	tʂʁɬtʂʁɬ	2585	挖	~土豆	dzwaɬ
2562	数	~数	（无）	2586	捉	~鸡	tʂʁɬ
2563	加	数学中的~法		2587	挠	用手指或指甲抓人	
	（无）				kwaɬkwaɬ		
2564	减	数学中的~法		2588	圈	动词，~牲口	
	（无）				baɑɬyɬ		
2565	乘	数学中的~法		2589	刺	~了一刀	pyɹ
	（无）			2590	搓	~手掌	suɬsuɬ
2566	除	数学中的~法		2591	榨	~油	naɬ
	（无）			2592	抹	~水泥	xĩʁɹ
2567	球	总称	lyɬlyɹ	2593	笑		ləɬ
2568	倒立			2594	旋转		ziɹ

2595	沉	~没	tʰa˧ndɯ˦
2596	浸	~泡	tɯ˧
2597	漏	~雨	i˦
2598	溢	水~出来了	sa˨
2599	取名		xĩ˦xĩ˦ty˦
2600	晾衣		ba˧la˨ly˦
2601	补	~衣服	xɯ˨
2602	剪	~布	kʰa˦la˨
2603	裁	~衣服	（无）
2604	织	~毛线	tu˦
2605	扎	~稻草人、风筝等	tsɯ˦
2606	砍柴		si˧da˨
2607	淘米		tʂʰa˦pʰo˨ly˨ʐy˦
2608	洗碗		kʰwa˨tsʰɯ˨
2609	搅拌		ʂwa˨ʂwa˦
2610	焖	~米饭	gu˦
2611	炖	~牛肉	ty˦
2612	烤	~白薯	xɤ˦
2613	腌	~咸肉	tsɚ˨
2614	饱	吃~了	ŋɯ˦
2615	醉	酒~	je˨
2616	打嗝		ɤ˦tsi˦
2617	讨饭		dze˦mɛ˦
2618	酿酒		a˨dzi˦tɕɤ˦
2619	搬家		a˨lu˨bo˦
2620	分家		y˦y˦
2621	开门		kʰu˨pʰi˨
2622	关门		kʰu˨ta˨
2623	洗脸		dzi˧tse˨
2624	漱口		ku˨pe˧ka˨la˨
2625	做鬼脸		dza˨tsɯ˨lɤ˧je˨
2626	伸懒腰		dzɤ˧ho˧
2627	点灯		ba˧mi˧dzo˨
2628	熄灯		ba˧mi˧kɤ˦
2629	说梦话		ĩ˨ʂa˧lɯ˨
2630	醒	睡~	la˧tso˨
2631	晒太阳		ni˧mɛ˧gwe˦
2632	烤火		mo˨gwe˦
2633	暖被窝		i˨kʰɤ˦la˨ly˦
2634	等待		la˦xĩ˨
2635	走路		la˦gy˦se˦
2636	遇见		o˦po˨
2637	去	~街上	be˦
2638	进	~山	（无）
2639	出	~操	tʰy˦
2640	进来		ku˨ku˨lo˦a˧lo˦
2641	上来		gɤ˦la˧lo˦
2642	下去		ỹ˨la˦be˦
2643	争	~地盘	dza˧dza˨
2644	吃亏		pʰy˦
2645	上当		（无）
2646	道歉		ũã˨ʂɚ˨
2647	帮忙		ka˦ka˨

2648	请客		xĩ˦ɣõ˦kʰɣ˥
2649	送礼		pʰɑ˦pɑ˩pɑ˦
2650	告状		tɕi˦kwɑ˦
2651	犯法		（无）
2652	赌博		jɑ˦pu˦
2653	坐牢		（无）
2654	砍头		u˦tu˦tsʰi˥
2655	吻		bu˦bu˦
2656	呛	喝水~着了	pʰɑ˦
2657	呼气		mi˥
2658	抬头		u˦tu˥gɤ˦tɕʰi˥
2659	低头		ỹ˦gu˦gu˦
2660	点头		ỹ˩ỹ˦
2661	摇头		u˦tu˩ʂɚ˦ʂɚ˥
2662	摇动		ʂɚ˦ʂɚ˥
2663	招手		lɑ˩pʰɜ˦ʂɚ˦ʂɚ˥
2664	举手		lɑ˩pʰɜ˦gɤ˦tɕʰi˥
2665	笼手		（无）
2666	拍手		lɑ˩wɑ˩wɑ˩
2667	握手		lɑ˩pʰɜ˦zy˩zy˦
2668	弹	手指~	bi˥
2669	掐	~虱子	tsʰɯ˩
2670	抠	手指~	ko˦
2671	牵	~一头牛	ʂɑ˦
2672	扳	~手腕	kʰu˩
2673	捧	~水	ly˩
2674	抛	向空中~物	pʰɑ˩
2675	掏	从洞中~出来	ko˦
2676	骗	~猪	xo˦tɕʰi˥
2677	夹	~腋下	ŋɑ˩
2678	抓	~把米	kwɑ˦
2679	甩	~水	tɑ˦tɑ˥
2680	搓	~面条	y˩
2681	跟	~在别人的后面	gɤ˥
2682	跪	~在地上	tsʰy˩
2683	踢	~了他一脚	tɕʰu˩
2684	躺	~在地上	bɤ˦lɯ˦
2685	侧睡		（无）
2686	靠	~在椅子上睡着了	tʰu˦
2687	遗失		te˦tsʰɯ˩
2688	堆放		pɣ˦
2689	叠	~被子	tɣ˥
2690	摆	~碗筷	tɣ˦
2691	搬	~粮食	（无）
2692	塞	堵~	dzo˦
2693	抢	~东西	dzɑ˩
2694	砸	~核桃	dzi˦
2695	刮	~胡子	si˩
2696	揭	~锅盖	pʰi˩
2697	翻	~地	tɕɤ˩pʰɣ˦
2698	挂	~书包	fɑ˩
2699	包	~饺子	ty˩ly˦

#	词	例	音	#	词	例	音
2700	贴	~年画	tɕʰɤ˥	2728	认罪		（无）
2701	割	~麦子	ʂɤ˥tsʰɯ˧	2729	包庇		（无）
2702	锯	~木头	si˥xã˧	2730	卖淫		（无）
2703	雕	~花	ko˧	2731	偷盗		kʰɤ˥
2704	箍	~桶	tɕu˧	2732	毒	~死	dɤ˧
2705	装	~口袋	tɕʰi˥	2733	听见		kʰo˧mo˧
2706	卷	~席子	bɤ˧lɯ˧	2734	偷听		kʰɤ˥xɤ˧
2707	染	~花布	za˥	2735	看见		tɕu˧lo˧
2708	吓	~人	tʂɤ˥	2736	瞄准		tsi˧
2709	试	~衣服	（无）	2737	剐蹭	我的车被他的车~了	so˧
2710	换	~灯泡	ke˧ke˧	2738	啃	~骨头	tʰa˧
2711	填	~土	la˧xu˧xu˧	2739	磕头		lɤ˥pɤ˥dzi˧
2712	留	~在我这里	（无）	2740	拖	在地上~着走	ʂa˧
2713	使用		tse˧	2741	拍	~肩	（无）
2714	顶	用角~	tɤ˥	2742	托	用双手~	tɕʰi˧
2715	刨食	鸡用脚~	pʰa˧	2743	压	双手~	na˧
2716	晒衣		lɤ˧	2744	抽	鞭~	xɯ˥
2717	摘菜		tʂʰɤ˥	2745	勒	~在脖子上	tsɯ˧
2718	切菜		xã˧	2746	抖	~袋	ta˧ta˧
2719	烧开水		a˧tɕʰi˥tsi˧	2747	拄	~杖	tʰɤ˥
2720	熬	~茶	tɕɤ˥	2748	垫	~在屁股底下	kʰu˧
2721	烘	把湿衣服~干	xɤ˧	2749	划	刀~	xã˧
2722	蘸	~一点辣椒	xĩ˥xĩ˧	2750	锉	~锯子	tsʰu˥
2723	溅	水泼到地上~了一身	dzi˧	2751	钻	~在地洞里	bo˧
2724	洒水		pʰa˧	2752	捂	用手~住嘴	kɤ˧
2725	返回		la˧	2753	渗	~透	（无）
2726	到达	~北京	pa˧	2754	滤	~沙子	tɤ˧
2727	招待		ʂo˧ɕi˧				

2755	叼	~烟	（无）	2780	掏耳朵	xɛ˧kʰa˧pa˧pɛ˧
2756	叉腰		i˧tsɯ˧ty˧	2781	动身	（无）
2757	赤膊		xĩ˧ti˧li˧	2782	赶路	（无）
2758	敲打		dzi˧	2783	让路	a˧gy˧tse˧
2759	撒娇		a˧lu˧liɛ˧	2784	劝架	la˧kʰʌ˧
2760	呻吟		dɯ˧tsʌ˧	2785	报恩	（无）
2761	仰睡		le˧kʌ˧ndu˧	2786	报仇	lɯ˧la˧go˧
2762	喂草		zɯ˧gʌ˧	2787	照顾	（无）
2763	放夹（捕捉猎物方式）		tʂʰa˧tɕʰi˧	2788	收礼	pʰa˧la˧
2764	装索（捕捉猎物方式）		tʂʰa˧ty˧	2789	抢劫	xĩ˧dza˧
				2790	杀人	xĩ˧si˧
2765	拔毛		xỹ˧po˧	2791	劳改	（无）
2766	燎毛		xỹ˧le˧le˧	2792	鞭打	la˧
2767	剥皮	剥动物皮	zɚ˧ʂʌ˧	2793	胜利	yo˧
2768	烧砖		（无）	2794	失败	ʂy˧
2769	烧窑		（无）	2795	瞪	~着双眼 mjʌ˧ko˧
2770	烧石灰		xɚ˧ke˧	2796	拽	用绳子~ ʂa˧
2771	刷墙		tsy˧py˧xĩ˧	2797	捋	~袖子 ʂa˧ʂa˧
2772	穿针		u˧xɛ˧tʂʰa˧tɕʰi˧	2798	搁	把东西~在房顶上 tʌ˧
2773	绣花		ba˧ba˧zo˧	2799	揣	怀~ tɕʰi˧
2774	缠足		ly˧ly˧	2800	携带	pa˧
2775	磨刀		y˧dy˧so˧	2801	扒	~土 pʰa˧
2776	劈柴		si˧kʰʌ˧	2802	蹦	一~老高 pi˧
2777	酒醒		zɚ˧je˧la˧gy˧	2803	跺脚	dzu˧
2778	闩门		kʰu˧ty˧	2804	打滚	by˧lɯ˧gʌ˧
2779	剪指甲		la˧tʂʌ˧ky˧kʰa˧la˧	2805	扑	猫~老鼠 pjʌ˧
				2806	粘	~贴 dzɯ˧
				2807	剖	~膛开肚 kʰa˧

2808	劈	分开	kʰa˩		2835	心痛		nɯ˩m ʑam˧ dzu˩
2809	漆	~桌子	xjɣ˥		2836	记仇		（无）
2810	搓	~绳	y˩		2837	害	~人	ny˥
2811	钉	~钉子	la˧		2838	反悔		la˩lɑ˩
2812	绞	~肉	（无）		2839	可惜		（无）
2813	蒙	~眼	kɣ˧		2840	声音		kʰo˧
2814	和	打麻将~了（无）		2841	喊	~话	lwa˧
2815	和	下象棋~了（无）		2842	问	~话	ma˩lɯ˧
2816	发脾气		wo˧dzɑ˧		2843	答应		ã˧
2817	赌气		（无）		2844	介绍		（无）
2845	回答		ã˧
2818	生长		gɯ˧dzu˩		2846	造谣		kʰo˧dzu˧je˧
2819	赶山		xã˧dy˩		2847	打听		tʂɣ˥tʂɣ˥
2820	蛀	虫子吃			2848	凸		y˩
		bi˩xĩ˩nɯ˩dzɛ˧		2849	凹		pa˩la˩
2821	系围裙		ka˧ta˧		2850	正		（无）
2822	打结		to˩lo˧		2851	反		（无）
2823	认得		sɯ˧		2852	斜		tʂy˩ka˧
2824	伤心		xwa˩tɕʰi˩		2853	横		la˩tʂa˩
2825	讨喜	小孩讨人喜欢		2854	竖		la˩tsy˩
	（无）			2855	活	~鱼	ma˩ʂam˩
2826	恨	你别~我	dzo˧		2856	满	水很~	ʂo˧
2827	满意				2857	足	分量~	ly˩
		ndy˩pɑ˩pʰu˧		2858	光滑	鱼很~	mba˧ka˧
2828	着急		（无）		2859	冷清	街上~得很
2829	理睬		（无）			tɕʰi˧tɕʰi˧xo˧xo˧
2830	担心		tsʰɣ˧tsʰɣ˧		2860	浊		ba˩da˩
2831	放心		nɯ˩m ʑɣ˧		2861	空	瓶子是~的	nje˩
2832	愿意		õ˩om˩
2833	变	~作	pjɣ˥		2862	嫩		za˧ŋɯ˩
2834	恼火		ma˩tsa˧

编号	词	注释	音标
2863	生		dzyˉ
2864	熟		miˉ
2865	乱		tsʰaˍpaˍlaˍjˠˉ
2866	真		ũˍmaˍ
2867	假		ndaˉ
2868	暗	光线~	naˉxỹˉdɯˉ
2869	闷热		（无）
2870	破	碗~了	ɕeˉ
2871	缩	~脖子	ziˉlyˉ
2872	困了		ĩˍŋɯˍdziˉŋɯˉ
2873	瘪	压~了	taˉpjˠˉ
2874	倒	去声，~着放	tuˉpɛˉ
2875	纯	~棉衣服	tʂaˉ
2876	枯	叶子~了	kʰɣˉpʰaˍleˉ
2877	潮	衣服~	dzyˉ
2878	强	身体~	woˉɣɯˉ
2879	弱	身体~	paˍnaˉ
2880	焦	烤~了	taˉkʰeˉ
2881	清楚		kʰɣˉkʰɣˉ
2882	模糊		daˉlaˍ
2883	准确		（无）
2884	耐用		bjɣˉ
2885	空闲		miˉHiˉ
2886	涩	柿子~嘴	baˍkʰɣˉ
2887	脆	花生米~	kʰuˉzuˉ
2888	霉烂		tsʰoˉ
2889	不要紧		maˉzuˉ
2890	方便	很~	pjãˉliˉ
2891	浪费		pʰaˉjɛˉ
2892	疏忽大意		maˍndəˉʂuˉ
2893	顺利		（无）
2894	聪明		kɯˉ
2895	狡猾		kʰwaˉkɯˉ
2896	大胆		nɯˍmɛˉdzuˉ
2897	胆小		nɯˍmɛˉtɕeˍ
2898	慌张		tsʰoˉtsʰoˉʒɛˉbɛˉ
2899	麻利		（无）
2900	节俭		maˉxwãˉ
2901	厉害		njaˉtʂaˉ
2902	勇敢		（无）
2903	可怜		maˉndaˍkʰwaˉ
2904	麻烦		nyˍmaˍndəˍ
2905	光荣		（无）
2906	孤独		（无）
2907	亲	他跟奶奶特别~	xuˍxuˍ
2908	齐心		weˍweˍ
2909	贪心		ʂiˍduˍ
2910	拖拉	做事情~	nəˉnɛˉ

编号	词	音标/说明
2911	十一	tsʰi˧꜕ɯ˧
2912	十二	tsʰi˧꜕ni˧
2913	十三	tsʰi˧꜕su˧
2914	十四	tsʰi˧꜕zo˧
2915	十五	tsʰi˧꜕wã˧
2916	十六	tsʰi˧꜕kʰo˧
2917	十七	tsʰi˧꜕sɚ˧
2918	十八	tsʰi˧꜕ɕi˧
2919	十九	tsʰi˧꜕gɣ˧
2920	二十一	ni˧tse˧꜕ɯ˧
2921	四十	zo˧tsʰi˧
2922	五十	wã˧tsʰi˧
2923	六十	kʰo˧tsʰi˧
2924	七十	sɚ˧tsʰi˧
2925	八十	ɕe˧tsʰi˧
2926	九十	gɣ˧tsʰi˧
2927	一百零一	dɯ˧ɕe˧꜕ɯ˧
2928	百把个	ɕe˧tsʰe˧꜕ɣpɣ˧
2929	千把个	tɣ˧tsʰe˧꜕ɣpɣ˧
2930	左右	tɣ˧kʰɣ˧tsʰi˧꜕tsʰo˧
2931	三四个	su˧kɣ˧zo˧kɣ˧
2932	十几个	tsʰi˧xɑ˧tsʰe˧꜕ɣpɣ˧
2933	十多个	tsʰi˧xɑ˧tsʰe˧꜕ɣpɣ˧
2934	第二	ni˧pa˧
2935	第三	su˧pa˧
2936	大约	lɑ˧xɯ˧mɯ˧tsʰe˧
2937	半个	dɯ˧tsʰo˧
2938	倍	tu˧
2939	串① 一~葡萄	dɯ˧tʂɑ˧tsɑ˧
2940	间 一~房	dɯ˧tswa˧
2941	堆 一~垃圾	dɯ˧pɣ˧
2942	节 一~木头	dɯ˧tsɯ˧
2943	本 一~书	dɯ˧tse˧
2944	句 一~话	dɯ˧kʰɯ˧
2945	庹 两臂伸展开后的长度 dɯ˧xy˧
2946	拃 拇指和中指伸开后两端之间的宽度 dɯ˧to˧
2947	斤 重量单位 dɯ˧tɕi˧
2948	两 重量单位 dɯ˧lu˧
2949	分 重量单位 dɯ˧lɣ˧
2950	厘 重量单位 （无）
2951	钱 重量单位 （无）
2952	斗	pu˧
2953	升	pɣ˧
2954	寸	（无）
2955	尺	tɕʰɚ˧
2956	丈	（无）

---

① 以下量词直到"分",只能前面加数词"一"一起说。

2957	亩	一~地	（无）		2978	后	~走	a˧gwe˩
2958	里	一~地	（无）		2979	一直	他~没有来	a˧ma˦
2959	步	走一~	tʰɣ˥		2980	从前		u˩da˦xwa˦
2960	次	玩一~	zi˩		2981	后来	指过去	ku˩tɕu˦
2961	这些	近指	tsʰi˩ɣɤ˦		2982	来不及		ma˦mi˦ʑi˦
2962	那些	中指	（无）		2983	来得及		mi˦mɤ˥ʑi˦
2963	那些	远指	tʰɯ˦ɣɤ˦		2984	偷偷地		a˩tse˥na˦
2964	那些	更远指	te˦tʰu˦tʰɯ˦ɣɤ˦		2985	够	~好	（无）
2965	哪些		ze˦tʰɯ˦ɣɤ˦		2986	真	~好	a˦dzi˦
2966	我俩		ŋa˩dzɣ˥		2987	好	~看	jɣ˩
2967	咱俩		a˩dzɣ˥		2988	难	~看	ma˩jɣ˩
2968	他俩		tʰɯ˩dzɣ˥		2989	完全		（无）
2969	人家		xĩ˥xĩ˦		2990	全部		a˦xwa˩le˥
2970	每人		kʰa˩sɯ˦tʰɯ˦dzu˥		2991	难道		（无）
2971	多久		a˦nɯ˦tsʰe˩ta˥mi˦		2992	究竟		ma˩ma˥
2972	人们		xĩ˦xi˦		2993	也许		dɯ˦tɕɤ˩ɦa˦
2973	到底		（无）		2994	一定		（无）
2974	差不多		（无）		2995	暂时		ta˥mi˥ta˥
2975	起码		a˦ne˩be˦le˥		2996	互相		tɣ˦kʰɣ˦tʂʰi˥tʂʰo˦
2976	马上		a˦mɣ˦nɯ˦a˦mɣ˦		2997	居然		（无）
2977	先	~走	u˩ta˦		2998	趁	~热吃	（无）
					2999	像	~他那样	nɛ˦
					3000	归	~你管	（无）

第三节 补充词汇

3001	兴，按时下的惯例做	tẙ˩
3002	起，有条件做	tʰɑ˩
3003	一点	dɯ˩gẙ˧
3004	一点	dẙ˧
3005	挨、忍受	ŋa˧
3006	能够、有能力	kẙ˧tʂɚ˧
3007	必须	zu˧
3008	上级	gɤ˩pẙ˩
3009	光（脚）	su˩
3010	刺、戳	wã˩
3011	万事万物 sẙ˧mẙ˧sẙ˧tse˩	
3012	黑枣	si˧mbo˧
3013	鸡栗子	si˩dzə˧
3014	蓝莓	xwa˧li˩
3015	刺莓	a˧li˩
3016	方法	ju˧
3017	首先 a˩ŋe˧tũ˧bu˩	
3018	大伙	xwɤ˧
3019	告知、使知道	ŋo˧
3020	上村下社 gɤ˧mẙ˧tẙ˩	
3021	请人（帮忙）	ɣõ˧tʂɤ˩
3022	蘸酒向上扬的动作 tʂʰu˩pa˩	
3023	送（走）	po˩
3024	主人	ju˩nda˩
3025	主事人	gɤ˧je˩
3026	寿木	pʰe˧dzi˩
3027	纸做的东西	sẙ˧tsẙ˧
3028	代替的人 xɜ˧lu˩lu˧m˧	
3029	服务	so˩ɕi˩
3030	集中	tʂʰẙ˧je˧
3031	迎接	tʂo˧
3032	斗	pa˩
3033	规定	dzi˩lõ˩
3034	盘缠	tɕʰe˧ẙ˩
3035	壮年人 nda˧lə˧xwa˧	
3036	擅长	tɕʰo˧
3037	布箭（射熊的箭）kʰa˧tɣ˧	
3038	下扣子	tʂʰa˧tẙ˧
3039	高山、终年积雪的山 ɣ˧ẙ˧	
3040	钩	ke˧
3041	白沙	bɤ˧ʂi˧
3042	阿岩河 ŋa˩ŋa˧xu˧	
3043	打打杀杀 tʂẙ˧tsẙ˧xa˧ˠa˧	

3044	炒面	tɕʰi˦y˩		3069	不可思议	le˦pe˦
3045	射石器	tʂɚ˩˩fy˩		3070	猜测	lɚ˩
3046	全部	ɕwe˩		3071	典礼	ty˩
3047	教训	tɕo˦ta˩		3072	小酒坛	tse˦kɯ˦ly˦
3048	走一段停下来吃饭再走			3073	敬酒	tʂu˩
	tsɑ˦pʰy˩			3074	泡酒	tsʰi˦zɚ˩
3049	听话	le˦ŋgu˦		3075	对……不利	ny˩
3050	作对	tsʰe˩tsʰe˩		3076	真实	ŋɯ˦ty˦
3051	消息	kʰo˦mɛ˦		3077	想到	ʂo˦mo˦
3052	假装	kʰo˩kʰo˩		3078	很多的	tɕa˩dɯ˦gy˩
3053	一轮	zi˩		3079	关系、联系	le˦mba˩
3054	腊普河一带的人	la˦pʰy˦xĩ˦		3080	但是	na˩ny˩
3055	能干的人、壮丁	la˩la˦xĩ˦		3081	有用	tʂo˦
3056	官	dzɯ˦xĩ˦		3082	暗中调查	ɕe˩la˦
3057	长圆木	ndzo˦lɯ˦		3083	宅基地	tsʰe˦mi˦
3058	码	tʂʰɤ˦		3084	好（得过分）	zo˩
3059	给志华茸	kɯ˩tʂi˩xwa˦zu˩		3085	主不库（地名）	tsy˩py˩kʰu˩
3060	（时间）到了	tsʰe˦gy˦		3086	起因	nɛ˦tsa˩
3061	一样	tʰɑ˦		3087	种类	u˦
3062	嫩草	xwa˦tsa˦		3088	控制	je˦tʂu˦
3063	灰尘、扬起的尘土			3089	逐渐	la˦xa˦
	xɯ˦pʰo˩			3090	投胎、重生	tɕi˩wã˦
3064	严重	tɕʰy˦na˦		3091	派	xɯ˦xɯ˦
3065	帐篷	ky˩tɕi˦		3092	咒语	xwa˩ly˦
3066	经过	tʰu˦		3093	繁荣	te˦
3067	门前	kʰu˩mbu˦tɕʰu˩		3094	放扣子	tʂʰa˦tɕʰi˩
3068	竹叶菜	ɣõ˦py˩		3095	巴多巴多罗	ba˦do˦ba˦do˦lo˩
				3096	阿久九	a˦dzu˩dzu˩

#	词	音	#	词	音
3097	猎神	lɯ˧	3117	凉粉	tsʰɤ˧tsʰɤ˧xɯ˧
3098	尊	ndzʏ˧	3118	初一十五念经，保佑平安	mɑ˧nɯ˧lɑ˧
3099	崇拜	ɕu˧ʂi˧	3119	一月七月念经，保佑好收成	mbi˧ndzɑ˧lɑ˧
3100	明拉卡洞	mi˧lɑ˧kʰɤ˧tʏ˧	3120	草（叶子片状的，叶子条状的叫zɯ˧）	lwɑ˧nõ˧
3101	野兽	xã˧	3121	一种鸟，全身绿色，清明前后叫	si˧si˧tɕu˧tɕu˧
3102	格花	gɤ˧xwɑ˧	3122	一种鸟，生活在水边，身体红色，额头白色，冬至前后叫	ɑ˧tɕʰi˧kɯ˧tʏ˧pʰo˧
3103	果列罗	go˧lɯ˧lu˧	3123	麦面粑粑	ʂɑ˧zɤ˧bɑ˧le˧
3104	海尼	xe˧ne˧	3124	岁（牲畜）	bɑ˧
3105	撒拉卜都	sɑ˧lɑ˧pʏ˧tɯ˧	3125	张开大嘴吃	mɑ˧
3106	放跑	lɯ˧	3126	做皇帝	kʰɑ˧dzʏ˧
3107	一种鱼，像鲤鱼但没有鳞片	tsɤ˧fɯ˧	3127	大胜	lɑ˧xɑ˧ɣɑ˧kʰɑ˧ni˧ɣɑ˧
3108	一种鱼，体型小，背上有虎斑花纹	tsɑ˧ndzi˧	3128	小胜	ɑ˧mɑ˧ɣɑ˧
3109	泥鳅	ni˧tso˧	3129	劳动力	ɣɤ˧
3110	牙塘	ŋɑ˧te˧	3130	给人打工	ɣɑ˧tɕʰe˧
3111	挑拣	pe˧	3131	雇人干活	ɣɑ˧gɑ˧
3112	一种植物，有很长的花序，可做止血药	xwɑ˧le˧mi˧tsʏ˧	3132	桶（一升的一半）	bɑ˧
3113	艾蒿	xʏ˧nɑ˧	3133	新竹（当年长出来的竹子）	mɑ˧lɑ˧zɑ˧
3114	神水，向东巴或活佛求得	xwɑ˧dzi˧	3134	老竹	mɑ˧mo˧lõ˧
3115	葡萄干	ẽ˧nɑ˧ɤ˧gʏ˧tɑ˧xo˧			
3116	多，用于小的东西	kʰɯ˧			

3135	卡（在某处）	la˥		3155	药渣	tsʰɤ˧xɯ˧be˧
3136	关人（进监狱）	xĩ˧ta˧		3156	蜜的结晶（沥一下以后剩下的渣）	bjɤ˧be˧
3137	公鹿	tʂʰa˧pʰo˥		3157	第一道茶	lɛ˥ɣ˥
3138	母鹿	tʂʰa˧mɛ˥		3158	淡茶	lɛ˧mba˧
3139	（吃奶的）小鹿	tʂʰa˧za˧xu˥		3159	木刺	tɕʰe˧ba˧
3140	短（人矮不能说）	tʂa˧		3160	舌头长（乱说话）	ɕe˧xɚ˥
3141	走廊上的柱子	kʰa˧tʂu˧za˧		3161	钝刺	tɕʰe˧u˧tu˧
3142	屋柱	a˧u˧za˧		3162	背肥	kʰe˧tsa˧
3143	撑伞、（太阳、月亮）照过来、花开到最大、竹编器物开始散	kʰa˧		3163	水管	bo˧
				3164	给死人梳头	tʂʰɤ˧u˧tu˧
3144	花盛开	ba˧ba˧kʰa˧		3165	献	mby˧
3145	沥茶的竹漏斗	tʂa˧tsa˥		3166	铜钱	tɕi˧jɤ˧be˧
3146	沥茶的竹漏斗散了	tʂa˧tsa˧kʰa˥		3167	得工钱	ɣa˧pʰo˧
3147	（脖子上）戴	xã˥		3168	有刺的栗木柴，烧得长，生长在朝阳的山坡上	bi˧ʂɚ˧si˧
3148	戴数珠	by˧dzɚ˧xã˥				
3149	戴哈达	kʰa˧da˧xã˥		3169	红栗木柴	bi˧tɕʰi˧si˧
3150	戴一圈银子（银项链）	ỹ˧dɯ˧ kwe˧le˧xã˥		3170	白栗木，背阴地方生	bi˧na˧si˧
3151	一团金子、喜爱的孩子	xã˧dɯ˧ndo˧lo˧		3171	天塌了（发生了很严重的事情）	my˧bjɤ˥
3152	手长（会偷东西）	la˧pʰɛ˧xɚ˥		3172	给牛马打死胎	pʰju˧ʂo˧
3153	生三只手（会偷东西）	la˧pʰɛ˧su˧pʰa˧dy˧		3173	还不会飞的蜜蜂	bju˧dze˧
				3174	采蜜的蜜蜂	bju˧mɛ˧
3154	簸（米）	pʰe˧		3175	白糖	bju˧tsʰe˧
				3176	公绵羊、未阉割的	

		ju˧le˧nɯ˧	3198	一年又一年
3177	阉割过的公绵羊	ju˧ʂa˩tʂʅ˩		dɯ˧kʰy˩se˧dɯ˧kʰy˩
3178	烫的面积大	kʰa˧ni˩uˤ˩	3199	五颜六色
3179	脸皮厚	pʰo˧mɛ˧lɯ˩		sy˩my˩sy˩tse˧tsʰy˩
3180	错怪	u˧do˩	3200	五颜六色
3181	板壁	to˧da˩		xwã˧xuã˧dzɯ˧dzɯ˧
3182	弄弯	kʰu˩	3201	傈僳族
3183	走后门		3202	普米族	ba˧xĩ˧
	ta˧gʌ˧kʰu˧ku˩nɯ˧be˧	3203	含在嘴里	ly˩
3184	后门	ta˧gʌ˧kʰu˧	3204	串珠	by˧tʂɚ˩
3185	打（水）	u˩	3205	奶渣	tʰy˩
3186	非正常死亡	dzɚ˧mɯ˩	3206	旗子	tʰe˧
3187	装懂		3207	蔓菁	u˧
	ma˧sɯ˧tsɯ˧pɯ˧	3208	蔓菁块根	u˩ly˩
3188	学得快	sɯ˧ʂɚ˩	3209	鱼腥草	tsʰʌ˧mɛ˩
3189	（反刍动物的）胃		3210	马蕨菜	lo˧mɯ˩
	xɯ˩	3211	核桃仁	gu˧ʂa˩
3190	抽打	xʌ˧	3212	黄竹	ma˧ɕi˩
3191	你的饭碗		3213	马蜂	nda˧tɕʰy˧
	no˧kʌ˧dze˧kʰwa˩	3214	岩羊	se˧
3192	良心坏了		3215	蝉	tswe˧tswe˩
	nɯ˩mɛ˧kʰwa˧	3216	蛾子	
3193	小老鼠			a˧kʰo˩pʰe˧le˩
	xwa˧za˩xu˩	3217	走廊	kʰa˧tʂu˩
3194	特别小的老鼠	xwa˧pʰy˧ly˩	3218	豆花	le˧tʂa˩
3195	肠子短	wo˧tsa˩	3219	干扰、妨碍	dzʌ˩
3196	肠子长	wo˧xɚ˩	3220	锁骨	tsʰɯ˧ʂa˧du˩
3197	习惯性小偷小摸		3221	脚跟	gwe˧tʂi˩
	kʰy˧kʰy˧na˩an˩	3222	脚底	tɕʰi˧pʰe˧ʂa˧

3223	脚背	mjɤ˧õ˧tu˩		3245	木里	mi˧li˩
3224	毛毛雨	xɯ˧tsʰi˧ma˩		3246	腊普河	ũ˧ma˧pa˧dzu˧zɚ˧me˧
3225	忌日、纪念日	ny˥wã˩		3247	金沙江	dzi˧dzu˧i˧zɚ˧ɤ˧
3226	山神（玛丽玛萨当地的）	gɤ˧ndzo˧ma˧		3248	柯脉麻麻	kʰo˧me˧ma˩ma˩
3227	消灾面（火把节撒的）	si˧tsʰo˧y˩		3249	以尺阿坡	i˧tʂʰi˧a˧pʰo˧
3228	饵块	ba˩lɛ˧tʰa˩ba˩		3250	东巴阿武	a˧u˩
3229	葫芦形的饵块	ba˩lɛ˧fy˩pjɤ˩		3251	北极寿星	a˧pa˧xa˧jɤ˩pa˩
3230	铜绿	ẽ˧tɕi˧zɚ˩ɤ˧		3252	北极寿星夫人	a˧me˧na˩jɤ˧me˩
3231	孩子出生后父亲向众人报喜	zɚ˩ba˧		3253	先	a˩si˩
3232	结婚前两家人互相认识	zɚ˧tʂu˧		3254	还	si˧
				3255	假如	ni˩
3233	酒的度数高	kʰɤ˩		3256	逗	tse˧
3234	午饭	zu˧		3257	一人一边	dɯ˧i˧dɯ˧tʂʰo˧
3235	汝柯	zwa˧kʰo˧				
3236	塔城	tʰa˧tʂʰi˧		3258	拦	xjɤ˧
3237	维西	ni˧na˩		3259	不会吧	ŋɤ˩ma˩la˩
3238	其宗	dzi˧dzu˩		3260	这以后	mu˧tʂʰi˧mu˩
3239	外塔城	tʰa˧dzɐ˧		3261	龙卷风	tɕʰi˧nu˧xã˩
3240	萨玛阁	sa˧ma˧ku˧		3262	够（往上够）	mi˧
3241	朵纳阁	ndy˧na˧ku˧		3263	地上人类	pe˧le˧pe˧tsʰi˧dzi˧
3242	丽江	i˧gy˧dy˩		3264	全部（同种类的）	tɕʰy˩
3243	丽江白沙	ba˧ʂi˧gy˩				
3244	澜沧江	ni˧na˧i˧zɚ˧ɤ˧		3265	那么	nje˩

#	词	音	#	词	音
3266	和	sy˧no˩	3291	一段时间	dɯ˧gy˩
3267	牛革刀、削箭刀	ta˧na˧ɕi˩tʰa˩	3292	直接	pa˦
3268	很粗的	bo˩by˧	3293	各种各样	dɯ˧ni˧tsʰi˧sy˩
3269	很细的	tsʰi˧dzy˩	3294	能干	gv˧nɯ˧dzɚ˧
3270	这些（全都齐了）	nɛ˩ly˧	3295	马上去做	xũ˦
3271	一样一样地	a˦ly˩ly˩	3296	有点	tsʰe˩
3272	恰好	tɕa˧tɕa˧	3297	一会儿	dɯ˧ha˧
3273	他自己（古）	ni˧ta˧hi˧	3298	闭目养神	xwɯ˩hi˧
3274	这些（事情）	dɯ˧pe˧	3299	接着、然后	lɯ˩dzɯ˩
3275	能够，有客观可能	xa˦	3300	背（东西）	dzɑ˦
3276	涌进来	by˩	3301	打（粮食）	du˩
3277	闯（猛烈地）	dɑ˩	3302	掏（出来）	tsʰo˩
3278	漂	pju˧	3303	古时候	dɯ˧te˧kʰo˧ŋo˧
3279	知道、听说	dy˩	3304	各种各样的东西	a˧tsʰv˧tʰɯ˩
3280	苦（精神方面的）	nju˧	3305	宝贝	no˩py˧
3281	一半（山的一半处）	tʂɤ˩	3306	以后	gv˧tɕɯ˧
3282	低洼	ŋu˩dy˧	3307	玛丽玛萨节（火把节）	se˦hy˩
3283	积（水）	dzoɻ˩	3308	妖精	tsʰi˩by˩me˧
3284	单独、一个人	ŋɯ˧	3309	做成	py˧
3285	名叫	xĩ˧	3310	请客（为典礼）	te˧ho˧
3286	肿物	ba˧ho˧	3311	成家	xĩ˧ju˧pjɤ˩
3287	一小团、矮个子	to˧lo˩	3312	烧天香	dzɯ˧pa˧ke˩
3288	剩下	kʰo˩	3313	做坏事、捣乱	xĩ˧ny˩
3289	剩下	lɑ˧xa˩	3314	打（绑腿）	tʰu˦
3290	地方（较小的）	la˩	3315	上边（村头）	gɚ˩kʰu˩

3316	下边（村尾）	ỹɭkʰuɭ
3317	缘故、意义	gɤɭwaɭ
3318	用在某些动词后，表示动作的完成	poɭ
3319	一带	mo˧
3320	厉害	kʰi˧
3321	个（通用量词）	pa˧
3322	群（只能用于人）	la˩
3323	力气	ɣo˧tu˧
3324	大（仅指力气）	ɣ˧
3325	挑拨	nu˧nu˧tɕʰi˧
3326	摔跤（一种运动） ʂəɭʂəɭgɤ˩	
3327	多	pɤ˧
3328	首先、起初	ŋu˧pa˧
3329	切断	ɖa˩
3330	野餐	zo˧tɕu˧
3331	要到了	xã˧
3332	堆（柴）	tʂɤ˧
3333	放倒（树）	ŋɯ˧lɯ˩
3334	剖（从中间剖开） pʰa˩	
3335	忙得过来、有能力做完	
		tʂʰu˩
3336	斗牛	ɣɯ˧pʰepʰetɕʰi˥
3337	讨论（较随便的）	u˧u˧
3338	开张仪式（开始做工的）	ke˧tsi˧
3339	下来、下降	za˧
3340	秋收	tã˧tsʰwe˧
3341	收（粮食）	ʂɤ˥
3342	总理、活动中的主事人	nja˩pa˧
3343	哈达	kʰa˧ta˧
3344	献（哈达）	xã˥
3345	抽签	ɖo˧ɭ
3346	靠近	tɕʰu˧
3347	结伴	tɕʰu˧tɕʰu˩
3348	开天辟地	
		mɤ˧nɯ˧tʂi˧dzi˧tʂa˧
3349	大概、大约	tsʰe˧
3350	牲畜	zɚ˥
3351	黑熊	nɑ˧u˧

第四节　民族文化词

　　玛丽玛萨族群在长期的历史发展过程中，一方面由于自然环境较为闭塞，保留了许多传统的生活方式和风俗习惯，另一方面由于与多个族群杂居，文化上发生了交流融合。在语言上，民族文化词就是其社会生活特点的反映。玛丽玛萨话中的民族文化词主要集中在以下五个方面：

一、民族节日及其传说

玛丽玛萨族群最重要的民族节日是"玛丽玛萨节",与彝族等周边民族的"火把节"类似。传统上,从农历六月二十五日到二十七日,要连续三天举行庆祝活动,现在一般只在六月二十七日一天举行节日活动。

附表1　关于民族节日及其传说的词汇

玛丽玛萨话	意义	说明
se˧ɬɯɯ˦	玛丽玛萨节	
ny˧lwã˦	纪念日	定期举办活动的日子,也有"忌日"的意思
ʂy˩	龙王	传说中玛丽玛萨人的祖先救了龙王的女儿,后与其成婚。龙王的女儿得救的这一天就是玛丽玛萨节
ba˦do˦ba˦do˦lo˦	巴多巴多罗	传说中玛丽玛萨人的祖先,娶了龙王的女儿
tʂʰu˦bu˦ ʂu˦kʰwa˦	菖蒲裙	传说中龙王的女儿是在菖蒲丛中得救的,玛丽玛萨节当天女性要穿菖蒲编的裙子(词汇照片1①)
tɕʰi˦tʰu˦	绑腿	玛丽玛萨节当天要点火把,所以人们需要打绑腿,防止烧到
mo˦tʰy˦	火把	玛丽玛萨节当天要举行撵鬼仪式,每人要手持火把驱鬼
si˦tsʰo˦y˦	消灾面	用烂松树根舂成的黄褐色粉末,撵鬼时有人拿着消灾面往每个人的火把上撒,这时火焰会蹿起很高(词汇照片2)
dʑi˦tsʐ˦	竹筒	里面装水,举行庆祝活动时把水挤出来互相喷
nja˦dʑy˩	粘草	一种草的种子,有小刺,扔到人头发上会粘住。举行庆祝活动时会互相扔,起源于以前抵抗妖怪的传说,妖怪的头发很长,粘草会粘在它们的头发上
ny˦tsa˩	鬼	有对人有益的,也有对人有害的,驱赶的是恶鬼
tsʰi˦by˦me˦	妖精	都是对人有害的

---

① 词汇照片附于本书第385页二维码。

续表

玛丽玛萨话	意义	说明
xwɑ˧dʑi˧ɭpwɯ˧	神水	意为"有法术的水",玛丽玛萨节时向东巴或活佛求得的,可保佑健康平安(词汇照片3)
dzu˧pɑ˧ke˧	烧天香	到山头或房屋背后专门的烧香处烧香,因为玛丽玛萨人的祖先是住在天上的
gɤ˧ndzo˧mɯ˧	山神	当地山神的名字
ɣɯ˧pʰeɭpʰeɭtɕʰiɭ	斗牛	详见下编第二章第七篇语料(词汇照片4)

二、狩猎传统

从玛丽玛萨族群的传统故事来看,玛丽玛萨人曾长期以狩猎为主要生产活动。现在的玛丽玛萨话中还保留了很多与狩猎相关的词语。

附表2 关于狩猎传统的词汇

玛丽玛萨话	意义	说明
i˧me˧	弓	使用时竖直,靠人力拉开。加了大称标记,说明在生活中有重要意义
tɑ˧nɑ˧	弩弓	使用时平端,靠机械力发射(词汇照片5)
xe˧xo˧	干箭	箭头没有涂毒药的箭
dɣɭbɑ˧	毒箭	箭头涂了毒药的箭
pʰi˧tɑ˧	箭袋	用熊的前臂和爪子的皮做成,前臂的皮翻过来做袋子,熊爪的皮翻过来做袋口的盖。内有一个竹筒,竹筒内装毒箭,竹筒外装干箭(词汇照片5)
tɑ˧nɑ˧ɕi˧tʰe˧	削箭刀	也叫牛革刀,L型,两侧开刃(词汇照片6)
tʂɑ˧ɭɭfɣ˧	射石器	长绳一端编成窝状,里面装石子,使用时挥动长绳,使石子随长绳作圆周运动,突然放开,石子可投出很远(词汇照片7)
tse˧wɑ˧	火绒	一种野生植物叶片背面的绒棉,撕下成为条状,晒干后包裹在火石上,与火镰配合引火用
tse˧tse˧	火镰	一片带弧度的铁片,击打火石溅出火星,引燃火绒
xɑ˧dɣ˧	赶山	牵着猎狗到山上追赶猎物,也是打猎的统称

续表

玛丽玛萨话	意义	说明
tsʰa˦tʏ˧	下扣子	制作机关，动物触发机关后就被困住，不能逃脱
tsʰa˦tɕʰi˧	放扣子	动物被机关困住后，解除机关捕获动物
u˧xwa˦	捕熊栅	专门用来猎熊的机关，熊触发机关后会掉入事先挖好的坑中，上面用栅栏盖上
kʰa˦tʏ˧	射熊的箭	专门用来猎熊，由机关引发，箭摆放成特定的角度，熊触发机关后，箭恰好能射到熊的肩膀处，引起流血不止而死
dy˧ tsɯ˧	拴毒	下毒饵
y˦y˧	分肉	玛丽玛萨人打到猎物后，要将猎物分割，肉平分给村里的每一家
lɯ˧	猎神	玛丽玛萨人居住的村子背后山上的一块人形石头，村民认为有神力，能保佑狩猎打到猎物，猎人平安
çu˧ʂi˧	敬奉	给神灵上供品
sɑ˦	麻籽	过去玛丽玛萨人狩猎时中午常要在山上吃饭，往往只带一把麻籽（罂粟的籽），中午吃了这一把麻籽就可以饱
sɑ˦mɑ˦ku˦	萨玛阁	"吃麻籽处"的音译，玛丽玛萨人在山上狩猎，经常在这个地方停下来休息，吃麻籽
tsɑ˧pʰy˧	赶路	长时间行走，到吃饭时停下来休息，吃完饭继续走
tɕʰe˦y˧	盘缠	赶路时携带的必需品

三、当地物产

附表3 关于当地物产的词汇

玛丽玛萨话	意义	说明
si˦mbo˦	黑枣	（词汇照片8）
si˦dzɑ˦	鸡栗子	（词汇照片9）
a˦li˦	刺莓	（词汇照片10）

续表

玛丽玛萨话	意义	说明
xwa˧mi˩	野生蓝莓	
ɣõ˧py˧	竹叶菜	（词汇照片11）
lo˩ɖu˩	马蕨菜	（词汇照片12）
xy˩na˩	艾蒿	
xwa˩le˩mi˩tsy˧	毛蕊花	开黄色花，可治跌打损伤，创伤出血（词汇照片13）
tsʰɤ˩mɛ˩	鱼腥草	
ma˧ʂi˩	黄竹	实心，生长在高山上
kʰwe˩mi˩	水麻	常用于喂猪（词汇照片14）
zwa˧pʰo˧dzɯ˧	木芋	字面义为"蛇来吃"，因茎上有蛇皮花纹，好像是蛇在吃（词汇照片15）
ne˧	苋菜	当地为绿苋菜，一般不吃嫩叶，而是待其长大后作为牲畜饲料，过去发生饥荒时人吃苋菜结的籽（词汇照片16）
mγ˩ndzo˩	银窝菌	（词汇照片17）
tʰγ˩	奶渣	牛奶提取出酥油以后，剩下的部分加水煮沸后过滤而成（词汇照片18）
tsa˩tso˩	酥油茶搅拌用具	一端分多叉的细竹节，打酥油茶时分叉的一端放在酥油茶中，双手搓另一端，将酥油茶搅拌均匀（词汇照片19）
tsʰγ˩tsʰγ˩xwa˧	鸡豆凉粉	用当地产的鸡豆做的凉粉（词汇照片20）

四、新事物自造词

玛丽玛萨话对于一些新生的事物，会利用固有的语素自造词来称呼。例如：

na˩zo˧　　电视　　本义为"黑影"
bu˧le˩　　电灯　　本义为"亮的东西"
tjã˧γ˧fγ˧　电脑　　借用汉语的语素"电"加上固有语素"脑髓"
bγ˧lγ˧dγ˧　汽车　　本义为"赶着滚"

但是近年来由于汉语的影响日益深入，这些指称新生事物的自造词使用逐渐减少，年轻人一般直接用音译汉语词。

五、借词

玛丽玛萨话与周边许多民族语言有深入的接触，因此其词汇也有多种来源。与纳西语（包括以丽江为代表的西部方言和以永宁为代表的东部方言）有对应关系的词占大多数，具体对应关系待另文论述。还有一部分词汇可能来自汉语、藏语和傈僳语。

较明显的汉语借词例如：

sẽ˧tsi˥	孙子	ja˧ly˥	土豆（洋芋）
jɤ˧	烟	kʰu˧lu˧	轮子（轱辘）
pi˧	笔	tʂẽ˧	镇
i˧mi˩	一面（一边）	xu˧tse˧	负责

可能来自藏语或傈僳语的词有[同时列出丽江纳西语的形式以供对照。丽江纳西语、藏文转写、傈僳语材料摘自黄布凡（1992）]：

附表4　可能借自藏语的词汇

词项	玛丽玛萨话	藏文转写	纳西语（丽江）
铝	xa˧jõ˧	ha jaŋ	/
贼	kʰɤ˧ma˧	rku ma/rkun po	ɕi33 kʰɤ33
驼子	gu˧gu˧xĩ˧	stod gug	bv31
狮子	sẽ˧ge˧	seŋ ge	sʅ31
狼	ɕã˧kʰɤ˧	spjaŋ khu（康方言巴塘 ɕõ55 khʊ53）	pʰa31 kʰɯ33
桃子	ku˧pʰu˧	kham bu	bv33 dʐɿ31
水槽	wa˧ku˧	wa	bɚ33
第一	dã˧mbu˧	daŋ po	ti55 i13
第二	ni˧pa˧	gnis pa	ti55 ɚ55
刻	ko˧	rko	dv31

附表5 可能借自傈僳语的词汇

词项	玛丽玛萨话	傈僳语	纳西语（丽江）
绸子	i˧pu˧	e55po35	tʂʰu31
犁	lo˥kγ˧	la31khɯ31	dɣ33
句（一句话）	dɯ˧kʰɯ˧	khɯ31	dzʊ31
偏	xɯ˧xɯ˧	xɯ55	bɚ55
稀（粥稀）	ɕu˧lu˧lu˥le˧	ʃu31lo31	bi31
垫子	kʰo˧lo˧	kho31	tsy33
划（划船）	gγ˧	ku55	tsɑ55
捡	ku˧	go33	sɿ55
聚齐	la˧ɣa˧	ɣa31dzi31	dɚ31
排（排队）	xỹ˧	he31	pʰa31

参考文献

丁柏峰、逯文杰（2015）多种宗教并行不悖的民间信仰体系——以云南维西玛丽玛萨人为例，《青海民族大学学报（社会科学版）》第3期。

范晓蕾（2011）以汉语方言为本的能性情态语义地图，《语言学论丛》第四十三辑，北京：商务印书馆。

傅懋勣（2012）《纳西族图画文字〈白蝙蝠取经记〉研究》，北京：商务印书馆。

格桑居冕、格桑央京（2002）《藏语方言概论》，北京：民族出版社。

格桑居冕、格桑央京（2004）《实用藏文文法教程（修订本）》，成都：四川民族出版社。

和即仁、姜竹仪（1985）《纳西语简志》，北京：民族出版社。

和智利（2015）论较少族群母语保护与语言和谐的关系——以维西县汝柯村玛丽玛萨人为例，《贵州民族研究》第12期。

和智利（2017）大具纳西语的形修名语序，《民族语文》第2期。

黄布凡主编（1992）《藏缅语族语言词汇》，北京：中央民族学院出版社。

李国太（2012）《现代化语境下散居族裔的文化建构与身份重塑——云南维西玛丽玛萨人的个案研究》，四川师范大学硕士学位论文。

李民、马明（1983）《凉山彝语语音概论》，成都：四川民族出版社。

李志农、廖惟春（2013）"连续统"：云南维西玛丽玛萨人的族群认同，《民族研究》第3期。

李志农、乔文红（2011）"发明"与重构——论云南维西玛丽玛萨人的文化自觉,《思想战线》第1期。

李子鹤（2013a）玛丽玛萨话概况,《汉藏语学报》第7期,北京：商务印书馆。

李子鹤（2013b）《原始纳西语及其历史地位研究》,北京大学博士学位论文。

李子鹤（2019）试论纳西语方言分化的年代——语言年代学与作物栽培史的证据,《澳门语言学刊》第2期。

李子鹤（2021a）玛丽玛萨话的示证范畴,载《基本语言学理论研究——示证范畴研究》,天津：南开大学出版社。

李子鹤（2021b）《原始纳西语和纳西语历史地位研究》,北京：高等教育出版社。

李子鹤（2023a）玛丽玛萨话的名词短语结构,《语言与文化论丛》第七辑,上海：上海辞书出版社。

李子鹤（2023b）玛丽玛萨话的语法关系及标记来源,《民族语文》第2期。

铃木博之（2015）玛丽玛萨语川处话语音分析,《纳西学研究》第一辑,北京：民族出版社。

柳俊（2012）《纳西语传信范畴管窥》,云南民族大学硕士学位论文。

吕珊珊、木艳娟（2018）纳西语的差比句及ciɑ^{21}字差比句的类型学归属,《中国语文》第5期。

Michaud、徐继荣（2012）香格里拉县次恩丁村纳西语音系研究,《茶马古道研究集刊》第二辑,昆明：云南大学出版社。

乔文红（2011）《纳西族支系玛丽玛萨人及其文化变迁》,云南大学硕士学位论文。

邵明园（2012）书面藏语的小称,《语言科学》第3期。

邵明园（2014）《安多藏语阿柔话的示证范畴》,南开大学博士学位论文。

孙堂茂（2002）论纳西语中语体助词"teiq"和"neiq",载《玉振金声探东巴——国际东巴文化艺术学术研讨会论文集》,北京：社会科学文献出版社。

向柏霖（2008）《嘉绒语研究》，北京：民族出版社。

杨亦花、史晶英、喻遂生（2015）玛丽玛萨文《名物录》译释，《中央民族大学学报（哲学社会科学版）》第3期。

喻遂生（2015）玛丽玛萨文疑难字考释，《纳西学研究》第一辑，北京：民族出版社。

张军（1992a）藏缅语表限定、工具、处所、从由和比较的结构助词（上），《海南师院学报》第2期。

张军（1992b）藏缅语表限定、工具、处所、从由和比较的结构助词（下），《海南师院学报》第3期。

朱晓农（2005）《上海声调实验录》，上海：上海教育出版社。

朱艳华（2010）藏缅语工具格的类型及源流，《民族语文》第1期。

Aikhenvald, A.Y. 2004. *Evidentiality*. Oxford: Oxford University Press.

Aikhenvald, A.Y. 2012. The essence of mirativity. *Linguistic Typology*, 16: 435-485.

Anderson, L.B. 1986. Evidentials, paths of change and mental maps: Typologically regular asymmetries. In Chafe and Nichols (eds.) *Evidentiality: The Linguistic Coding of Epistemology*. Norwood, NJ: Ablex.

Binnick, R. 1991. *Time and the Verb: A Guide to Tense and Aspect*. Oxford: Oxford University Press.

Blake, B. J. 2001. *Case* (Second Edition). Cambridge: Cambridge University Press.

Bradley, D. 1979. *Proto-Loloish*. London: Curzon Press.

Bradley, D. 2003. Lisu. In Thurgood Graham and Randy J. LaPolla (eds.) *The Sino-Tibetan Languages*. London and New York: Routledge.

Chafe, W. 1986. Evidentiality in English conversation and academic writing, In Chafe and Nichols (eds.) *Evidentiality: The Linguistic Coding of Epistemology*. Norwood, NJ: Ablex.

Chen, Matthew Y. 2000. *Tone Sandhi: Patterns across Chinese Dialects*. Cambridge: Cambridge University Press.

Chirkova, K. , Chen, Y. and Antolík. T. K. 2013. Xumi (Part 2): Upper Xumi, the variety of the upper reaches of the Shuiluo River. *Journal of the International Phonetic Association*, 43 (3): 381–396.

Comrie, B. 1976. *Aspect*. Cambridge: Cambridge University Press.

Croft, W. 2003. *Typology and Universals (Second Edition)*. Cambridge: Cambridge University Press.

Curnow, T. J. 1997. A Grammar of Awa Pit (Cuaiquer): An Indigenous Language of South-western Colombia. Ph.D. thesis. Australian National University.

Dahl, Ö. 1985. *Tense and Aspect Systems*. New York: Basil Blackwell.

Delancey, S. 1986. Evidentiality and volitionality in Tibetan. In Chafe and Nichols (eds.) *Evidentiality: The Linguistic Coding of Epistemology*. Norwood, NJ: Ablex.

Dik, S. 1997. *The Theory of Functional Grammar*. Berlin: Mouton de Gruyter.

Dixon, R. M. W. 2010. *Basic Linguistic Theory*. New York: Oxford University Press.

Dobbs, R. and Mingqing La. 2016. The two-level tonal system of Lataddi Narua. *Linguistics of the Tibeto-Burman Area,* 39(1): 67–104.

Dryer, M. S. 2007. Noun phrase structure. In Timothy Shopen (ed.) *Language Typology and Syntactic Description, Volume II: Complex Constructions (Second edition)*. Cambridge: Cambridge University Press.

Haspelmath, M. 1993. *A Grammar of Lezgian*. Berlin: Mouton de Gruyter.

Heath, J. 1998. *A Grammar of Koyra Chiini: The Songhay of Timbuktu*. Berlin: Mouton de Gruyter.

Heine, B. 1997. *Cognitive Foundations of Grammar.* Oxford: Oxford University Press.

Heine, B. and Kuteva, T. 2002. *World Lexicon of Grammaticalization*. Cambridge: Cambridge University Press.

Ladefoged, Peter and Ian Maddieson. 1996. *The Sounds of the World's Languages.* Oxford and Cambridge: Blackwell.

LaPolla, R. J. 1995. On the utility of the concepts of markedness and prototypes in understanding the development of morphological systems. *The Bulletin of the Institute of History and Philology* 66(4):1149-1185.

Li, Qian, Chen, Yiya and Xiong, Ziyu. 2019. Tianjin Mandarin. *Journal of the International Phonetic Association*, 49 (1): 109–128.

Lidz, Liberty. A. 2010. *A Descriptive Grammar of Yongning Na (Mosuo)*. Ph.D. dissertation. University of Texas at Austin.

Michaud, Alexis. 2006a. Three extreme cases of neutralisation: Nasality, retroflexion and lip-rounding in Naxi. *Cahiers de Linguistique - Asie Orientale,* 35(1): 23–55.

Michaud, Alexis. 2006b. Tonal reassociation and rising tonal contours in Naxi. *Linguistics of the Tibeto-Burman Area,* 29(1): 61–94.

Michaud, Alexis. 2008. Phonemic and tonal analysis of Yongning Na, *Cahiers de Linguistique - Asie Orientale,* 37(2): 159-196.

Michaud, Alexis. 2017. *Tone in Yongning Na: Lexical Tones and Morphotonology*. Berlin: Language Science Press.

Michaud, Alexis and Guillaume Jacques. 2012. The phonology of Laze: Phonemic analysis, syllabic inventory, and a short word list,《语言学论丛》第四十五辑，北京：商务印书馆。

Michaud, Alexis and Likun He. 2015. Phonemic and tonal analysis of the Pianding dialect of Naxi (Dadong County, Lijiang Municipality). *Cahiers de Linguistique - Asie Orientale,* 44(1): 1–35.

Noonan, M. 2007. Complementation. In Shopen, T. (ed.) *Language Typology and Syntactic Description, Volume II: Complex Constructions (Second edition)*. Cambridge: Cambridge University Press.

Oswalt, R. L. 1986. The evidential system of Kashaya. In Chafe and Nichols (eds.) *Evidentiality: The Linguistic Coding of Epistemology*. Norwood, NJ: Ablex.

Pullum, Geoffrey K. and Ladusaw, William A. 1996. *Phonetic Symbol Guide (2nd edition)*. Chicago: The University of Chicago Press.

Stassen, L. 1985. *Comparison and Universal Grammar*. Oxford: Basil Blackwell.

Sun, J. T.-S. 1993. Evidentials in Amdo Tibetan. *Bulletin of the Institute of*

History and Philology, Academia Sinica, 63(4): 945-1001.

Tournadre, N. 1991. The rhetorical use of Tibetan ergative. *Linguistics of the Tibeto-Burman Area*, 14(1): 93-107.

Tournadre, N. and Konchok Jiatso. 2001. Final auxiliary verbs in literary Tibetan and in the dialects. *Linguistics of the Tibeto-Burman Area*, 24 (1): 49-77.

Trager, G. and Smith H. 1951. *An Outline of English Structure*. Washington, D. C.: ACLS.

Van Valin, R. D. and LaPolla. R. J. 1997. *Syntax: Structure, Meaning and Function*. Cambridge: Cambridge University Press.

Yip, Moira. 2002. *Tone*. Cambridge: Cambridge University Press.

Zhang, Min. 2016. A revised semantic map of oblique roles and its implications for comparative and diachronic studies of Chinese syntax. *Bulletin of Chinese Linguistics,* 9: 3-27.

调查点、调查过程和特色词汇照片

致　谢

2011年初，我第一次到汝柯村调查玛丽玛萨话，一转眼已经十三年了。十三年来，我虽然陆续发表了一些关于玛丽玛萨话的学术成果，但系统性的记录和描写一直没能拿出手。现在要出版这样一本语法研究和标注文本，心里仍然有些忐忑，感觉还有很多没有解决的问题。但是我最终还是决定把这本书出版出来，作为一个阶段的小结，也作为给多年研究过程中帮助过我的师友的汇报。

最应该感谢的是研究过程中长期保持合作的几位母语老师，有和文骐先生、黄清先生、和仙明先生、李松英女士、蜂华先生等。他们提供了详细丰富的语料，不厌其烦地回答我的一个个细节问题。没有他们的付出，我不可能顺利完成语保项目和这本书的写作。

感谢语保项目的支持，使我能够长期多次进行实地调查，尽可能全面地收集玛丽玛萨话的材料。塔城镇政府的领导是我实地调查最初的联系人，云南民族大学民族文化学院的领导和老师在摄录过程中为我提供了场地，在此一并感谢。

感谢陈保亚老师和汪锋老师。他们不仅是我博士阶段学习过程中最重要的领路人，而且是他们在2010年重走茶马古道的过程中，发现了特别而又有趣的玛丽玛萨话，并建议我去实地详细调查。现在想来，这是我学术道路上最重要的一步助推。

感谢林幼菁老师和黄成龙老师。我有幸在读博的最后一年赶上了林老师开设"田野调查的形态句法"课程，第一次系统地学习了形态句法调查的方法。虽然直到现在还做不到像林老师一样把各种形态句法的知识和调查方法融会贯通，但这样一个阶段性的成果，也离不开林老师当年在课堂上的教导。黄成龙老师的《蒲溪羌语研究》是我开始计划调查玛丽玛萨话的形态句法之后认真阅读的第一本藏缅语描写专著，长期以来都是我研究中的范例。后来我还曾几次当面向黄老师请教调查和分析中遇到的问题，对我的研究也有很大启发。

感谢我在首都师范大学和北京大学任教期间遇到的同学们。每年我都会认识一些对新知识有着强烈好奇心，又愿意通过踏踏实实的研究去解开疑惑的同学。每年也都有同学跟我一起走上茶马古道，进入民族语言调查研究的领域。经常有新生力量的加入，是我多年坚持调查研究的动力之一。

还要感谢北京大学出版社的编辑崔蕊老师。崔老师反复详细审读了全书，尽可能地减少了书中的错漏之处，使得这本阶段性的成果能够以尽量好的面貌展示出来。

最后要感谢自己十三年来的坚持，感谢家人十三年来的理解和支持。民族语言研究，特别是基于田野调查的研究，是一个迷人的领域。希望自己今后能够在这个领域中更进一步，也希望这个领域能引入更多样的理论和方法，不断自我更新，保持活力。

李子鹤

2024年3月

北大中国语言学研究丛书

王洪君　郭　锐　主编

《普通话"了₁""了₂"的语法异质性》
范晓蕾　著

《白语方言发声的变异与演化》
汪锋　等　著

《玛丽玛萨话语法研究及标注文本》
李子鹤　著

《汉语方言的共时分类与历史层次》
李小凡　著

《汉语名词和动词向形容词转变的历史考察》
宋亚云　著